WALDEN

WALDEN

LIFE IN THE WOODS

월든

HENRY D. THOREAU

헨리 데이빗 소로우

강승영 옮김

은행나무

• 추천의 말 •

"역사 속 수많은 사람들이 자연으로 돌아가자고 우리를 설득했다. 그 중 유독 《월든》이 자연주의를 다룬 불멸의 고전으로 꼽히는 것은 이유가 있다. 소로우가 이 책을 너무 기가 막히게 잘 썼기 때문이다. 특히 현대문명에 대한 통렬한 비판과 풍자는 발군이다. 나는 다섯 페이지마다 한 번씩은 책에 얼굴을 묻고 웃어야 했다."

_남궁인(응급의학과 전문의, 작가)

"서른 살의 연재 노동자로서 《월든》을 읽는다. 소로우가 숲에 들어가 통나무집을 지었을 때와 같은 나이다. 모든 페이지에서 그와 내가 얼마나 다른 일에 몰두하며 사는지를 실감한다. 소로우는 절제와 고립의 기술자다. 겸손하고 고집스러운 자세로 호숫가의 고요한 일부가 된다. 숲 생활은 꽤나 거칠지만 그것은 오히려 소로우가 자신을 부드럽게 다루는 방식이다. 지성과 체력을 겸비한 채 그저 좋은 동물이 되고자 했던 한 사람을 본다. 그는 200년 전의 인간이며 나는 월든 호숫가로부터 너무 떨어져 있다. 그럼에도 불구하고 우리는 다른 점보다 닮은 점이 더 많다. 생에 관한 독창적인 표현이 마르지 않는 샘처럼 흐르는 고전이다."

_이슬아(작가, 〈일간 이슬아〉 발행인)

"소로우의 생활신조를 한마디로 표현하면 '간소하게 살라'입니다. 자신의 인생을 단순하게 살면 살수록 우주의 법칙은 더욱더 명료해질 것입니다."
_법정 스님

"강승영의 번역은 정성도 정성이지만, 영어와 한국어에 대한 빼어난 감각과 탄탄한 실력이 뒷받침되어《월든》의 유려한 문체와 그에 실린 힘찬 사유의 박동을 그대로 되살려놓은 범상치 않은 번역이다. 월든 호숫가의 수려한 자연경관과 소로우의 순정한 내면풍경이 촘촘히 수놓듯 재현되어 원작 언어의 찬란한 빛이 되살아나고 있다."
_한기욱(인제대 영문과 교수)

시 한 줄을 장식하는 것이
나의 꿈은 아니다.
내가 월든 호수에 사는 것보다
신과 천국에 더 가까이 갈 수는 없다.
나는 나의 호수의 돌 깔린 기슭이며
그 위를 스쳐가는 산들바람이다.
내 손바닥에는
호수의 물과 모래가 담겨 있으며,
호수의 가장 깊은 곳은
내 생각 드높은 곳에 떠 있다.

개정 3판을 내면서

"지금 지구상의 모든 도서관들이 불에 타고 있고, 거기서 단 한 권의 책을 가지고 나올 시간이 너에게 허용된다고 할 때 네가 택할 책은?"
"월든."

윗글은 다독가로 보이는 한 젊은 여성 독자가 자신의 홈페이지에 실은 것으로, 자신의 독서 성향을 진단하는 듯한 20개로 된 자문자답 중 마지막 질문과 답입니다. 이는 어떤 책에 대해서 한 사람의 독자가 바칠 수 있는 최고의 찬사가 아닐까 합니다. 인터넷에는 그 밖에도 수천 명의 독자들이 월든을 읽고 느낀 깊은 감명을 표현한 것을 엿볼 수 있습니다. 많은 분들이 월든을 "내 인생의 최고의 책" 또는 "모든 사람이 일생에 한 번은 꼭 읽어야 할 책"이라고 말하고 있습니다.

지난 48년의 세월을 돌아보면 참으로 감개무량하기 짝이 없습니다.

대학 2학년 때 외국어 전문 서점에서 처음 발견한, 호숫가의 황소개구리를 표지로 쓴 문고판 영문 월든. 책을 처음 손에 들었을 때 이 책이 제 인생에 미칠 엄청난 영향을 그때는 미처 예상치 못했습니다. 그러나 틈틈이 책을 읽어나가면서 이 책만의 독특한 매력에 빠져들었습니다. 대학을 졸업하고, 월남전 참전과 미국 유학 그리고 직장 생활과 사업 등으로 거의 30년의 세월이 흐르는 동안 월든은 저의 최고의 애독서이며 인생의 지침서이자 삶의 반려자가 되었습니다. 그러나 늘 아쉬웠던 것은 이 경이로운 책을 아름다운 한국어로는 읽을 수 없다는 것이었습니다. 국내에서는 아무도 이 책의 진가를 모르는 듯 제대로 번역된 책이 나오지 않았습니다.

1992년 1월초, 저는 하던 사업을 정리한 것을 계기로 미국으로 떠났습니다. 소로우 문학과 사상의 불모지인 한국에 제대로 된 월든을 소개하기 위해서였습니다. 3개월의 미국 여행을 마치고 한국에 돌아와 1년 이상의 시간을 들여 월든을 번역한 다음 이듬해 봄에 작은 출판사를 세웠습니다. 그 후 18년의 세월이 지나는 동안 월든은 판을 거듭하여 54쇄를 찍었고, 약 30만 권의 책이 독자의 수중에 들어가 있습니다. 이제는 이 나라의 많은 사람들이 소로우를 알게 되었고, 그의 글과 사상은 한국의 문학, 정치, 사회 등 각 분야에 영향을 끼치게까지 되었습니다. 한 출판 평론가는 이것을 '소로우 현상'이라고 부르면서, 한국에서의 자연주의 사상의 점화와 확대, 나아가 귀농 현상 및 웰빙 운동까지 이 책의 공으로 돌리고 있습니다. 그러나 그 무엇보다 기쁜 것은 배금주의 사상과 출세지상주의가 만연한 한국 사회에서 자기 자신만의 참다운 인생의 길을 가려는 이들에게 이 책이 깊은 정신적 위안을 주고 있다는 점입니다.

개정 3판이라고 했지만 책이 크게 달라지지는 않았습니다. 개정 3판은 개정 2판에서도 시정되지 못한 수십 개의 작은 오역들을 바로잡았으며, 정확한 의미에 대해서 늘 의아심을 가지고 있던 여러 단어, 문구와 문장에 대해서 몇 년에 걸쳐 미국의 소로우 학자들과 이메일을 주고받으면서 얻은 결론을 반영하여 만든 것입니다. 또 번역 개선을 위해 한국 영문학계에서 제시한 의견도 수렴했습니다.

개정 3판을 지금은 이 세상에 계시지 않은 두 분에게 바치고자 합니다. 한 분은 초판이 나왔을 때 관계하던 출판사 주간을 시켜 격려의 말씀을 해주셨을 뿐만 아니라 사석에서 여러 차례 번역의 뛰어남을 칭찬하시고, 열반에 들 때까지 노란 표지(초판)의 《월든》을 손에서 놓지 않으셨다던 법정 스님입니다. 또 한 분은, 만난 적은 없지만 2년간 메일을 주고받는 동안 거의 친구와 같은 사이가 된 사람, 인생에 대한 진정한 열정을 지녔던 소로우 학자 브래들리 P. 딘(Bradley P. Dean, 1954~2006)입니다. 두 분의 명복을 빕니다.

2011년 7월
강승영

옮긴이의 말 *(초판 서문)*

역자가 미국의 동북부에 있는 월든 호수를 찾은 것은 밤새 눈이 수북이 내려 쌓인 어느 추운 겨울 아침이었다. 대학 시절에 읽고 깊은 감명을 받았던 책의 무대가 되는 곳을 30년의 세월이 지나서 처음 답사하게 된 것이다. 소로우의 통나무집이 있던 곳에는 기념석만이 외롭게 서 있었지만, 호수와 그 주위 숲의 모습은《월든》에서 그가 묘사한 150년 전의 겨울 풍경과 그다지 달라 보이지 않았다.

1845년 소로우는 마을을 등지고 이곳으로 와, 소박하고 원시적인 삼림 생활을 통하여 인습에 구애받지 않은 새로운 삶을 실험했다. 손수 통나무를 베어 집을 짓고, 밭을 일구고 물고기를 잡으면서 2년 이상을 이 호숫가의 숲 속에 사는 동안 인간과 자연, 인간과 사회에 대해 깊은 성찰을 할 기회를 가졌으며, 불후의 명작이 될《월든》의 핵심 부분을 썼던 것이다. 하버드 대학을 졸업한 소로우는 급우들과는 달리 소위 세속적인 성공이란 것에 깊은 회의를 품었다. 그리하여 그는 자칫하면 타협의 길이 될지도 모를 전문 직업의 닦인 가도를 걷기보다는, 차라리 측량 일이나 목수 일 같은 정직한 육체노동으로 생계를 유지하는 것을 더 선호하게 되었다. 평생 그는 그 어떤 것에도 속박을 받지 않는 자유로운 인간의 길을 탐색했으며, 그 과정을 독특한 필치의 글로 표현하려고 했다. 그러나 생전에 그는 큰 주목을 끌지 못했으며, 그가 발표한 두 권의 책은 독자의 별다른 반향을 얻지 못했다. 1862년 소로우가 45세의 나이로 죽었을 때 사람들은 그를 초절론超絶論의 대표적인 사상가였던 에머슨의 아류 정도로밖에 인정하지 않았다. 자칫하면 역사의 그늘에 묻혀 버릴 뻔했던 그가 20세기에 들어온 지금 세월이 지날수록 더욱 많은 사람에게 읽히고 있는 이유는 무엇일까?

그것은 우선, 미국 문학을 대표하는 뛰어난 산문으로 인정을 받게 된 그의 유려한 문장 때문이라고 할 수 있다. 사실 세계문학사에서의 그의 위치는 이제 확고부동하다. 그러나 보다 큰 이유는, 소로우가 19세기에 살았지만 자신의 세기를 넘어 미래를 바라본 깊은 통찰력을 가진 사람이기 때문일 것이다. 그는 이제 에머슨을 능가하는 심오하고 독창적인 사상가로까지 인식되고 있다. 그리고 그의 글은 도서관에 곱게 모셔진 채 현대의 독자로부터 외면당하는 사장된 글이 아니라 독자 한 사람 한 사람에게 말을 건네면서 그들을 꾸짖고 충고하고 격려하며, 그들의 가슴에 무한한 감동을 주기도 하는 살아있는 글인 것이다.

그러면 소로우의 대표작 《월든》은 어떤 책인가? 《월든》에는 최소한 네 권의 책이 들어있다고 한다.

첫째, 가장 낮은 차원에서 이 책은 《로빈슨 크루소》 같은 모험기로 읽을 수 있을 것이다. 우리는 저자가 어떻게 문명사회의 온갖 편의를 훌훌 털어버리고 숲 속에 들어가 원시생활을 하면서 마치 개척자와도 같이 자연환경에 대처해 나가는가를 지켜본다. 그가 먹고 자고 입는 문제와 그 밖의 많은 문제들을 하나하나 해결해나가는 모습을 보면서, 소박한 삼림 생활에서 그가 느끼는 여러 가지 만족감을 함께 느끼기도 한다.

둘째, 자연 묘사에 있어 미국 문학뿐만 아니라 서양 문학을 통틀어서도《월든》을 따를 만한 작품은 없을 것이라고 생각한다. 계절이 바뀌면서 변화하는 월든 호수 및 주위 숲의 모습, 또 그 속에 사는 온갖 동식물이 참으로 생생한 필치로 그려져 있다. 호수의 주정꾼 개구리들, 자연의 귀염둥이 새 들꿩, 미친 듯한 웃음소리가 그 특징인 되강오리, 콩밭을 망쳐 놓은 우드척, 어둠의 정령인 부엉이들, 사냥꾼에 쫓기는 여우늘이 이 책의 곳곳에서 영원히 살아 숨 쉬고 있다.

셋째,《월든》은《걸리버 여행기》처럼 사회에 대한 통렬한 풍자서이다. 소로우는 사회의 여러 가지 통념에, 특히 세속적인 성공의 개념에 강한 의문을 제기한다. 그리고 그는 그 누구보다도 명확히 물질문명의 폐해를 내다보았다. 그는 산업의 발전이 인류에게 안락과 행복을 가져올 것이라는 19세기의 일반적인 기대감에 대해 엄중한 경고를 하고 있다.

그러나 그 무엇보다도《월든》은 소로우의 정신적인 자서전이다.《월든》은 여러 가지 면에서 매력적인 책이지만 현대의 독자들에게 가장 강렬한 인상을 주는 것은, 참다운 인간의 길, 자유로운 인간의 길은 무엇인가 하고 끝없이 물으며 그 길을 찾아가는 소로우의 구도자적인 모습일 것이다. 우리는 그가 찾아낸 해답에 대해서 전적으로 공감하지는 않을 수도 있다. 그러나 거짓과 위선을 결코 용납하지 않으며 인습과 고정관념에 얽매이기를 거부하는 진실을 향한 그 대쪽 같은 집념에 대해서는 깊은 인상을 받게 될 것이다. 미국의 작가 E. B. 화이트는 대학을 졸업하는 학생들에게 졸업장 대신 《월든》을 한 권씩 주자고 제안한 적이 있는데 그것은 바로 이러한 맥락에서였으리라.

마지막으로, 《월든》은 아마도 최초의 '녹색 서적'이 아닐까 생각한다. 소로우는 이 책의 도처에서 자연을 사랑하고 보호하는 일의 중요성을 이야기하고 있으며, 산업의 발달로 자연이 훼손되어가는 것을 가슴 아파하고 있다. 그가 최초의 환경보호론자였을 것이라는 데에 많은 사람들의 의견이 모아지고 있다.

월든 호수를 찾아갔던 날 오후, 역자는 콩코드 시립 도서관의 방 하나를 차지하고 있는 '소로우 협회'를 방문했다. 협회의 간사로 일하는 늙은 부인이 아시아의 먼 나라에서 찾아온 손님을 반가이 맞았는데, 그때 그녀가 한 말은 무척 인상적이었다. 역자가 월든 호수가 생각했던 것보다 작다고 하자, 그 부인은 "작긴 하지만 얼마나 강력한 호수입니까?" 하고 반문했다.

그렇다. 이 작은 호수는 이제 전 세계 방방곡곡에 있는 생각하는 독자들의 마음속에 잔잔한 파문을 던지고 있다. 숨 가쁜 현대 생활에 쫓기고 있는 한국의 독자들에게도 《월든》은 깊은 정신적인 위안을 주리라는 것을 역자는 믿어 의심치 않는다. 어쩌면 독자들은 진실하고 자유로운 삶의 길을 찾는 데 이 책의 도움을 받을지도 모르며, 거기서 새로운 삶의 계기를 발견하게 될지도 모른다.

1993년 4월
강승영

차 례

추천의 말 … *4*

《월든》 개정 3판을 내면서 … *8*

옮긴이의 말 … *11*

1
숲 생활의 경제학 · *19*

2
나는 어디서 살았으며, 무엇을 위하여 살았는가 · · · · · · · · · *129*

3
독서 · *156*

4
숲의 소리들 · *174*

5
고독 · *200*

6
방문객들 · *216*

7
콩밭 · *238*

8
마을 · *256*

9
호수 · *265*

10

베이커 농장 · · · · · · · · · · · · · · · · · 305

11

보다 높은 법칙들 · · · · · · · · · · · · · · · 319

12

이웃의 동물들 · · · · · · · · · · · · · · · · 338

13

집에 불 때기 · · · · · · · · · · · · · · · · · 360

14

전에 살던 사람들 그리고 겨울의 방문객들 · · · · · · · · · · 385

15

겨울의 동물들 · · · · · · · · · · · · · · · · 408

16

겨울의 호수 · · · · · · · · · · · · · · · · · 424

17

봄 · 447

18

맺는말 · · · · · · · · · · · · · · · · · · · 475

헨리 데이빗 소로우 연보 · · · *498*
콩코드 읍과 그 주변의 지도 · · · *507*

일러두기

1. 각주는 모두 역자의 주입니다.
2. 이 역주들은 미국, 영국과 프랑스에서 나온 여섯 가지의 각기 다른 《월든》의 각주본들과 기타 수많은 자료들을 참조하여 작성한 것들입니다.
3. 그러나 책 읽기의 흐름을 방해하지 않기 위하여 가급적 각주의 수를 줄이려고 노력했습니다.
4. 원저자는 길이의 단위로 인치, 피트, 마일 이외에 '라드rod'를 사용했지만 한국의 독자에게 생소하므로 이것을 미터로 환산하여 번역했습니다.(1라드=5.03미터)
5. 인치, 피트, 마일 등의 단위는 미터법으로 고칠 경우 오차와 의미 훼손 문제가 있으므로 원서 그대로 두었습니다.(인치=2.54센티미터, 피트=0.3미터, 마일=1.6킬로미터, 에이커=4,047제곱미터, 부셸(미국에서 곡물, 과일 등에 중량 단위로 쓰일 경우)=27.2155킬로그램)
6. 큰따옴표로 묶지 않은 시들은 소로우 자신이 지은 것입니다.

1
숲 생활의 경제학

　이 책(이라기보다는 정확히는 이 책의 대부분)을 썼을 때 나는 매사추세츠 주의 콩코드 마을 근처에 있는 월든 호숫가의 숲 속에 집 한 채를 지어 홀로 살고 있었다. 그곳은 가장 가까운 이웃과도 1마일쯤 떨어진 곳이었는데, 나는 순전히 육신의 노동으로 생계를 유지하고 있었다. 거기서 나는 2년 2개월 동안을 살았다. 그러나 지금은 다시 문명생활권의 체류자로 돌아와 있다.

　숲에서 내가 어떤 식으로 생활했는지에 대해 읍내 사람들이 꼬치꼬치 캐묻지 않았던들 나는 내 사사로운 일을 주제넘게 독자 여러분들에게 드러내 보일 생각을 하지 않았을 것이다. 그런 질문을 하는 것은 실례라고 말하는 사람이 있을지 모르겠으나 나는 전혀 실례라고 생각하지 않으며 여러 가지 사정을 생각하면 지극히 자연스럽고 적절한 질문들이라고 생각한다. 어떤 이들은 내가 무엇을 먹고 살았느냐, 외롭지는 않았느냐, 무섭지는 않았느냐 등등의 질문을 해왔다. 또 다른 이들은 내 수입 중 얼마를 자선사업에 썼는지를 알고 싶어 했으며, 대가족을 거느린 어떤 이들은 내가 가난한 아이들을 몇 명이나 먹여살렸는지 알고 싶어 했다. 그러므로 나는 독자들 중 내게 특별한 관심을 갖지 않은 이들에게, 내가 이 책에서 그러한 몇 가지의 질문에 대답을 하더라도 양해를 해달라고 부탁하는 것이다.

대부분의 책에서 나, 즉 일인칭 대명사는 생략하지만 이 책에서는 생략하지 않을 것이다. 자기중심적이라는 면에서 이 책은 다른 책들과 다르다고 할 수 있다. 우리는 말하는 사람이 결국은 언제나 일인칭이라는 것을 흔히 잊어버린다. 만약 나 자신에 대해서만큼 내가 잘 아는 다른 사람이 있다면 내 이야기를 이렇게 꺼내지는 않았을 것이다. 불행히도 나는 경험이 부족한 탓에 나라는 주제로 한정되게 되었다.

한 걸음 더 나아가 나는 다른 모든 저자들에게도 남의 생활에 대하여 주워들은 이야기만을 하지 말고 자기 인생에 대한 소박하고 성실한 이야기를 해줄 것을 부탁하고 싶다. 먼 타향에서 자기 친지들에게 보냄직한 그런 이야기 말인데, 진실로 그가 성실하게 살았다면 그것은 먼 타향에서나 가능했을 것이니 말이다. 어쩌면 이 책은 가난한 학생들을 위하여 특별히 쓰였다고 해도 좋을 것이다. 그 밖의 독자들은 자신에게 해당되는 대목만 받아들이면 되리라. 옷을 입을 때 솔기를 늘여가면서까지 맞지 않는 옷을 억지로 입는 사람은 없을 것이다. 옷은 그 옷이 맞는 사람에게나 제구실을 할 테니까 말이다.

내가 이제부터 하려는 이야기는 중국인이나 하와이 섬의 원주민들에 관한 것이 아니라 바로 이곳 뉴잉글랜드[1]에 사는 여러분들에 관한 것이다. 여러분의 형편, 즉 여러분이 이 세상에서나 이 마을에서 처해 있는 외적인 형편이나 상황에 대하여 과연 그것이 어떤 것이며, 현재처럼 그렇게 비참해야만 하는지, 아니면 그것이 개선될 가능성은 없는지에 대하여 말하고자 하는 것이다.

나는 이곳 콩코드 지방을 꽤나 싸돌아다닌 사람이다. 그런데 내가 가는 곳마다 그곳이 가게든 사무실이든 또는 밭이든, 마을 사람들이 천 가지의 희한한 방법으로 고행을 치르고 있는 모습을 볼 수 있었다. 내가 들은 바에 의하면 인도의 브라만 계급[2]의 승려들은 자기 몸 주위에 네 개의 불을 피워 놓고 앉아서 그 뜨거움을 참으며 태양을 똑바로 쳐다보기도 하고, 머리를 아래로 하고서 불길 위에 거꾸로 매달려 있기도 하며, 고개를 비틀어 어깨 너머로 하늘을 쳐다보다가 "마침내 고개가 제자리로 돌아가지 않고 목이 비틀어진 채로 몸이 굳어져서 액체 이외에는 어떤 음식도 목구녕으로 넘기지 못하는 상태가 되기도 한다."고 한다. 또한 그들은 나무 밑동에 사슬로 묶인 채 평생을 보내기도 하고, 넓고도 넓은 여러 왕국을 쐐기벌레처럼 꿈틀거리며 온몸으로 기어다니기도 하며, 높은 돌기둥 위에서 외발로 서 있기도 한다고 한다.

그러나 의도적으로 치르는 이런 갖가지 고행도 내가 매일같이 목격하는 광경보다 더 놀랍거나 충격적인 것은 아니다. 헤라클레스[3]가 치렀

---

1) 뉴잉글랜드 _ 미국 동북부 지방의 여섯 개 주를 흔히 이렇게 부른다. 소로우가 살던 매사추세츠 주도 여기에 포함되어 있다.
2) 브라만 계급 _ 힌두교 신자의 네 계급 중 가장 높은 승려 계급.
3) 헤라클레스 _ 그리스 신화 최고의 영웅. 그는 헤라 여신의 미움을 받아 열두 가지의 고역을 치러야 했다.

다는 열두 가지의 고역도 내 이웃 사람들이 겪고 있는 고역에 비하면 하찮은 것이었다. 왜냐하면 헤라클레스의 고역은 열두 가지뿐이어서 끝이 있었으나, 내 이웃 사람들은 어떤 괴물을 죽이거나 사로잡은 적이 없으며 단 한 가지의 고역도 끝장을 보는 일이 없기 때문이다. 그들은 불에 달군 쇠로 구두사九頭蛇의 머리를 지져줄 이올라스[4]같은 친구도 갖지 못했을 뿐만 아니라, 오히려 그들이 머리를 하나 자를 때마다 머리 두 개가 돋아나는 것이다.

내가 보기에 이 고장 젊은이들의 불행은 농장과 주택, 창고와 가축과 농기구 들을 유산으로 받은 데 기인하는 것이다. 이런 것들은 일단 얻으면 버리기가 쉽지 않다. 그들은 차라리 광막한 초원에서 태어나 늑대의 젖을 먹고 자랐더라면 더 나았을 것이다. 그랬더라면 자신이 힘들여 가꾸어야 할 땅을 보다 더 맑은 눈으로 볼 수 있었을 것이다. 누가 이들을 흙의 노예로 만들었는가? 왜 한 '펙'[5]의 먼지만 먹어도 될 것을 그들은 60에이커나 되는 흙을 먹어야 하는가? 왜 그들은 태어나자마자 무덤을 파기 시작하는가? 그들은 이런 모든 소유물들을 앞으로 밀고 가면서 어렵사리 한평생을 꾸려나가야만 하는 것이다.

불멸의 영혼을 지녔다는 인간들이 가엽게도 등에 진 짐의 무게에 눌려 깔리다시피 한 채, 길이 75피트, 폭 40피트의 곡식 창고와, 청소를 하

---

[4] 이올라스 _ 헤라클레스의 사촌. 헤라클레스의 고난 중 하나는 머리가 아홉이나 달린 뱀의 머리들을 자르는 것이었는데, 한 개를 자를 때마다 두 개가 돋아났으므로 이올라스가 그때마다 달군 쇠로 머리 자른 곳을 지져야 했다.
[5] 1펙은 약 9리터. 사람은 죽을 때까지 한 펙의 먼지를 먹게 되어있다는 서양 속담이 있다.

지 않아 아우게아스 왕의 외양간[6]만큼이나 더럽기 짝이 없는 외양간과, 100에이커나 되는 토지와 밭, 목장과 숲을 앞으로 밀고 가면서 힘든 인생의 길을 걷는 것을 나는 수없이 보아왔다. 유산을 물려받지 않아 그런 불필요한 짐과 싸우지 않아도 되는 사람들은 또 그들 나름대로 자그마한 육신 하나의 욕구를 다스리고 가꾸는 데도 힘겨워하고 있다.

그러나 사람들은 그릇된 생각 때문에 고생하고 있는 것이다. 사람의 육신은 조만간에 땅에 묻혀 퇴비로 변한다. 사람들은 흔히 필요성이라고 불리는 거짓 운명의 말을 듣고는 한 옛날 책[7]의 말처럼 좀이 파먹고 녹이 슬며 도둑이 들어와서 훔쳐갈 재물을 모으느라고 정신이 없다. 그러나 인생이 끝날 무렵이면 자연히 알게 되겠지만 이것은 어리석은 자의 인생이다. 그리스 신화를 보면 데우칼리온과 그의 아내 피라[8]는 머리 뒤로 돌을 넌져서 인간을 만들었다고 한다. 이에 관한 옛 시를 월터 로리 경[9]은 장엄한 운율로 다음과 같이 옮겼다.

"그로부터 인류는 단단한 심장을 갖게 되어 근심 걱정을 견뎌내니,
이는 인간의 육체가 돌의 성질을 지녔음을 보여주는 것이며……."

---

6) 아우게아스 왕의 외양간 _ 그리스 신화에 나오는 왕의 외양간. 천여 마리의 소를 키우면서 30년 이상 청소를 하지 않았다. 이 외양간을 청소하는 것이 헤라클레스의 다섯 번째 고역이었다.
7) 성경을 가리킨다.
8) 데우칼리온과 피라 _ 그리스 신화에 나오는 부부. 제우스 신은 대홍수로 세상을 멸망시키고 데우칼리온 부부만 남긴 다음, 그들로 하여금 돌을 던져 인간을 재창조하게 했다고 한다.
9) 월터 로리(1554?~1618) _ 영국의 정치가, 군인, 탐험가 겸 시인. 아래 시는 고대 로마의 시인 오비디우스의 〈변신 이야기〉에 나오는 것임.

어처구니없는 신탁에 맹목적으로 복종하여 머리 뒤로 돌을 던지고 그들이 어디에 떨어지는지도 보지 못하는 행위에 대해서는 그만 얘기하기로 하자.

비교적 자유로운 이 나라에서도 대부분의 사람들은 무지와 오해 때문에, 부질없는 근심과 과도한 노동에 몸과 마음을 빼앗겨 인생의 아름다운 열매를 따보지 못하고 있다. 지나친 노동으로 투박해진 그들의 열 손가락은 그 열매를 딸 수 없을 정도로 떨리는 것이다. 사실, 노동하는 사람은 참다운 인간 본연의 자세를 매일매일 유지할 여유가 없다. 그는 정정당당한 대인관계를 유지할 여유가 없는데, 만약 그렇게 하려 들다가는 그의 노동력은 시장가치를 잃게 될 것이기 때문이다.

노동자는 단순한 기계 이외에 다른 아무것도 될 시간이 없다. 인간이 향상하려면 자신의 무식을 항상 기억해야 하는데, 자기가 아는 바를 수시로 사용해야만 하는 그가 어떻게 항상 자신의 무식을 기억할 수 있겠는가? 우리는 그를 평가하기 전에 그에게 가끔 무상으로 먹을 것과 입을 것을 주며, 우리의 강장제로 그의 기운을 북돋아주어야 하겠다. 인간성의 가장 훌륭한 면들은 마치 과일 껍질에 붙어있는 과분果粉처럼 아주 조심스럽게 다루어야만 보존될 수 있다. 그러나 우리는 자기 자신이나 다른 사람들을 그렇게 부드럽게 다루지는 않는다.

여러분들 가운데 어떤 분들은 가난 때문에 인생살이가 쉽지 않아서 때로는 숨조차 쉬기 어려워하는 것을 우리는 잘 알고 있다. 이 책을 읽는 여러분 가운데 어떤 분들은 이미 끝내버린 식대를 다 지불하지 못하고 있고, 입고 있는 옷이나 구두가 다 해졌는데도 그 대금을 지불하지 못하고 있으며, 지금 이 책도 빚쟁이로부터 빌리거나 훔친 시간으로 읽고 있다는 것을 나는 알고 있다.

여러분들 가운데 많은 분들이 얼마나 누추하고 비루한 생활을 하고 있는가는 경험에 의해 날카로워진 나의 눈에는 너무나도 선명하게 보인다. 여러분은 새로운 사업을 시도하고 빚을 청산하려고 노력하지만 은행에서 빌린 돈은 항상 대부 상한선까지 와 있다. 빚이란 태곳적부터 있는 진흙 수렁인데, 놋쇠로 돈을 만들어 썼던 로마 사람들은 이것을 '남의 놋쇠'라고 불렀다. 여러분은 살아있기는 하지만 이 '남의 놋쇠'에 묻혀 죽은 목숨이나 다름없으며 항상 빚을 갚겠다고, 내일은 꼭 갚겠다고 약속하지만 끝내 갚지 못하고 오늘 죽는 신세이다. 여러분은 다른 사람의 환심을 사려고 갖은 애를 쓰며, 형무소에 갈 죄만 빼놓고 어떤 방법으로든지 고객을 확보하려고 노력하고 있다.

여러분은 거짓말하고, 아첨하고, 선거 때는 한 표를 던져주고, 스스로를 공손의 표본으로 만들며, 공기처럼 넓은 너그러움의 분위기 속에 자신을 확산시키는 등 어떻게 해서든지 이웃 사람들을 설득해서 그들의 구두와 모자, 외투와 마차를 만드는 일감을 맡거나 그들의 식품과 잡화를 수입하는 일을 맡으려고 노력한다. 이처럼 여러분은 병들 때를 대비하여 돈을 벌려고 무척이나 애를 쓴다. 그 돈을 보관할 장소가 낡은 장롱이든, 벽 뒤에 숨겨둔 양말짝이든 또는 보다 안전한 벽돌로 지은 은행이든 관계없으며, 금액도 크든 작든 관계없다. 그러나 돈을 벌려고 너무나 무리를 한 결과 끝내 여러분은 병이 들고 마는 것이다.

때때로 나는 우리 미국인이 흑인 노예제도라고 하는 야비하고 외래적인 제도에 빠져 있을 만큼 천박한 국민인 것에 놀라움을 금치 못한다. 지금 남부와 북부에는 인간을 노예로 만들려고 눈을 번뜩이는 악랄한 노예 주인들이 수없이 많다. 남부의 노예 감독 밑에서 일하는 것도 힘들지만 북부의 노예 감독[10] 밑에서 일하는 것은 더욱 힘들다. 그러나 가장 힘든 것은 당신이 당신 자신의 노예 감독일 때이다.

인간에게는 신성神性이 있다고 흔히들 말한다. 그러나 밤낮으로 장터를 돌아다니는 저 짐마차꾼을 보라! 그의 몸 안에서 조금이라도 신성이 작동하고 있는가? 그의 가장 큰 의무는 자기 말에게 먹이와 물을 주는 것이다. 그가 챙겨야 할 짐마차의 운송 대금에 비교할 때 그의 운명은 자신에게 얼마만큼의 가치가 있는 것일까? 그의 상전은 바로 '시끌벅적 사업가' 씨가 아닌가? 그의 신성과 불멸성은 어느 정도인가? 그가 하루 종일 움츠리고 사람들의 눈치를 보고 막연한 불안에 휩싸여 있는 모습을 보라. 불멸이나 신성은커녕 자신에 대한 스스로의 평가, 즉 스스로의 행위에 의해서 얻어진 평판의 노예가 되어있는 것이다.

여론, 즉 대중의 평가는 우리 자신에 의한 자체 평가에 비교하면 대단한 폭군이 되지 못한다. 자기가 자신에게 내리는 평가가 곧 그의 생애를 결정하든지, 아니면 최소한 그것에 대한 지표가 되는 것이다. 윌버포스[11]는 서인도제도의 노예들을 해방시켰지만 정신의 세계에서 노

---

10) 북부의 공장 주인들을 가리킨다.
11) 윌리엄 윌버포스(1759~1833) _ 영국의 정치가 및 노예해방 운동가. 영국과 그 식민지에서 노예제도 폐지에 지대한 공헌을 했다.

예 생활을 하고 있는 우리들을 해방시킬 그와 같은 인물은 어디에 있단 말인가? 자신의 운명에 너무 생생한 관심을 나타내지 않기 위하여 마지막 날까지 자수 방석이나 짜고 있는 이 나라의 부인네들을 생각해보라! 마치 영원을 해치지 않고도 시간을 죽일 수 있다는 태도가 아닌가?

대부분의 사람들은 절망의 인생을 조용히 보내고 있다. 이른바 체념이라는 것은 확인된 절망에 지나지 않는다. 우리는 절망의 도시에서 절망의 시골로 들어가 밍크나 사향쥐[12]의 용기에서나 위안을 찾을 수밖에 없다. 인류의 이른바 유희나 오락 밑에는 무의식적이나마 판에 박힌 절망감이 숨겨져 있다. 이것들 안에는 진정한 놀이가 없다. 왜냐하면 놀이는 일 다음에 오기 때문이다. 그러나 절망적인 행동은 하지 않는 것이 지혜의 한 특징이다.

인산의 주목석은 무엇이며, 인생을 살아가는 데 신실로 필요한 수난과 방편이 무엇인가 하고 교리문답식으로 생각해볼 때 사람들은 고의적으로 현재의 통상적인 생활방식을 택한 것으로 보인다. 다른 어떤 생활방식보다도 그것을 선호했기에 말이다. 하지만 이제 와서 그들은 실은 선택의 여지가 없다고 진정으로 믿고 있는 것이다. 그러나 영특하고 건전한 품성을 가진 사람들은 오늘도 훤히 솟구쳐 오른 태양을 잊지 않는다. 잘못된 고정관념은 지금이라도 버리는 것이 낫다. 아무리 오래된 사고방식, 혹은 행동방식일지라도 증명되지 않은 것을 믿어서는 안 된다.

오늘 모든 사람들이 진리라고 받아들이고 묵과한 것이 내일에는 거

---

[12] 밍크나 사향쥐는 덫에 걸렸을 때 다리를 물어뜯어 잘라내서라도 자유의 몸이 된다고 한다.

짓으로 판명될지도 모른다. 들에 단비를 내려줄 구름으로 믿었던 것이 한갓 견해見解라는 이름의 연기에 지나지 않는 것으로 드러날지 모른다. 노인네들이 불가능하다고 한 일도 여러분은 시도해서 이루어내고 있지 않은가? 옛사람들에게는 옛 행위가 있고 새 사람들에게는 새 행위가 있다. 옛사람들은 새로운 연료로 불을 지피는 방법을 몰랐지만, 새 시대의 사람들은 솥 밑에 마른나무 몇 쪽을 태워서[13] 새처럼 빠르게, 그야말로 노인네들을 치어 죽일 만큼 빠른 속도로 지구를 도는 것이다.

나이 많음이 젊음보다도 더 나은 선생이 될 수 없고 어쩌면 그보다 못하다고도 할 수 있는 것은 나이 먹는 과정에서 얻는 것보다 잃는 것이 더 많기 때문이다. 아무리 현명한 사람이라도 인생의 과정에서 절대적 가치가 있는 무언가를 배우지는 못했을 거라고 나는 생각한다. 실제로 늙은이들은 젊은이들에게 줄 만한 중요한 충고의 말을 갖지 못하고 있다. 왜냐하면 그들의 경험은 부분적인 것에 지나지 않으며 그들의 인생은 처참한 실패로 끝났기 때문이다. 그런데 그들은 이러한 실패가 개인적인 사유 때문이었다고 믿는 것 같다. 그들은 자신들의 쓰디쓴 경험에도 불구하고 다소의 신념이 남아있는 것처럼 보인다. 그러나 그들은 이제 예전처럼 젊지 않다.

나는 이 세상에 태어나 30여 년을 살아왔으나 아직까지 인생의 선배들로부터 유익한 가르침이나 진심에서 우러난 충고 한마디를 들어본 적이 없다. 그들은 내게 도움이 되는 이야기는 아무것도 해주지 않았으며

---

[13] 그 당시 새로 발명된 증기기관을 가리킨다.

아마 해주려 해도 해줄 수 없었는지도 모른다. 여기에 인생이라고 하는 내가 그 대부분을 겪어보지 않은 하나의 실험이 있다. 인생의 선배들이 그것을 이미 겪었다는 것이 내게는 별로 도움이 되지 않는다. 내가 앞으로 어떤 가치 있는 경험을 하게 되더라도 나에게 조언해줄 위치에 있는 사람들이 그것에 대해서 아무런 이야기도 해주지 않았다는 회상을 하게 될 것이 틀림없다.

한 농부는 내게 이렇게 말한다. "채소만 먹고는 못 삽니다. 뼈가 될 만한 성분이 하나도 없거든요." 그래서 자기 몸에 뼈의 원료를 공급해줄 원료를 공급하는 데 정성껏 하루의 일부분을 바친다. 농부는 이런 말을 하는 동안에도 줄곧 소 뒤를 따라다니는데, 그 소인즉 풀만 먹고 자란 뼈를 갖고서도 온갖 장애물을 헤치면서 농부와 그의 육중한 쟁기를 끌고 있다. 어떤 물건은 노인과 병자 들 사이에서 없어서는 안 되는 필수품이다. 그러나 그 물건이 다른 사람에게는 사치품에 지나지 않으며 또 다른 사람들에게는 전혀 알려져 있지도 않다.

어떤 사람들의 눈에는, 인간 생활의 모든 영역을 그 높고 낮음에 관계없이 선인先人들이 모두 답사하고 모든 일들을 다 해결해놓은 것으로 보일 수도 있다. 영국의 저술가 이블린[14]의 말에 의하면 "현명한 솔로몬 왕은 나무와 나무의 간격까지도 법령으로 규정했으며, 로마의 집정관들은 백성들이 이웃 사람의 토지에 들어가 땅에 떨어진 도토리를 집어오

---

14) 존 이블린(1620~1706) _ 영국의 저술가 및 일기문인日記文人. 아래의 문장은 그의 저서 《숲》에서 인용되었다.

는 것이 몇 번까지 허용되며 주인의 몫은 얼마인지를 정해놓았다."고 한다. 또한 히포크라테스[15]는 손톱을 자르는 법까지 후세에 남겨놓았다. 그는 손톱은 손가락 끝에 맞추어 자를 것이며, 더 길거나 짧지 않도록 해야 한다고 했다.

인생의 변화와 즐거움을 다 소진시키고도 남을 권태와 싫증은 분명 아담 시대부터 있어온 모양이다. 그러나 아직까지 인간의 능력은 한 번도 제대로 측정된 적이 없다. 과거에 해놓은 일만을 가지고서 인간이 무엇을 할 수 있고 없고를 판단해서는 안 된다. 지금까지 인간이 시도해본 것은 너무나도 적기 때문이다. 과거에 어떤 실패를 했든 간에 "나의 아들아, 괴로워 말지니 네가 완수하지 못한 일에 대해 누가 너를 탓하겠느냐?"[16]

우리는 수많은 간단한 방법으로 우리의 인생을 시험해볼 수 있으리라. 가령 내가 가꾸는 콩을 여물게 해주는 저 태양이 지구와 같은 태양계의 다른 유성들을 동시에 비추고 있다는 사실 말이다. 이 사실을 기억하고 있었던들 몇 가지 실수는 저지르지 않았을 것이다. 이 햇빛이 내가 콩밭에서 호미질할 때의 햇빛과는 다르다. 별들은 얼마나 멋있는 삼각형의 정점들인가! 우주의 여러 저택에 사는 각기 다른 존재들이 얼마나 먼 거리에서 같은 별을 동시에 바라보고 있는 것일까!

인간의 체질이 서로 다르듯이 자연과 인간 생활도 가지각색이다. 남

---

15) 히포크라테스(B.C.406?~B.C.370?) _ '의학의 아버지'라고 불리는 저명한 그리스의 의학자.
16) 힌두교의 고전《비슈누 푸라나》에서 인용.

의 앞길을 누가 어떻게 예언하겠는가? 우리가 잠시 서로의 눈동자를 들여다보는 것보다 더 큰 기적이 일어날 수 있을까? 우리는 그 한 시간 동안에 세상의 모든 시대를, 아니 모든 시대의 모든 세상을 살 수 있는 것이다. 역사, 시, 신화 등 다른 사람의 경험에 대하여 읽어본 그 어떤 것도 이만큼 경이적이고 유익하지는 않을 것이다.

나의 이웃들이 선이라고 부르는 것의 대부분이 실은 악이라고 나는 진심으로 믿는다. 내가 후회하는 것이 있다면 그것은 틀림없이 나의 방정한 품행에 대해서일 것이다. 무슨 귀신이 씌어서 나는 그처럼 착한 모습을 보이며 다녔을까? '노인 양반! 당신은 칠십 평생을 살아오면서 나름대로 명예도 얻었소. 그리하여 당신은 스스로 가장 현명하다고 생각되는 말을 할지는 모르지만 나는 그 말을 듣지 말라는, 어떤 거역할 수 없는 목소리를 듣고 있소. 새로운 세대는 마치 난파된 배를 버리듯이 지나간 세대가 벌여놓은 사업을 버리는 법이라오.'

우리는 지금보다 더 큰 자신감을 가지고 인생을 살아가도 좋을 것 같다. 우리는 자기 자신을 지나치게 돌보고 있는데 그 관심을 다른 데로 돌려도 괜찮을 것이다. 자연은 인간의 강점과 약점에 다 같이 알맞게 되어 있다. 어떤 사람들의 끊임없는 근심 걱정과 긴장은 치유 불능의 병이라고 말해도 좋으리라. 우리는 우리가 하는 일의 중요성을 지나치게 과장하는 경향이 있다. 그러나 우리가 하지 못하는 일이 얼마나 많은가? 그러다가 병이라도 들면 어떻게 할 것인가? 우리는 늘 얼마나 긴장한 채 살고 있는가! 가능하다면 우리는 믿음을 가지고 사는 것을 피하려 하고 있다. 하루 종일 전전긍긍하다가 밤이 되면 마지못해 기도를 드리고는 자신을 불확실성에 맡겨 버린다.

우리는 너무나도 철저하게 현재의 생활을 신봉하고 살면서 변화의 가능성을 부인하고 있다. "이 길밖에는 다른 도리가 없어." 하고 우리는 말한다. 그러나 원의 중심에서 몇 개라도 다른 반경을 가진 원들을 그릴 수 있듯이 길은 얼마든지 있다. 생각해보면 모든 변화는 기적이라고 할 수 있으며, 그 기적은 시시각각으로 일어나고 있다. 공자[17]는 "아는 것을 안다고 하고 모르는 것을 모른다고 하는 것이 곧 참되게 아는 것이다."라고 말했다. 한 사람이 상상 속의 사실을 오성悟性 속의 사실로 바꾸어놓을 때 모든 사람들은 드디어 그 기초 위에 자기의 인생을 세울 것으로 나는 내다본다.

그러면 여기서 잠시 내가 지금까지 언급해온 근심과 걱정의 대부분이 무엇에 관한 것이고, 또 우리가 어느 정도로 걱정을 하거나 관심을 기울여야 할 것인가에 대해 살펴보기로 하자. 인간 생활에서 으뜸가는 필수품들이 무엇이며, 이것을 얻기 위하여 어떤 방법들을 취해왔는가를 알기 위하여 문명의 한가운데서나마 원시적이고 개척자적인 생활을 해보는 것은 꽤 도움이 될 것이다. 또는 상인들의 옛 장부를 들여다보고 사람들이 가게에서 가장 많이 사간 것은 무엇이며, 가게에서 가장 많이 소비되는 식료품과 잡화로는 어떤 물건들이 있었는지 알아보아도 좋을

---

[17] 공자(B.C.551~B.C.479)는 소로우가 좋아한 동양의 철학자였다. 이 글은 《논어論語》 제2편 17절에서 인용한 것이다.

것이다. 왜냐하면 아무리 사회가 발전했어도 인간 생존의 기본 법칙에는 별다른 변화를 가져오지 못했기 때문이며, 그것은 우리의 골격이 우리 조상의 골격과 별 차이가 없는 것과 같다.

내가 말하는 '생활필수품'이란 인간이 자기 노력으로 얻는 모든 것 중에서 처음부터 또는 오랜 사용으로 인하여 인간 생활에 너무나도 큰 비중을 차지하게 된 나머지, 어떤 사람도 빈곤이나 야만성 또는 인생관 등의 이유에서라도 그것 없이는 살아가려고 생각조차 하지 않는 것들을 통틀어 가리킨다. 이런 의미에서 많은 동물들에게는 단 한 가지의 생활필수품, 즉 먹을 것이 있을 따름이다. 평원의 들소에게는 약간의 풀과 목을 축일 물이 생활필수품이다. 그가 숲이나 산의 그늘에서 누울 자리를 찾으려 하지 않는다면 말이다. 동물들은 먹을 것과 몸 둘 곳 이외에는 아무것도 필요로 하지 않는다.

우리가 사는 이 온대성 기후에서는 인간 생활의 필수품은 식량, 주거 공간, 의복, 연료의 항목으로 정확하게 나눌 수 있겠다. 이것들을 확보하고 난 다음에야 우리는 자유와 성공에 대한 기대감을 가지고 인생의 진정한 문제들을 다룰 준비가 되는 것이다. 인간은 주택뿐만 아니라 의복과 가공된 음식을 고안해냈다. 그리고 불의 따뜻함을 우연히 발견하고 그것을 계속 사용함으로써, 처음에는 사치품이었던 것이 나중에는 그 옆에서 쬐고 있어야 하는 현재와 같은 필요성이 생겼으리라. 우리는 고양이와 개 들이 이와 같은 제2의 천성에 젖어드는 것을 본다. 알맞은 가옥과 의복을 갖춤으로써 우리는 체온을 적당히 보존할 수 있다. 그러나 이것들이 지나치거나 혹은 연료가 지나치게 되면 외부의 열이 몸 안의 열보다 높게 되어 그야말로 우리 몸이 진짜로 요리되는 사태가 시작되지는 않을까?

박물학자 다윈은 티에라델푸에고 섬[18]의 원주민에 대해서 이렇게 말하고 있다. 즉 그의 일행은 옷을 두툼히 입고 불 옆에 앉아있어도 추위를 타고 있는 데 반해, 이곳의 벌거벗은 원주민들은 불가에서 멀리 떨어져 있어도 "너무 더워서 땀을 뻘뻘 흘리고 있는" 모습에 놀라움을 금치 못했다는 것이다. 비슷한 이야기로, 호주의 원주민들은 옷을 벗고도 아무렇지 않은데 유럽인들은 옷을 입고도 추위에 떤다고 한다. 이 야만인의 강건함과 문명인의 지능을 겸비하는 것은 과연 불가능한 일일까?

화학자 리비히[19]는 사람의 몸은 난로와 같고, 음식은 폐 속의 내부 연소를 지탱시켜주는 연료와 같은 것이라고 말한다. 우리는 날씨가 추우면 음식을 더 먹고, 더우면 덜 먹는다. 동물적 열은 몸 안에서 서서히 연소가 행해진 결과로 발생하는데, 이 연소 속도가 너무 빠르면 병이 나거나 죽게 된다. 연료가 떨어지거나 통풍 장치가 잘못되었을 때도 불은 꺼지고 만다. 물론 생명의 열을 불과 똑같은 것으로 볼 수는 없을 것이다. 어쨌든 비유는 이 정도로 해두자.

위에서 볼 때 '동물적 생명'이란 표현은 '동물적 열'이란 표현과 거의 같은 의미를 지닌다고 하겠다. 왜냐하면 음식은 우리 몸속의 불을 유지

---

18) 티에라델푸에고 섬 _ 남미대륙 최남단에 있는 섬들로 현재 아르헨티나에 속해 있다. 다윈은 비글호를 타고 과학 탐사차 세계일주(1831~1836)를 하는 도중 이 섬들을 방문했다.
19) 유스투스 폰 리비히(1803~1873) _ 19세기 독일의 저명한 화학자.

시켜주는 연료로 볼 수 있는 데 비해서, 실제의 연료는 음식을 장만하고 외부로부터 열을 가해서 우리 몸을 더 따뜻하게 해주는 역할만을 하고 있고, 가옥과 의복 역시 그렇게 해서 발생되고 흡수된 열을 단지 유지하는 데만 도움을 주기 때문이다.

그렇다면 우리 몸에 절대 필수적인 것은 따뜻함을 유지하여 몸 안의 생명의 열을 지속시키는 일이다. 그러기에 우리는 갖은 애를 다 써가며 음식과 의복과 가옥을 마련할 뿐만 아니라, 그 지대한 관심을 침대에까지 연장시킨다. 침대는 야간의 의복이라고도 할 수 있는데 이 주거지 안의 주거지를 마련하기 위해서 우리는 새들로부터 둥지와 가슴 털을 훔친다. 마치 두더지가 굴속 깊은 곳에 풀과 나뭇잎으로 된 잠자리를 마련하듯이 말이다. 가난한 사람은 세상이 차다고 한탄을 한다. 사실, 우리가 느끼는 고통의 대부분은 신체적 냉기 이상으로 사회적 냉기에 기인한다.

지구의 어떤 지방에서는 여름이 오면 일종의 낙원과 같은 생활이 가능해진다. 이 계절에는 음식을 장만할 때 말고는 연료가 필요 없다. 태양이 불을 대신해주며, 과일들이 햇빛으로 충분히 익는다. 먹을 것은 가짓수도 많고 얻기도 쉬우며 의복과 가옥은 전혀 또는 반쯤은 필요 없다. 나 자신의 경험에 의하면 현재 이 나라에서 의식주 다음으로 필요한 것은 몇 가지 도구, 즉 칼, 도끼, 삽, 손수레 따위이며, 학구적 취향을 가진 사람이면 램프, 문방구 그리고 몇 권의 책인데, 이런 것들은 모두 사소한 비용으로 마련할 수 있다.

그런데도 현명하지 못한 일부 사람들은 지구 저편의 야만적이고 비위생적인 지역으로 건너가 10년이고 20년이고 교역에 몸을 바쳐 종사하는데, 그 목적은 결국에는 고향인 이곳 뉴잉글랜드에 돌아와 따뜻하고 편안하게 살다가 생을 마치기 위한 것이라고 한다. 돈이 지나치게 많은 부유층은 단지 편안할 정도의 따뜻함이 아니라 부자연스러울 정도의 뜨거움[20] 속에 살고 있다. 앞에서도 말했듯이, 그들은 새로운 유행에 따라 요리가 되고 있는 셈이다.

대부분의 사치품들과 이른바 생활 편의품들 중의 많은 것들은 꼭 필요한 물건들이 아닐 뿐만 아니라 인간 향상에도 방해가 되고 있다. 사치품과 편의품에 대한 얘기가 나왔으니 말인데, 가장 현명한 사람들은 항상 가난한 사람들보다도 더 간소하고 결핍된 생활을 해왔다. 중국, 인도, 페르시아 및 그리스의 옛 철학자들은 외관상으로는 그 누구보다도 가난했으나 내적으로는 그 누구보다도 부유한 사람들이었다. 우리가 그들에 대해 아는 것은 그리 많지 않다. 어쩌면 지금만큼이라도 아는 것이 대단한 일인지도 모른다. 그들보다 후대에 살았던 인류의 개혁자들과 은인들에 대해서도 똑같은 이야기를 할 수 있으리라. '자발적인 빈곤'이라는 이름의 유리한 고지에 오르지 않고서는 인간 생활의 공정하고도 현명한 관찰자가 될 수 없다. 농업, 상업, 문학, 예술을 막론하고 불필요한 삶의 열매는 사치일 뿐이다.

오늘날 철학 교수는 있지만 철학자는 없다. 삶다운 삶을 사는 것이 한때 보람 있는 일이었다면 지금은 대학 강단에 서는 것이 그렇단 말인가?

---

20) '부자연스러울 정도의 뜨거움'이란 당시 부유층 사이에 도입되어 유행하고 있던 중앙난방 시설을 가리킨다.

철학자가 된다는 것은 단지 심오한 사색을 한다거나 어떤 학파를 세운 다거나 하는 것이 아니라, 지혜를 너무나도 사랑하여 그것의 가르침에 따라 소박하고 독립적인 삶, 너그럽고 신뢰하는 삶을 살아나가는 것을 의미한다. 철학자가 되는 것은 인생의 문제들을 그 일부분이나마 이론 적으로 그리고 실제적으로 해결하는 것을 뜻한다. 위대한 학자들과 사 상가들의 성공은 군자답거나 남자다운 성공이 아니고 대개는 아첨하는 신하로서의 성공이다. 그들은 자기 조상들이 그랬던 것처럼 적당히 타 협하면서 그럭저럭 살아가기 때문에 보다 고귀한 인간류의 원조는 될 수 없는 것이다.

왜 사람은 몰락하는 것일까? 왜 가문들이 결국은 끝장을 보는가? 여 러 민족들을 무기력하게 만들고 멸망시키는 사치의 본질은 무엇인가? 우리의 생활에는 그것이 없다고 단언할 수 있을까? 철학자는 외면적인 생활양식에서도 시대를 앞서 간다. 그는 동시대의 다른 사람들처럼 먹 고 자고 입고 몸을 따뜻하게 하지 않는다. 철학자가 되었다면 다른 사람 들보다 더 나은 방법으로 생명의 열을 유지해야 되지 않겠는가?

이미 말한 여러 방법으로 몸을 따뜻하게 하고 나면 사람들은 그다음 에는 무엇을 바라겠는가? 같은 종류의 열을 더 바라지는 않을 것이 분 명하다. 즉 더 풍부하고 기름진 음식, 더 크고 화려한 집, 입고 남을 정도 의 더 좋은 옷, 끝없이 타오르는 더 뜨거운 불 따위를 바라지는 않을 것 이다. 생활필수품을 마련한 다음에는 여분의 것을 더 장만하기보다는 다른 할 일이 있는 것이다. 바로 먹고사는 것을 마련하는 투박한 일에서 여가를 얻어 인생의 모험을 떠나는 것이다.

씨앗이 뿌리를 내린 것을 보니 토양이 알맞은 것 같다. 이제 자신감을 가지고 줄기를 위로 뻗쳐도 좋으리라. 사람이 대지에 깊이 뿌리를 박은 것은 그만큼 높게 하늘로 솟아오르고자 함이 아닌가? 귀한 식물들은 땅 위 높은 곳의 대기와 햇빛 속에서 맺는 열매 때문에 소중히 여겨지고, 흔한 야채와는 다른 대접을 받는다. 야채는 비록 2년생 식물일지라도 뿌리가 성숙할 때까지만 가꾸어지고, 또 뿌리를 키울 목적으로 잎 부분을 잘라버리기가 일쑤여서 대부분의 사람들은 그것의 꽃피는 계절을 모른다.

나는 지금 강인하고 용감한 천성을 가진 사람들에게 어떤 생활 규범을 제시하려는 것이 아니다. 그런 사람들은 천국에서나 지옥에서나 자기 일을 알아서 처리해나가며, 가진 돈을 탕진하지 않으면서도 거부들보다 더 큰 저택을 짓고 더 풍성하게 돈을 쓰는 사람들이다. 그러나 과연 그런 사람들이 단 몇 명이라도 실제로 존재하는지는 모를 일이다.

내가 다음으로 제외하고 싶은 사람들은 자기의 현재 상황 속에서 자극과 감흥을 발견하며 연인들 사이에나 있을 법한 애정과 열정을 가지고 그것을 소중히 여기는 사람들인데, 나 자신도 어느 정도는 이 부류에 속한다고 생각한다. 나의 또 다른 제외 대상은 어떤 직업이건 만족스러운 마음으로 종사하고 있는 사람들로서 본인 스스로가 직업에 대한 만족감을 자각하고 있는 사람들이다.

내가 말하려는 주요 대상은 인생에 만족을 느끼지 못하는 대부분의 사람들로, 자신의 운명을 개선해보려는 노력은 보류한 채 타고난 신세와 때를 잘못 만난 것을 한탄만 하고 있는 사람들이다. 그들 가운데 어떤 사람들은, 자기는 자신의 의무를 다하고 있다며 목청 높여 끈질기게 불만을 늘어놓는다. 나의 또 다른 대상은 겉으로는 부유하나 실은 가장 가난한 부류의 사람들, 즉 찌꺼기 같은 부를 축적했으나 그 부를 어떻게 써야 할지 또는 어떻게 버려야 할지를 몰라서 스스로 금과 은으로 된 족쇄를 만들어 찬 사람들이다.

내가 과거에 원했던 생활에 대해 이야기한다면 내 생활의 내력을 다소 알고 있는 독자들도 적잖이 놀랄 것이며, 전혀 모르는 독자들이라면 크게 놀랄 것이다. 내 가슴에 소중히 품고 있던 계획들 중 몇 가지를 이제 넌지시나마 비치고자 한다.

어떤 날씨건 낮과 밤의 어떤 시간이건, 나는 그 시점을 최대한 선용하고 나의 지팡이에도 새겨놓으려고 했다. 과거와 미래라는 두 개의 영원이 만나는 바로 이 현새의 순간에 서서 줄을 타듯이 균형을 유지하려고 했다. 독자 여러분은 나의 말에 다소 모호한 곳이 있더라도 용서해주리라 믿는다. 왜냐하면 나의 일은 다른 사람들의 일보다 비밀이 많고, 그것이 고의적인 비밀은 아닐지라도 일의 성질상 어쩔 수 없는 비밀이기 때문이다. 그러나 나는 내가 아는 바를 모두 기꺼이 이야기할 것이며 문에다가 '출입 금지'라는 팻말을 내걸지는 않겠다.

나는 오래전에 사냥개 한 마리와 밤색 말 한 필과 비둘기 한 마리를 잃었는데 지금도 그것들의 행방을 찾고 있다. 많은 여행자들을 만나 이 짐승들에 관해 이야기를 하면서, 그들이 잘 가던 곳이 어디며 무엇이라고 불러야 알아듣던가를 말해주었다. 내가 만난 한두 사람은 내 사냥개의 짖는 소리와 내 말의 발굽 소리를 들었고 심지어는 내 비둘기가 구름

뒤로 사라지는 것을 보았노라고까지 했는데, 그들은 마치 자기 짐승들을 잃어버리기라도 한 것처럼 그것들을 찾고 싶어 했다.[21]

해돋이와 새벽뿐만 아니라 가능하다면 자연 자체를 앞지를 수 있다면 얼마나 좋을까! 얼마나 많은 여름과 겨울날의 아침에, 그 어떤 이웃도 일어나서 자기 일을 시작하기 전에 나는 이미 내 일을 하고 있었던가! 어스름한 새벽녘에 보스턴으로 떠나는 농부들이나 일하러 가는 나무꾼 등 많은 동네 사람들이 이미 일을 마치고 돌아오는 나와 마주쳤던 것이다. 사실, 해가 뜨는 것을 실제로 돕지는 못했지만 해가 뜨는 현장에 있었다는 것만으로도 대단한 일이 아니었던가?

얼마나 많은 가을날과 겨울날을 마을 밖에서 보내면서 바람 속에 들어있는 소식을 들으려고 했으며, 또 그 소식을 지급至急으로 전하려고 했던가! 나는 여기에 내 자본금 전부를 털어 넣었을 뿐만 아니라 바람을 정면으로 맞다가 숨까지 끊어질 뻔했다. 아마 그 소식이 양대정당兩大政黨의 어느 편에 관계된 것이었더라면 신문에 재빠르게 보도되었으리라. 어떤 때는 절벽이나 나무 위의 망루에 올라가 새로운 소식이라도 있으면 전보를 치기 위하여 사방을 지켜보았다. 저녁때는 언덕 위에 올라

---

21) 사냥개와 밤색 말과 비둘기가 무엇을 의미하는가에 대해서는 책 출간 이래 학자들의 구구한 의견이 있었다. 예를 들면, 한 학자는 그 셋은 '진' '선' '미'를 가리킨다고 했는가 하면, 또 다른 학자는, 셋 중 둘은 '첫 사랑 엘렌 슈월'과 '요절한 형 존'을 가리킨다고 주장하기도 했다. 소로우 자신은 한 편지에서 그 의미에 대하여 다소 모호한 설명을 했는데, 면전에서 그 의미를 묻는 한 독자에게도 "사람은 살다보면 잃는 것들이 있게 마련이죠."라고만 했다고 한다.

가 하늘이 무너지기를, 그래서 무엇이라도 떨어지는 것을 잡으려고 기다리곤 했다. 그러나 이렇다 할 것을 잡은 일도 별로 없고, 있더라도 만나[22]처럼 햇빛 속에 녹아버리기 일쑤였다.

오랫동안 나는 조그만 잡지사의 기자로 있었는데 그 잡지의 편집장은 내 기고의 대부분이 기사로 싣기에는 적당치 않다고 생각했다. 그래서 작가들이 흔히 그렇듯이 애만 쓰고 만 셈이었다. 하지만 내 경우에는 수고 그 자체가 보상이 되었다.

여러 해 동안 나는 눈보라와 폭풍우의 관찰자로 스스로를 임명하고 내 직무를 충실히 수행했다. 그리고 측량 기사로서 큰길은 아니더라도 숲길이나 지름길들을 답사하여 그것들이 막히는 일이 없도록 했으며, 사람들이 다닌 흔적이 있어 그 쓸모가 입증된 곳은 계곡에 다리를 놓아 어느 철이고 통행이 가능하도록 했다.

나는 우리 마을의 길들여지지 않은 가축들을 돌보았는데, 이 녀석들은 울타리를 뛰어넘어 가 충실한 목동들의 애를 여간 먹이는 게 아니었다. 또한 나는 사람들의 발길이 잘 닿지 않는 농장의 이곳저곳을 살펴주기도 했다. 그러나 농부 조나스나 솔로몬이 그날 밭에 나와 일을 했는지의 여부는 알지 못했으니 그것은 내가 상관할 바가 아니었다. 나는 빨간 허클베리, 모래벚나무, 팽나무, 폰데로사소나무, 검정물푸레나무, 흰포도나무와 노랑오랑캐꽃에도 물을 주었다. 그러지 않았더라면 그것들은 가문 날씨에 말라 죽었을지도 모른다.

22) 만나 _ 성경에 나오는 하늘에서 내린 음식.

자랑삼아 하는 얘기는 아니지만, 이처럼 나는 내 직무를 오랫동안 충실히 해왔다. 하지만 마을 사람들이 나를 공직자의 대열에 끼워주거나 약간의 보수가 있는 한직閑職 하나 주려 하지 않는다는 것이 점점 명백해졌다. 내가 충실하게 적어온 장부는 한 번도 감사를 받거나 재가를 받은 적이 없었으며, 지불 정산된 일은 더더욱 없었다. 그러나 나는 그런 것에는 신경을 쓰지 않겠다.

얼마 전에 한 인디언 행상이 우리 마을에 사는 유명한 변호사의 집으로 바구니를 팔러 왔다. "바구니를 사지 않겠습니까?" 하고 그는 물었다. "아니오. 살 생각 없습니다."라는 것이 대답이었다. "뭐요? 우리를 굶겨 죽일 생각이오?" 하고 대문을 나가면서 그 인디언은 외쳤다. 자기 주위의 부지런한 백인들이 모두 잘사는 것을 보고, 특히 변호사는 변론을 엮어내기만 하면 무슨 마술처럼 재물과 시위가 뒤따르는 것을 보고 이 인디언은 생각했던 것이다. 나도 사업을 시작해야지. 바구니를 짜야겠어. 내가 할 수 있는 일은 그것이니까. 그 인디언은 바구니를 만들어놓으면 자기 일은 끝나고, 바구니를 사는 것은 백인의 임무라고 생각했던 것이다. 그는 남이 살 만한 가치가 있는 바구니를 만들든가, 최소한 사는 사람으로 하여금 그런 생각이 들도록 만들든가 또는 살 가치가 있는 어떤 다른 물건을 만들어야 한다는 생각은 하지 못했던 것이다.

나 역시 하나의 바구니, 올이 섬세한 바구니 하나를 엮어놓았으나 그것을 남이 살 만한 것으로 만들지는 못했다. 하지만 내 경우에 그 바구니는 역시 엮을 가치가 있었다고 생각하며, 그것을 남이 살 가치가 있는 것으로 만드는 방법을 연구하는 대신 어떻게 하면 팔지 않아도 될 것인가를 연구했다. 사람들이 찬양하고 성공적인 것으로 생각하는 삶은 단지 한 종류의 삶에 지나지 않는다. 왜 우리는 다른 여러 종류의 삶을 희생하면서까지 한 가지 삶을 과대평가하는 것일까?

내 동료 시민들이 나에게 법원의 한자리나 부목사직 또는 먹고살 만한 다른 자리를 줄 생각이 없다는 것, 그리하여 나 스스로 앞길을 개척해야 한다는 것을 안 나는 더욱더 숲으로 얼굴을 돌리게 되었다. 그곳에서 나는 꽤 알려진 편이었다. 나는 흔히 하듯이 자본금이 모이기를 기다리지 않고 이미 가지고 있는 약간의 준비금만을 가지고 곧바로 사업에 착수하기로 했다. 내가 월든 호숫가에 간 목적은 그곳에서 생활비를 덜 들여가며 살자거나 또는 호화롭게 살자는 것이 아니라, 되도록 누구의 방해도 받지 않고 내 개인적인 용무를 보자는 데 있었다. 약간의 상식과 사업적 재능이 없어서 이 일을 하지 못한다는 것은 서글프다기보다는 차라리 어리석은 것처럼 보였다.

나는 항상 일을 명확하게 처리하는 습관을 가지려고 노력했다. 이것은 누구에게나 꼭 필요한 것이다. 만약 당신이 중국과 무역하는 사업을 시작하려 한다면 세일럼 같은 항구에 자그마한 사무소를 하나 마련하면 기본 준비는 된 셈이다. 당신은 이 나라에서 생산되는 순수한 국산품들, 즉 다량의 얼음과 소나무 목재 그리고 상당량의 화강암을 미국 배에 실어 수출하는 일에 착수할 것이다.

사업의 성공을 위해 다음과 같은 지침을 항상 따르는 것이 좋을 것이다. 즉 당신 스스로가 모든 세부 사항을 일일이 감독하는 것이다. 당신 자신이 조타수와 선장을 겸하며, 선주와 보험업자도 겸한다. 손수 매매와 회계를 맡아 하며, 수신한 편지를 읽고 발송될 편지를 쓰는 일도 직접 한다. 밤낮으로 수입 상품의 하역 작업을 감독한다. 값진 상품의 하역 작업이 저지 해안에서 자주 이루어지므로 같은 시간에 해안을 이리 뛰고 저리 뛴다. 스스로의 신호기가 되어 쉴 새 없이 수평선을 살펴보며, 연안으로 항해하는 모든 선박들과 통화한다. 거리가 멀고 가격이 비싼 시장에 공급하기 위하여 지속적으로 상품을 발송한다. 도처의 시장 경기 및 전쟁과 평화의 전망에 대해 정통하여 무역과 문명의 동향을 예측하되, 모든 탐험대의 결과 보고를 이용하고 새로운 항로와 개선된 항해술을 이용한다. 해도海圖를 연구하고 암초의 위치와 새로운 등대와 부표의 위치를 확인하며, 항상, 강조하건대 항상 대수표對數表를 수정하도록 한다. 왜냐하면 정든 항구에 입항해야 할 배가 대수계산원의 잘못으로 암초에 부딪히는 경우가 종종 있기 때문이다. 라페루즈[23]의 운명은 아무도 모르지 않는가? 한노[24]를 위시한 페니키아 사람들에서 오늘날에 이르기까지 모든 위대한 탐험가들과 항해가들 및 대모험가들과 상인들의 전기를 연구하며, 세계적인 과학과 보조를 맞춘다. 또한 수시로 재고를 조사하여 현황 파악을 한다.

    위에 열거한 일들은 모두 한 사람의 능력 한계를 시험하는 힘든 일이다. 그것은 이익과 손해, 이자, 용기 산정容器算定 방법 및 각종 측정 문제 등 광범위한 지식이 요구되는 문제들인 것이다.

---

23) 라페루즈 _ 남태평양에서 행방불명된 18세기의 프랑스 탐험가.
24) 한노 _ 서아프리카의 해안을 탐사한 기원전 5, 6세기 카르타고의 대항해가.

나는 월든 호숫가가 사업하기에 좋은 곳이라고 생각했다. 철도가 있고 얼음 채취 사업이 있기 때문만은 아니다. 이 호수는 그 밖에도 여러 가지 이점을 제공하고 있는데, 그 이점을 공개하는 것은 그리 현명한 일이 아닐지 모르겠다. 이 호수는 좋은 항구와 좋은 기반을 가지고 있다. 네바 강[25] 옆의 늪지대처럼 메울 필요가 없다. 물론 어디서나 스스로 땅에 말뚝을 박아 집을 지어야 하지만 말이다. 풍문에 의할 것 같으면, 서풍이 불고 네바 강이 얼어붙는 때에 밀물이 몰아닥치면 페테르부르크 시는 지구 표면에서 사라지게 될 것이라고 한다.

이 사업은 으레 있어야 할 자본도 없이 시작했으니 그러한 일에 반드시 필요한 몇 가지 기초 재원을 어디서 마련할 것인가를 추측하는 것은 쉬운 일이 아니겠다. 그러면 실제 문제에 들어가 우선 의복을 생각해보자. 옷을 구입할 때 우리는 참다운 실용성보다는 새것을 좋아하는 심리와 다른 사람들이 우리를 어떻게 볼까 하는 점에 더 좌우된다. 일을 해야 할 사람에게 그가 옷을 입는 목적은 첫째 체온을 유지하기 위함이요, 둘째 현재의 인간 사회에서는 알몸을 가려야 하기 때문이라는 사실을 상기시켜보자. 그러면 그는 지금 있는 옷만 가지고도 중요한 사업을 얼마든지 해낼 수 있다는 것을 깨닫게 될 것이다.

왕실의 재단사가 만들어 바친 옷이라도 한 번만 입고 버리는 왕과 왕

---

[25] 네바 강 _ 페테르부르크 시(전에 레닌그라드라고 불렸던 러시아 공화국의 주요 도시)를 흐르는 강.

비 같은 사람들은 몸에 맞는 옷을 입는 기분이 어떤 것인지를 알지 못한다. 그들은 깨끗한 옷을 걸어두는 옷걸이나 다를 것이 없는 존재들이다. 우리의 의복은 날이 갈수록 입는 사람의 성격이 배어들어 점점 몸의 일부처럼 되어버린다. 그리하여 마침내는, 우리가 자신의 육체를 떠날 때 그리하듯 정말 마지못한 심정으로, 의료 기구를 사용하거나 어떤 의식을 치르기 전에는 그 옷을 벗어던지기를 주저하기에 이른다.

나는 어떤 사람이 기운 옷을 입었다고 해서 그 사람을 조금이라도 낮게 본 적이 없다. 그러나 대체로 사람들은 건전한 양심을 갖기보다는 유행에 맞는 옷, 적어도 깨끗하고 기운 자국이 없는 옷을 입는 데 더 많은 신경을 쓰고 있음을 나는 알고 있다. 그러나 설사 찢어진 곳을 깁지 않고 그대로 입었다 하더라도 그것 때문에 드러난 최악의 부덕은 기껏해야 주의가 좀 부족하다는 정도일 것이다.

나는 가끔 다음과 같은 테스트로 나의 친지들을 시험해본다. 즉 당신들 중의 누가 무릎 위를 깁거나 또는 두어 번 박음질을 한 옷을 입어볼 용기를 가졌느냐고. 대부분의 사람들은 그런 옷을 입으면 자신의 앞날이 망쳐질 것으로 생각한다. 그들은 떨어진 바지를 입기보다는 차라리 다리가 부러져 거리를 절룩거리며 걷는 것을 택할 것이다. 한 신사의 다리에 사고가 생기면 치료를 받을 수 있지만, 그 비슷한 사고가 그의 바짓가랑이에 생기면 치료 방법이 없다. 그는 무엇이 진실로 존경할 만한 것인가보다는 세상 사람들이 존경하는 것이 무엇인가를 더 염두에 둔다.

우리는 사람은 몇 알지 못하나 외투나 바지는 무던히도 많이 알고 있다. 당신이 마지막 입었던 옷을 허수아비에게 입혀놓고 그 옆에 알몸으로 뱅충맞게 서 있어보라. 그러면 누구나 곧바로 허수아비에게 먼저 인사를 할 것이다. 요전날 나는 어느 옥수수 밭을 지나가다가 나무 말뚝에 모자와 외투를 입혀놓은 것을 보고 그 밭 주인이 누구인가를 알았다. 그는 내가 마지막으로 보았을 때보다 조금 더 풍우風雨에 시달려 보였다.

내가 들은 바에 의하면, 어느 개는 낯선 사람이 옷을 입고 주인집 가까이에 오면 짖어댔으나 발가벗고 침입한 도둑에게는 가만히 있었다고 한다. 사람들에게서 옷을 벗겨버렸을 때 어느 정도까지 각자의 상대적 지위를 유지할 수 있을 것인가는 흥미로운 문제이다. 그 경우 당신은 가장 존경받는 계급에 속한 일단의 문명인들을 틀림없이 가려낼 수 있겠는가?

동서양에 걸쳐 모험적인 세계 여행을 했던 파이퍼 부인이 비교적 고국에 가까운 러시아령 아시아 지방에 와서 관리들을 만나러 갈 때 그녀는 여행복이 아닌 다른 옷을 입을 필요를 느꼈는데, 그 이유는 "이제는 옷을 보고 사람을 판단하는 문명국에 왔기 때문"이라고 했다.

민주적인 우리 뉴잉글랜드 지방에서도 어떤 사람이 우연히 한재산을 모아 자기의 부를 옷이나 장신구로 과시하기만 해도 거의 모든 사람의 존경을 받게 된다. 그러나 이러한 존경을 표시하는 사람들은 그 수가 아무리 많을지라도 바른길을 모르는 이교도에 지나지 않으며, 따라서 그들에게는 선교사를 파견할 필요가 있다. 그리고 옷을 해 입게 되면서 바느질이 생겨났는데, 이 바느질이라는 것은 아무리 해도 끝이 없는 일이라 하겠다. 적어도 여자의 옷은 결코 완성되는 날이 없을 것이다.

마침내 무엇인가 할 만한 일을 발견한 사람은 그 일을 위해서 새 옷을 장만할 필요는 없을 것이다. 여러 해 동안 다락에서 먼지가 뿌옇게 쌓인 채로 있던 헌 옷을 꺼내 입어도 될 것이다. 헌 신발은 영웅이 신으면 그의 하인이(만약 영웅에게 하인이 있다면) 신을 때보다 더 오래갈 것이다. 맨발은 신발보다 더 오래된 것인 데다 영웅은 맨발로도 다닐 수 있으니 말이다. 만찬회나 입법기관에 드나드는 사람들만은 사람 자체가 수시로 달라지므로 그때마다 새 외투가 필요할 것이다. 하지만 나의 상의와 바지, 모자와 신발이 그 차림으로 하느님을 예배하기에 손색이 없다면 그것으로 족하다고 할 수 있지 않겠는가?

자기의 헌 옷, 헌 외투가 너무 낡아서 원래의 구성 재료로 되돌아가는 것을 실제로 본 사람이 있는가? 그래서 그 외투를 불쌍한 아이에게 주는 것이(그 불쌍한 아이는 나중에 그것을 자기보다 더 불쌍한 아이, 아니 가진 것이 거의 없어도 지낼 수 있으니 실은 더 부유하다고도 할 수 있는 그런 아이에게 줄 예정이겠지만) 결코 자비로운 행동이 되지 못할 정도의 외투 말이다. 옷을 새롭게 입는 사람보다는 새 옷을 필요로 하는 모든 사업을 조심하라고 경고하고 싶다. 새 사람이 없는데 어떻게 몸에 맞는 새 옷이 만들어질 수 있는가? 만약 당신이 어떤 사업을 하려고 한다면 헌 옷을 입고 하도록 하라.

사람들은 누구나 '가지고 할' 그 무엇을 찾는 것이 아니라 '해야 할' 그 무엇, 혹은 차라리 자기가 '되어야 할' 그 무엇을 찾고 있는 것이다. 어쩌면 우리는 옷이 아무리 남루하고 더럽더라도 새 옷을 사서는 안 될지도 모르겠다. 우리가 어떤 특별한 방식으로 처신해오고, 일을 해오고 또 항해航海를 해온 결과 스스로 헌 옷을 걸친 새사람처럼 느끼고, 그래서 더 이상 헌 옷을 계속 입으면 낡은 병에 새 술을 담은 것처럼 느낄 때까지는 말이다.

우리가 털갈이하는 시기는 날짐승의 그것처럼 인생에 있어 위기의 국면일 때여야만 한다. 되강오리는 털갈이 철이 되면 한적한 호수를 찾아간다. 이와 마찬가지로 뱀 또한 허물을 벗고 쐐기벌레 역시 애벌레의 껍질을 벗는데 그 모두 내부적인 활동과 확장에 의한 것이다. 사람에게 의복은 맨 겉에 입는 표피요 '속세의 번뇌'에 지나지 않는다. 위에 얘기한 것처럼 옷을 다루지 않는다면 그것은 다른 나라의 국기를 달고 항해하는 격이어서 인류 전체의 의견뿐 아니라 우리 자신의 의견에 의해서도 마침내는 쫓겨나고 말 것이다.

우리는 마치 밖으로만 겹겹이 커가는 외생 식물처럼 의복 위에 의복을 껴입는다. 우리의 얇고도 멋진 외의外衣는 외피 또는 가짜 피부여서 생명과는 아무 관계가 없고, 여기저기를 잘라내도 치명적인 상처는 입지 않는다. 우리가 항상 입고 있는 좀 더 두꺼운 옷은 우리 세포질의 주피珠皮, 즉 수피樹皮다. 그러나 우리가 입고 있는 내의는 우리의 체관부, 즉 진짜 껍질로서 사람의 몸을 다치게 하지 않고는 벗길 수 없는 것이다.

나는 모든 인종은 어떤 계절에는 내의에 해당하는 그 무엇을 입는다고 믿고 있다. 바람직한 것은, 옷을 간소하게 입어 어둠 속에서도 자신의 몸을 더듬어볼 수 있도록 하며, 모든 점에서 간결하고 준비성 있게 생활하는 것이다. 그렇게 하면 가령 적군이 자신의 도시를 점령했다 하더라도 어느 옛 철인처럼 거리낌 없이 빈손으로 성문을 빠져나갈 수 있을 것이다.

　두꺼운 옷 한 벌은 대개 얇은 옷 세 벌의 구실을 한다. 또 모든 사람들이 알맞은 가격으로 사 입을 수 있는 값싼 옷들이 있다. 몇 년이고 입을 수 있는 두꺼운 외투를 5달러면 살 수 있으며, 두꺼운 바지는 2달러, 소가죽 구두가 1달러 50센트, 여름 모자는 25센트, 겨울 모자는 62 1/2센트로 살 수 있다. 아니면 사소한 비용을 들여 이보다 더 좋은 것을 집에서 만들 수도 있다. 이렇게 자기가 벌어서 장만한 옷을 입고서도 자기에게 경의를 표해주는 현명한 사람들을 발견하지 못할 만큼 가난한 사람이 어디 있겠는가?

　내가 마을의 여자 재봉사에게 가서 이러이러한 옷을 만들어달라고 주문하면 그 여자는 정색을 하며 "요즘에는 사람들이 그런 옷을 맞추지 않아요." 하고 말한다. 그녀는 마치 '운명의 세 여신' 같은 초월적인 권위를 인용하는 것처럼 '사람들'이라는 말을 전혀 강조하지 않는다. 내 말이 진심일 리 없고 또 내가 그처럼 경박할 리 없다는 그녀의 믿음 때문에 나는 내가 원하는 옷을 맞추어 입기가 힘든 것이다. 이런 말을 들으면 나는 잠시 생각에 잠기게 된다. 나 스스로에게 한마디 한마디를 강조해보면서 그 뜻을 이해하려고 하며, '사람들'과 '나'는 어느 정도의 혈연관계가 있고, 또 나에게 그처럼 영향을 주는 일에 그 사람들이 어떤 권위를 가지고 있는지를 알아보려고 한다. 그리고 마지막에는 나도 '사람들'이라는 말에 힘을 주지 않고 그 여자처럼 신비스러운 어조로 다음과 같이 말해주고 싶은 충동을 느낀다. "사실 얼마 전까지는 사람들이 그런 옷을 맞추지 않았지만 요즘은 맞추지요."라고 말이다.

그런데 그 여자 재봉사가 나의 성격은 재지 않고 마치 외투를 걸어둘 나무들이나 되는 것처럼 나의 어깨 넓이만 잰다면 나를 잰들 무슨 소용이 있겠는가? 우리는 '미의 세 여신'이나 '운명의 세 여신'을 숭배하지 않고 유행의 여신을 숭배하고 있다. 이 유행의 여신은 전적인 권위를 가지고 실을 뽑아서 옷감을 짜고 옷을 재단한다. 파리에 있는 원숭이 두목이 어떤 여행용 모자를 쓰면 미국에 있는 모든 원숭이들은 그와 똑같은 모자를 쓰는 것이다.

나는 때로는, 사람들의 도움을 받아서는 이 세상에서 아주 간단하고 정직한 일 하나도 이루어낼 수 없으리라는 절망감에 빠질 때가 있다. 그들을 강력한 압착기에 넣어, 머릿속의 낡은 사상들을 짜내 버려 이것들이 다시는 일어나지 못하도록 해야겠지만 그렇게 해도 그들 중 한 사람의 머릿속에 언제 슬어놓은지 알 수 없는 쉬에서 구더기가 나올 것이고, 이것들은 불에 태워도 죽지 않으니 결국 헛수고만 하는 셈이다. 그러나 우리는 이집트의 보리가 미라에 의하여 우리에게 전해졌다는 사실을 잊지 않을 것이다.

대체로 보아 나는 우리 나라에서든 또는 다른 나라에서든 의상이 예술의 경지에까지 도달했다는 주장은 옳지 않다고 생각한다. 사람들은 현재 손에 닿는 대로 아무 옷이나 입는다. 마치 난파한 배의 선원들처럼 해변에 올라 손에 넣을 수 있는 아무 옷이나 주워 입지만 공간적 거리나 시간적 거리가 생기면 서로의 어릿광대 꼴을 비웃는다. 어느 세대이건 낡은 유행을 비웃으면서 새 유행을 열심히도 뒤쫓는다. 우리는 헨리 8세나 엘리자베스 여왕 시대의 의상을 보면 마치 그것이 식인종이 사는 섬나라의 왕이나 왕비의 옷인 것처럼 재미있어한다.

사람의 몸에서 일단 벗겨진 옷은 보잘것없고 우스꽝스럽다. 다만 옷을 웃음거리가 되지 않게 하고 성스럽게까지 하는 것이 있다면, 그것은 그 옷을 입은 사람의 반짝이는 진지한 눈빛과 성실한 삶 때문인 것이다. 어릿광대가 복통을 일으켜 괴로워하면 그의 의상도 그 분위기에 맞추어질 것이며, 병사가 포탄에 맞아 쓰러지면 갈기갈기 찢긴 군복은 왕후의 자줏빛 의상보다 더 그에게 어울리는 것이다.

새로운 양식의 의상을 찾는 세상 남녀들의 유치하고도 야만스러운 취미는 많은 사람들로 하여금 현재 이 세대가 요구하는 새로운 모양을 찾아낼 욕심으로 끝없이 만화경을 흔들어보고 들여다보게 하고 있다. 의상 제조업자들은 이 취미가 한낱 변덕에 지나지 않는다는 것을 잘 알고 있다. 실올이 다소 다를 뿐인 어느 특성한 색깔의 두 가지 옷감 중에서 한 가지는 잘 팔리고 다른 한 가지는 선반에 처박혀 있다가, 계절이 바뀌면 안 팔리던 옷감이 날개 돋친 듯 팔리는 경우가 흔히 있다. 몸에 문신을 하는 것을 흉측한 습관이라고들 하지만, 유행이란 것과 비교할 때 꼭 그렇다고 할 수는 없다. 피부에 박혀 일생 지워지지 않는다는 이유만으로 야만적인 습관이라고 할 수는 없는 것이다.

나는 우리의 공장제도가 옷을 구할 수 있는 최상의 방법이라고 생각지 않는다. 공장 근로자들의 형편은 날이 갈수록 영국 공장 근로자들의 형편을 닮아가고 있다. 그것은 어쩌면 이상한 일이 아닐지 모르는데, 내가 보고 들은 바에 의하면 공장 운영의 주목적이, 사람들이 옷을 잘 입고 올바르게 입을 수 있도록 하려는 것이 아니라 회사가 돈을 많이 벌자는 것에 있기 때문이다. 인간은 결국 목적하는 바를 달성하고 만다. 그렇다면 비록 당장은 실패하더라도 높은 목표를 겨냥해야 되지 않겠는가?

그러면 이제는 주택에 대하여 이야기해보자. 오늘날 주택이 인간 생활의 필수품이 되어있다는 것을 부정하지는 않겠다. 그러나 사람들이 집 없이도 이곳보다 더 추운 지방에서 오랫동안 살았다는 실례들이 있다. 영국의 저술가 새뮤얼 래잉은 "라플란드[26]에서는 사람들이 가죽옷을 입고 가죽 자루를 머리와 어깨까지 뒤집어쓰고 밤마다 눈 위에서 자는데, 그곳은 어떤 털옷을 입고 있어도 얼어 죽을 만큼 추웠다."고 말한다. 래잉은 그 사람들이 그렇게 자는 것을 직접 목격했다. "하지만 그들이 다른 종족보다 더 강인한 것은 아니다."라고 그는 덧붙여 말하고 있다.

인간은 아마 지상에 생겨난 지 얼마 안 되어 집이란 것을 갖는 편의, 즉 '가내안락家內安樂'을 발견했으리라고 생각하는데, 이 '가내안락'이란 말은 원래 가족을 가졌다는 만족감보다는 가옥을 지닌 데에 대한 만족감을 의미했으리라. 하지만 가옥을 생각하면 주로 추운 겨울과 비 오는 계절이 연상되고, 1년 중 3분의 2는 양산陽傘만 가지고도 지낼 수 있는 기후를 가진 지방에서는 가내안락이란 극히 부분적이고 일시적인 것이었으리라. 옛날 이곳 뉴잉글랜드 지방에서는 여름철에 집이란 밤의 덮개에 지나지 않았다. 인디언의 그림 문서를 보면 하나의 천막집은 하루 동안 행진의 상징이었고, 나무껍질에 새겨지거나 그려진 일련의 천막집들은 그들이 몇 번이나 야영했는가를 의미했다.

---

26) 라플란드 _ 스칸디나비아 반도의 북부로서 북극에 가까운 지방.

인간은 원래 자기 세계를 스스로 좁히거나 자신에게 알맞은 공간에 담을 쌓고 들어갈 필요를 느낄 만큼 기골이 장대하고 강인하게 만들어지지 않았다. 그는 처음에는 알몸으로 야외에 살았다. 그런 생활은 낮에 날씨가 맑고 따뜻할 때에는 꽤나 쾌적했을 것이다. 그러나 그가 서둘러 집이라는 은신처를 만들어 자기 몸을 감싸지 않았던들, 뜨겁게 내리쬐는 태양은 물론 우기雨期와 엄동嚴冬으로 인류는 그 초기에 멸망하고 말았을 것이다. 우화에 의하면 아담과 이브는 옷을 입기 전에 우선 나뭇잎을 걸쳤다고 한다. 인간은 집이라는 따뜻하고 안락한 장소를 구했던 것인데, 먼저 육신의 따뜻함을, 다음에는 사랑의 따뜻함을 구했던 것이다.

우리는 인류의 초창기에 진취적인 누군가가 바위 굴로 기어들어 가 그곳을 집으로 삼았던 것을 상상할 수 있다. 어느 면에서 아이들은 그 하나하나가 인류사를 다시 시작한다고도 할 수 있는데, 그들은 비가 오거나 날씨가 추워도 밖에 나가 있기를 좋아한다. 아이들은 말馬놀이나 집 놀이를 하는데 그것은 그러한 놀이에 대한 본능을 지니고 있기 때문이다. 어렸을 때 평평한 바위나 동굴의 입구를 보고도 흥미를 느끼지 않았던 사람이 있을까? 그것은 우리의 가장 원시 때의 조상이 아직도 우리 몸에 살아있어 느끼는 자연적인 동경의 감정인 것이다.

동굴로부터 발전한 인류는 종려나무로 지붕을 이게 되었고, 그다음에는 나무껍질과 나뭇가지로 된 지붕, 아마포를 짜서 펼친 지붕, 풀과 짚으로 된 지붕, 판자와 널로 된 지붕 그리고 돌과 타일로 된 지붕을 갖게 되었다. 마침내 우리는 야외에서 사는 것이 무엇인지 모르게 되었고, 우리의 생활은 생각하지도 못했던 여러 의미에서 가정적인 것이 되었다. 난롯가에서 들로 가는 길은 이제 멀다. 우리가 더 많은 낮과 밤을 우리의 몸과 천체天體들 사이에 아무런 장벽을 두지 않고 보낸다면 더 좋지 않겠는가! 또 시인이 지붕 밑에서 그처럼 열변을 토하지 않고, 성자가 지붕 밑에서 그처럼 오랫동안 은거하지 않는다면 더 좋지 않겠는가! 새들은 굴속에서는 노래하지 않으며, 비둘기도 비둘기장 속에서는 순결을 지키지 않는다.

만약 당신이 들어가 살 집을 지을 생각이라면 다 짓고 나서 보니 집이 무슨 공장처럼 되었다든지 또는 갈피를 잡지 못할 미궁처럼 되었다든지 또는 박물관, 양로원, 감옥 혹은 호화 분묘처럼 되었다든지 하는 일이 없도록 하기 위해서는 이 지방 사람 특유의 재치를 어느 정도 발휘할 필요가 있다. 우선 집의 기본 요건만을 갖춘 간소한 집은 어떤 것인가를 생각해보자. 나는 이 마을 근처에서 페납스카트족 인디언들이 얇은 무명 천막을 치고 사는 것을 본 적이 있는데, 천막 주위에는 눈이 1피트가량이나 쌓여 있었다. 그때 나는 더 많은 눈이 쌓여서 바람을 막아주면 그들이 좋아하리라는 생각을 했다.

전에 어떻게 하면 정직한 방법으로 생활비를 벌면서 동시에 내가 진정으로 하고 싶은 일을 추구할 자유를 가질 수 있을까 하는 문제로 지금보다 더 고민하고 있을 때(불행히도 지금은 다소 무감각해진 편이다.) 나는 철로 변에 놓여 있는 큰 상자를 바라보곤 했다. 그 상자는 가로 6피트에 세로 3피트쯤 되는 크기로 철로 인부들이 밤에 연장을 넣어두는 곳이었다. 나는 그것을 보고 형편이 아주 어려운 사람이라면 한 1달러쯤 주고 저런 상자를 사서, 구멍을 두어 개 뚫어 최소한의 공기가 통하게 하고,

비가 올 때나 밤에는 그 속에 들어가 뚜껑을 내리면 영혼 깊숙이 자유를 누릴 수 있지 않을까 하는 생각을 했다.

그렇게 하는 것이 최악의 방법은 아니며 멸시할 방법도 결코 아닌 것 같았다. 거기서 살면 마음 내키는 대로 밤늦게까지 자지 않고 있을 수 있으며, 아무 때고 일어나 집을 나가도 집주인이 집세를 달라고 귀찮게 구는 일은 없을 것이다. 이런 상자 속에서 살아도 얼어 죽는 일은 없을 터인데, 많은 사람들이 이보다 더 크고 호화로운 상자를 빌려서 살며 그 대금을 치르느라 죽을 고생을 하고 있다. 나는 지금 결코 농담을 하고 있는 것이 아니다. 경제란 입으로는 가볍게 말할 수도 있겠지만 실제로는 그렇게 간단히 처리될 수 있는 것이 아니다.

예전에 이곳에서 주로 야외 생활을 하던 어느 투박하고 강인한 인디언 부족은 내 사연 속에서 쉽게 마련할 수 있는 재료만으로도 안락한 집을 지어 살았다. 매사추세츠 식민지의 인디언 문제 담당관이었던 구킨은 1674년에 쓴 글에서 이렇게 말하고 있다.

"인디언들의 가장 훌륭한 집들은 따뜻하고 빈틈없게 나무껍질로 말끔히 덮여 있다. 그 나무껍질은 나무에 물이 오르는 계절에 나무줄기에서 벗겨내어 푸른 기가 가시기 전에 묵직한 통나무로 짓눌러서 크고 얇은 조각으로 만든 것이다. ……(중략)…… 이보다 좀 못한 집들은 일종의 왕골로 만든 돗자리로 덮여 있고, 이 역시 빈틈없고 따뜻하나 전자만큼 훌륭하지는 못하다. 내가 본 어떤 집들은 길이가 60피트 내지 100피트, 높이가 30피트쯤 되었다. ……(중략)…… 나는 그런 인디언

집에서 가끔 자본 적이 있는데 영국의 일류 가옥 못지않게 따뜻했다."

구킨은 덧붙이기를, 그 집들은 대개 바닥에는 양탄자가 깔려 있고, 내부의 가장자리에는 솜씨 있게 수놓은 돗자리가 죽 놓여 있었으며 여러 가지 가구도 있었다고 한다. 이들 인디언들은 상당히 개명되어 있어, 지붕에 구멍을 뚫어 돗자리로 통풍을 조절했으며 그 돗자리에 줄을 달아 열고 닫고 하였다. 우선 이런 오두막은 기껏해야 하루 이틀 만에 지을 수 있고 불과 몇 시간이면 뜯어버릴 수 있었다. 각 가정은 그런 집을 한 채씩 가지고 있거나, 아니면 그런 집에 방 한 칸을 가지고 있었다.

미개인들은 저마다 최상의 주택에 못지않은 집을 한 채씩 가지고 있고, 이 집은 소박하고 단순한 그들의 욕망을 채워주기에 충분하다. 하늘을 나는 새는 둥지를 가지고 있고 여우는 굴을 가지고 있으며 미개인들도 오두막을 가지고 있건만, 현대의 문명사회에서 자기 집을 가지고 있는 가정은 반수도 안 된다고 해도 지나친 말은 아닌 것이다. 특히 문명이 위세를 떨치고 있는 대도시에서는 자기 집을 지니고 있는 사람이 전체 인구의 극히 일부에 지나지 않는다.

집 없는 나머지 사람들은, 여름철이나 겨울철이나 필수 불가결한 것으로 되어버린 이 주택이라는 이름의 겉옷에 대해서 해마다 세를 물고 있다. 그런데 이 세는 인디언의 오두막 마을 하나를 살 수 있을 만한 금액이지만 현재는 그들을 죽는 날까지 가난 속에 허덕이게 만드는 요인이 되어버렸다. 나는 여기서 집을 소유하는 것에 비해 빌려 사는 것의 단점을 역설하려는 것은 아니다. 하지만 미개인들은 비용이 적게 들기 때문에 자기 집을 소유할 수 있는 반면에, 문명인들은 자기 집을 소유할 여력이 없기 때문에 세 들어 사는 것만은 분명하다. 그 빌려 사는 형편마저 세월이 지난다고 해서 더 나아지는 것은 아니다.

그러나 가난한 문명인일지라도 그저 집세를 물기만 하면 미개인의 오두막에 비하면 대궐 같은 주택을 얻게 되지 않느냐고 반박하는 사람도 있으리라. 전국적인 시세인 연 25달러 내지 100달러의 집세만 내면 수 세기 동안에 개선된 가옥의 온갖 혜택, 즉 널찍한 방들, 깨끗한 칠과 도배, '럼퍼드식' 벽난로, 석고 세공을 한 뒷벽, 베니스식의 차양, 구리 펌프, 용수철 자물쇠, 넓은 지하실 그리고 그 밖의 여러 편의 시설을 즐길 수 있다. 하지만 이런 모든 것을 누리는 사람이 흔히 '가난한 문명인'이고 이런 것들을 갖지 못한 미개인은 미개인일지언정 유복한 것은 어찌 된 일일까?

만약 문명이 인간 상황의 신성한 발선이라고 수장한다면(나 역시 그렇게 생각하고 있다. 단 현명한 사람들만이 그 이점을 최대로 활용한다고 할 수 있다.), 그 문명은 비용을 더 들이지 않고 보다 훌륭한 주택을 마련하였다는 사실이 증명되어야 할 것이다. 여기서 내가 말하는 비용이라는 것은, 당장에 혹은 궁극적으로 사려는 그 물건과 바꾸어야 할 '생명의 양'을 말하는 것이다. 이 근처의 일반 가옥은 대략 800달러 정도인데 그만한 돈을 모으자면 부양가족이 없는 노동자라도 10년 내지 15년이 걸릴 것이다. 이 계산은 노동자의 하루 수입을, 사람에 따라 다소 차이는 있지만, 평균 1달러로 따진 것이다. 그러므로 노동자가 '자기의' 오두막을 마련하려면 생의 반 이상을 바쳐야 하는 것이다. 그가 집을 마련하는 대신 세를 사는 것을 택하더라도 상황이 더 나아진다고 볼 수는 없다. 미개인이 이런 조건으로 자신의 오두막을 대궐과 바꾸려고 했다면 그것이 현명한 짓이었겠는가?

　주택이라고 하는 이 큰 쓸모없는 재산을 미래에 대비한 준비금으로 가지고 있어 보았자 거기서 얻는 이익이란, 개인에 관한 한 자기가 죽은 후 장례식 비용을 치르는 정도일 것이다. 하지만 인간은 자기 장례식을 자기가 치를 필요는 없다. 그러나 바로 이것이 문명인과 미개인의 중요한 차이점을 지적하는 것이다. 그리고 문명 민족의 생활을 하나의 제도로 만들고 종족의 생활을 보존하고 완성하기 위하여 개개인의 생활을 그 안에 흡수하도록 한 데에는 물론 우리의 이익을 위한 기도企圖가 깃들어있다. 그러나 나는 지금 그 이익이 어떠한 희생을 치르면서 얻어지고 있는가를 밝히는 동시에, 우리가 손해를 전혀 보지 않고 이익만을 얻을 수 있는 생활 방식이 있을 수 있음을 시사하고자 하는 것이다.

　그러면 "가난한 자는 늘 그대와 함께하도다."[27] 혹은 "아비가 신 포도를 먹었으므로 아들의 이가 시다고 함"[28]은 도대체 무엇을 의미하는가?

　"나 주 여호와가 말하노라. 내가 나의 삶을 두고 맹세하노니 너희가 이스라엘 가운데서 다시는 이 속담을 쓰지 못하게 되리라."[29]

　"모든 영혼이 다 내게 속한지라. 아비의 영혼이 내게 속함같이 아들의 영혼도 내게 속하였나니 범죄하는 영혼이 죽으리라."[30]

---

27) 마태복음 26장 11절.
28) 에스겔 18장 2절.
29) 에스겔 18장 3절.
30) 에스겔 18장 4절.

나의 이웃인 콩코드의 농부들을 보면 그들은 경제적으로 최소한 다른 부류의 사람들만큼은 살고 있다. 그 사람들의 대부분은 20년, 30년 혹은 40년 동안을 힘들게 일해왔다. 그들이 그런 수고를 하는 것은, 저당이 잡힌 채로 상속받았거나 빚을 내어 구입한 농장의 사실상의 주인이 되어보려고 했기 때문인데 대부분은 아직도 빚을 청산하지 못하고 있다. 그들이 오랫동안 들인 노고의 3분의 1이 집값으로 들어갔다고 간주할 수 있는데도 말이다. 실상 채무액이 농장 가격을 넘는 경우가 종종 있으므로 농장 자체가 큰 골칫덩이가 되어버렸다. 그럼에도 불구하고 사람들은 농장을 상속받는데 그 이유는 "농장 사정을 자기가 잘 알기 때문"이란다.

자산 평가인들에게 물어보니 우리 마을에서 채무 없이 농장을 소유하고 있는 사람은 그들이 알기에는 얼두 넝노 되지 않는다고 하는데, 그 말을 듣고 놀라지 않을 수 없었다. 만약 여러분이 이들 농장의 내력을 알고 싶다면 그 농장들이 저당 잡혀 있는 은행에 가서 물어보라. 실제로 자기 노력으로 농장에 대한 채무를 갚는 사람은 너무나도 드물기 때문에 모든 이웃 사람들이 바로 그의 이름을 댈 수 있을 정도이다. 나는 콩코드에 그런 농부가 단 세 사람도 있을 것 같지 않다. 상인들에 관해서 흔히 하는 이야기, 즉 상인 100명 중 97명꼴로 그 절대 다수가 틀림없이 실패한다는 이야기는 농부에게도 그대로 적용된다.

그러나 상인 한 사람이 자기 동료에 대해 이야기하는 것을 들으면, 그들의 실패의 대부분은 순수한 금전상의 실패가 아니라 사정이 여의치 않아서 계약을 이행하지 않은 것에 지나지 않는다는 것을 알 수 있다.

즉 파산한 것은 도덕적 인격이라는 말이다. 하지만 만약 그렇다면 사태는 훨씬 추악한 모습을 띠게 되며, 100명 중 성공한 세 사람마저 아마도 자신의 영혼을 구제하는 데는 성공하지 못했을 뿐만 아니라 정직하게 실패한 사람들보다 더욱 나쁜 의미에서 파산했음을 의미하게 된다. 파산과 지불거절은, 우리 문명인의 대부분이 발판으로 삼아 재주를 뛰어넘는 도약대이다. 그러나 미개인은 기아飢餓라는 이름의 탄력성 없는 널빤지를 딛고 있을 뿐이다. 그래도 마치 농업이라는 기계의 모든 관절이 순조롭게 움직이고 있는 것처럼 미들섹스 군의 가축 품평회는 해마다 이곳에서 성대하게 치러지고 있다.

농부는 생계 문제를 문제 그 자체보다 더 복잡한 공식으로 해결하려고 애쓰고 있다. 그는 구두끈 한 개를 사기 위해 많은 수의 가축을 투기적으로 사들인다. 안락과 자립을 손에 넣기 위해 더할 나위 없는 익숙한 솜씨를 부려 '머리칼 덫'을 놓았는데, 놓고 돌아서자마자 자기 발이 그 덫에 걸린 것이다. 이것이 농부가 가난한 이유이다. 비슷한 이유에서 우리들은 사치품에 둘러싸여 있으면서도 수많은 원시적인 즐거움의 면에서는 가난하기 짝이 없다. 시인 채프먼이 노래하듯이,

"허위의 인간 사회여.
세속적인 명성을 찾기에 바빠
천상의 뭇 즐거움은 공중에 흩어지는구나."

집을 마련하고 나서 농부는 그 집 때문에 더 부자가 된 것이 아니라

실은 더 가난하게 되었는지 모르며, 그가 집을 소유하는 것이 아니라 집이 그를 소유하게 되었는지 모른다. '비난의 신'인 모무스는 미네르바 여신이 만든 집이 "나쁜 이웃을 피할 수 있도록 이동식으로 되어있지 않다."고 힐난했다는데, 그것은 타당한 비난이었다. 더욱이 우리의 집은 다루기 힘든 재산이어서 우리가 그 집에 살고 있다기보다는 차라리 감금되어 있는 경우가 더 많고, 우리가 피해야 할 나쁜 이웃이 바로 우리 자신의 비열한 자아이고 보면 이 비난은 지금도 타당하다고 하겠다. 내가 알고 있는 이 읍의 한두 가정은 거의 평생 동안 교외에 있는 집을 팔고 마을로 들어오려고 했으나 아직도 그 뜻을 이루지 못하고 있으니 죽어서나 자유의 몸이 될지 모르겠다.

대다수의 사람들이 결국 모든 편의가 구비된 현대식 주택을 소유하거나 빌릴 능력을 갖추게 되었다고 가정하자. 분명이 우리의 수택을 개선해왔으나 그 안에 사는 사람들을 똑같은 정도로 개선시키지는 못했다. 문명은 궁전을 낳았으나 왕과 귀족을 낳는 것은 그리 쉬운 일이 아니었다. 그리고 만약 문명인이 추구하는 바가 미개인의 그것보다 훌륭하지 못하고, 문명인이 단지 비속卑俗한 생필품과 안락을 얻기 위해 생의 대부분을 보낸다면 어째서 그가 미개인보다 더 좋은 주택을 가져야 한단 말인가?

그러면 가난한 소수는 어떻게 살아가고 있는가? 일부 사람들이 외적인 환경에서는 미개인보다 나은 처지에 놓이게 된 반면에, 그와 똑같은 비율의 다른 사람들은 미개인보다 못한 처지로 떨어졌음이 판명될 것이다. 한 계급의 호화로운 생활은 다른 계급의 궁핍한 생활로 균형이 맞추어진다. 한편에 궁전이 있으면 다른 편에는 빈민 구제 시설과 '말없는 가난한 사람들'이 있다. 이집트 왕들의 무덤인 피라미드 공사에 동원된 수많은 사람들은 마늘을 먹으면서 연명했으며 죽은 후에는 격식도 제대로 갖추지 못하고 아무렇게나 묻혔을 것이다. 궁전의 처마돌림띠를 손질하던 석공은 밤이면 아마 인디언의 천막집보다 못한 오두막으로 돌아가리라. 문명국임을 나타내는 증거가 여럿 있다고 해서 그 나라 국민 대다수의 사정이 미개인의 사정보다 나으리라고 보는 견해는 옳지 못하다. 나는 지금 영락零落한 부유층이 아니라 영락한 빈민층에 대해서 말하고 있는 것이다.

이런 사정을 알기 위해 멀리 찾아볼 필요 없이 이른바 문명 발전의 최신 상징인 철도의 연변에 늘어선 판잣집들을 보면 된다. 나는 매일 그 옆을 지날 때마다 돼지우리 같은 데서 사는 사람들의 모습을 보는데, 그들은 방이 어두워서 겨울 내내 문을 열어놓고 지낸다. 그러나 집 주위에 장작단이라고는 눈을 씻고 보아도 찾을 수 없다. 그리고 애 어른 할 것 없이 추위와 가난으로 늘 움츠리는 버릇이 있어 몸이 아주 오그라들었으며, 사지와 지능의 발달은 거의 멈춘 상태이다.

이 세대를 특징짓는 여러 사업들이 이들 노동자 계급의 노동력으로 이루어지고 있는 만큼 이 사람들을 살펴보는 것은 부당한 일이 아닐 것이다. 정도의 차이는 있지만 세계의 공장이라는 영국의 각종 노동자의 실태도 이와 크게 다르지 않다. 혹은 아일랜드를 예로 들 수도 있겠는데, 아일랜드 지도를 보면 흰색 또는 개화된 지역으로 표시되어 있다. 아일랜드 사람의 신체 조건을 문명인과의 접촉으로 인해 퇴락하기 이

전의 북아메리카 인디언이나 남태평양 원주민이나 또는 다른 어떤 미개인의 신체 조건과 비교해보라. 나는 아일랜드의 통치자들이 여느 문명국의 통치자에 비해 어리석다고 생각하지는 않는다. 아일랜드인들의 상태는 비참할 정도의 가난이 문명과 공존할 수 있음을 증명할 뿐이다. 이 자리에서 미국의 주요 수출품인 면화를 생산하고 있으며 그들 자신이 남부의 주요 산물이 되고 있는 흑인 노예를 언급할 필요는 없으리라. 나는 이른바 '보통 정도의' 처지에 있는 사람들에 대해서만 말하고 있는 것이다.

대부분의 사람들은 주택이 무엇인지를 단 한 번도 생각해보지 않은 것 같다. 그들은 이웃 사람들이 소유하고 있는 정도의 집은 나도 가져야겠다고 생각한 나머지, 가난하게 살지 않아도 될 것을 평생 가난에 쪼들리며 살고 있다. 그것은 어떤 사람이 새단사가 만들어주는 옷이라면 아무 옷이라도 받아 입으며, 평소에 쓰던 종려나무 잎 모자나 우드척[31] 가죽 모자를 점차로 벗어던지고는 왕관을 살 형편이 안 되는 자신의 곤궁한 처지를 한탄하는 행위와 무엇이 다른가? 우리는 지금보다 더 편리하고 호화로운 집을 고안해낼 수 있으리라. 비록 사람들이 그런 집을 구입할 능력이 없더라도 말이다.

우리는 더 많은 것을 얻으려고만 끝없이 노력하고, 때로는 더 적은 것으로 만족하는 법을 배우지 않을 것인가? 존경할 만한 시민이 젊은 세대들에게, 너희들은 죽기 전에 여분의 장화와 우산 들과 오지 않을 손님들

---

31) 우드척 _ 두더지와 비슷한 북아메리카의 야생동물.

을 위해 비워둘 손님방들을 장만해야 한다고, 훈계를 하고 솔선수범을 하며 엄숙히 가르쳐야 하는가?

왜 우리들의 가구는 아랍인이나 인디언의 가구처럼 소박해서는 안 된단 말인가? 소위 하느님의 사자使者이며 인류에게 신의 선물을 전해준 자로서 신격화된 인류의 은인들을 생각해보더라도, 그들의 뒤를 좇는 어떤 추종자의 무리나 최신 유행의 가구를 잔뜩 실은 어떤 수레도 내 마음속에는 떠오르지 않는다. 내가 백 보를 양보해서, 우리가 도덕적으로나 지적으로 아랍인보다 우수한 만큼만 우리의 가구도 다양해져도 좋다고 한다면 어떻게 할 것인가?

현재 우리의 집들은 쓸모없는 가구들로 잔뜩 어지럽혀지고 더럽혀져 있어, 현명한 주부라면 그 대부분을 쓰레기통에 처넣음으로써 아침 일을 마칠 것이다. 아침 일이라고! '새벽의 여신' 오로라의 홍조 띤 얼굴과 그녀의 아들 멤논[32]의 음악과 더불어 사람이 이 세상에서 아침에 해야 할 일이 무엇일까? 나는 한때 책상 위에 귀한 석회석 세 조각을 놓아두고 있었는데, 매일 한 번씩 이것들의 먼지를 털어주어야 한다는 것을 알고는 기겁을 했다. 내 마음속에 있는 가구의 먼지도 아직 다 털어내지 못하고 있는데, 나는 싫은 생각이 들어 이 돌들을 창밖으로 내동댕이쳐 버렸다. 그러니 내가 어떻게 가구 딸린 집에 살 수 있겠는가? 차라리 나는 들에 나가 앉아있고 싶다. 사람들이 땅을 파헤치지 않는 한 풀잎 위

---

32) 멤논 _ 오로라 여신의 아들. 이집트에 있는 멤논의 석상은 아침이 되면 아름다운 음악 소리를 냈다는 전설이 있다.

에는 먼지 하나 앉지 않는다.

뭇 사람들이 그처럼 열심히 좇는 유행을 만든 사람은 바로 사치와 방탕을 일삼는 사람들이다. 소위 최고급 여관에 투숙하는 사람은 이 사실을 곧 알게 된다. 여관 주인들은 이 손님을 사르다나팔루스 왕이라도 되는 것처럼 극진히 모셔, 그들이 하는 대로 몸을 내맡기다가 나중에는 혼까지 송두리째 빼앗기게 될 것이다.

열차의 객차 칸을 보면 안전과 편의보다는 사치에 더 신경을 쓰고 있다는 생각이 든다. 객차 칸은 긴 쿠션 의자, 오토만식 소파, 차양 등 우리가 서양으로 가져온 수많은 동양식 물건들을 비치한 현대식 응접실이 되어버렸다. 그런데 이런 물건들은 하렘의 부인네들이나 문약한 중국의 토박이들을 위해 만들어진 것들이어서 우리 미국인들은 그 이름을 아는 것만으로도 얼굴을 붉혀야 할 것이다. 나는 여러 사람들 틈에 끼어 벨벳 방석에 앉아있느니 차라리 호박 하나를 독차지해서 앉고 싶다. 호화 유람 열차를 타고 내내 유독한 공기를 마시며 천국에 가느니 차라리 소달구지를 타고 신선한 공기를 마시면서 땅 위를 돌아다니고 싶다.

원시시대의 소박하고 적나라한 인간 생활은 인간을 언제나 자연 속에 살도록 하는 이점이 있었다. 먹을 것과 잠으로 원기를 회복하고 나면 그는 새로운 여정을 생각했다. 그는 이 세상을 천막 삼아 기거했으며, 골짜기를 누비거나 평원을 건너거나 때로는 산마루에 오르기도 했다. 그러나 보라! 인간은 이제 자기가 쓰는 도구의 도구가 되어버렸다. 배가 고프면 마음대로 과일을 따먹던 인간이 이제는 농부가 되었고, 나무 밑에 들어가 몸을 가렸던 인간이 주택의 소유자가 되었다. 우리는 야영하면서 밤을 보내던 생활을 청산해버렸다. 땅 위에 정착하고 나서 하늘을 잊어버렸다. 우리는 기독교를 단지 진보된 토지 개간 방법으로 받아들였다. 우리는 현세를 위해서는 가족의 저택을 마련하고 내세를 위해서는 가족 묘지를 마련했다.

가장 훌륭한 예술 작품이란 이런 조건에서 스스로를 해방시키려는 인간의 투쟁을 표현한 것인데, 오늘날 예술의 효과는 이런 비속한 처지를 편안한 것으로 만들고 더 높은 경지는 잊어버리도록 하는 데 있다. 사실, 우리 마을에는 설령 우리에게 전래된 훌륭한 미술 작품이 있다 하더라도 그것을 둘 만한 자리가 없다. 그것은 우리의 생활과 주택과 거리가 그 작품이 설 만한 받침돌 하나 마련해주지 않기 때문이다. 그림을 걸어둘 못 하나 없으며, 영웅이나 성자의 흉상을 얹어놓을 선반 하나 없다.

우리의 주택이 어떻게 지어지고 있으며, 그 주택의 대금이 어떻게 치러지고 있는가 또는 치러지고 있지 않는가를 생각해보면, 또 그 집의 살림살이는 어떻게 관리되고 유지되는가를 생각해보면, 손님이 찾아와서 벽난로 위에 놓은 값싼 장식품을 감상하고 있을 때 그가 딛고 서 있는 마룻장이 갑자기 꺼져 지하실의 단단하고 정직한 흙바닥에 떨어지는 사건이 벌어지지 않는 것이 오히려 이상할 지경이다.

나는 집주인이 누리고 있는 이른바 유복하고 세련된 생활이라는 것이 껑충 뛰어서 잡은 것임을 눈치채지 않을 수 없고, 나의 모든 관심은 그 '껑충 뜀'에 쏠려 있어 그의 생활을 장식하고 있는 미술품을 감상할 여유가 없는 것이다. 왜냐하면 인간의 근육에만 의존한 최고의 도약 기록은 어느 아라비아 유목민이 세웠는데, 그는 평지에서 25피트나 뛰어올랐다는 것이 생각나기 때문이다. 인위적인 밑받침이 없는 한, 사람은 그 이상의 높이에서는 다시 땅으로 떨어지게 되어있다. 그런 괴력의 소유자에게 내가 첫 번째로 묻고 싶은 것은, 당신을 받쳐주는 사람이 누구인가이다. 당신은 실패한 97명에 속하는가? 아니면 성공한 세 명에 속하는가? 이 질문에 대답해보라. 그러면 나는 당신의 번지르르한 싸구려 물건들을 들여다보고 그것들이 장식품으로 가치가 있는가를 살피겠다.

수레를 말 앞에 매는 식의 본말전도本末顚倒는 아름답지도 않고 실용적이지도 않다. 우리는 집을 아름다운 물건들로 장식하기 전에 우선 벽을 깨끗하게 치워야겠다. 우리의 생활도 깨끗하게 치우고 아름다운 살림살이와 생활을 그 밑바탕에 깔아야 하겠다. 그런데 아름다움에 대한 안목眼目은 야외에서 가장 잘 길러진다고 할 수 있으리라. 집도 가정부도 없는 바로 그곳에서 말이다.

존슨 옹翁[33]은 《기적을 일으키는 섭리》라는 책에서 자기와 동시대 사람으로 이 마을에 처음 정착한 사람들에 대해서 이렇게 말하고 있다.

"그들은 우선 몸을 가리기 위해서 어느 언덕 비탈에 땅을 파고 들어가 그 위에 나무를 걸치고 흙을 덮었으며, 가장 높은 쪽에서 연기를 피웠다. 그들은 하느님의 축복으로 곡식이 생산될 때까지는 집을 짓지 않았다. 그리고 첫해의 수확이 너무 적었으므로 빵을 지극히 아껴 먹어 다음 수확까지의 기나긴 계절에 대비하지 않으면 안 되었다."

33) 에드워드 존슨(1600~1682) _ 매사추세츠의 초기 역사에 관한 책을 썼다.

뉴네덜란드[34]의 지방 장관은 이곳에 정착하려는 사람에게 참고가 되도록 1650년에 네덜란드어로 보다 자세하게 설명하고 있다.

"처음부터 자기가 원하는 대로 농가를 지을 능력이 없는 뉴네덜란드 지방 사람들, 특히 뉴잉글랜드 지방 사람들은 처음에는 자신들이 적당하다고 보는 폭과 길이의 네모난 토굴을 지하실처럼 6, 7피트 깊이로 파고, 토굴 안 사방 흙벽은 빙 둘러 나무를 대되 흙이 스며나오지 않도록 나무껍질이나 다른 것을 그 위에 댄다. 토굴 바닥에는 널빤지를 깔고 머리 위로는 징두리 판자를 가지런히 대어서 천장을 만들며, 천장 위로 어느 정도의 공간을 두고 둥근 나무로 된 지붕을 올리는데 그 위를 나무껍질이나 떼로 덮는다. 이런 집에서 그들은 전 가족과 함께 2년, 3년 또는 4년을 습기 걱정 없이 따뜻하게 사는데 가족의 수에 따라 여러 칸으로 나누기도 한다.

식민지 초기의 뉴잉글랜드 지방에서는 유복한 지도층 인사들도 그런 식으로 자신들의 첫 번째 집을 지었는데, 그 이유는 두 가지가 있었다. 첫째는 집을 짓는 데 시간을 허비하여 다음 추수 전에 식량이 떨어지는 일이 없도록 하자는 것이었으며, 둘째는 고국에서 데려온 수많은 가난한 노동자들에게 위화감을 주지 않으려는 것이었다. 3, 4년이 지나 그 지방의 농사가 체계가 잡히면 그들은 비로소 많은 비용을 들여

---

34) 뉴네덜란드 _ 17세기에 네덜란드 사람들이 미국의 동북부에 세운 식민지로 지금의 뉴욕 주가 중심지였다. 나중에 영국의 식민지로 편입됨.

훌륭한 집을 지었다."

우리 조상들이 택한 이러한 행동 과정에서 우리는 사려 깊은 자세를 엿볼 수 있다. 그들의 생활신조는 보다 시급한 욕구를 우선 충족시키자는 것이었던 듯하다. 그러면 오늘날 보다 시급한 욕구가 충족되고 있는가? 나는 현대식 고급 주택을 하나 마련해볼까 하다가도 그 생각을 버리게 된다. 그 이유는 이 나라의 풍토가 아직도 인간 계발에 적합하도록 되어있지 않으며, 따라서 우리 조상들이 자신들의 밀가루빵을 얇게 썰던 것 이상으로 우리는 우리의 정신적 빵을 얇게 썰어야 할 입장에 있다고 생각하기 때문이다.

그러나 아무리 투박한 시대라 할지라도 건축상의 모든 장식을 무시할 필요는 없을 것이다. 단지 먼저 우리의 집이 우리의 삶과 맞닿는 면을 마치 조개의 내부처럼 아름답게 장식하되, 집의 겉치레 장식만 하지 말자는 것이다. 그러나 불행히도 나는 한두 집에 들어가 본 적이 있어 그 내부가 어떻게 꾸며져 있는지를 알고 있다.

오늘날 우리의 체질이 퇴화되었다고 하지만 동굴이나 오두막에 살지 못할 바가 아니며 짐승 가죽옷을 입지 못할 바도 아닐 것이다. 그러나 인류의 발명과 근면성이 가져온 편의는, 비록 그것이 값비싼 대가를 치르고 얻은 것이긴 하지만 받아들이는 것이 분명 나을 것이다. 우리 마을 같은 곳에서는 판자나 지붕 널빤지, 석회나 벽돌을 구하는 것이, 살기 알맞은 동굴이나 온전한 통나무, 충분한 양의 나무껍질, 심지어는 잘 이겨놓은 진흙이나 평평한 석재를 구하는 것보다 쉽고 값도 싸다.

나는 이론적으로나 실제적으로나 이런 일에 대해서 잘 알고 있기 때문에 자신 있게 이야기하는 것이다. 우리가 머리를 조금만 더 써서 이런 자재들을 잘 이용하면, 가장 큰 부자들보다 더 부유하게 살 수 있고 또 우리의 문명을 축복의 문명으로 만들 수도 있는 것이다. 문명인이란 보다 경험이 많고 보다 현명해진 야만인일 따름이다. 그러면 이제 내가 했던 실험에 대해 이야기해보도록 하자.

1845년의 3월 말경, 나는 도끼 한 자루를 빌려 들고 월든 호숫가의 숲 속으로 들어갔다. 그곳은 내가 집을 지을 장소로 봐둔 곳이었는데, 나는 집터 바로 옆에 자라던 곧게 뻗은 한창때의 백송나무들을 재목감으로 베어넘기기 시작했다. 아무것도 빌리지 않고 어떤 일을 시작하기란 어려운 법이다. 하지만 그렇게 함으로써 이웃들로 하여금 당신이 하는 일에 관심을 갖도록 하는 것은 너그러운 처사라고 할 수 있으리라. 도끼 임자는 나에게 도끼를 건네주면서, 자기가 정말 애지중지하는 물건이라고 말했다. 그러나 나는 그 도끼를 빌려올 때보다 더 잘 들게 해서 돌려주었다.

내가 일하던 곳은 소나무가 우거진 기분 좋은 언덕배기였는데, 나무들 사이로 호수가 보였고 어린 소나무와 호두나무가 무성하게 자라는 숲 속의 작은 빈터도 보였다. 호수의 얼음은 군데군데 녹아 물이 보이는 곳도 있었으나 아직 다 녹지는 않았으며, 온통 거무스레한 색깔을 하고 물기에 젖어있었다. 내가 낮에 그곳에서 일하노라면 때로는 눈발이 날리기도 했다. 그러나 집으로 돌아가려고 철로 변으로 나오면, 선로 옆의 노란 모래는 아지랑이 속에서 번쩍이며 끝없이 펼쳐져 있었고, 선로 자체도 봄날의 햇빛을 받아 빛나고 있었다. 종달새와 피비새와 그 밖의 새들이 사람들과 함께 또 한 해를 보내려고 어느새인지 와서들 노래를 부르고 있었다. 흔쾌한 봄날들이 이어지면서 겨울 동안 쌓인 인간의 불만은 대지와 함께 녹아 갔으며, 동면하고 있던 생명은 기지개를 펴기 시작했다.

어느 날 도끼 자루가 빠졌기에 호두나무의 푸른 가지를 잘라와 돌로 때려 쐐기를 박았다. 그런 다음 자루가 다시 빠지지 않도록 물에 불리려고 도끼를 호수의 얼음 구멍에 담갔는데, 그때 줄무늬 뱀 한 마리가 물 속으로 들어가는 것을 보았다. 그 뱀은 내가 그곳에 있는 동안, 그러니까 15분 이상을 호수 바닥에 가만히 있었지만 별 불편을 느끼는 것 같지 않았다. 그것은 그 뱀이 아직도 동면 상태를 완전히 벗어나지 못했기 때문이었으리라. 사람도 이와 비슷한 이유에서 현재의 비천하고 원시적인 상태에서 벗어나지 못하고 있는 것이 아닌가 하는 생각이 들었다. 그러나 만약 참다운 봄의 기운이 자신을 깨운 것을 느낀다면 그들도 반드시 일어나 보다 높고 영묘한 생활을 지향할 것이다.

나는 전에 서리가 내린 아침 길을 걷다가 뱀을 여러 번 만났는데, 이 뱀은 추위에 몸이 굳어 움직이지 못한 채 햇빛이 자신의 몸을 녹여주기를 기다리고 있었다. 4월 초하룻날에는 비가 내리면서 호수의 얼음이 녹았다. 그날 아침은 매우 짙은 안개가 끼었는데, 외톨이가 된 기러기 한 마리가 더듬듯이 호수 위를 날면서 길을 잃은 것처럼 또는 안개의 정령이라도 된 것처럼 끼룩끼룩 우는 소리를 들을 수 있었다.

며칠 동안을 나는 작은 도끼 한 자루만 가지고 나무를 자르고 깎고 기

둥과 서까래를 다듬었다. 남에게 전할 만한 생각이나 학자다운 생각은
별로 하지 않고 홀로 노래를 불렀다.

> 사람들은 많이 안다고 말하지만
> 보라! 그것들은 날개가 돋쳐 날아가 버렸다.
> 모든 예술과 과학이
> 그리고 무수한 발명품들이.
> 바람이 부는구나.
> 우리가 아는 것은 단지 그것뿐.

나는 주요 재목들을 사방 여섯 치의 각목으로 다듬었다. 기둥은 대개 양면만을 다듬었으며, 서까래와 마루에 깔 널빤지들은 한쪽만을 다듬고 다른 쪽은 나무껍질을 그대로 남겨놓았다. 그래서 이 재목들은 톱으로 켠 것처럼 고르면서도 더 튼튼하기까지 했다. 이 무렵에는 다른 연장들도 빌려왔으므로 재목의 밑동에 장부나 장부 구멍을 만들어 조심스럽게 이어 맞추었다.

나는 하루 종일 숲에서 일한 것은 아니었지만 거의 항상 점심으로 버터 바른 빵을 싸 가지고 갔다. 점심때에는 내가 베어낸 푸른 소나무 가지들 사이에 앉아 빵을 쌌던 신문을 읽었다. 손에 송진이 잔뜩 묻었으므로 빵에 소나무 향기가 스며들었다. 집을 다 지을 무렵 나는 소나무의 원수라기보다는 그 친구가 되었다. 왜냐하면 소나무를 여러 그루 베긴 했지만 이 나무를 아주 잘 알게 되었기 때문이다. 때로는 숲 속을 거닐

던 사람이 나의 도끼 소리에 끌려 내가 있는 쪽으로 왔는데, 우리는 잘 라놓은 나무 조각들을 사이에 두고 즐거운 한담을 나누었다.

일을 서두르지 않고 공을 들여 했기 때문에 4월 중순경이 되어서야 뼈대가 짜여 세울 준비가 되었다. 나는 이보다 앞서 판자를 쓸 생각으로 휘츠버그행 철도 노선에서 일하는 제임스 콜린스라는 아일랜드 사람의 판잣집을 사놓았다. 콜린스의 판잣집은 꽤 쓸 만하다는 얘기를 듣고 있었다.

내가 그 집을 보러 갔을 때 그는 집에 없었다. 나는 그 집의 바깥을 한 번 둘러보았다. 창문이 높고도 깊숙이 붙은 까닭에 처음에 집 안에서는 내가 온 것을 모르고 있었다. 이 자그마한 집은 오두막식으로 올린 뾰족한 지붕을 가지고 있었고 그 밖에는 이렇다 할 만한 것이 눈에 띄지 않았는데, 그것은 집 주위를 돌아가며 퇴비 더미처럼 흙을 5피트 정도의 높이로 쌓아놓았기 때문이었다. 햇볕에 말라 꽤 휘긴 했지만 지붕이 제일 성한 편이었다. 문턱은 아예 없었고, 문짝 밑으로는 닭들이 노상 출입했다. 안주인이 나와 집 안도 둘러보라고 했다. 내가 가까이 다가가자 닭들이 쫓기듯이 집 안으로 들어갔다.

집 안은 어두컴컴했다. 바닥은 대부분 흙으로 된 데다가 우중충하고 축축해서 학질이라도 걸릴 것 같았다. 떼어내려고 하면 부스러질 것 같은 판자가 여기 한 장, 저기 한 장 깔려 있었다. 안주인은 등불을 켜서 지붕과 벽의 안쪽을 보여주고 마루의 판자가 침대 밑으로도 깔려 있다는 것을 보여주었다. 지하실에는 발을 디디지 말라고 했는데, 지하실은 2피트쯤 되는 쓰레기 구덩이 같은 것이었다. 안주인의 말대로 "지붕 판자와

벽 판자와 창문은 쓸 만"했다. 창문은 원래 온전한 유리 두 장이 끼여 있었는데 최근에는 고양이만이 그 창문으로 뛰쳐나갔다는 것이다. 이 집에 있는 것이라고는 난로 하나, 침대 하나, 의자 하나, 이 집에서 태어난 갓난아이 하나, 비단 양산 하나, 테를 도금한 거울 하나 그리고 어린 떡갈나무에 못 박아 걸어놓은 최신형의 커피 가는 기계가 전부였다.

집주인이 그동안에 돌아왔으므로 매매계약은 곧 체결되었다. 그날 밤 안으로 내가 4달러 25센트를 지불하면, 그는 다음 날 새벽 5시에 집을 비워주되 그동안에는 아무에게도 팔지 않는다는 조건이었으며, 아침 6시부터는 내가 소유권을 행사하기로 했다. 콜린스는 나더러 아침 일찍 오는 것이 좋을 것이라고 했다. 그것은 지대地代와 연료대燃料代에 대해 애매하고 부당한 청구권을 주장하는 사람이 있어서 선수를 쳐야 한다는 것이었다. 그것이 유일한 말썽거리라고 그는 강조했다.

이튿날 아침 6시에 나는 그와 그의 가족을 길에서 만났다. 짐이라고는 큰 보따리 하나뿐이었는데 그 안에 고양이를 뺀 그들의 전 재산, 즉 침대, 커피 기계, 거울 그리고 닭들이 들어있었다. 고양이는 숲 속으로 달아나 들고양이가 되어버렸다. 나중에 안 일이지만 이 고양이는 우드척을 잡으려고 놓았던 덫에 걸려 죽는 신세가 되었다.

나는 그날 아침에 이 판잣집을 헐었다. 판자의 못을 뽑고서 수레로 몇 차례에 걸쳐 호숫가로 날라다가 풀밭 위에 널어놓았다. 판자를 햇볕에 말려 색을 바래게 하고 휘어진 것을 바로잡기 위해서였다. 아침 일찍 일어난 개똥지빠귀 한 마리가 지저귀는 소리를 들으며 나는 숲길로 수레를 밀었다.

한 아일랜드 청년이 나에게 고자질한 바에 의하면, 이웃에 사는 실리라는 아일랜드 남자가 내가 판자를 나르느라 자리를 비운 사이사이에 아직 쓸 만한 똑바르고 성한 못 몇 개하고 꺾쇠나 대못 같은 것을 자기 주머니에 집어넣었다는 것이었다. 이 남자는 내가 돌아오자 봄날의 생각에 잠긴 듯 태연한 표정으로 집 헐린 자리를 바라보고 있었는데, 그의 말에 의하면 할 일도 없고 해서 구경이나 하고 있다는 것이었다. 그는 이를테면 구경꾼을 대표해서 와 있는 셈이었는데, 이 보잘것없는 일에 트로이의 신들을 옮기는 사건과 맞먹는 중요성을 부여했다고 하겠다.

나는 우드척 한 마리가 굴을 팠던 남향의 언덕 기슭에 지하 저장실을 만들었다. 옻나무와 검은딸기나무의 뿌리를 헤치면서, 풀이나 나무의 뿌리가 더 이상 보이지 않는 깊이로, 고운 모래가 나올 때까지 파내려갔다. 사방 6피트에 7피트의 깊이로 팠는데 그 안에서는 겨울에 감자가 얼 염려가 없었다. 저장실의 측벽은 돌을 쌓아 보강하지 않고 경사진 그대로 두었다. 햇빛이 들지 않으므로 모래는 허물어져 내리지 않았다. 저장실을 만드는 일은 두 시간밖에 걸리지 않았다.

나는 이렇게 땅을 파는 일에 각별한 즐거움을 느꼈다. 거의 어느 위도에서나 사람이 땅을 파고들어 가면 일정불변의 온도를 얻을 수 있는 것이다. 도시의 가장 호화로운 주택에도 지하 저장실이 있으며, 사람들은 옛날과 다름없이 거기에다 근채根菜 식품을 저장해둔다. 지상의 건축물이 사라지고 나서 오랜 세월이 지난 후에도 후세 사람들은 이 지하 저장실의 흔적을 본다. 그러고 보면 아직도 집이란 땅굴 입구에 세운 일종의 현관에 지나지 않는 것이다.

마침내 5월 초순에 이르러 나는 몇몇 친지들의 도움을 받아 집의 상량을 했다. 그들의 도움을 받은 것은 그럴 필요가 있어서라기보다는 이런 기회를 통해 이웃들과의 친목을 도모하기 위해서였다. 이들 상량꾼들의 자질을 살펴볼 때 그들이 와준 것은 나에게는 큰 영광이었다. 내 생각에 그들은 언젠가는 보다 고귀한 건물의 상량식에 참가할 운명을 타고난 사람들이었던 것이다.

벽을 붙이고 지붕 올리는 일이 완료되자마자 나는 입주를 했는데 그날은 바로 7월 4일이었다. 벽의 판자들은 모서리를 비스듬히 깎아 빈틈없이 맞붙였기 때문에 비는 조금도 새지 않았다. 벽을 붙이기에 앞서 두 수레분의 돌을 호숫가에서 언덕 위까지 팔에 안아 나른 후 집 한 모퉁이에 굴뚝의 토대를 쌓았다. 나는 가을 내내, 밭일을 한 뒤 굴뚝 작업을 했다. 추위 때문에 불이 필요해지기 전에 일을 마치려고 했던 것이다. 그 동안은 아침 일찍 집 밖 한데에서 음식을 만들었는데, 어떤 점에서는 이것이 더 편하고 재미있는 취사 방법이 아니었던가 하는 생각을 지금도 하고 있다. 빵이 다 구워지기도 전에 비바람이 불 때는, 불 위에 판자 몇 장을 세워놓고 그 밑에 앉아 빵을 지켜보면서 즐거운 몇 시간을 보내곤 했다. 그 무렵 나는 너무 바빠서 독서를 거의 하지 못했다. 그러나 땅에 떨어진 한쪽의 신문지 조각은 그것이 내가 물건을 쌌던 것이든 식탁보로 썼던 것이든 간에 책 읽는 것만큼이나 큰 즐거움을 주었으며, 사실상 호머의 《일리아드》와도 같은 구실을 했다.

집을 지을 때 나 자신이 그랬던 것보다는 좀 더 깊은 생각을 하면서 짓는 것이 좋을 성싶다. 가령 문이나 창문 그리고 지하실이나 다락방이 인간성의 어디에 바탕을 둔 것인지를 생각해보고 경우에 따라서는 우리의 일시적인 필요성이라는 이유보다 더 좋은 이유를 발견하기 전에는 건물을 아예 짓지 않기로 한다면 어떨까?

사람이 자기 집을 짓는 데는 새가 자신의 보금자리를 지을 때와 비슷한 합목적성이 있다. 만약 사람이 자기 손으로 집을 짓고 소박하고 정직한 방법으로 자신과 가족을 벌어 먹인다면 누구라고 할 것 없이 시적 재능이 피어나지 않겠는가? 마치 새들이 그런 일을 할 때 항상 노래하듯이 말이다. 그러나 불행히도 우리는 박달새나 뻐꾸기처럼 행동하고 있다. 이 새들은 다른 새들이 지어놓은 둥지에 자기 알을 낳으며, 이들의 시끄러운 울음소리는 나그네들을 조금도 기쁘게 하지 않는다.

우리는 집 짓는 일의 즐거움을 영원히 목수에게 넘겨주고 말 것인가? 대부분 사람들의 경험에서 건축이 차지하고 있는 비중은 어느 정도일까? 나는 여기저기 꽤 돌아다닌 편이지만 자기 집을 짓는 것처럼 단순하고도 자연스러운 일을 하는 사람은 한 사람도 만난 적이 없다. 우리는 공동체에 매여 있다. 아홉 사람의 재봉사가 모여야 한 사람의 온전한 인간이 된다는 속담이 있지만, 재봉사만이 온전한 인간의 9분의 1인 것은 아니다. 목사도 상인도 농부도 역시 온전한 인간은 되지 못하는 것이다. 이 노동의 분업은 어디에서 끝날 것인가? 그리고 그것은 결국 어떤 목적에 이바지할 것인가? 물론 어떤 사람이 나를 대신하여 생각을 할 수도 있으리라. 하지만 그렇다고 해서 내가 스스로 생각하는 것을 중단하고 생각하는 일을 그에게만 맡겨두는 것은 바람직하지 않다.

사실 우리 나라에 건축가라고 불리는 사람들이 있긴 하다. 그리고 건축적 장식에는 진리의 핵심과 필연성과 그에 따른 아름다움이 갖추어져야 한다는 생각에 빠져 있는 어떤 건축가가 있다는 것도 나는 알고 있다. 그는 마치 신의 계시라도 받은 것처럼 그 생각에 빠져 있다고 한다. 그의 관점에서 볼 때는 훌륭하기 이를 데 없는 것이겠으나 실은 흔해빠진 아마추어적 예술 취미를 크게 벗어나지 못한 생각이다.

감상적인 건축 개혁가인 그는 건물의 토대에서 시작하지 않고 처마돌림띠에서 시작했다. 그것은 모든 사탕 과자 안에 아몬드나 캐러웨이의 열매를 넣듯이(하지만 아몬드는 설탕 없이 먹는 것이 훨씬 몸에 좋을 것이라고 나는 생각한다.), 장식 안에 진리의 핵심을 집어넣으려는 것과 같다. 그것은 내부의 거주자, 즉 그 안에 사는 사람으로 하여금 내부와 외부를 참되게 지어나가게 하고 장식 문제는 저절로 해결이 되도록 하자는 것은 아니었다.

이성을 가진 사람이라면 장식은 단지 외부적인 것이요, 표피에 있는 것에 지나지 않는다고 생각할 수 있겠는가? 뉴욕의 브로드웨이의 주민들이 자기 동네에 있는 트리니티 교회를 건축업자에게 하청을 주어 지었듯이, 거북이가 자기의 점박이 껍데기를 가지게 된 것이 그런 하청에 의한 것이며, 조개가 진주층의 빛깔을 띠게 된 것이 그런 하청에 의한 것인가? 거북이가 자신의 의사와 관계없이 점박이 껍데기를 가진 것처럼 사람의 집의 건축양식도 마찬가지인 것이다. 병사가 아무리 한가롭더라도 자신의 용기勇氣의 색깔을 자신의 깃발에다 칠하는 짓은 하지 않을 것이다. 그렇게 한다면 적들이 알아챌 것이며, 시련이 닥쳤을 때 그 병사는 하얗게 질릴지도 모른다.

앞에서 언급한 건축가는 처마돌림띠 너머로 세련되지 못한 주민들에게 자신의 반쪽밖에 안 되는 진리를 소심하게 속삭이고 있지만, 실은 진리에 대해서는 이 사람들이 더 잘 알고 있는 것이다. 현시점에서 내 눈에 띄는 건축미는 그 모두가, 참된 의미에서의 유일한 건축가인 거주자의 필요와 성격을 바탕으로, 그리고 겉모습에 대해서는 아무런 고려도 하지 않는 어떤 무의식적인 진실성과 기품을 바탕으로 내부에서 외부로 점차 자라나간 것들이다. 그리고 이런 종류의 아름다움이 또다시 우리 앞에 숙명적으로 나타난다면 그것 역시 이 같은 무의식적인 생활의 아름다움이 먼저 있은 다음에 그 뒤를 따라서 올 것이다.

화가들이 잘 알듯이 우리 나라의 주택 중 가장 큰 흥미를 불러일으키는 것은 일반직으로 가난한 사람들이 사는, 꾸밈새가 선혀 없고 소박하기 짝이 없는 통나무집들과 오두막집들이다. 그런 집들을 한 폭의 그림으로 만드는 것은 그 집들을 껍질 삼아 사는 거주자의 생활이지 밖에 나타난 외견상의 어떤 특이성이 아닌 것이다. 교외에 사는 시민들의 '상자 모양' 집들도, 그들의 생활이 소박하고 흔쾌한 것이 될 때 그리고 주택 양식에 있어 인위적인 효과를 내려고 애쓰지 않을 때 비로소 우리들의 관심을 불러일으킬 것이다.

건축적 장식의 대부분은 글자 그대로 공허한 것이어서, 9월의 강풍이 불어닥치면 남에게서 빌려온 깃털처럼 몸에 상처 하나 주지 않고 다 날아가 버릴 것이다. 지하실에 올리브나 포도주를 저장해놓지 않은 서민들은 건축이라는 것 없이도 살 수 있다. 만약 문학에서 문체의 장식에 대하여 이와 똑같은 야단법석이 벌어졌다면, 그리하여 우리의 교회를 짓는 건축가가 처마돌림띠에 많은 시간을 쓰듯이 인류의 불멸의 작품들을 쓴 사람들이 그랬다면 어떻게 됐을까? 이른바 '순수문학'과 '순수미술' 그리고 이를 강의하는 교수들은 이렇게 하여 생겨난 것이다.

사람들은 기둥 몇 개를 자기 위나 자기 밑에 어떻게 비스듬히 세울 것인가 또는 자기의 상자에 무슨 색을 칠할 것인가 등에 꽤나 신경을 쓰고 있다. 그래도 그가 집주인이란 의미에서 스스로 기둥을 배정했거나 집의 색깔을 칠했다면 다소 의미가 있을 것이다. 그러나 집주인의 넋은 이미 빠져나가 버려 집 짓는 것은 자신의 관을 만드는 일, 즉 무덤의 건축술이 되어버렸다. 사실 '목수'라는 말은 '관을 만드는 사람'의 또 다른 이름에 지나지 않는다.

어떤 사람은 절망한 나머지 또는 인생에 냉담해진 나머지 이렇게 말한다. 당신 발밑의 흙 한 줌을 집어 당신의 집을 흙색으로 칠하라고. 그 사람은 자기의 마지막 좁은 집인 무덤을 생각하고 있는 것일까? 차라리 동전마저 던져보라지.[35] 그는 무던히도 한가한가 보다. 왜 우리가 한 줌의 흙을 집어 들어야 하는가? 차라리 우리의 집을 우리의 얼굴빛으로 칠하는 것이 나을 것이다. 그러면 집이 주인을 대신해서 창백해졌다 붉어졌다 할 것 아닌가? 오두막집의 건축양식을 개량하려고 들다니! 누가 내장식을 마련했다면 나는 그것을 걸쳐볼 생각이다.

---

35) 고대 그리스 전설에서는 저승의 강을 건널 때 안내하는 혼魄에게 동전을 던져주는 관습이 있었다고 한다.

겨울이 닥치기 전에 나는 굴뚝을 완성했다. 그리고 비가 샐 염려는 없지만 사방의 외벽에다가 널빤지들을 대었다. 그런데 이 널빤지는 통나무를 처음 다듬을 때 커낸 들쭉날쭉한 생나무여서 대패로 옆을 반듯하게 밀어주어야 했다. 이렇게 해서 나는 빈틈없이 널빤지를 대고 석회를 바른 집 한 채를 갖게 되었다. 집은 길이가 15피트, 폭이 10피트 그리고 기둥의 높이가 8피트였는데 다락방과 벽장이 있고, 양쪽에는 커다란 유리창이 하나씩 있었으며 뚜껑 문도 두 개 있었다. 출입문은 한쪽 끝에 있고 그 맞은편에 벽돌로 된 벽난로가 있었다.

나는 이 집을 짓는 데 든 정확한 건축 비용을 따져보았다. 모든 일을 나 스스로 했으니 노임은 제외했고, 사용한 자재에 대해서는 일반적인 시세로 계산했다. 자기 집의 건축 비용을 정확히 알고 있는 사람은 극히 드물고, 또 있다고 하더라노 갖가지 자재의 세목별 비용을 알고 있는 사람은 더욱 드물기 때문에 그 명세서를 적어보았다.

판자	8달러 3 1/2센트
	(대부분 판잣집 것임)
지붕과 벽에 쓴 헌 널빤지	4달러
욋가지	1달러 25센트
유리가 달린 헌 창문 2개	2달러 43센트
헌 벽돌 1,000개	4달러
석회 2통	2달러 40센트 (값이 비싼 편임)
석회 솜	31센트 (필요 이상의 분량임)

벽난로용 철제 틀	15센트
못	3달러 90센트
돌쩌귀 및 나사못	14센트
빗장	10센트
백묵	1센트
운반비	1달러 40센트
	(상당 부분 내가 등짐을 져서 날랐음)
합계	28달러 12 1/2센트

이것이 내가 사용한 자재의 전부이다. 단 내가 무단 정주자無斷 定住者의 권리로서 집 주위에서 가져다 쓴 목재, 돌, 모래는 이 안에 포함되어 있지 않다. 나는 내 통나무집 바로 옆에 자그마한 헛간도 하나 지었는데, 집 짓고 남은 자재를 주로 썼다. 나는 콩코드의 큰 거리에 있는 어느 집보다 웅장하고 호사스러운 집을 하나 지을 생각이다. 그 집이 이 집만큼이나 나를 즐겁게 하고 건축 비용도 더 들지 않는다면 말이다.

이리하여 나는 자기 집을 원하는 학생이라면 누구든 그가 현재 해마다 내고 있는 집세 정도의 비용을 가지고 평생 동안 살 만한 집을 장만할 수 있다는 것을 알았다. 내가 조금 지나치게 자랑하는 것같이 보인다면 나는 나 자신을 자랑하는 것이 아니라 실은 전 인류를 자랑하고 있노라고 변명하고 싶다. 그리고 내게 결점과 모순이 있다 하더라도 그 때문에 내 말의 진실성에 영향이 미쳐서는 안 될 것이다. 내게는 큰소리치는 기질과 위선적인 면이 다소 있지만(사실 바로 이런 면이 나의 '쌀'에서 가려내기 힘든 나의 '겨'에 해당되며, 이 때문에 나도 다른 사람만큼이나 아쉬워하는데) 이 점에서만큼은 자유롭게 숨 쉬고 사지를 펴보고 싶다. 그렇게 하는 것이 정신적으로나 육체적으로나 좋으리라. 그리고 나는 겸손하기 위하여 악마의 대변인이 될 생각은 추호도 없다. 나는 진실을 대변하는 적극적인 발언자가 되려고 애쓸 생각이다.

하버드 대학에서는 현재 내가 쓰는 방보다 조금 큰 학생 방에 대하여 1년에 30달러나 되는 방세를 받고 있다. 게다가 학교 당국은 32개의 방을 한 지붕 밑에 나란히 지어 이득을 보는 반면에, 기숙생은 이웃에 학생들이 많고 시끄럽다는 불편 말고도 어쩌면 4층에 방이 배정되는 불이익을 당할 수도 있다. 만약 우리가 이런 면에서 좀 더 현명했더라면 교육의 양을 줄일 수 있을 뿐만 아니라(왜냐하면 이 방법을 썼더라면 이미 더 많은 교육을 받았을 것이므로) 교육비도 대폭 절감할 수 있을 것이라는 생각을 하지 않을 수 없다.

하버드 대학이나 또는 다른 대학에서 학생들에게 필요한 여러 시설을 학생과 학교 당국이 서로 효과적으로 관리한다면 현재 학생들이나 그들의 학부형이 치르는 희생은 10분의 1로 줄어들 수도 있다. 비용이 가장 많이 드는 사항이 학생들이 가장 원하는 사항은 아니다. 예를 들자면 수업료는 학비 가운데 큰 몫을 차지하고 있지만, 동시대의 사람들 중 가장 교양 있는 부류와 사귐으로써 얻어지는 훨씬 더 가치 있는 교육은 돈이 들지 않는다.

대학을 설립하는 방법은 흔히, 일정 액수의 기부금을 모은 다음 분업의 원칙을 적용하여 건축업자를 끌어들이는 식으로 추진된다. 건축업자는 이 사업을 투기적으로 하는 사람인데, 기초공사를 시키기 위하여 아일랜드인들이나 다른 노동자들을 고용한다. 그동안 그 대학에 다닐 학생들은 대학에 들어올 준비를 한다. 이처럼, 몹시 신중하게 적용해야 할 분업의 원칙이 여기서는 그 극단까지 맹목적으로 추종되는 것이다.

이런 식의 잘못된 설립 과정 때문에 후대의 사람들이 두고두고 그 대가를 치르지 않으면 안 된다. 나는 학생들 자신과 그 외에 대학의 혜택을 입고자 하는 사람들이 직접 기초공사에 참여한다면 이보다는 훨씬 좋은 결과를 가져오리라고 생각한다. 만약 어떤 학생이 인간에게 필수불가결한 육체노동을 평생 계획적으로 기피해가며 여가를 얻고 말년에 은퇴 생활로 접어든다면, 그가 얻은 여가는 불명예스럽고 가치 없는 것이며, 이 여가를 유익한 것으로 만들 수 있는 유일한 경험을 스스로 박탈한 것이 된다.

"그러면 학생들더러 머리로 일하지 말고 손으로 일하라는 이야기가 아닙니까?" 하고 어떤 사람은 물을 것이다. 꼭 그런 의미는 아니다. 하지만 그와 비슷한 의미라고 생각해도 좋을 것이다. 내가 하고자 하는 말은, 사회가 학생들의 값비싼 놀이에 대한 대가를 치르고 있는 동안 학생들은 인생을 '놀듯이 보내거나' 또는 인생을 '공부만 하지' 말고 처음부터 끝까지 그것을 진지하게 '살아'보라는 것이다.

젊은이들이 당장에 인생을 실험해보는 것보다 사는 법을 더 잘 배울 수 있는 방법이 또 있겠는가? 그렇게 하면 수학 공부만큼이나 그들의 정신을 단련시키게 될 것이다. 가령 한 소년에게 예술과 과학에 대하여 무엇인가를 가르치고 싶다면 나는 그 아이를 어떤 교수가 있는 곳으로 보내는 식의 흔해빠진 방법은 쓰지 않을 것이다. 왜냐하면 그곳에서는 모든 것이 강의되고 실습되지만 삶의 예술은 가르쳐주지 않기 때문이다. 그곳에서는 망원경이나 현미경으로 세계를 관찰하는 법은 가르치지만, 육안으로 세상을 보는 법은 가르쳐주지 않는다. 화학은 공부하되 자기의 빵이 어떻게 구워지는가는 배우지 않으며, 기계학은 배우되 빵을 어떻게 버는가에 대해서는 배우지 않는다. 해왕성의 새로운 위성은 발견해내지만, 자기 눈의 티는 보지 못하며 또한 자기가 지금 어떤 악당의 위성 노릇을 하고 있는지는 깨닫지 못하고 있다. 한 방울의 식초 안에 사는 괴균怪菌들을 연구하면서 자기의 주위에서 우글거리는 괴물들에게 자신이 잡아먹히고 있다는 것을 모르고 있다.

　다음 두 학생 중 한 달이 지난 다음에 어느 쪽이 더 발전해 있을까? 즉 한 학생은 관련 서적을 두루 읽으면서 자신이 직접 쇠붙이를 캐고 녹여 주머니칼을 만들었고, 다른 학생은 대학에 나가 야금학 강의를 들으면서 아버지로부터 '로저스 표' 주머니칼을 선물받았다면 말이다. 둘 중에 누가 더 손을 잘 베이겠는가?

　대학을 졸업할 무렵, 나는 내가 재학 중에 항해학 과목을 수강한 일이 있다는 것을 듣고는 깜짝 놀랐다. 차라리 내가 배 한 척을 직접 몰고 항구 밖으로 단 한 번만이라도 나갔더라면 항해술에 대해 훨씬 많은 것을 배웠으리라. 가난한 학생들까지도 정치경제학만 공부하고 강의받고 있을 뿐, 철학과 동의어 관계에 있는 생활의 경제학은 대학에서 진지하게 가르치지 않고 있다. 그 결과, 애덤 스미스와 리카도와 세[36]의 경제학 서적을 읽고 있는 동안 그 학생은 자기 아버지를 헤어날 수 없는 빚 구덩이에 몰아넣고 마는 것이다.

우리의 대학들과 똑같은 실정에 놓여 있는 것이 바로 무수한 '현대적 개선'이라는 것이다. 거기에는 어떤 환각이 작용하고 있다. 항상 긍정적인 발전만 있는 것은 아니다. 이 '현대적 개선'에는 악마가 초기에 투자해놓은 몫이 있는데, 이것과 그 후 계속적으로 투자한 몫에 대하여 악마는 가혹한 복리를 짜내고 있다. 우리의 발명품들은 흔히 진지한 일로부터 우리의 관심을 빼앗아가는 예쁘장한 장난감일 경우가 많다. 그것들은 '개선되지 않은' 목적을 달성하기 위한 '개선된' 수단에 지나지 않으며, 그 목적이란 기차가 보스턴이나 뉴욕에 쉽게 도착하듯이 이 신발명품 없이도 너무 쉽게 도달할 수 있는 것들이다.

우리는 메인 주에서 텍사스 주를 잇는 자석식 전신電信을 가설하려고 무척 서두르고 있다. 그러나 메인과 텍사스는 서로 통신할 만큼 중요한 일이 없을지도 모른다. 마치 어떤 저명한 귀머거리 부인에게 소개되는 것을 열렬히 바라던 사나이가 드디어 소개를 받아 그녀의 보청기 한 쪽이 자기 손에 쥐어지자 말문이 막혔던 것 같은 곤경에 이 두 지방은 빠지고 만 것이다. 이것은 마치 전신의 주요한 목적이, 빠른 속도로 이야기하자는 것이지 조리 있게 이야기하자는 것이 아니라는 것과 같다.

우리는 대서양에 해저전신을 가설하여 구세계의 소식을 신세계에 몇

---

36) 애덤 스미스, 리카도와 세 _ 18세기 후반과 19세기 초에 살았던 유럽의 경제학자들.

주일 앞당겨 가져오기를 갈망하고 있다. 하지만 이 해저전신을 타고 미국인의 나풀거리는 큰 귀에 들어오는 첫 소식은 애들레이드 공주가 백일해를 앓고 있다는 소식 정도일 것이다. 어차피 1분에 1마일을 달리는 말을 타고 오는 사람이 가장 중요한 소식을 가지고 오는 것은 아니다. 그는 복음 전도자도 아니며, 메뚜기와 꿀을 먹으며 오는 예언자도 아니다. 저 유명한 경주마 '플라잉 차일더스'가 방앗간으로 옥수수 한 말이라도 나른 일이 있는지 의문이다.

한 친구는 내게 말한다. "자네는 왜 저축을 하지 않나? 여행을 좋아하는 사람이 말이야. 오늘이라도 기차를 잡아타면 휘츠버그로 가 그 지방 구경을 할 수 있을 텐데." 하지만 나도 꽤 영리한 사람이다. 나는 빠른 여행자란 자기 발로 가는 사람이라는 것을 알고 있는 것이다. 나는 그 친구에게 말한다. "우리 둘 중 누가 먼저 휘츠버그에 도착할지 시합 한 번 해볼까? 휘츠버그까지의 거리는 30마일이고 차비는 90센트일세. 이 돈은 거의 하루의 품삯에 해당되네. 바로 이 휘츠버그행 철로에서 노선 작업을 하던 노동자의 하루 품삯이 60센트였던 때가 기억나네. 자, 이제 내가 도보로 길을 떠나면 밤이 되기 전에 그곳에 도착할 걸세. 난 일주일 내내 그런 속도로 도보 여행을 한 경험이 있거든. 그동안에 자네는 기차 삯을 버느라고 수고할 것이고 휘츠버그에는 내일 아니면 잘해야 오늘밤에 도착하겠지. 그것도 운 좋게 일거리를 바로 구한다면 말이야. 자네는 휘츠버그에 가는 대신 하루의 대부분을 이곳에서 일을 하느라고 보내겠지. 설사 철도가 지구 곳곳에 미치지 않는 곳이 없더라도 나는 자네보다는 항상 앞서 가리라고 생각되네. 그래서 여행을 하고 경험을 쌓는 일이라면 바로 그 때문에 자네와 나는 더 이상 알고 지내는 일이 없게 될 걸세."

이러한 것이 바로 어떤 사람도 속일 수 없는 보편적인 법칙이며, 철도에 관해서도 이와 똑같은 이야기를 할 수 있다. 세계 방방곡곡에 철도를 놓아 모든 인류가 이용할 수 있게 하는 것은 지구의 온 표면에다 길을 닦아놓는 것과 같다. 주식을 공모해서 회사를 세우고, 인부들을 시켜서 철도 공사를 계속하다 보면 언젠가는 모든 사람들이 빠른 시간 안에 무료로 어디엔가를 여행하게 될 것이라고 사람들은 막연하게 생각한다. 하지만 손님들이 정거장에 몰려들고 차장이 "승차!" 하고 소리치더라도 막상 기관차의 연기가 걷히고 김이 물방울이 된 다음에 보면, 탄 사람은 몇 되지 않고 나머지 사람들은 모두 기차에 치인 채로 뒤에 남겨진 것을 알게 될 것이다. 신문은 '또 하나의 불행한 사건'이라고 부를 것이고 또 사실 그렇기도 하다.

물론 오래 살아서 차비라도 벌어놓은 사람은 언젠가는 기차를 타게 되겠지만 그때는 활동력과 여행 의욕을 잃고 난 다음일 것이다. 이처럼 삶의 가치가 가장 떨어지는 시기에 미심쩍은 자유를 누리기 위하여 인생의 황금 시절을 돈 버는 일로 보내는 사람들을 보면, 고국에 돌아와 시인 생활을 하기 위하여 먼저 인도로 건너가서 돈을 벌려고 했던 어떤 영국 사람이 생각난다. 그는 당장 다락방에 올라가 시를 쓰기 시작했어야 했다.

"무엇이라고요? 우리가 만든 이 철도가 좋은 것이 아니라고요?" 하며 백만 명의 아일랜드 출신 노동자들이 이 땅의 수많은 판잣집에서 일제히 일어나 외칠지 모른다. 그러면 나는 다음과 같이 대답할 것이다. "좋은 것이죠. 비교적 좋은 것이란 얘깁니다. 당신들은 이보다 더 가치가 없는 일을 했을 수도 있으니까요. 하지만 당신들이 나의 형제니까 하는 말인데, 이렇게 땅을 파는 것보다는 좀 더 가치 있는 일에 시간을 보낼 수 있다면 하고 바라는 것뿐이오."

집을 채 다 짓기 전에 무슨 정직하고도 기분에 맞는 방법으로 10달러나 12달러쯤 벌어 임시 비용을 충당할 생각으로 집 근처의 2에이커 반쯤 되는 푸석푸석한 모래땅에 강낭콩을 심었다. 그리고 그 한쪽에는 감자, 옥수수, 완두콩과 무를 심었다. 그 밭 일대는 모두 11에이커로 대부분 소나무와 호두나무가 자라고 있었으며, 그 전해에 1에이커당 8달러 8센트로 팔렸다. 어떤 농부는 이 땅을 가리켜 "찍찍거리는 다람쥐나 기른다면 몰라도 그 외에는 아무짝에도 쓸모없는 땅"이라고 말했다.

나는 그 땅에 비료를 전혀 주지 않았는데, 그것은 내가 땅임자도 아니고 단지 잠시 부쳐먹는 사람에 지나지 않는 데다 그 땅을 다시 경작하리라고 생각하지 않았기 때문이다. 사실 밭 전체에 걸친 일괄적인 김매기 작업 한번 제대로 못 했다.

그 밭을 쟁기로 갈 때 나무 그루터기를 여러 개 캐냈는데 이것들은 오랫동안 땔감이 되었다. 또한 캐낸 자리는 조그맣고 둥근 처녀지가 되어 여름에는 다른 곳보다 강낭콩이 무성히 자라 언뜻 알아볼 수 있었다. 나머지 땔감은 집 뒤에 죽어 넘어져 상품 가치가 거의 없는 고목나무와 호숫가에 떠내려온 유목으로 충당했다. 쟁기로 밭을 갈 때는 소 한 쌍과 인부 한 사람을 사야 했는데 쟁기질은 나 자신이 직접 했다.

내가 첫해에 농사에 들인 비용은 용구 및 종자 값과 품삯 등 모두 14달러 72 1/2센트였다. 옥수수 씨앗은 그냥 얻었다. 많은 양을 심는 것이 아니라면 씨앗 값은 별문제가 되지 않는다. 내가 얻은 수확은 강낭콩이 12부셸, 감자가 18부셸에다 약간의 완두콩과 옥수수였다. 노란 옥수수와 무는 철을 놓쳐 거둬들일 만한 게 없었다.

이렇게 해서 내가 농사로 얻은 수입은 모두 23달러 44센트였다. 손익 계산을 해보면,

수입	23달러 44센트
지출	14달러 72 1/2센트
순이익	8달러 71 1/2센트

그 외에 내가 그동안 먹은 것은 따지지 않더라도 이 계산을 할 때쯤에는 약 4달러 50센트의 농작물이 수중에 남아있었다. 이 액수는, 내가 가꾸지는 않았지만 저절로 자랐기 때문에 팔아서 쓴 풀 값草代을 훨씬 능가했다. 모든 것을 감안해볼 때, 다시 말해서 한 인간의 영혼과 오늘이라는 시점의 중요성을 고려해볼 때, 내가 이 실험에 소요한 시간이 짧았음에도 불구하고, 아니 어떤 의미에서는 그 일시적인 성격 때문에 나의 농사는 그해 콩코드의 어느 농부보다도 성공적인 것이었음을 나는 확신한다.

다음 해 농사는 더 잘 지었다고 할 수 있다. 그것은 우선 내가 꼭 필요한 만큼의 땅, 즉 약 3분의 1에이커의 땅을 내 스스로 파 엎을 수 있었기 때문이다. 다음으로는 아서 영의 저서를 포함해서 농업에 관한 유명한 책들이

많지만 그 책들이 가르쳐주지 않는 다음과 같은 사실들을 알아냈기 때문이다. 즉 사람이 소박한 생활을 하며 자신이 직접 가꾼 농작물만을 먹되 필요한 만큼만 가꾸며, 또한 거둬들인 농작물을 충분치도 않은 양의 호사스러운 기호 식품과 바꾸려들지 않는다면 단지 몇 '라드'[37]의 땅만 일구어도 충분히 먹고살 수 있다는 것이다. 그리고 그 땅을 일구는 데에 소를 사용하는 것보다 손수 삽을 써서 갈아엎는 게 돈이 적게 들며, 묵은 땅에 비료를 주는 것보다 그때그때 새 땅을 택하는 것이 비용이 적게 든다는 것이다. 또한 필요한 모든 농사일을 여름 동안에 틈틈이 힘들이지 않고 할 수 있어서 지금처럼 소나 말, 돼지에 얽매이지 않아도 된다는 것이다.

나는 현재의 경제나 사회제도의 성패에는 이해관계가 없는 사람의 입장에서 공평하게 이 문제를 논하고 있는 것이다. 나는 콩코드의 어느 농부보다도 사주적인 입장에 있었다. 그것은 내가 집이나 농장에 얽매여 있지 않았고 아무 때나 나의 유별난 성향을 따를 수 있었기 때문이다. 나는 이미 그들 농부보다 더 잘살고 있었으며, 내 집이 타버리거나 농사에 실패했더라도 나는 전이나 다름없이 여유 있게 살았을 것이다.

나는 사람이 가축의 주인이 아니라 가축이 사람의 주인이며, 가축이 사람보다 훨씬 자유롭다고 생각한다. 사람과 소는 일을 서로 교환해서 한다. 그러나 우리가 필요한 일만 생각한다면 소가 더 유리한 입장에 있는데 그것은 그들의 농장이 훨씬 넓기 때문이다. 사람은 그 노동 교환의 일부인 소의 여물을 만들기 위해 6주 동안 건초를 마련하는 작업을 하

---

[37] 1라드 _ 약 25제곱미터

는데, 이것은 정말 힘든 일이다.

　모든 점에서 소박한 생활을 하는 사람들의 나라, 즉 '철학자의 나라'가 있다면 동물의 노동력을 이용하는 큰 실수는 결코 범하지 않을 것이다. 물론 철학자들로 이루어진 나라는 과거에 없었다. 또한 가까운 장래에 생길 것 같지도 않으며, 그런 나라가 있는 게 바람직한지도 잘 모르겠다. 그러나 나 같으면 말이나 소를 길들여서 무엇인가 내 일을 거들 수 있도록 하숙생으로 받아들이지는 않겠다. 잘못하면 내가 마부나 목동 신세가 될지도 모르니 말이다. 그리고 설사 그렇게 함으로써 사회가 덕을 보는 것처럼 보일지라도 갑의 이득이 을의 손실이 되지 않는다고 단언할 수 있으며, 마구간지기 소년이 그의 주인만큼 만족을 얻을 이유가 있다고 단언할 수 있겠는가?

　어떤 공공사업이 가축의 조력 없이는 건설될 수 없었다고 치자. 또 인간이 그 사업의 준공의 영광을 소나 말과 나누어 가진다고 치자. 그렇다면 이 경우, 인간은 혼자서는 스스로에게 더 가치 있는 일을 이루어내지 못했을 것이라는 결론이 내려지는가? 사람이 가축의 힘을 빌려 불필요하거나 기예적인 일뿐 아니라 사치스럽고 낭비적인 일까지 하기 시작하면, 몇몇 사람들이 소와 바꾸어서 하는 일을 떠맡아 하게 되는 것은, 다시 말하면 몇몇 사람들이 가장 강한 자들의 노예가 되는 것은 불가피한 일이다. 그리하여 사람은 자신의 내부에 있는 짐승을 위해서 일할 뿐만 아니라, 이의 상징으로서 자기의 외부에 있는 짐승을 위해서도 일하게 된다.

　우리는 수많은 훌륭한 벽돌집과 석조 주택을 가지고 있지만 아직도 농부가 잘사느냐 못 사느냐는 그의 축사가 집보다 어느 정도 더 큰가에 의해 측정되고 있다. 우리 마을은 인근 지역에서는 가장 큰 규모의 축사와 마구간 들을 가지고 있다고 알려져 있고 공공건물들의 규모도 결코 뒤지지 않는다. 그러나 우리 군郡에는 종교의 자유와 언론의 자유를 실천할 만한 장소는 거의 없다시피 하다.

여러 민족들이 자신을 후대에 기념하게 하려는 방법으로 건축물을 이용해서는 안 되겠지만, 추상적 사고력을 이용해서 안 될 이유는 없으리라.《바가바드기타》[38]는 동양의 모든 유적보다도 얼마나 더 멋있는가? 탑들과 신전들은 군주들의 사치품이다. 소박하고 자주적인 인간은 어느 군주의 지시에 따라서도 일하지 않는다. 천재는 어느 황제의 시종이 아니며, 그의 소재는 극히 소량을 제외하고는 금도 아니고 은도 아니고 대리석도 아니다.

그러면 도대체 무슨 목적으로 그처럼 많은 돌들이 다듬어지고 있는가? 내가 아르카디아[39]에 갔을 때 나는 그곳에서 돌 다듬는 광경을 볼 수 없었다. 여러 민족들은 그들이 다듬어서 남긴 석재의 양으로 자신들에 대한 추억을 영구화하려는 광적인 야망에 사로잡혀 있다. 차라리 그만한 노력을 자신의 품행을 가다듬는 데 바쳤다면 어땠을까? 한 조각의 양식良識은 달까지 솟아오른 기념비보다 더 기릴 만한 것이 아닌가?

---

38)《바가바드기타》_ 기원전 5세기경에 쓰인 힌두교 경전. 소로우는 평생 동안 이 책의 심오한 철학에 매료되어 있었다고 한다.
39) 아르카디아 _ 고대 그리스인들의 이상향으로 소박한 전원 풍경을 가진 끝없는 행복을 누릴 수 있는 곳이라고 생각된 곳. '내가 아르카디아에 갔을 때'는 하나의 문학적 표현이다.

돌들은 제자리에 그냥 놓여 있는 게 좋다. 테베[40]의 장관壯觀은 천박한 장관이었다. 인생의 참다운 목적으로부터 멀리 떠나간 100개의 대문을 가진 테베의 신전보다는 어느 정직한 사람의 밭을 둘러싸고 있는 자그마한 돌담이 더 의미가 있다. 야만스럽고 이교도적인 종교와 문명은 화려한 신전들을 짓는다. 그러나 기독교, 참다운 기독교는 그런 짓을 하지 않는다. 한 민족이 다듬는 돌은 대부분 그들의 무덤으로 간다. 그야말로 그들은 스스로를 생매장하는 것이다.

피라미드에 대해서 말할 것 같으면, 그처럼 많은 사람들이 어떤 야심만만한 멍청이의 무덤을 만드느라고 자신들의 전 인생을 허비하도록 강요되었다는 사실 말고는 별로 놀라울 것이 없다. 차라리 그 작자를 나일 강물에 처박아 죽인 후, 그 시체를 개들에게 내주는 것이 더 현명하고 당당했으리라. 이들 무덤 일꾼들이나 그 속에 묻힌 자를 위해서 무슨 변명거리를 생각해볼 수도 있겠지만 지금은 그럴 시간이 없다.

건축가들의 종교와 예술 애호에 관해 말하자면, 이집트의 신전을 짓는 일이든 미합중국 은행을 짓는 일이든 사정은 세계 어디서나 비슷하다. 다 지은 건물의 가치가 그것을 짓는 데 들어간 돈에 항상 미치지 못하는 것이다. 건물의 뼈대는 허영심이며, 이 허영심은 마늘과 버터 바른 빵을 애호하는 심리에 의하여 부추김을 받고 있다. 촉망받는 젊은 건축가 밸컴 군이 비트루비우스[41]의 건축 서적 뒷면에 연필과 자로 설계도

---

40) 테베 _ 나일 강 상류에 위치한 고대 이집트의 수도.
41) 비트루비우스 _ 기원전 1세기경의 로마의 유명한 건축가. 그의 저서 《건축론》은 오랫동안 건축학의 교과서 같은 역할을 해왔다.

면을 작성한다. 그다음 그는 석재상인 도브슨 회사에 건축 작업을 하청 준다. 드디어 30세기의 세월이 그 건물을 내려다보기 시작하면 인류는 그것을 올려다보기 시작하는 것이다.

우리의 높은 탑과 기념비에 대해서도 이야기해보자. 그전에 우리 마을에 한 미치광이가 있어 땅에 구멍을 파서 중국에 도달하려고 했는데, 그의 말에 의할 것 같으면 중국의 솥과 냄비 소리가 들리는 데까지 파내려 갔다는 것이다. 하지만 나는 그가 파놓은 구멍을 구경하러 일부러 가볼 생각은 없다. 많은 사람들이 동서양의 기념비에 대해서 관심을 가지고 그것을 누가 세웠는가 알고 싶어 한다. 그러나 내가 알고 싶은 것은 그 시대에 그런 것을 세우지 않은 사람, 즉 그런 사소한 것을 초월한 사람이 누구였는지 하는 것이다. 그러면 다시 통계 작업을 계속해보자.

나는 그동안 마을에 내려가 측량 일과 목수 일 그리고 여러 가지 막일을 해서 13달러 34센트를 벌었다. 말하자면 나는 손가락 수만큼이나 다양한 직업을 가지고 있었던 것이다. 나는 숲 속에서 2년 이상을 살았지만 아래 계산이 행해진 기간, 즉 7월 4일부터 다음 해 3월 1일까지 8개월 동안의 식비는 다음과 같다. 단 내가 손수 가꾼 감자와 풋옥수수와 약간의 완두콩은 계산에 넣지 않았고 기간의 마지막 날에 내 수중에 있던 식량의 가격도 포함시키지 않았다.

쌀	1달러 73 1/2센트
당밀	1달러 73센트(설탕류 중 가장 값이 싸다.)
호맥분	1달러 4 3/4센트

옥수수 가루	99 3/4센트(호밀보다 값이 싸다.)	
돼지고기	22센트	
밀가루	88센트	
	(비용과 수공이 옥수수 가루보다 더 먹힌다.)	이 모든 실험은 실패로 끝났다
설탕	80센트	
라드(돼지기름)	65센트	
사과	25센트	
말린 사과	22센트	
고구마	10센트	
호박 1개	6센트	
수박 1개	2센트	
소금	3센트	

그렇다. 나는 모두 8달러 74센트어치를 먹었다. 내가 얼굴을 붉히지 않고 이처럼 나의 약점을 밝히는 것은 대부분의 독자들도 나와 똑같은 약점을 가지고 있으며 그들의 행적도 활자화하고 보면 더 나을 것이 없으리라는 것을 알고 있기 때문이다.

다음 해에는 나는 가끔 물고기를 잡아 저녁으로 먹었으며, 한번은 내 콩밭을 망쳐놓은 우드척 한 마리를 때려잡은 적도 있었다. 동양 사람 같으면 '전생轉生시켰다'는 표현을 썼겠지만, 아무튼 이놈을 때려잡아 시험 삼아 먹어보았다. 사향 냄새가 났지만 그 순간은 꽤 맛이 있었다. 하지만 마을의 푸줏간에 맡겨 손질을 꽤 하더라도 장기간 상식常食하기에는 적당치 않으리라는 생각이 들었다.

　같은 기간 동안의 피복대와 기타 임시 비용은 8달러 40 3/4센트였는데 이 항목은 별로 세분화할 만한 게 없다.

　　　등유 및 몇 가지 살림 도구　　2달러

　세탁과 옷 수선은 대개 외부에 맡겨서 했는데 아직 그에 대한 청구서를 받지 못했다. 이 비용을 제외하면 내가 지출한 총액수는 아래와 같다. 이 금액이 이 지역에 살면서 부득이 나가게 되는 돈의 전부이다.

주택	28달러 12 1/2센트
1년간 영농비	14달러 72 1/2센트
8개월간 식비	8달러 74센트
8개월간 피복대 기타	8달러 40 3/4센트
8개월간 등유 기타	2달러
합계	61달러 99 3/4센트

　이제 나는 스스로 벌어서 생계를 유지해야 하는 독자층에게 말한다. 위의 지출을 충당하기 위해 농산물을 판매했는데 그 대금으로 23달러 44센트를 받았다.

농산물 판매 대금	23달러 44센트
노임으로 받은 금액	13달러 34센트
수입 합계	36달러 78센트

 지출 총액에서 이 수입 총액을 빼면 25달러 21 3/4센트의 부족액이 생기는데, 이것은 내가 애초에 가졌던 착수금과 거의 비슷한 금액이었으며 또 앞으로 발생할 지출의 규모를 말해주었다. 그러나 나는 여가와 자립과 건강을 확보하였고, 거기에다가 내가 원하는 날까지 살 수 있는 안락한 집을 얻었던 것이다.

 이러한 통계는 얼른 보기에는 우발적이고 아무런 참고도 안 될 것같이 보일지 모르나, 실은 완벽에 가깝게 작성되었으며 그 자체로 어떤 가치를 지니고 있다. 내가 입수한 것은 하나도 빠짐없이 전부 계산에 집어넣었다. 위의 계산을 보면 식대로 나간 돈은 주당 27센트쯤 된다. 이때 이후 거의 2년 동안 나의 식량은 이스트를 넣지 않은 호맥분과 옥수수 가루, 감자, 쌀, 아주 적은 양의 소금에 절인 돼지고기, 당밀, 소금 그리고 마시는 물이었다. 인도철학을 그처럼 좋아하는 내가 쌀을 주식으로 삼은 것은 당연한 일이라고 하겠다.

 고질적으로 남의 흠을 잡는 사람들의 비난에 대비하기 위하여 내가 가끔 외식을 했다는 사실을 여기에서 밝히는 것이 낫겠다. 나는 과거에도 가끔 외식을 했으며 앞으로도 그러리라고 생각하는데 가계에 부담이 되는 때가 많다. 그러나 이미 얘기한 것처럼 외식이 하나의 항구적 요소가 되었으므로 지금과 같은 비교적인 진술에는 하등의 영향을 끼치지 않는다고 본다.

내가 2년 동안의 경험에서 배운 것은, 첫째로는 이처럼 높은 위도緯度에서도 사람이 필요한 식량을 얻는 데에는 믿을 수 없을 만큼 적은 노력밖에 들지 않는다는 사실이다. 둘째로는 사람이 동물처럼 단순한 식사를 하더라도 체력과 건강을 유지할 수 있다는 것이다. 나는 콩밭에서 캐낸 쇠비름Portulaca oleracea을 끓여서 소금을 친 것만 가지고도 만족스러운, 정말 여러 면에서 만족스러운 식사를 했다. 여기서 쇠비름의 라틴어 이름을 적는 것은 그 이름이 풍기는 향미 때문이다. 진실로 말하건대, 분별 있는 사람이라면 평화스러운 보통날 점심때 풋옥수수를 넉넉히 삶아 거기에 소금을 좀 뿌려 먹는 것 말고 무엇을 더 바라겠는가?

내 식단이 약간이나마 다양성을 보인 것은 건강상의 이유가 아니라 식욕의 요구를 뿌리치지 못했기 때문이다. 그럼에도 불구하고 사람들은 필요한 양식이 아니라 사치성 식품이 없어 곧잘 굶주리는 경지에 도달했다. 내가 아는 어떤 부인은 자기 아들이 물만 마셨기 때문에 생명을 잃었다고 생각하고 있다.

여러분은 내가 이 문제를 영양학적 관점이 아니라 경제적 관점에서 다루고 있음을 알 것이다. 그러므로 여러분은 저장실에 식료품이 가득 차 있지 않는 한 나와 같은 절제 생활을 감히 시도해보려고 하지 않을 것이다.

내가 처음 만든 빵은 옥수수 가루에 소금을 조금 넣어 구운 진짜 시골식 빵이었는데, 집 밖에 불을 피워놓고 널빤지 위나 집 지을 때 잘라 쓰고 버린 나무토막의 한쪽 끝에 올려놓고 구운 것이었다. 하지만 이 빵은 연기가 스며들어 송진 냄새가 나기 일쑤였다. 나는 또 밀가루빵도 만들어보았다. 결국에는 호맥분과 옥수수 가루를 섞어서 구운 빵이 가장 맛이 있고 만들기도 쉽다는 결론을 얻었다.

추운 날 마치 이집트인이 달걀을 인공부화시킬 때 그러듯이 빵을 지켜보다 조심스럽게 뒤집고 해서 몇 개의 작은 덩어리를 차례로 구워내는 것은 여간 큰 즐거움이 아니었다. 이 빵들은 내 스스로 성숙시킨 진정한 '곡식의 과일'이었으며 다른 고귀한 과일들 못지않은 향기를 지니고 있었다. 이 향기를 가급적 오래오래 보존하기 위하여 나는 빵들을 헝겊에 싸서 보관했다.

나는 빵 굽는 방법에 대해서도 공부를 했다. 예부터 전해 내려오고, 우리에게 없어서는 안 되는 빵 굽는 방법을 공부하기 위하여 손에 넣을 수 있는 여러 가지 문헌을 참조해가며 효모가 들어있지 않은 최초의 빵이 만들어진 원시시대까지 거슬러 올라갔다. 야생의 나무 열매와 짐승 고기만을 먹어오던 인류는 이때 처음으로 빵이라는 음식의 부드러움과 세련됨을 접하게 된 것이다. 시대를 서서히 내려오다가 인류는 우연히 밀가루 반죽에 누룩이 생기는 것을 발견하며, 여기서 빵을 발효시키는 과정을 배우게 된다. 그 후 여러 종류의 발효법을 거쳐 드디어 생명의 양식이라고 하는 '달고 맛 좋고 건강에 좋은 빵'에 이르게 된다.

효모를 어떤 사람들은 '빵의 혼', 즉 빵의 세포조직을 충만시키는 영혼이라고 생각하는데, 이것은 오랜 세월에 걸쳐 성화처럼 경건하게 보존되어 내려왔다. 메이플라워호가 처음 신대륙으로 올 때 한 병의 효모도 신줏단지처럼 모셔진 채 바다를 건너와 미국을 위해 그 사명을 다하였던바, 지금도 그 영향은 커다란 곡식의 물결이 되어 이 나라 방방곡곡에 널리 부풀어올라 퍼지고 있다.

이 효모를 나는 마을에 가서 꼬박꼬박 충실하게 사오곤 했는데, 어느 날 아침 그 사용법을 깜박 잊고 효모를 데워버리고 말았다. 그 사고로 말미암아 나는 효모도 반드시 필요한 것은 아님을 알게 되었다. 이 발견은 종합적인 과정이 아니고 분석적인 과정에 의해 이루어진 것이었다. 그 후로부터 나는 서슴지 않고 효모를 쓰지 않기로 했다.

하지만 대부분의 주부들이 효모 없이는 안전하고 영양분 많은 빵을 만들 수 없다고 진지하게 설득했으며, 노인네들은 내가 기력이 빨리 쇠잔할 것이라고 단언하기까지 했다. 그러나 나는 그것이 절대적으로 필요한 것은 아님을 알고 있으며, 효모 없이 1년을 지냈지만 아직도 생자生者의 땅을 거닐고 있다. 덕분에 효모 병을 주머니에 넣고 다니는 귀찮음을 면하게 되었다. 그걸 넣고 다니다 보면 마개가 튀면서 내용물이 쏟아지는 사태가 가끔 벌어졌던 것이다. 효모는 쓰지 않는 편이 보다 간편하고 모양새도 좋다. 인간은 다른 어떤 동물보다도 온갖 기후와 환경에 적응해나갈 수 있는 능력을 갖추고 있는 것이다.

나는 빵에 탄산소다나 기타 어떤 산이나 알칼리도 넣지 않았다. 결국 내가 사용한 방법은 기원전 2세기에 로마의 정치가 카토[42]가 권했던 빵

---

42) 마르쿠스 포르키우스 카토(B.C.234~B.C.149) _ 고대 로마의 군인, 정치가. 일명 대大카토.《농사론》이라는 저서를 남겼다. 14장에서 나오는 '우티카의 카토'는 그의 손자로 소小카토로 불린다.

굽는 법을 따른 것처럼 보일 수도 있겠다. 그가 권하는 방법을 나는 이렇게 옮겨보았다. "밀가루 반죽은 다음과 같이 한다. 먼저 손과 반죽 그릇을 잘 씻는다. 그릇 속에 밀가루를 담아 서서히 물을 부어 잘 이긴다. 반죽이 된 다음에는 빵 모양을 만들어 뚜껑을 덮고 굽는다." 즉 빵 굽는 솥에 넣고 구우라는 뜻이다. 효모에 대해서는 한마디의 말도 없다. 나는 이 생명의 양식인 빵을 항상 먹은 것은 아니었다. 한때 호주머니가 비어서 한 달 이상이나 빵의 모습을 구경조차 못 한 때도 있었다.

우리 뉴잉글랜드 지방 사람들은 누구나 호밀과 옥수수의 고장인 이곳에서 쉽사리 빵의 원료를 구할 수 있으므로 가격 변동이 심한 먼 시장에 의존하지 말아야 할 것이다. 그러나 우리는 소박하고 자주적인 기풍을 잃어버린 나머지 콩코드의 가게에서 신선한 옥수수 가루를 구하기가 힘들며 굵은 옥수수 가루나 통옥수수를 먹는 사람도 거의 없다. 대부분의 농부들은 자신이 가꾼 곡물들을 소나 돼지에게 사료로 먹이고, 자신은 상점에 가서 밀가루를 사들이는데 이것은 가격만 비쌀 뿐 건강에 더 좋은 것도 아니다. 나는 내가 먹을 한두 부셸쯤의 호밀이나 옥수수는 쉽게 가꿀 수 있음을 알게 되었는데, 호밀은 척박한 땅에서도 잘 자라고 옥수수도 웬만한 땅이면 다 심을 수 있기 때문이다. 이것들을 맷돌에 갈아서 먹으면 쌀이나 돼지고기 없이도 지낼 수 있다.

나는 또 농축된 당분이 필요하면 호박이나 사탕무로 양질의 당밀을 만들 수 있음을 실험을 통해 알게 되었다. 이보다 더 쉽게 당분을 얻으려면 사탕단풍나무 몇 그루를 심으면 되고, 이 나무들이 자라는 동안에는 앞에 말한 것들을 빼고도 여러 가지 대용품을 사용할 수 있다는 것도

알았다. 왜냐하면 우리의 조상들이 노래했듯이,

"호박, 당근, 호두나무 조각으로
입술을 달게 할 술을 빚을 수 있나니."

끝으로 식료품 중 가장 조잡하다고 할 수 있는 소금에 관하여 이야기할 것 같으면, 이것을 얻는다는 구실로 해변에 가볼 수는 있겠다. 그러나 소금을 전혀 먹지 않고 지낼 수 있다면 물도 적게 마시게 될 것이다. 나는 인디언들이 소금을 구하려고 애썼다는 이야기를 들은 적이 없다.

이리하여 나는 먹는 것에 관한 한 일체의 거래와 물물교환을 피할 수 있게 되었다. 그리고 집은 이미 마련되어 있었으므로 입을 옷과 땔감만 구하면 되었다. 내가 입고 있는 바지는 어느 농가에서 짠 것인데, 인간에게 아직도 그만한 능력이 있다는 것이 다행스러울 뿐이다. 왜냐하면 농부가 공장 직공으로 몰락한 것은 그 옛날에 인간이 농부로 몰락했던 것만큼이나 중대하고 기억할 만한 사건이라고 생각하기 때문이다.

땔감은 새로 개척되는 지역에서는 항상 두통거리다. 집터로 말할 것 같으면, 만일 나에게 임시 거주가 허용되지 않았으면 나는 내가 경작하는 땅 중 1에이커를 원래 팔린 가격, 즉 8달러 8센트에 구입할 생각도 가지고 있었다. 그러나 결국은 임시 거주가 허용이 되었고 그 결과 이 땅의 가치를 올려주었다고 생각한다.

세상에는 남의 말이란 통 믿지 않는 사람들이 있는데, 때때로 이들은 나에게 채식만 하면서 살 수 있느냐는 등의 질문을 한다. 그럴 때면 나는 문제의 핵심을 찌르기 위해(왜냐하면 핵심은 신념이니까.) 대못大釘만 먹고도 살아갈 수 있노라고 대답해주곤 한다. 그 사람들이 이 말을 알아듣지 못한다면 그들은 내가 이 책에서 말하고자 하는 바를 대부분 이해하지 못할 것이다.

나는 다음과 같은 실험이 행해졌다는 것을 듣고 기뻐한 적이 있다. 어떤 청년이 2주일간을 자신의 치아를 절구 삼아 속대가 붙어있는 날옥수수만 먹으며 살았다는 실험 말이다. 다람쥐 족속들도 이와 똑같은 실험을 해서 이미 성공한 바 있다. 인류는 이런 종류의 실험에 꽤 흥미를 느끼고 있다. 단, 이가 빠져 이런 실험이 곤란한 할머니나 죽은 남편의 재산을 정미소에 투자해놓은 과부들은 깜짝 놀라겠지만 말이다.

가구에 대해서 말할 것 같으면, 일부는 내가 손수 만들었고 나머지는

한 푼도 비용이 들지 않아 계산서에 넣지 않았다. 내 가구는 침대 하나, 탁자 하나, 책상 하나, 의자 셋, 직경 3인치의 거울 하나, 부젓가락 한 벌과 장작 받침쇠 하나, 솥 하나, 냄비 하나, 프라이팬 하나, 국자 하나, 대야 하나, 나이프와 포크 두 벌, 접시 세 개, 컵 하나, 스푼 하나, 기름 단지 하나, 당밀 단지 하나 그리고 옻칠한 램프 하나가 전부였다. 호박을 의자로 써야 할 만큼 가난한 사람은 없다. 만약 있다면 그것은 주변머리가 없기 때문이다. 이 마을 여러 집의 다락에는 그저 가서 들고오기만 하면 되는 쓸 만한 의자들이 얼마든지 있다. 가구라고! 다행히도 나는 가구점의 신세를 지지 않고도 앉거나 설 수 있다.

자기의 가구가 거지같은 빈 상자들의 모습으로 수레에 실려 많은 사람들의 눈길을 받으며 대낮에 시골길 위를 끌려가는 모습을 보고 부끄러움을 느끼지 않을 사람이 철인 말고는 누가 있겠는가? 흠, 저게 바로 스폴딩 씨네 가구구먼! 이삿짐만 보아서는 그게 소위 부자라는 사람의 것인지 또는 가난한 사람의 것인지 나는 분간할 수 없었다. 주인은 항상 가난에 찌든 사람 같았다. 사실 말이지 그런 가구가 많으면 많을수록 그만큼 더 가난한 법이다. 그런 이삿짐 하나는 판잣집 열 채에 들어있던 것을 모아놓은 것처럼 보인다. 한 채의 판잣집이 가난의 상징이라면 이것은 열 배나 더 가난한 모습인 것이다.

진정, 우리가 이사를 가는 목적이 무엇인가? 이런 가구, 이런 '허물'을 벗어버리자는 것이 아닌가? 그래서 마침내 이승에서 저승으로 갈 때도, 그곳에 새롭게 마련된 가구를 쓰며 이승의 것들은 태워버리자는 것이 아닌가? 그렇지 않으면 이러한 덫들을 우리의 허리띠에 매달고 이것들을 질질 끌면서 우리가 숙명적으로 가야 할 거친 황야를 힘들게 가야만 할 것이다.

덫에 걸린 꼬리를 잘라내고 달아난 여우는 운 좋은 놈이었다. 덫에 걸린 사향쥐는 자유의 몸이 되기 위하여 자신의 세 번째 다리라도 물어서 끊는다고 한다. 인간이 자신의 탄력성을 잃은 것은 놀라운 일이 아니다. 인간은 얼마나 자주 궁지에 빠지는가? "여보시오, 선생! 외람된 말이지만 궁지에 빠진다는 게 도대체 무슨 말이오?" 당신이 예민한 관찰력의 소유자라면, 사람을 만날 때 그 사람 뒤로 그가 소유하는 모든 것과 자신의 것이 아닌 척하는 물건들, 심지어는 부엌 가구와 그 외에 그가 계속 모아두면서 태워버리지 못하는 온갖 잡동사니들을 볼 수 있을 것이다. 그는 이것들에 묶인 채로 어떻게든지 앞으로 나아가보려고 무척 애를 쓰고 있을 것이다. 자신은 옹이구멍이나 출입문을 빠져나갔지만 썰매에 실은 자신의 가구와 짐은 문턱에 걸려 나오지 못할 때 나는 그가 궁지에 빠졌다고 말한다.

나는 어떤 말쑥하고 빈틈없는 사람이 겉보기에는 홀가분하고 자유로운 것 같은데, 자기 가구가 보험에 들어있느니 안 들어있느니 하면서 수다를 떨 때는 차라리 연민의 감정을 느낀다. "하지만 제 가구는 어떻게 해야 합니까?" 이 아름다운 나비는 거미줄에 걸려든 것이다. 오랫동안 아무 가구도 가지고 있지 않은 것처럼 보이던 사람도 자세히 물어보면 몇 가지나마 남의 집 창고에 맡겨놓고 있음을 알게 된다.

나는 오늘날의 영국을 무척이나 많은 짐들을 끌면서 여행하고 있는 노신사로 보고 있다. 이 짐들은 오랜 살림살이로 누적된 잡동사니들인데 그는 이것들을 태워버릴 용기가 없는 것이다. 큰 가방, 작은 가방, 판지 상자, 보따리 등. 제발, 앞의 세 가지만이라도 버리도록 하세요, 영감님!

자기 침대를 어깨에 메고 걷기란 젊고 건강한 사람도 힘에 겨운 것이다. 그러므로 나는 아픈 사람에게 침대를 버리고 달려가라고 충고하고 싶다. 나는 한번은 갓 이민 온 사람이 자기의 전 재산이 든 보따리를 메고(그 짐은 마치 목덜미에 난 엄청나게 큰 혹처럼 보였는데) 비틀거리면서 걸어가는 것을 본 적이 있다. 그때 나는 그 사람에게 동정의 염을 금할 수 없었는데, 그것이 그가 가진 전부라서가 아니고 그가 너무 큰 짐을 메고 가야 했기 때문이었다. 만약 내가 덫 하나를 끌고 다녀야만 한다면 나는 되도록 가벼운 것을 고를 터이고 그 덫에 내 급소를 다치지 않도록 조심할 것이다. 아니, 애당초부터 덫에 손발을 넣는 짓은 피하는 것이 현명한 일이리라.

참, 커튼 값으로는 한 푼도 들어가지 않았다는 얘기도 해야겠다. 그것은 해와 달 이외에는 아무도 내 집 창문을 들여다볼 사람이 없었고, 해와 달이 들여다보는 것은 내가 환영하는 바였기 때문이다. 달이 비침으로써 상할 우유나 고기도 없었고, 해가 비쳐서 휘어질 가구나 색이 바랠 양탄자도 없었다. 태양이 때로는 너무 뜨겁게 내리쬘 때는 가계부에 지출 항목을 하나 늘리느니보다 자연이 제공하는 커튼인 나무 그늘로 자리를 옮기는 것이 경제적으로도 더 나은 것이다.

어느 부인이 내게 신발 터는 깔개를 주겠다고 했으나, 집 안에 그것을 둘 자리도 없고 집 밖이나 안에서 그것을 털 시간도 없어 사양하고 받지 않았다. 차라리 문 밖의 잔디에 구두를 문지르는 편이 훨씬 나은 것이다. 화근이 될 만한 것은 처음부터 피하는 것이 좋다.

얼마 전에 어느 교회 집사의 가재를 경매하는 곳에 간 적이 있다. 그는 생전에 살림깨나 장만한 사람이었다.

"인간이 저지르는 죄악은 사후에도 남으니……."

흔히 그렇듯이 그의 가재도 대부분 그의 아버지 때부터 쌓이기 시작한 잡동사니였다. 그중에는 말라붙은 촌충 한 마리도 끼어있었다. 이 물건들은 그의 다락과 다른 먼지 구덩이에서 반세기 동안이나 되는 세월을 보낸 지금에 와서도 불태워지지 않고 있었다. 한군데 모아놓고 불질러버림으로써 정화시키는 의미의 파괴를 당하는 대신 오히려 경매에 붙여짐으로써 가격이 상승되고 있었다. 동네 사람들이 몰려들어 구경을 했는데 가구는 결국 하나도 남지 않고 다 팔려버렸다. 이 가구들은 각자 집의 다락과 다른 먼지 구덩이로 조심스럽게 옮겨져서 그곳에 있다가 그들이 죽으면 유품으로 처분되는 식의 과정이 또 한 번 반복되리라. 사람이 죽으면 그는 먼지를 걷어차는 것이다.

어떤 미개인들의 습관 중에는 우리가 본받으면 유익하리라고 생각되는 것이 있는데, 매년 허물을 벗는 의식을 치르는 것이 바로 그것이다. 그들은 실제야 어떻든 간에 그 취지만은 제대로 이해하고 있는 것이다. 식물학자 바트램은 머클래씨족 인디언들의 그런 습관을 자신의 저서에서 묘사하고 있다. '버스크' 또는 '첫 곡식의 잔치'라고 부르는 이런 행사를 우리도 치러보면 좋지 않겠는가? 바트램은 다음과 같이 기록하고 있다.

"한 마을이 '버스크'를 치를 때 그들은 미리 새 옷, 새 솥과 냄비 그리고 새로운 살림 도구와 가구를 마련해놓은 다음, 모든 헌 옷과 다른 지저분한 물건들을 한군데로 모으고, 집과 거리와 마을 전체를 깨끗이 청소하여 쓰레기를 모아놓고, 이것들을 남은 곡식과 식료품들과 함께 한 무더기로 쌓아 불을 질러 태워버린다. 그리고 약을 먹고 사흘간 단식을 하는데, 단식이 끝나면 마을 안의 모든 불을 끈다. 이 단식 기간 중에는 식욕과 성욕 등 일체의 욕망을 억제한다. 그리고 대사령大赦令이 내려 모든 죄인들은 자기 마을에 돌아갈 수 있다.

나흘째 아침, 제사장은 마른나무들을 비벼서 광장에다 새로운 불을 피워놓는다. 마을의 모든 가정은 이 불에서 새롭고 깨끗한 불씨를 공급받는다."

그런 다음 그들은 사흘 동안 햇곡식과 햇과일로 잔치를 벌이며 춤추고 노래한다.

"그리고 그다음의 나흘 동안 그들은 자신들과 마찬가지로 몸을 정화하고 새롭게 단장한 이웃 마을의 친구들을 맞이하여 함께 즐긴다."

멕시코인들도 매 52년이 끝나는 시점마다 이와 비슷한 정화제淨化祭를 지냈는데, 그들은 52년마다 한 세상이 끝나고 새로운 세상이 시작한다고 믿었기 때문이다.

사전을 보면 성찬제聖餐祭를 "내적이고 정신적인 신의 은총의 외적이고 가시적인 표현"이라고 정의하고 있다. 나는 인디언들이 지내는 '버스크'만큼 이 뜻에 더 합당한 성찬제를 들어본 적이 없다. 나는 그들이 이러한 성찬제를 지내도록 애초에 하느님으로부터 직접 영감을 받았다는 것을 믿어 의심치 않는다. 비록 그러한 계시를 적은 성경 기록을 그들이 가지고 있지 않더라도 말이다.

나는 5년 이상을 이와 같이 오직 육신의 노동만으로 생계를 유지해왔다. 그 결과, 1년 중 약 6주일간만 일하고도 필요한 모든 생활 비용을 벌 수 있다는 것을 알았다. 여름의 대부분과 겨울 전부를 나는 순전히 공부하는 데에 사용할 수 있었다. 한때 나는 학교 경영에 온갖 노력을 기울인 적이 있었다. 그러나 비용이 수입과 맞먹거나 초과하는 것을 깨달았다. 왜냐하면 교육자다운 사고와 신념을 가져야 하는 것은 물론이고, 직업에 맞는 복장을 하고 준비를 해야 했으며 그 외에도 시간을 많이 빼앗겼던 것이다. 또한 같은 인간에 대한 사랑의 감정에서가 아니고 단지 먹고살기 위해서 아이들을 가르쳤으므로 그것부터가 실패라고 하지 않을 수 없었다.

나는 또 사업도 해보았다. 그러나 사업이 본궤도에 오르려면 10년가량 걸리는 데다 그때쯤이면 나는 도덕적으로 파탄의 길을 걷고 있으리라는 것을 알게 되었다. 그래서 나중에는 소위 사업이란 것에 성공하게 될까 봐 두려워하게까지 되었다.

예전에 내가 무슨 일을 해서 먹고살 것인가 하는 문제를 이리저리 생각하고 있을 때(직업에 대한 친구들의 조언을 따르느라고 겪은 서글픈 체험들이 아직도 내 마음속에 생생하게 남아서 나의 창의력을 괴롭히고 있던 때였는데) 나는 허클베리를 따서 파는 일을 여러모로 진지하게 생각해보았다. '이 일이라면 나도 자신 있어. 이익이 적긴 하지만 나한테는 충분한 것이야. 왜냐하면 나의 가장 뛰어난 재주는 욕심을 부리지 않는 것이니까. 자본도 별로 들지 않고 나의 평소 생활 방식에서 크게 벗어나지도 않아.' 어수룩한 나는 이런 식으로 생각을 이어가곤 했다.

나의 친구들이 서슴지 않고 사업이나 기타 여러 가지 직업에 뛰어들 때 나는 이 일이 가장 그들의 직업과 흡사하다고 생각했다. 여름 내내 산과 들을 쏘다니며 눈에 띄는 야생 딸기를 따 모아서는 수고비만 조금 붙여서 팔아넘기는 일인데, 말하자면 옛 그리스 신화에 아폴로 신이 속죄하기 위하여 아드메투스 왕의 양 떼를 돌보던 일과 비슷한 일이었다. 나는 또 약초를 캐거나 혹은 상록수를 수레에 싣고, 숲을 그리워하는 마을 사람들에게 그리고 더 나아가서 도시 사람들에게까지 가져가 파는 일도 머릿속에 그려보았다. 그러나 나는 장삿속은 모든 것을 망친다는 것을 알게 되었다. 비록 하느님의 말씀을 취급하는 사업이라도 장삿속에 따르는 저주는 피할 수가 없는 것이다.

내가 무엇보다 소중하게 여기는 것은 얽매임이 없는 자유이고, 경제적으로 풍족하지 않더라도 나는 행복하게 살아나갈 수 있으므로 값비싼 양탄자나 다른 호화 가구들, 맛있는 요리 또는 그리스식이나 고딕 양식의 주택 등을 살 돈을 마련하는 데에 내 시간을 허비하고 싶지 않았다.

만약 이런 것들을 얻는 것에 하등의 거리낌을 느끼지 않고, 또 일단 얻은 다음에 그것들을 사용할 줄 아는 사람들이 있다면 그 사람들이나 실컷 그런 것들을 좇으라 하고 싶다. 어떤 사람들은 부지런하고 일하는 것 자체가 좋아서 일을 열심히 하는 것같이 보인다. 또는 일을 하지 않으면 나쁜 길에 빠지니까 일에 몰두할 수도 있으리라. 그런 사람들에게 나는 현재로써는 할 말이 없다.

현재 누리고 있는 여가보다도 더 많은 여가가 생기면 어찌할 줄을 모르는 사람들에게는, 나는 현재의 일을 곱절로 늘리라고 권하고 싶다. 그래서 빚을 다 갚고 자유의 증서를 얻을 수 있도록 말이다. 나는 개인적으로 날품팔이가 가장 자유스러운 직업이라는 생각을 한다. 이 직업은 한 사람 먹고사는 데 1년에 30일 내지 40일만 일하면 된다. 게다가 그의 일과는 해가 지는 시점에 끝나며, 그 후의 시간에는 자기 노동과 관계없이 하고 싶은 일을 마음대로 할 수 있다. 그러나 항상 이 궁리 저 궁리를 해야 하는 그의 고용주는 1년 내내 숨 돌릴 틈이 없는 것이다.

요컨대 나는 신념과 경험에 의하여 다음과 같은 확신을 가지고 있다. 즉 우리가 소박하고 현명하게 생활한다면 이 세상에서 생계를 유지하는 것은 힘든 일이 아니라 오히려 즐거운 일이라는 것을 말이다. 단순한 민족이 생계상 늘 하는 일을 인위적인 민족은 이제 오락으로밖에 할 수 없게 된 것과 같다고 하겠다. 땀을 쉽게 흘리는 사람이 아니라면 구태여 이마에 땀을 흘려가며 밥벌이를 할 필요는 없는 것이다.

내가 아는 한 청년은 몇 에이커의 땅을 유산으로 물려받았는데 그는 '여력만 있다면' 나처럼 살고 싶다고 내게 말했다. 그러나 나는 남이 내 생활양식을 그대로 따르기를 바라지는 않는다. 그 까닭은 그 사람이 내 생활양식을 제대로 배우기도 전에 나는 또 다른 생활양식을 찾아낼지 모를 뿐만 아니라 이 세상에 될 수 있는 한 많은 제각기 다른 인간들이 존재해주기를 바라기 때문이다. 나는 각자가 자기 자신의 고유한 길을 조심스럽게 찾아내어 그 길을 갈 것이지, 결코 자기의 아버지나 어머니 또는 이웃의 길을 가지는 말라고 당부하고 싶다.

젊은이는 목수나 농부나 선원이 되어도 좋으니, 그가 하고 싶은 일을 하지 못하도록 방해하는 짓만은 제발 삼가도록 하자. 항해하는 사람이나 도망 노예가 항상 북극성을 지켜보듯이 우리는 어떤 수학적인 점에 의해서만 방향감각을 유지할 수 있다. 그 점은 평생 동안 우리의 길을 가리켜주기에 충분한 지표가 될 수 있다. 우리는 일정한 시일 안에 항구에 도착하지 못할 수도 있지만 올바른 진로에서 벗어나는 일은 없을 것이다.

의심할 바 없이 이런 경우에 한 사람에게 맞는 말이 천 사람에게는 더욱 맞는다고 하겠다. 그것은 큰 집이 작은 집보다 비례적으로 건축비가 더 드는 것이 아닌 것과 같다. 왜냐하면 아무리 큰 집이라도 하나의 지붕이 위를 가리고, 하나의 지하실이 밑을 차지하며, 하나의 벽이 여러 세대를 나눌 터이니 말이다. 그러나 나 자신은 단독주택이 더 좋았다. 더욱이 공동주택의 장점을 남들에게 설득하느라고 애쓰느니보다는 나 홀로 독채를 짓는 것이 돈이 적게 들 것이다. 남들을 설득하는 데 성공했더라도 공동의 벽은 비용을 적게 들이려다 보면 얇은 벽이 되기 십상일 것이며, 이웃 사람은 알고 보니 나쁜 사람일 수도 있고 자기 쪽 벽을 수리하지 않은 채 내버려둘지도 모른다.

사람들 사이에 흔히 있을 수 있는 유일한 협력은 극히 부분적이고 피상적인 것이다. 진정한 협력이라는 것은 너무나도 적기 때문에 마치 사람에게는 들리지 않는 화음처럼 없는 것이나 마찬가지다. 신념이 있는 사람이라면 어디서나 똑같은 신념으로 협력을 하려들 것이며, 신념이 없는 사람은 그가 누구와 함께 일하든 대부분의 세상 사람들과 마찬가지로 대충 살아가려고 할 것이다. 협조한다는 것은 가장 높은 의미에서든 가장 낮은 의미에서든 생을 같이하는 것을 뜻한다.

나는 최근에 어떤 두 청년이 함께 세계 일주를 하기로 했다는 이야기를 들었는데, 한 청년은 돈이 없으므로 여행 도중 선원 노릇이나 남의 농사를 돕는 일 등으로 여비를 벌기로 했고 다른 청년은 환어음을 수중에 넣고 떠난다고 했다. 이들 중 한 사람은 전혀 일을 하지 않을 것이니 머지않아 협력 상태는 중단될 것이며 친구 관계도 끊어지리라는 것이 불 보듯 뻔했다. 그들은 여행의 첫 번째 고비에서 헤어지고 말 것이다. 전에 말했듯이 홀로 여행하는 사람은 오늘이라도 떠날 수 있다. 그러나 동행이 있는 사람은 그 사람이 준비될 때까지 기다려야 하므로 출발하기까지 오랜 시간이 걸린다.

하지만 이 모든 것이 너무 이기적이지 않느냐고 몇몇 마을 사람들이 말하는 것을 들은 적이 있다. 사실 지금까지 나는 자선사업에 거의 신경을 쓰지 않았다는 것을 인정한다. 나는 하나의 의무감 때문에 몇 가지 희생을 치러왔는데 그 가운데에는 이 자선의 즐거움도 포함되었던 것이다. 나를 설득하여 이 마을의 어떤 가난한 가정을 돕게 하려고 온갖 수단을 썼던 사람들이 있다. 내가 만약 할 일이 전혀 없었다면 그 일에 손을 대며 시간을 보냈을지도 모른다. 왜냐하면 속담에도 있듯이 사람이 한가하면 악마가 일거리를 찾아주니 말이다. 그러나 내가 막상 그 일을 해볼까 하여 어떤 가난한 사람들에게 모든 점에서 나와 같은 정도의 생활수준을 유지케 해주려고 그 뜻을 전했더니 그들은 극구 사양하면서 이구동성으로 그냥 가난하게 지내는 것이 낫다고 하는 것이었다.

우리 마을 사람들이 그처럼 여러 가지 방법으로 다른 사람들의 행복을 위해서 헌신하고 있으니 한 사람쯤은 다른 일을 하도록(비록 그 일이 인류애와는 다소 거리가 있는 일일지라도) 내버려두어도 좋을 것이다. 무슨 일이나 마찬가지지만 자선사업에도 소질이 있어야 한다. 그리고 이 선행 사업은 요즘 자리가 꽉 차 있어 빈자리가 없다. 더욱이 나도 자선사업을 어지간히 해본 편인데, 이상한 얘기 같지만 그 일이 내 생리에 맞지 않는다는 결론에 도달했다.

사회가 내게 요구하는 선행을 하기 위하여 의식적으로 나의 고유한 직분을 버려서는 안 될 것 같다. 비록 그것이 우주를 파멸로부터 구하는 일일지라도 말이다. 그리고 나는 그와 비슷한, 그러나 그보다는 비할 수 없이 큰 '어떤 흔들리지 않는 정신'이 어디엔가 있어 그것만이 우주를 지탱해주고 있다고 믿고 있다. 그러나 나는 다른 사람이 자기의 소질을 발휘하는 것을 방해하고 싶지는 않다. 내 마음에는 내키지 않는 이 자선사업을 전심전력을 다 바쳐 하는 사람에게 나는 이렇게 말하고 싶다. "아마 결국엔 사람들은 이 일을 나쁜 짓이라고 할 것이오. 비록 그렇다

하더라도 굽히지 말고 열심히 해보시오."라고.[43]

나는 결코 내 경우가 특출한 것이라고 생각하지는 않는다. 여러분 중의 많은 사람들도 나와 비슷한 변명을 할 것이 틀림없기 때문이다. 어떤 일을 할 때(나는 내 이웃들이 그 일을 좋은 일이라고 부르지 않아도 상관치 않는데) 나는 서슴지 않고 내가 그 일을 맡아서 하기에 매우 적합한 사람이라고 말한다. 그 일거리가 무엇인지는 나를 고용하는 사람이 알아서 결정할 일이다. 흔히 말하는 의미에서의 '좋은' 일은 나의 주요한 관심사가 아니며, 내가 좋은 일을 했다면 그것은 의도적인 것이 아니다. 사람들은 사실상 이런 말을 한다. "좀 더 가치 있는 인간이 되려 하지 말고 지금 있는 그 자리에서 그대로 시작하시오. 미리 생각했던 친절한 마음으로 착한 일을 하시오." 그러나 내가 그들과 같은 말투로 설교할 입장에 있다면 나는 이렇게 말하겠다. "먼저 착한 인간부터 되시오."라고.

사람들은 마치 태양이 저녁이 되면 자기의 불을 달이나 육등성六等星의 휘광에 옮겨주고 자신은 장난꾸러기 요정 '로빈 굿펠로'처럼 돌아다니며 모든 오두막의 창문을 들여다보고, 미치광이들의 흥을 북돋아주고, 고기 맛을 변하게 하며, 겨우 어둠이나 가시게 하는 정도의 빛을 가진 존재로 생각하는 것 같다. 그러나 태양은 자신이 따뜻한 열과 혜택을 서서히 증가시켜 마침내 어떤 인간도 자기의 얼굴을 똑바로 바라볼 수 없게 하며 그러면서 한편으로는 자신의 궤도를 따라 세상을 돌면서 덕

---

43) 소로우는 실은 가난한 아일랜드 사람을 돕기 위해 많은 애를 썼다고 한다. 그는 당시에 유행처럼 행해졌던 자선 활동에 거부감을 가졌던 것 같다.

을 베풀고, 아니 보다 정확한 근대 과학이 발견해냈듯이 세상이 그를 돌면서 덕을 입는 바로 그러한 존재가 아닌가?

선행을 베풂으로써 자기가 신의 아들임을 입증하려고 했던 태양신의 아들 파에톤은 하루 동안 태양의 전차를 빌려 탔으나, 궤도를 벗어나는 바람에 하늘나라의 아래쪽 거리에 있던 여러 마을을 불사르고 지구의 표면을 그을렸으며, 모든 샘물을 마르게 하고 거대한 사하라 사막을 생기게 했다. 마침내 제우스 신이 번개로 내리쳐서 그를 지구로 추락하게 했고, 태양은 그의 죽음을 슬퍼한 나머지 1년 동안이나 빛을 발하지 않았던 것이다.

변질된 선행에서 풍기는 악취처럼 고약한 냄새는 없다. 그것은 인간의 썩은 고기요, 신의 썩은 고기이다. 만약 어떤 사람이 나에게 착한 일을 베풀겠다는 의식적인 목적을 가지고 내 집으로 오고 있다는 것을 알게 되면 나는 전력을 다하여 도망칠 것이다. 마치 질식할 정도로 입과 코와 귀를 먼지로 채우는 저 아프리카 사막의 메마르고 뜨거운 바람을 피하듯이 말이다. 그가 베푸는 선행을 입었다가는 그 선행의 해독이 내 피에 섞이게 될까 나는 두려운 것이다. 차라리 나는 자연스럽게 악행의 피해를 받아들이는 것을 택하겠다.

내가 굶주리고 있을 때 내게 먹을 것을 주고, 추위에 떨고 있을 때 옷을 주고, 수렁에 빠졌을 때 나를 건져준다고 해서 그 사람이 내게 좋은 사람은 아니다. 뉴펀들랜드의 개도 그런 일쯤은 할 수 있다. 자선은 가장 넓은 의미에서의 인류애는 아니다. 하워드[44] 씨는 그 나름대로 지극

---

44) 존 하워드_18세기 영국의 감옥 개선을 주도한 행정 관리.

히 친절하고 훌륭한 사람이었음이 틀림없고, 또 자기 행동에 대한 보답도 받았다. 그러나 비교적으로 말하면 우리가 가장 좋은 형편에 있을 때가 실은 우리가 가장 도움받을 가치가 있는 때인데 그때 우리를 도와주지 않는다면 100명의 하워드 씨가 있다 한들 무슨 소용이 있겠는가? 나는 어떤 자선 모임에서 나나 또는 나와 같은 사람들에게 도움을 주자는 얘기가 진지하게 거론된 일이 있다는 것을 들은 바가 없다.

예수회 선교사들이 인디언들을 화형시킬 때, 이 인디언들이 자신들의 박해자들에게 새로운 고문 방법을 제시하여 선교사들을 당황케 했다는 이야기가 있다. 이 인디언들은 육체적 고통을 초월하고 있었으므로 선교사들이 제공하는 어떤 정신적인 위안도 초월할 수 있었다. 그리고 자기가 원하는 바대로 남에게 해주라는 성경 말씀은 이들 인디언의 귀에는 그다지 설득력이 없었으니, 이들은 남이 자기에게 어떻게 하든 상관치 않았기 때문이다. 그들은 새로운 방법으로 원수를 사랑하고 원수의 행위를 너그럽게 용서하기까지 했던 것이다.

가난한 사람들을 도와줄 때는 그들이 절실히 원하는 바를 도와주라. 비록 그것이 당신이 보여주는 모범이며, 그 모범이 그 사람들이 따르기 힘든 것일지라도 말이다. 만일 돈을 주려거든 그 돈으로 무엇을 해줄 것이며, 돈을 그냥 내주지는 말라. 우리는 엉뚱한 실수를 저지르는 경우가 가끔 있다. 가난한 사람은 누더기에 지저분하고 괴상망측한 꼴을 하고 있을지 모르나 그렇다고 그들이 춥거나 배고픈 것은 아닐 경우가 많다. 그렇게 하고 다니는 것이 어느 정도는 그의 취향 때문이지 단지 불운에 빠져서 그런 것은 아니다. 만일 당신이 가난한 사람에게 돈을 준다면 그는 그 돈으로 누더기를 더 장만할 가능성이 크다.

　나는 투박한 아일랜드 출신 노동자들이 더러운 누더기를 입고 호수에서 얼음 잘라내는 일을 하는 것을 보고 안쓰러워한 적이 여러 번 있었다. 나 자신은 비교적 단정하고 보기 좋은 옷을 입었지만 추위에 떨고 있었으면서 말이다. 그런데 어느 몹시 추운 날, 노동자 한 사람이 물에 빠져 몸을 말리려고 내 집에 왔는데 그는 바지 세 벌과 긴 양말 두 켤레를 벗고서야 겨우 알몸이 드러났다. 더러운 누더기나 다름없기는 했지만 그는 내가 주는 외의外衣를 거절할 만큼 많은 내의를 입고 있었다. 물에 빠지는 일이야말로 그에게는 필요한 사건이었던 것이다. 그제야 나는 나 자신을 가엾게 여기기 시작했는데, 기성복 가게 하나를 그에게 통째로 주는 것보다 나에게 플란넬 셔츠 하나를 주는 것이 더 큰 자선이 되리라는 것을 깨달은 것이다.

　세상에는 도끼로 악의 뿌리를 내려치는 사람이 한 명 있다면, 악의 가지를 치는 사람은 천 명이 있다고 하겠다. 가난한 사람들에게 가장 많은 돈과 시간을 주는 사람은 자기의 생활 방식을 통해서 그가 없애려고 노력하는 바로 그 불행을 오히려 최선을 다해서 조장하고 있는지 모른다. 그 사람은 노예 한 명을 판 대금으로 노예 아홉 명에게 일요일 하루만의 자유를 사주는 경건한 노예 농장 주인과도 같은 것이다.

　어떤 사람은 가난한 사람들을 자기 집 부엌에 고용함으로써 친절을 베푼다. 부엌일은 자기 스스로 하는 것이 더 친절한 처사가 아닐까? 여러분은 수입의 1할을 자선사업에 바치는 것을 자랑으로 생각한다. 차라리 수입의 9할을 바쳐 자선사업을 끝내는 것이 낫지 않을까? 사회는 재산의 1할만을 회수하고 있다. 이것은 어쩌다가 그 재산을 소유하게 된 사람의 너그러움 때문인가, 아니면 공정公正을 책임진 관리들의 태만 때문인가?

자선은 인류가 평가를 충분히 해주는 유일한 미덕이다. 아니, 그것은 지나친 평가를 받고 있다. 그것을 과대평가하는 것은 우리의 이기심이다. 어느 화창한 날 이곳 콩코드 마을에서 가난하지만 건강한 한 남자가 내게 마을의 어떤 사람을 극구 칭찬했는데, 이 사람의 말로는 그가 가난한 사람들에게 친절하다는 것이었다. 그런데 그 가난한 사람은 바로 자기 자신을 가리키는 것이었다.

인류의 친절한 아저씨와 아주머니 들은 인류의 진정한 아버지와 어머니 들보다 더 존경을 받고 있다. 나는 학식과 지성을 겸비한 한 목사가 영국을 주제로 연설하는 것을 들은 적이 있다. 그는 영국의 과학, 문학, 정치상의 위인들인 셰익스피어, 베이컨, 크롬웰, 밀턴, 뉴턴 등의 인물들을 열거하고 나서는 기독교적인 영웅들에 대하여 말하기 시작했다. 그런데 그는 마치 자기 직업이 그것을 요구라도 하는 듯이 이 사람들을 위인 중의 위인으로 떠받들어 다른 사람들보다 훨씬 더 높은 위치에 올려놓는 것이었다. 그 기독교적 영웅이란 펜[45]과 하워드와 프라이 부인[46]이었다. 그의 표현에서 누구나 거짓과 허세를 느꼈을 것이다. 이 세 사람은 영국이 낳은 가장 뛰어난 사람들이 아니었다. 그들은 단지 영

---

45) 윌리엄 펜(1644~1718) _ 영국의 퀘이커교 목사. 펜실베이니아를 개척했다.
46) 엘리자베스 프라이(1780~1845) _ 영국의 퀘이커 교도로 형무소 개선 운동을 했다.

국이 낳은 가장 뛰어난 박애주의자들이었을 뿐이다.

나는 박애 정신이 받아야 할 찬양을 조금이라도 깎아내리려고 하는 것이 아니다. 단지 자신의 생애와 업적을 통하여 인류에게 축복을 가져왔던 모든 사람들을 공정하게 대접해달라고 요구하고 있을 뿐이다. 내가 사람에게서 가장 소중히 여기는 것은 그 사람의 정직성과 자비심이 아니다. 이것들은 식물로 말하면 줄기와 잎사귀 같은 것들이다. 푸름이 시든 식물은 병든 사람의 차를 끓이는 것 같은 천한 용도에나 쓰이며 주로 엉터리 의사들의 애용품이 되어버린다.

나는 사람의 꽃과 열매를 원한다. 나는 사람에게서 어떤 향기 같은 것이 나에게로 풍겨오기를 바라며, 우리의 교제가 잘 익은 과일의 풍미를 띠기를 바라는 것이다. 그의 '착함'은 부분적이거나 일시적인 것이어서는 안 된다. 그것은 끊임없이 흘러넘치되 아무 비용도 들지 않고, 또 그가 깨닫지 못하는 것이어야 한다. 그것은 많은 죄를 덮어주는 은전恩典과도 같은 것이어야 한다.

박애주의자들은 너무나 자주 자기가 벗어던졌던 슬픔에 대한 추억으로 인류를 감싸고 그것을 연민의 감정이라고 부른다. 우리는 절망이 아닌 용기를, 질병이 아닌 건강과 편안함을 나누어 가져야 할 것이며, 절망과 질병이 전염병처럼 퍼져나가지 않도록 조심해야 할 것이다. 저 흐느끼는 소리는 남부의 어느 평원에서 들려오는가? 우리가 빛을 보내야 할 이교도는 어디에 살고 있는가? 우리가 구제해야 할 저 방종하고 잔인한 인간은 누구인가?

몸이 아파 자기의 기능을 제대로 발휘하지 못하거나 위장에 병이라도 생기면(위장이야말로 동정심이 자리 잡고 있는 곳이니까.) 그 사람은 당장 개혁에, 세계의 개혁에 착수하게 된다. 자신이 소우주이므로 그는 세계가 풋사과를 먹어왔다는 것을 발견하게 되는데, 이것이야말로 참다운 발견이고 자신은 그 발견을 해낸 당사자인 것이다. 사실 그의 눈에는 지구 자체가 하나의 커다란 풋사과로 보이며, 인간의 아들딸들이 이 풋사과를 익기도 전에 먹어버릴 것이라는, 생각만 해도 무서운 위험성을 깨닫는다.

그의 과감한 박애 정신은 곧바로 에스키모와 파타고니아 사람들을 찾으며 인구가 많은 인도와 중국의 마을들을 품에 안는다. 이렇게 2, 3년 동안 박애 활동을 하고 나면(물론 그동안 신들은 그를 자신의 목적을 위하여 부리고 있었을 것이고) 그는 위장병을 고치게 되고, 지구는 갓 익어가는 과실처럼 한쪽 볼이나 양쪽 볼에 엷게나마 붉은 색깔을 띠게 된다. 인생은 그 미숙함을 벗어나 다시 한 번 살기에 알맞은 달콤한 것이 된다. 내가 저지른 것보다 더 큰 대악大惡이 있으리라고 상상할 수 없으며, 나보다 더 나쁜 악인은 본 적도 없고 또 앞으로 볼 일도 없으리라.

개혁자를 슬프게 하는 것은 곤궁에 빠진 동료들에 대한 연민의 감정이 아니라 그 자신의 개인적인 고통이라고 나는 믿는다. 비록 그가 하느님의 가장 거룩한 아들이라 할지라도 말이다. 고통이 치유되고, 봄이 오고, 그의 침대 위로 아침 해가 들면 그는 변명 한마디도 없이 자신의 너그러운 동료들을 버릴 것이다.

내가 담배의 해독에 관하여 설교를 하지 않는 데에 대한 나대로의 이유는 나 자신이 한 번도 담배를 피워본 일이 없다는 것이다. 담배의 해독에 대한 설교는 담배를 피우다 끊은 사람들이 자신의 과오에 대한 벌로써 해야 할 일이다. 담배 말고 내가 맛을 본 경험이 있는 것들 중에 그 해독에 대해 설교할 만한 것들이 꽤 많이 있기는 하다.

우여곡절 끝에 당신이 어떤 자선 행동을 하게 되었다면, 오른손이 하는 것을 왼손이 알지 못하도록 하라. 그것은 알 가치가 없는 것이다. 물에 빠진 사람을 구한 다음에는 묵묵히 구두끈을 매라. 숨을 돌린 다음에는 당신이 하고 싶은 어떤 자유로운 일에 착수하라.

우리들의 관습은 성자들과 접촉함으로써 오염되어버렸다. 우리의 찬송가는 신에 대한 저주와 신에 대한 영원한 인내의 가락으로 채워져 있다. 예언자들과 구세주들도 인간의 희망을 북돋아주기보다는 인간의 두려움을 달래주는 데 그쳤다고 할 수 있다. 생명이라는 선물에 대한 소박하고 억누를 수 없는 기쁨이나 신에 대한 기억할 만한 칭송은 아무 데도 기록되어 있지 않다. 건강과 성공은 아무리 멀리 떨어져 있고 고립되어 있더라도 나에게 유익함을 가져다준다. 질병과 실패는 그것이 나에게 아무리 많은 동정을 베풀고 또 내가 그것에게 아무리 많은 동정을 베풀더라도 나를 슬프게 만들고 나에게 해로움을 가져온다.

우리가 진실로 인디언적인, 식물적인, 자석적인 또는 자연적인 수단으로 인류를 구제하려고 한다면, 먼저 자연처럼 소박하고 건강하게 되도록 하자. 그리고 우리의 이마 위에 어른거리는 구름을 걷어내고 우리의 숨구멍에 다소나마 생명을 받아 넣어보자. 가난한 사람들의 감독관이 되기를 기다리지 말고 세상의 가치 있는 한 사람이 되도록 노력하자.

나는 페르시아의 시인 사아디가 쓴 《굴리스탄》⁴⁷⁾, 즉 《화원》이라는 책에서 다음과 같은 대목을 읽었다.

"사람들이 현자에게 묻기를, 지고한 신이 드높고 울창하게 창조한 온갖 이름난 나무들 가운데, 열매도 맺지 않는 삼나무를 빼놓고는 그 어느 나무도 '자유의 나무'라고 불리지 않으니 그게 어찌 된 영문이 아이까? 현자가 대답하기를, 나무란 저 나름의 과일과 저마다의 철을 가지고 있어 제철에는 싱싱하고 꽃을 피우나 철이 지나면 마르고 시드는도다. 삼나무는 어디에도 속하지 않고 항상 싱싱하느니라. 자유로운 자들, 즉 종교적으로 독립된 자들은 바로 이런 천성을 가지고 있느니라. 그러니 그대들도 덧없는 것들에 마음을 두지 말지어다. 칼리프들이 망한 다음에도 티그리스 강은 바그다드를 뚫고 길이 흐르리라. 그대가 가진 것이 많거든 대추야자나무처럼 아낌없이 주라. 그러나 가진 것이 없거든 삼나무처럼 자유인이 될지어다."

---

47) 《굴리스탄》_《화원》 또는 《장미원薔薇園》으로 번역되는 페르시아 최고의 문학작품 중 하나. 지금 이란의 쉬라즈에서 태어나서 30년 동안 탁발승으로 이슬람 세계를 돌아다닌 사아디가 고향에 돌아와 1258년에 완성한, 산문과 운문이 뒤섞인 교훈담. 극히 간결하고 유려한 문체로 쓰인 데다 유머러스해 아직도 중근동에서 많은 사랑을 받고 있다.

보충하는 시[48]

가난한 자의 허세

불쌍한 가난뱅이여, 주제넘은 생각을 하다니.
그대의 초라한 오두막이, 함지 같은 집이
값싼 햇볕 속에서 또는 그늘진 샘터에서
풀뿌리와 채소로 게으르고 현학적인 덕을 기른다 하여
천상에 한자리를 요구하다니.
거기서 그대의 바른손은
아름다운 덕들이 꽃피어오를
인간의 성열을 마음에서 삽아 뜯어
본성을 타락시키고 감각을 마비시켜
고르곤[49]이 그랬듯이, 뛰는 인간을 돌로 변케 한다.
우리는 그대의 어쩔 수 없는 절제나
기쁨도 슬픔도 모르는
부자연스러운 어리석음의
지루한 교제는 원치 않는다.

---

48) 보충하는 시는 소로우가 자기의 주장과는 반대되는 입장에서 쓴 시를 실음으로써 형평성을 꾀한 것이다. 시를 쓴 토머스 커루는 17세기 영국 시인이다.
49) 고르곤 _ 그리스 신화에 나오는 세 괴물 자매. 보는 사람을 돌로 변하게 한다.

우리는 또한 능동적인 것 위로 그대가
거짓되게 추켜올린 수동적인 꿋꿋함도
원치 않는다. 범용凡庸 속에 자리 잡은 이 비천한 무리들은
그대의 비열한 근성에 어울린다. 그러나 우리가 숭상하는 것은
과잉을 용납하는 미덕들—
용감하고 관대한 행위, 왕자 같은 위엄,
전지전능의 분별력, 한계를 모르는 아량,
그리고 옛사람들도 이름을 못 붙이고
단지 헤라클레스, 아킬레우스, 테세우스 같은 유형만을 남겨놓은
저 영웅적인 용기인 것이다.
역겨운 그대의 암자로 돌아가라.
그리하여 새롭게 빛나는 천체를 보거든
그 영웅들이 어떤 분들이었던가를 알아보아라.

—토머스 커루

2
나는 어디서 살았으며, 무엇을 위하여 살았는가

    인생의 어느 계절에 이르면 우리는 모든 장소를 자신이 살 집터로 생각해보는 습관을 갖게 된다. 그리하여 나는 내가 사는 곳으로부터 사방 12마일 이내에 있는 모든 땅을 살펴보았다. 나는 상상 속에서 모든 농장을 차례로 사들였다. 그것은 그 농장들이 전부 매물로 나왔고, 그 가격을 내가 알고 있었기 때문이다. 나는 그 농장들을 하나하나 둘러보면서 거기서 자라고 있는 야생사과를 맛보기도 하고, 주인과 농사일에 대하여 환담을 나누기도 했다. 나는 마음속으로, 가격에 상관없이 그들이 부르는 값을 다 주고 사들여서는 다시 그들에게 저당을 잡혔다. 심지어는 주인이 부르는 값보다 더 높은 가격을 매길 때도 있었다.

    모든 것을 인수하면서 토지 문서만은 받지 않았는데, 그것은 나 자신이 이야기하는 것을 즐기기 때문에 토지 문서 대신에 그의 말을 신용하기로 했던 것이다. 나는 그의 농장을 경작하면서 동시에 그 농부를 어느 정도 경작했으며, 이런 일들을 충분히 즐긴 다음에는 농장을 다시 농부에게 맡기고 물러났다. 나의 이런 행적은 친구들로 하여금 나를 일종의 부동산 중개인으로 보게끔 하기에 충분했다.

내가 어디에 앉든지 나는 그곳에 살게 될 가능성이 있었고, 따라서 경치는 나를 중심으로 전개되었다. 집이란 '세데스', 즉 '앉은 자리' 이외에 무엇이겠는가? 그 앉은 자리가 시골에 있으면 더욱 좋은 것이다. 나는 쉽게 개발될 것으로 보이지 않는 많은 집터를 찾아냈다. 어떤 사람들은 그 집터들이 마을에서 너무 떨어져 있다고 생각할지 모르나 내가 보기에는 마을이 그곳으로부터 너무 떨어져 있었다. '아, 여기라면 한번 살아볼 만하군!' 하고 나는 생각했다. 그리고는 거기서 한 시간 동안을 살면서 여름과 겨울 생활을 해보았다. 또 그곳에서 몇 년이란 세월을 흘려보내기도 하고 겨울과 싸우다가 다시 봄을 맞아들이는 나의 모습을 상상해보기도 했다.

장차 그곳에 살게 될 사람들은 집을 어디에다 짓든지 자기들보다 먼저 그곳을 집터로 생각한 사람이 있었다는 것을 믿어도 좋을 것이다. 오후 한나절이면 이 땅을 과수원, 나무숲, 목장 등으로 나누어놓고, 어떤 멋진 떡갈나무와 소나무를 문 앞에 남겨놓을 것이며, 어느 쪽에서 보아야 고목나무들이 가장 돋보일 것인가를 결정하는 데 충분했다. 그리고 나서 나는 이 땅을 경작하지 않고 그대로 묵혀 두었다. 왜냐하면 그대로 내버려둘 수 있는 것이 많으면 많을수록 그 사람은 더 부유하다고 할 수 있기 때문이다.

나의 상상력은 내가 몇 개의 농장 매입 우선권을 갖는 데까지 이르렀다. 그런데 이 매입 우선권이야말로 내가 바라던 전부였고, 실제로 내가 땅을 소유함으로써 겪을 수도 있는 따끔한 맛을 본 적은 없었다. 내가 실제로 땅을 소유할 뻔했던 것은 할로웰 농장을 샀을 때였다. 그 농장을 산 다음, 나는 그곳에 뿌릴 씨앗을 고르기 시작했으며, 씨앗을 운반할 외바퀴 수레를 만들 재료도 모았다. 그러나 땅 주인이 나에게 문서를 넘겨주기 전에 그의 아내의 마음이 바뀌어(누구에게나 이런 아내가 있다.), 농장을 팔지 않으려 했고 땅 주인은 해약금 조로 내게 10달러를 주겠다고 했다.

이 자리에서 진실을 얘기하자면, 나는 그때 가진 돈이라고는 10센트밖에 없었다. 그래서 나는 내가 10센트를 가진 사람인지, 농장을 가진 사람인지, 10달러를 가진 사람인지 또는 이 모든 것을 전부 가진 사람인지 나의 산술 능력으로는 헤아릴 길이 없었다. 그러나 나는 그 사람더러 10달러도, 농장도 그냥 두라고 했다. 왜냐하면 나는 이 농장을 이미 소유할 만큼 소유했기 때문이나. 아니 그보다는, 관용을 베풀어 내가 산값에 농장을 되팔고, 그가 풍족한 사람이 아니므로 그 위에 10달러를 얹어 주었다고 하는 것이 더 나을 것 같다. 그러고서도 나에게는 10센트와 씨앗과 외바퀴 수레를 만들 재료가 아직 남아있었다.

그리하여 나는 나의 청빈에 아무런 손상을 입히지 않고도 잠시 동안이나마 부자가 된 경험을 갖게 되었다. 그러나 나는 농장의 경치만은 그대로 소유하기로 했으며, 그 후에도 손수레를 사용하는 일이 없이 해마다 경치의 소득을 거두어왔다. 경치에 관해서라면,

"나는 내가 바라보는 모든 것의 군주이며,
　세상에 내 권리를 의심하는 자는 하나도 없다."[1)]

나는 종종 시인이 어느 농장의 가장 값진 부분을 즐기고 물러나는 것을 보는데, 이때 무뚝뚝한 농부는 그 시인이 그저 야생사과 몇 개를 따갔으려니 하고 생각할 뿐이다. 그 농부는, 시인이 그의 농장을 눈에 보이지 않는 가장 훌륭한 울타리인 운율 안에 옮겨놓고, 거기에 가둔 채 젖을 짜고 지방분을 걷어낸 다음 크림은 전부 떠갔으며 자기에게는 찌꺼기 우유만을 남겨놓았다는 것을 몇 해를 두고도 알지 못하는 것이다.

내가 보기에 할로웰 농장의 가장 큰 매력은, 우선 그곳이 완전히 외진 곳에 자리 잡고 있다는 점이었다. 그 농장은 마을에서 2마일쯤 그리고 가장 가까운 이웃과도 반 마일쯤 떨어져 있었으며, 큰길과도 넓은 밭을 사이에 두고 있었다. 다음에는 강을 끼고 있다는 점인데, 주인 말로는 이 강의 안개가 봄철의 서리로부터 농장을 보호해준다고 했지만 나에게는 아무래도 상관없었다. 폐허 같은 모습을 한 회색 집과 외양간, 다 허물어져가는 울타리도 내 마음을 끌었다. 이 울타리는 나와 전 주인 사이에 상당한 간격을 두었다.

속이 비고 이끼로 덮여 있는 사과나무들도 있었는데 토끼들이 갉아먹은 흔적이 있어, 이웃에 어떤 녀석들이 사는지를 말해주었다. 그러나 무엇보다도 큰 매력은 예전에 내가 배를 타고 이 강을 거슬러 올라가던 때의 추억이었다. 그때 이 집은 무성하게 숲을 이루고 있는 붉은 단풍나무들에 가려 보이지 않았고 숲 사이로 이 집의 개가 짖는 소리만 들려왔다. 나는 땅 주인이 바위들을 들어내고 속이 빈 사과나무들을 베어버리고, 풀

---

1) 영국의 시인 윌리엄 카우퍼(1731~1800)의 시.

밭에 자라고 있던 어린 자작나무들을 뿌리째 뽑아 던지기 전에, 다시 말하면 농장 개량 작업을 더 이상 진척시키기 전에 그것을 사들이려고 서둘렀다. 이 농장이 지닌 매력들을 마음껏 누리기 위해 나는 아틀라스[2]처럼 세계를 내 어깨에 짊어지고 온갖 힘든 일을 해낼 각오가 되어있었다.

나는 아틀라스가 고생의 대가로 무엇을 받았는지 들은 바 없다. 내가 온갖 궂은일을 하려고 했던 동기나 구실은, 다만 이 농장의 대금을 다 치르고 누구의 간섭도 받지 않고 그것을 소유해보겠다는 것뿐이었다. 왜냐하면 이 농장을 사서 그냥 내버려둘 수만 있다면 내가 원하는 산물을 풍성하게 거둬들이게 되리라는 것을 알고 있었던 것이다. 그러나 이미 이야기했듯이 그 농장을 사는 일은 실현되지 않았다.

이렇게 해서 대규모의 영농(자그마한 채소밭은 늘 가꾸어왔지만)에 대한 나의 체험은 농장에 뿌릴 씨앗만 준비한 것으로 끝나버렸다. 많은 사람들이 씨앗은 해가 묵을수록 좋아진다고 생각한다. 시간이 지나면서 좋은 씨앗과 나쁜 씨앗이 가려지는 것은 틀림이 없으리라. 그래서 내가 마침내 씨앗을 뿌리게 될 때쯤이면 농사가 실패할 가능성은 크게 줄어들 것이다. 여기서 내가 친애하는 여러분께 당부하고 싶은 것은, 되도록 오래오래 자유롭고 얽매이지 않는 생활을 하라는 것이다. 농장에 얽매이든 군郡 형무소에 얽매이든, 얽매이는 것은 마찬가지인 것이다.

고대 로마의 카토 양반은 그의 《전원생활론》에서 다음과 같이 말하

---

[2] 아틀라스_그리스 신화에 나오는 거인. 제우스 신에게 대적한 죄로 평생 세상을 어깨에 떠메는 형벌을 받았다.

고 있다.(이 책은 내게는 영농 잡지와도 같은 구실을 하고 있는데, 내가 본 유일한 번역본은 이 대목을 엉망으로 해석해놓았다.)

"농장을 살 때는 탐을 내서 바로 달려들지 말고, 먼저 그것을 머릿속에 넣고 이리저리 굴려보라. 그것을 살펴보는 데에 수고를 아끼지 말 것이며, 한번 돌아보는 것으로 충분하다고 생각하지 말라. 만약 그것이 좋은 농장이라면 자주 가서 보면 볼수록 더 마음에 들게 될 것이다."

이제 나는 어떤 농장을 탐내 바로 달려들어 사지는 않을 것이며, 살아생전 계속 그것을 둘러볼 생각이다. 그리고 죽어서 거기에 먼저 묻히면 그 땅은 더욱더 내 마음에 들게 될 것이다.

여기에서 이야기하려는 실험은 같은 종류의 두 번째 실험으로 편의상 2년간의 체험을 하나로 묶어서 좀 더 자세히 묘사해볼 생각이다. 이미 말한 것처럼 나는 절망을 주제로 한 시를 쓰려는 것이 아니고, 홰대 위에 올라앉은 아침의 수탉처럼 한번 호기 있게 울어보려고 하는 것이다. 그것이 이웃 사람들의 잠을 깨우는 결과밖에 얻지 못하더라도 말이다.

내가 처음 숲 속에서 살기 시작한 날은, 다시 말해서 낮뿐만 아니라 밤까지도 그곳에서 지내기 시작한 날은 우연히도 1845년의 독립기념일, 즉 7월 4일이었다. 그때 나의 집은 겨울을 날 준비가 미처 되지 못한 채 비만 겨우 막아주고 있었다. 회벽도 굴뚝도 없었으며, 벽은 비바람에 시달리고 햇빛에 바랜 거친 판자들로 되어있었다. 판자들 사이에는 넓은 틈들이 있어 밤에는 서늘했다. 곧게 다듬은 하얀 나무 기둥들과 새로 대패질한 문과 창문들은 집 전체에 깨끗하고 시원한 느낌을 주었다. 특히 아침에 재목들이 이슬에 젖어있을 때는 더욱 그랬다. 그런 때면 나는 점심때까지는 나무에서 향기로운 수지樹脂라도 배어 나오지 않을까 하는 생각을 하곤 했다.

나의 상상 속에서 이 집은 다소나마 그러한 여명의 특징을 하루 종일 지니고 있었으며, 내가 1년 전에 방문했던 산 위의 어떤 집을 기억나게 했다. 그 집은 회벽을 붙이지 않은, 바람이 잘 통하는 오두막집이었는데, 신이 여행하다 들르기도 하고 여신이 옷자락을 끌며 서성일 만한 집이었다.

내 집 위를 스쳐가는 바람은 산마루를 스쳐가는 그런 바람이었다. 그 바람은 지상의 음악의 끊겼다 이어지는 선율을, 다시 말해 지상의 음악 중 천상에 속하는 부분만을 실어다 주었다. 아침 바람은 끝없이 불며, 창조의 시는 중단되지 않는다. 그러나 그것을 듣는 귀를 가진 사람은 드물다. 올림포스 산[3]은 속세를 한 발자국만 벗어나면 어디에나 있다.

내가 이 집을 갖기 전에 소유해본 유일한 집은 보트를 제외하면, 이따금 여름에 여행을 할 때 사용하던 텐트 하나뿐이었다. 이 텐트는 돌돌 말려 지금은 다락에 처박혀 있다. 그러나 보트는 이 사람 저 사람의 손을 거쳐 시간의 강을 타고 흘러가버렸다. 이제 좀 더 듬직한 집을 마련하였으니 이 세상에 정착하는 일에 한 걸음 더 나아갔다고 할 수 있으리라.

그처럼 가벼운 겉옷만을 걸친 이 집의 뼈대는 내 주위에 형성된 하나

---

3) 올림포스 산 _ 그리스에 있는 산. 제우스를 비롯한 신들이 살았다는 곳이다.

의 결정체 같은 것이었고 집을 지은 사람인 나에게 반응을 했다. 이 집은 윤곽만을 그린 그림처럼 암시적이었다. 나는 구태여 바람을 쐬기 위해 밖에 나갈 필요가 없었다. 집 안의 공기가 조금도 그 신선함을 잃지 않았기 때문이다. 집 안에 있었다기보다는 차라리 문 뒤에 앉아있었다고 하는 표현이 옳을 것인데, 그것은 비가 몹시 오는 날도 마찬가지였다.

인도의 옛 시 《하리반샤》를 보면 "새들이 없는 집은 양념을 치지 않은 고기와도 같다."라는 말이 있다. 나의 집은 그렇지 않았으니, 나는 갑자기 나 자신이 뭇 새들의 이웃이 되었다는 것을 깨달았다. 내가 새들을 잡아두어서가 아니라 내 보금자리를 그들 곁에 만듦으로써 그렇게 된 것이었다. 나는 채마밭이나 과수원 주위에서 흔히 볼 수 있는 새들뿐 아니라, 마을 가까이에 와서 노래 부르는 일이 전혀 또는 거의 없는, 보다 야성적이고 보다 우리의 흥분을 자아내는 숲 속의 노래꾼들인 티티새, 개똥지빠귀, 붉은풍금조, 바위종다리, 쏙독새와 그 밖의 많은 새들과 더욱 가까운 사이가 되었다.

내 집이 그 기슭에 자리 잡고 있던 작은 호수는 콩코드 마을로부터 약 1마일 반 남쪽에 위치하고 있었는데, 그곳보다 약간 지대가 높았으며, 그 마을과 링컨 마을 사이에 있는 커다란 숲의 한가운데에 있었다. 그리고 이 근처의 들판 중에서 유일하게 이름이 나 있는 '콩코드 싸움터'로부터는 2마일쯤 남쪽에 위치하고 있었다. 내 집은 숲에 묻혀 있다시피 했기 때문에 역시 숲으로 덮여 있는 반 마일쯤 떨어진 맞은편 호숫가가 나의 가장 먼 지평선을 이루었다.

처음 일주일 동안은 호수를 바라볼 때마다 그것이 마치 산허리에 자리 잡은 산상 호수인 것처럼 느껴졌으며, 호수의 바닥이 다른 호수의 수면보다 훨씬 높은 것 같은 느낌을 떨칠 수 없었다. 해가 떠오르기 시작하면 호수는 안개의 잠옷을 벗고 여기저기 부드러운 잔물결이나 잔잔한 수면이 점차 모습을 드러냈으며, 안개는 무슨 밤의 비밀회의를 막 끝낸 유령들처럼 살금살금 숲의 모든 방향으로 빠져나가는 것이었다. 이슬마저도, 산허리에서 그러듯이 여느 곳보다 더 늦게까지 나뭇잎에 맺혀 있는 것 같았다.

이 작은 호수는 8월의 잔잔한 비바람이 불다 멈추다 하는 사이사이에 나의 가장 소중한 이웃이 되었다. 그때는 비록 하늘은 구름으로 덮여 있지만 공기와 물이 다 같이 죽은 듯이 움직이지 않고 있어, 오후의 한때일지라도 초저녁의 고요함을 지니고 있으며, 티티새의 울음소리만 이 기슭 저 기슭에서 들려왔다. 이런 호수는 바로 그와 같은 때에 가장 잔잔한 것이다. 호수 위의 맑은 공기층은 얇고 구름에 가려 있기 때문에 빛과 반사로 가득 찬 수면은 그 자체가 지상의 하늘이 되며, 나에게는 더욱 소중한 하늘이 된다.

최근에 나무를 베어낸 가까운 작은 언덕에 올라가서 보면, 반대편 호수의 기슭을 이루는 산과 산 사이의 넓은 계곡을 통해 남쪽으로 상쾌한 전망이 펼쳐진다. 그곳에서 서로 마주 보고 있는 산들이 경사져 내려온 것을 보면 우거진 계곡 사이로 냇물이 흐르고 있을 것 같은데, 실은 냇물은 없었다. 그쪽으로 보면, 가까운 곳의 녹색 언덕들 사이 혹은 그 너머로 멀리 더 높은 산들이 푸른빛을 띠고 있는 모습을 볼 수 있었다. 발돋움을 해서 보면 서북쪽 방향으로 더욱 푸르고 더욱 멀리 있는 산맥의

봉우리들을 몇몇 볼 수 있었는데, 이것들이야말로 하늘의 조폐국에서 찍어낸 진청색의 동전이라고 할 수 있었다. 여기서는 마을의 모습도 일부나마 볼 수 있었다. 그러나 이곳에서도 다른 방향으로는 나를 둘러싼 숲 너머로 아무것도 보이지 않았다.

근처에 물이 있으면 좋다. 땅에 부력을 주어 땅을 띄워주기 때문에 좋다. 아무리 작은 우물이라도 하나의 가치는 있다. 그 안을 들여다보면 땅이 대륙이 아니라 섬이라는 것을 알게 된다는 것이다. 이것은 우물이 버터를 차갑게 보관해주는 것만큼이나 중요한 기능이다. 내가 이 언덕에서 호수를 가로질러 서드베리 초원(이 초원은 홍수 때는 신기루의 작용에 의한 것처럼, 물결이 소용돌이치는 계곡 속에서 마치 대야 속의 동전처럼 떠 있는데)을 바라보면, 호수 너머의 모든 땅은 그 사이에 있는 이 작은 수면 때문에 고립되어, 둥둥 떠 있는 빵 조각처럼 보인다. 나는 새삼스럽게 내가 사는 이곳이 한 조각의 마른땅에 지나지 않음을 깨닫게 된다.

내 집 앞에서 바라보는 전망은 한층 더 좁은 것이었지만 나는 조금도 답답하거나 갇혔다는 기분이 들지 않았다. 내가 상상의 나래를 펼칠 초원은 넓고도 넓었던 것이다. 호수 맞은편 기슭 위에는 떡갈나무 관목이 우거진 대지臺地가 있는데, 그 대지는 서부의 대평원과 타타르인들이 사는 초원 지대로 뻗쳐나갔으며, 방황하는 모든 인간 가족들에게 충분한 공간을 제공했다. "광활한 지평선을 마음껏 즐기는 자 말고는 세상에 행복한 자 없도다." 하고 다모다라[4]는 자기 가축들에게 더 넓은 새로운

---

4) 다모다라 _ 힌두교의 신 크리슈나의 또 다른 이름.

목장이 필요하게 됐을 때 말했다.

 장소와 시간은 둘 다 바뀌어서, 나는 나를 가장 매혹시켜온 우주의 어떤 지역과 역사의 어떤 시대에 더욱 접근해서 살게 되었다. 내가 사는 곳은, 밤이면 천문학자들이 관측하는 수많은 곳들처럼 사람들로부터 멀리 떨어져 있었다. 우리는 우주의 먼 한구석에, '카시오페이아의 의자' 별자리 너머에, 세속의 잡음과 번거로움을 떠난 희귀하고 즐거운 장소가 있을 것이라고 흔히 상상한다. 나는 나의 집이 실제로 그와 같이 우주의 멀리 떨어진, 그러면서도 항상 새롭고 더럽혀지지 않은 장소에 위치하고 있음을 발견했다. 만약 플레이아데스 성좌, 히아데스 성좌, 알데바란 성이나 견우성 가까이에 사는 것이 보람 있는 일이라면 나는 실제로 그런 곳에 살고 있었다. 내가 버려두고 온 생활로부터 그 별들의 거리만큼이나 멀리 떨어져 있어, 가장 가까운 이웃에게도 멀고도 작은 모습으로 반짝이고 있었으므로 오직 달이 뜨지 않는 밤에나 그의 눈에 띄었을 것이다. 내가 자리 잡고 앉은 곳은 우주의 그러한 곳이었다.

 "한 목동이 살고 있었네.
 그는 높은 생각을 가졌네.
 양 떼들이 그 위에서 시간마다 그에게 먹을 것을 주던
 저 산만큼 높은 생각을."

 만약 양 떼들이 언제나 목동의 생각보다 더 높은 풀밭에서 헤맨다면 그의 생활은 어떻게 될 것인가?

아침은 언제나 나의 생활을 자연 그 자체처럼 소박하고 순결하게 지키라는 초대장과도 같았다. 나는 옛 그리스 사람들처럼 항상 새벽의 여신을 숭상해왔다. 나는 매일 아침 일찍 일어나 호수에서 멱을 감았다. 이것은 하나의 종교적 행사였으며, 내가 행한 최선의 일 중 하나였다. 중국 탕왕의 욕조에는 다음과 같은 말이 새겨져 있었다고 한다. "날마다 그대 자신을 완전히 새롭게 하라. 날이면 날마다 새롭게 하고, 영원히 새롭게 하라." 나는 그 말에 전적으로 동감한다.

아침은 영웅의 시대를 다시 불러온다. 이른 새벽에 문과 창문을 활짝 열어놓고 앉아있노라면 모기 한 마리가 들릴 듯 말 듯 잉잉거리며 집 안을 날아다니는 소리가 들린다. 그런데 나는 볼 수도, 상상할 수도 없이 날고 있는 모기의 울음소리에 명성을 노래한 그 어떤 나팔소리 못지않은 감명을 받는 것이었다. 그것은 호머의 진혼곡이었다. 그 자체가 《일리아드》와 《오딧세이》 같은 공중의 서사시로서 자신의 분노와 방황을 노래하고 있었다. 거기에는 어떤 우주적인 것이 있었다. 그 모기 소리는 이 세계의 끝없는 힘과 번식력에 대한 지속적인 광고였다.

하루 중 가장 기억할 만한 때인 아침은 잠이 깨는 시간이기도 하다. 이 시각에 우리는 잠이 제일 적다. 우리 몸 안의 어떤 부분, 밤낮을 가리지 않고 잠만 자는 어떤 부분이 적어도 이때의 한 시간 동안은 깨어있다. 어느 하인이 기계적으로 흔들어서가 아니라 우리 자신의 천재성에 의해 깨워지고, 공장의 종소리 대신 천상의 부드러운 음악을 들으면서 향기가 가득한 가운데 새롭게 얻은 힘과 우리 내부의 열망에 의해 깨워질 때만 전날보다 더 고귀한 삶은 시작될 수 있으며, 어둠은 그 열매를 맺고 빛에 못지않게 소중한 것임을 입증하게 된다. 그렇지 못한 날은 그것을 하루라고 부를 수 있을지는 모르나 별로 기대해볼 것이 없는 날인 것이다. 하루하루가 그가 이때까지 더럽힌 시간보다 더 이르고 더 성스러운 새벽의 시간을 담고 있다는 것을 믿지 않는 사람은 인생에 이미 절망한 사람이며 어두워져가는 내리막길을 걷는 사람이다.

매일 밤 인간이 감각적인 생활을 부분적으로 중단하면 그의 영혼 내지 그 기관들은 활력을 되찾고, 새날을 맞을 그의 천재성은 고귀한 삶을 어느 정도나마 성취하기 위하여 또 한 번의 시도를 하게 된다. 모든 기념할 만한 사건은 아침 시간에 또는 아침의 분위기 속에서 이루어진다. 베다의 경전들[5]은 "모든 지성은 아침과 함께 깨어난다."고 말했다. 시와 예술 그리고 가장 아름답고 훌륭한 인간 활동은 그러한 아침 시간에서 유래된다. 모든 시인과 영웅 들은 멤논처럼 새벽의 여신 오로라의 자식들이며, 해가 뜰 때 그들의 음악을 연주한다.

태양과 보조를 맞추어 탄력 있고 힘찬 생각을 유지하는 사람에게 하루는 언제까지나 아침이다. 시계가 몇 시를 가리키든, 다른 사람들의 태도와 일이 어떻든 상관없다. 아침은 내가 깨어있고, 내 속에 새벽이 있는 때이다. 도덕적 개혁은 잠을 쫓아내려는 노력이다. 사람들이 졸고 있는 것이 아니라면 왜 하루를 그처럼 쓸모없이 보내는 것인가? 그들은 그렇게 계산에 어두운 사람들은 아니다. 그처럼 졸음에 압도당하지 않았으면 그들은 무엇인가를 해냈을 것이다.

---

5) 베다의 경전들 _ 인도의 가장 오래된 종교 문학으로 브라만교의 근본 성전임.

수백만 명의 사람들이 육체노동을 할 만큼은 깨어있다. 하지만 백만 명 중 한 사람만이 효과적인 지적 활동을 할 만큼 깨어있으며, 1억 명 중 한 사람만이 시적인 또는 신적인 삶을 살 수 있을 만큼 깨어있다. 깨어 있다는 것은 살아있는 것을 의미한다. 나는 이때까지 완전히 깨어있는 사람을 만난 적이 없다. 그러니 내가 어떻게 그의 얼굴을 들여다볼 수 있었겠는가?

우리는 다시 깨어나야 하며 그 깨어난 상태에 계속 머물러 있는 법을 배워야 한다. 그것은 어떤 기계적인 방법에 의해서가 아니고, 가장 깊은 잠에 빠졌을 때도 우리를 버리지 않는 새벽을 한없이 기대함으로써 그렇게 할 수 있다. 나는 의식적인 노력에 의하여 생활을 향상시키는 그 의심할 여지없는 인간의 능력보다도 더 고무적인 사실을 알지 못한다. 그림을 그리고 조각을 해서 어느 대상에 아름다움을 부여하는 것은 대단한 일이다. 그러나 우리가 사물을 보는 분위기 자체나 매체를 조각하고 색칠할 수 있다면 그것은 훨씬 더 멋있는 일이며, 실제로 우리는 그런 능력을 가지고 있다.

하루의 본질에 영향을 미치는 것, 그것이야말로 최고의 예술이다. 누구나 자신의 삶을, 사소한 부분까지도 숭고하고 소중한 시간에 음미해볼 가치가 있도록 만들 의무가 있다. 만약 우리가 우리에게 주어지는 얼마 되지 않은 지식을 거부했거나 다 써버렸다면, 신탁은 우리가 어떻게 앞에 말한 일을 해낼 수 있는지 그 방법을 똑똑히 알려줄 것이다.

내가 숲 속으로 들어간 것은 인생을 의도적으로 살아보기 위해서였으며, 인생의 본질적인 사실들만을 직면해보려는 것이었으며, 인생이 가르치는 바를 내가 배울 수 있는지 알아보고자 했던 것이며, 그리하여 마침내 죽음을 맞이했을 때 내가 헛된 삶을 살았구나 하고 깨닫는 일이 없도록 하기 위해서였다. 나는 삶이 아닌 것은 살지 않으려고 했으니, 삶은 그처럼 소중한 것이다. 그리고 정말 불가피하게 되지 않는 한 체념의 철학을 따르기는 원치 않았다.

나는 생을 깊게 살기를, 인생의 모든 골수를 빼먹기를 원했으며, 강인하고 엄격하게 살아, 삶이 아닌 것은 모두 때려 엎기를 원했다. 수풀을 폭 넓게 잘라내고 잡초들을 베어내어 인생을 구석으로 몰고간 다음에, 그것을 가장 기본적인 요소로 압축시켜서 그 결과 인생이 비천한 것으로 드러나면 그 비천성의 적나라한 전부를 확인하여 있는 그대로 세상에 알리며, 만약 인생이 숭고한 것이라면 그 숭고성을 스스로 체험하여 나음번의 여행 때 그에 대한 참다운 보고를 하고 싶었던 것이다. 내가 보기에 대부분의 사람들은 인생이 악마의 것인지 또는 신의 것인지 이상하게도 확신을 갖지 못하고 있으며, 사람이 사는 주요 목적은 '하느님을 찬미하고 하느님으로부터 영원한 기쁨을 얻는 것'이라고 다소 성급하게 결론을 내리고 있는 것 같다.

아직도 우리들은 개미처럼 비천하게 살고 있다. 우화를 보면 우리는 이미 오래전에 개미에서 인간으로 변했다고 하는데도 말이다. 우리는 난쟁이 부족처럼 학들[6]과 싸우고 있다. 그것은 착오 위에 겹쳐진 착오이며, 누더기 위에 겹쳐진 누더기다. 우리들의 최고의 덕은 쓸모없고 피할

---

6) 호머는《일리아드》에서 트로이 사람들을 난쟁이 부족과 싸우는 학鶴들로 비유했다.

수 있는 불행의 경우에만 그 모습을 나타낸다. 우리의 인생은 사소한 일들로 흐지부지 헛되이 쓰이고 있다. 정직한 사람은 셈을 할 때 열 손가락 이상을 쓸 필요가 거의 없으며, 극단의 경우에는 발가락 열 개를 더 쓰면 될 것이고 그 이상은 하나로 묶어버리면 될 것이다. 간소하게, 간소하게, 간소하게 살라! 제발 바라건대, 여러분의 일을 두 가지나 세 가지로 줄일 것이며, 백 가지나 천 가지가 되도록 하지 말라. 백만 대신에 다섯이나 여섯까지만 셀 것이며, 계산은 엄지손톱에 할 수 있도록 하라. 문명생활이라고 하는 이 험난한 바다 한가운데서는 구름과 태풍과 유사流砂와 그리고 천 가지하고도 한 가지의 상황을 파악해야 하므로, 배가 침몰하여 바다 밑에 가라앉아 목표 항구에 입항하지 못하는 사태가 벌어지지 않도록 하기 위해서는 추측항법推測航法으로 인생을 살아갈 수밖에 없으며, 따라서 뛰어난 계산가가 아니면 성공하기 어려운 것이다.

간소화하고 간소화하라. 하루에 세 끼를 먹는 대신 필요할 때 한 끼만 먹어라. 백 가지 요리를 다섯 가지로 줄여라. 그리고 다른 일들도 그런 비율로 줄이도록 하라. 지금 우리의 인생은 독일연방[7]과도 같다. 독일연방은 수많은 군소 국가들로 되어있고, 그 국경선은 항상 변하고 있어 독일 사람 자신도 지금 국경선이 어떻게 되어있는지를 알지 못한다.

우리의 국가 자체도 수많은 내부적(실은 내부적이 아니고 외부적이고 피상적인) 개선에도 불구하고 걷잡을 수 없이 비대해진 조직체가 되어있

---

7) 독일연방 _ 1871년 비스마르크에 의해 통일되기 이전의 독일은 39개의 군소 국가로 되어 있었다.

다. 이 조직체는 지금 가구가 어지럽게 널려 있고, 자기가 쳐놓은 덫에 자기가 걸린 상태에 있으며, 사치와 무모한 낭비 그리고 치밀한 계산과 보람된 목적의 결여로 인해 파산 상태에까지 와 있다. 이 나라의 백만 가정 역시 이와 다를 바 없는 처지에 놓여 있다. 이런 가정과 이런 국가에 대한 유일한 구제책은, 엄격히 절약하고 스파르타인들 이상으로 생활을 간소화하고 목표 의식을 향상시키는 것뿐이다.

지금 우리의 국가는 너무 서두르고 있다. 사람들은 국가가 사업을 하고 얼음을 수출하고 전신으로 통신을 하며 한 시간에 30마일을 달리는 것이 꼭 필요한 일이라고 생각하며 그에 대해 아무런 의아심도 품지 않는다. 그러면서 그들은 인간이 원숭이처럼 살아야 하는지 또는 인간답게 살아야 하는지의 문제에 대해서는 잘 알지 못하고 있다. "하지만 우리가 침목을 잘라오고, 쇠를 벼려 레일을 만들며, 밤낮으로 일에 몰두하는 것을 중지하고 우리의 인생을 개선한답시고 인생을 주물럭거리고만 있으면 누가 철도를 건설할 겁니까? 그리고 만약 철도가 건설되어 있지 않다면 때가 왔을 때 어떻게 우리가 천국에 갈 수 있겠습니까?"

하긴 그렇다. 그러나 우리가 집에 앉아 우리 일에만 전념한다면 누가 철도를 필요로 하겠는가? 사람이 철로 위를 달리는 것이 아니다. 실은 철로가 사람 위를 달리는 것이다. 철로 밑에 깔린 저 침목[8]들이 무엇인지를 당신은 생각해본 적이 있는가? 침목 하나하나가 사람인 것이다. 아일랜드인이든 미국 토박이이든 사람인 것이다. 이 사람들 위에 레일을

---

8) 침목 _ 영어로는 'sleeper'이며, 'sleeper'에는 물론 '잠자는 사람'이라는 또 다른 뜻이 있다.

깔고 모래를 덮은 다음 기차는 미끄러지듯 그 위를 달린다. 그들은 정말 좋은 침목들이다. 그리고 몇 년마다 한 번씩 새로운 침목들이 깔리고 기차는 계속 그 위를 달린다. 그러므로 어떤 사람들이 철로 위를 달리는 즐거움을 맛본다면 다른 사람들은 그 밑에 깔리는 불운을 당하게 되는 것이다.

기차가 몽유 상태에서 걸어가던 사람 하나를(즉 잘못 놓인, 남아돌아가는 침목 하나를) 치어 그의 잠을 깨워놓으면 사람들은 기차를 세우고 이것이 무슨 예외적인 사건이라도 되는 것처럼 야단법석을 떤다. 침목들을 움직이지 않게 제자리에 고정시켜두려면 5마일 지점마다 상당수의 인원을 배치할 필요가 있다는 말을 듣고는 기쁜 마음이 들었다. 왜냐하면 이것은 그들이 언젠가는 다시 깨어날 것이라는 징조니까.

왜 우리들은 이렇게 쫓기듯이 인생을 낭비해가면서 살아야 하는가? 우리는 배가 고프기도 전에 굶어 죽을 각오를 하고 있다. 사람들은 제때의 한 바늘이 나중에 아홉 바늘의 수고를 막아준다고 하면서, 내일의 아홉 바늘 수고를 막기 위해 오늘 천 바늘을 꿰매고 있다. 일, 일, 하지만 우리는 이렇다 할 중요한 일 하나 하고 있지 않다. 단지 무도병舞蹈病에 걸려 머리를 가만히 놔둘 수가 없을 뿐이다.

내가 만약 불이 난 것처럼 지금 교회의 종을 몇 번 치기라도 하면 콩코드 주변의 자기 농장에서 일하는 모든 남자들, 오늘 아침까지만 해도 그처럼 여러 가지 일로 바쁘다고 변명하던 이 남자들은 물론 아이들과 여자들까지도 만사를 제쳐두고 종소리를 듣고 달려올 것이다. 그러나 진실을 말하자면, 불을 끄려는 것보다는 불구경을 하려는 목적이 더 크다고 할 수 있다. 어차피 타버릴 것이라면, 또 불을 낸 것은 우리가 아니니까 하면서 말이다. 그렇지 않다면 불 끄는 것을 구경하고 그 작업에 한몫 끼려는 것인데, 왜냐하면 불 끄는 것도 꽤 재미있는 일이기 때문이다. 그들에게는 불타는 건물이 마을의 교회라도 상관이 없는 것이다.

점심을 먹고 한 30분 낮잠을 자던 사람이 깨자마자 고개를 쳐들고, "무슨 뉴스 없소?" 하고 물어본다. 마치 그를 뺀 모든 사람들이 보초라도 서고 있던 것 같다. 어떤 사람은 30분마다 깨워달라고 하고 잠을 자는데 이 사람도 같은 생각이다. 그리고 나서 그는 깨워준 답례로 자기의 꿈 얘기를 해준다. 하룻밤을 자고 나면 뉴스는 아침 식사만큼이나 필수 불가결한 것이 된다. "제발 이 세상 어디서 그 어떤 사람에게 일어난 일이든 관계없으니 무슨 새로운 일이 있었으면 알려주오." 하며, 그는 커피와 롤빵을 들면서 신문을 읽는다. 그가 읽는 뉴스는 와치토 강변에서 어떤 사람이 싸우다가 눈을 뽑혔다는 소식인데 그 자신이 이 세상이라는 어둡고 깊이를 알 수 없는 거대한 동굴에 살고 있으며, 자신도 퇴화되어서 흔적뿐인 눈 하나만을 가지고 있다는 사실을 그는 꿈에도 알지 못하고 있는 것이다.

나는 우체국이 없어도 별 불편 없이 지낼 수 있을 것이다. 우체국을 통하여 중요한 연락을 하는 경우는 거의 없다고 생각한다. 좀 비판적으로 말하면, 내 생애를 통해 우푯값이 아깝지 않은 편지는 한두 통밖에 받지 못하였다. '페니 우편제도'는, "1페니 줄 테니 자네 생각을 알려주게." 하고 농담하던 것이 이제 정말 진지하게 1페니를 내는 제도가 된 것이 아닌가?

그리고 나는 신문에서도 기억해둘 만한 뉴스를 읽은 적이 없다. 어떤 사람이 강도를 당했다든가, 살해를 당했다든가, 사고로 죽었다든가, 어떤 집이 불에 타고, 어떤 배가 침몰하고, 어떤 증기선이 폭발했다든가, 어떤 소가 서부 철도 노선에서 기차에 치이고, 어떤 미친개가 죽임을 당했다든가, 겨울에 메뚜기 떼가 나타났다든가 하는 신문에 실린 소식은 두 번 읽을 필요가 없다. 한 번이면 충분하다. 원칙만 알면 되지 무수한 실례와 응용을 구태여 들을 필요가 무엇인가? 철학자에게 소위 뉴스라는 것은 모두 가십에 지나지 않으며 그것을 편집하거나 읽는 사람은 차나 마시고 있는 늙은 부인네들인 것이다.

그런데 이 가십에 걸신들린 사람이 적지 않게 있는 것 같다. 얘기를 들으니, 얼마 전에 어느 신문사 사무실에 근착 해외 뉴스를 알려고 사람들이 몰려드는 바람에 그 회사의 통유리 몇 장이 깨져나갔다고 한다. 그런데 이 해외 뉴스라는 것은 웬만큼 기지가 있는 사람이라면 12개월 전이나 또는 12년 전에 꽤 정확하게 작성할 수 있는 것이었다고 나는 진지하게 생각한다.

가령 스페인을 예로 들어보면, '돈 카를로스'나 '인판타' 공주나 '돈 페드로' 같은 정계 인사들의 이름과 세빌리아나 그라나다 같은 지명을 (내가 신문을 마지막으로 본 이후 이름을 바꾸었을지는 모르나) 그때그때 적당히 집어넣어 기사를 만들되 특별한 얘깃거리가 없을 때는 투우에 관한 이야기를 실으면 그것이 그대로 스페인의 실상이 될 것이며, 신문에 나온 똑같은 제목의 간결하고 명료한 기사들 못지않게 스페인의 정확한 현황 또는 무질서의 상태를 우리에게 전달해줄 것이다.

영국에 관해 이야기하자면, 그 나라에서 발생한 중요 뉴스 가운데 가장 최근 것은 1649년의 혁명이었다. 당신이 영국의 1년 평균 농산물 수확량을 이미 알고 있다면, 영국의 농업을 대상으로 한 투기에 관계하지 않는 한 이 문제에 다시 신경을 쓰지 않아도 될 것이다. 나처럼 신문을 별로 보지 않는 사람이 판단한다면 외국에서는 새로운 일이 전혀 일어나지 않는다고 해도 과언이 아니다. 이것은 프랑스에서 자주 일어나는 혁명을 포함해서 하는 이야기이다.

뉴스가 도대체 무엇인가? 그보다는 시간이 지나도 낡지 않는 것을 아는 일이 얼마나 중요한가! 위나라의 대부 거백옥據伯玉은 공자에게 사람을 보내 근황을 물었다. 공자는 사자를 자기 옆에 앉히고 그에게 다음과 같이 물었다. "그대의 주인은 지금 무엇을 하시는가?" 사자는 공손히 대답했다. "저의 주인은 스스로의 허물을 줄이려고 하시지만 여의치 않사옵니다." 사자가 간 다음에 공자는 말했다. "좋은 사자로다! 참 좋은 사자로다!"[9]

목사는 주일의 마지막 날인 휴일에(일요일은 잘못 보낸 한 주일의 적절한 끝막음이지 새로운 주일의 참신한 시작은 아니니까.) 지루하기 짝이 없는 설교로 졸린 농부의 귀를 또 한 번 괴롭히는 대신 우레와 같은 목소리로 야단을 쳐야 할 것이다. "서라! 멈춰라! 겉으로는 빠른 척하면서 왜 그리도 느린가?"하고.

속임수와 기만이 가장 건전한 진실로 존중을 받고 있으며, 반면에 진

---

[9] 《논어》 제14편 26절.

실은 거짓으로 여겨지고 있다. 만일 사람들이 진실만을 똑바로 보고 속임수를 용납하지 않는다면 우리의 삶은 지금과는 달리 동화나《아라비안나이트》의 이야기처럼 즐거운 것이 될 것이다. 만약 우리가 필연적인 것과 당연히 존재할 권리가 있는 것만을 존중한다면 음악과 시가 거리에 흘러넘칠 것이다. 우리가 서두르지 않고 분별력을 발휘할 때, 오직 위대하고 가치 있는 것들만이 항구적이고 절대적인 가치를 지니고 있다는 것을 깨닫게 될 것이며, 사소한 두려움이나 사소한 쾌락은 참된 현실의 그림자에 지나지 않는다는 것을 알게 될 것이다. 이 숭고한 진리는 항상 우리에게 용기를 준다.

사람들은 눈을 감아버리거나 졸거나 또는 허식적인 것에 속아 넘어가기로 동의함으로써 자신들의 인습적인 일상생활을 확립시킨다. 아직도 이 일상생활은 순전한 허구의 토대 위에 세워져 있다. 이제 막 소꿉놀이나 하면서 인생을 배우는 어린이들이 어른들보다 인생의 참다운 법칙들과 관계들을 더 명확하게 분간해낸다. 어른들은 인생을 가치 있게 살지도 못하면서 경험에 의해서, 바꾸어 말하면 실패에 의해서 자기들이 아이들보다 더 현명하다고 생각하는 것이다.

나는 한 힌두교 서적에서 다음과 같은 것을 읽었다.

"옛날에 어떤 왕자가 있었는데, 갓난아이 때 왕궁에서 쫓겨나 숲의 나무꾼에 의하여 길러졌다. 그는 이런 상태에서 어른이 되었는데, 스스로를 같이 사는 미개 부족의 한 사람으로만 생각하고 있었다. 그런데 어느 날 부왕父王의 대신이 그 젊은이를 발견하여 그의 신분을 알려주었으며, 그는 자신의 신분에 대한 오해를 풀고 자신이 왕자임을 알게 되었다."

그 힌두교 철인은 계속해서 말했다.

"이와 같이 영혼도, 자신이 처해 있는 환경으로 인해 자기의 본성에 대하여 오해를 한다. 그러다가 어느 거룩한 스승이 진리를 밝혀주면 그때에야 자신이 브라흐마라는 것을 알게 된다."

우리 뉴잉글랜드 주민들이 현재와 같이 비천한 생활을 하는 이유는 우리가 사물의 표면을 꿰뚫어보는 눈을 가지지 못했기 때문이라고 나는 생각한다. 우리는 존재하고 있는 것처럼 보이는 것을 실제로 존재한다고 생각한다. 만약 어떤 사람이 이 마을을 돌아다니며 오직 진실만을 본다고 한다면 이 마을의 중심부인 '밀댐'은 어디로 가겠는가? 만약 그가 거기서 본 진실을 우리에게 묘사한다면, 우리는 그가 말하는 장소를 알아보지 못할 것이다. 공회당이나 재판소나 형무소나 상점이나 주택을 보라. 진실한 눈으로 응시할 때 과연 그것들이 무엇이겠는가를 말해보라. 그러면 말하는 도중 그것들은 모두 산산조각이 날 것이다.

사람들은 진리가 멀리 어딘가에 있는 것으로 생각한다. 그들은 진리가 우주의 외곽 어디에, 가장 멀리 있는 별 너머에, 아담의 이전에, 혹은 최후의 인간 다음에 있는 것으로 생각한다. 물론 영원 속에는 진실하고 고귀한 무엇이 있다. 그러나 이 모든 시간과 장소와 사건은 지금 여기에 있는 것이다. 하느님 자신도 현재의 순간에 지고至高의 위치에 있으며, 과거와 미래를 포함하여 그 어느 시대도 지금보다 더 거룩하지는 않은 것이다. 우리는 우리를 둘러싸고 있는 진실을 계속적으로 흡입하고 그 안에 적셔짐으로써만 비로소 숭고하고 고결한 것을 파악할 수 있는 능력을 얻게 된다.

우주는 끊임없이 그리고 순순히 우리의 착상에 응답해준다. 우리가 빠르게 가든 느리게 가든 우리의 길은 우리를 위하여 마련되어 있다. 그렇다면 우리의 인생을 새로운 구상을 하면서 보내도록 하자. 시인이나 예술가가 아무리 아름답고 고상한 구도를 가졌더라도 후세 자손들 중의 누군가가 그것을 완성시키지 못한 적은 아직 없다.

하루를 자연처럼 의도적으로 보내보자. 그리하여 호두 껍데기나 모기 날개 따위가 선로 위에 떨어진다고 해서 그때마다 탈선하는 일이 없도록 하자. 아침에는 일찍 일어나서 식사를 하든 또는 거르든 차분하게 마음의 평온을 유지하자. 손님이 오든 또는 가든, 종이 울리든, 아이들이 울든, 단호하게 하루를 보내도록 하자. 왜 우리가 무너져 내려 물결에 떠내려가야 하는가? 정오의 얕은 모래톱에 자리 잡은 점심이라는 이름의 저 무서운 격류와 소용돌이 속에 휘말리지 않도록 하자. 이 위험을 이겨내면 당신은 안전한 데로 들어서게 된다. 나머지는 내려가는 길이기 때문이다.

긴장을 풀지 말고 아침의 기백을 그대로 가지고, 율리시스처럼 돛대에 몸을 묶은 채 외면을 하면서 그 소용돌이 옆으로 빠져나가자. 만약 기적이 울면 목이 쉴 때까지 울도록 내버려두자. 종이 울린다고 해서 우리가 뛰어갈 이유가 있는가? 우리는 이것들이 내는 음악 소리가 어떤 것인지 생각해볼 뿐이다.

이제 침착하게 자리를 잡고 작업을 시작해보자. 그리하여 의견, 선입관, 전통, 망상妄想과 외양外樣이라는 이름의 진흙 구덩이 속에 발을 넣고 아래로 뚫고 나가 지구를 덮고 있는 충적층沖積層을 지나서, 파리와 런던, 뉴욕과 보스턴과 콩코드를 지나고 교회와 국가, 시와 철학과 종교를 지나서 마침내 우리가 "바로 이것이야! 여기가 틀림없어!"라고 말할 수 있는 '진실'이라는 이름의 단단한 바위에 닿을 때까지 내려가 보자. 이제 거점을 마련했으면 홍수와 서리와 불 아래쪽으로 성벽이나 국가의 토대를 닦을 수 있는 장소, 안전하게 램프 기둥을 세울 수 있고 어쩌면 측량 계기를 하나 달 수 있는 장소를 만들어보자. 이 측량 계기는 '나일 강 계기'[10]가 아니고 '진실의 계기'로서, 이것을 보고 거짓과 허식의 홍수가 때때로 얼마나 깊게 범람했던가를 후세 사람들이 알 수 있도록 말이다.

만약 당신이 사실과 직면하여 똑바로 선다면 마치 그것이 아랍인의 신월도新月刀이기라도 한 것처럼 태양이 그것의 양면에 번쩍임을 볼 것이고, 그 날카로운 칼날이 당신의 심장과 골수를 갈라놓는 것을 느낄 것이며, 그리하여 당신은 행복감 속에서 삶을 마치게 되리라. 죽음이든 삶이든 우리는 오직 진실만을 갈구한다. 만약 우리가 정말 죽어가는 것이

---

10) 나일 강 계기 _ 이집트의 나일 강에는 오래전부터 계기가 곳곳에 세워져 있어 수면의 높이를 측정하는 데 사용되었다. 대부분 건물 형식으로 되어있고 가운데 기둥에 눈금이 새겨져 있으며, 기둥 주위로 강물이 들어와 있다.

라면 우리의 목 안에 '죽음의 가래 끓는 소리'를 들으며 사지가 차가워지는 것을 느끼도록 하자. 그러나 우리가 살아있는 것이라면 우리가 할 일을 해나가도록 하자.

시간은 내가 낚시질하는 강을 흐르는 물에 지나지 않는다. 나는 그 강물을 마신다. 그러나 물을 마실 때 모래 바닥을 보고 이 강이 얼마나 얕은가를 깨닫는다. 시간의 얕은 물은 흘러가 버리지만 영원은 남는다. 나는 더 깊은 물을 들이켜고 싶다. 별들이 조약돌처럼 깔린 하늘의 강에서 낚시를 하고 싶다. 나는 셈을 전혀 할 줄 모른다. 알파벳의 첫 글자도 모른다. 나는 태어나던 그날처럼 현명하지 못함을 항상 아쉬워한다.

지성은 식칼과 같다. 그것은 사물의 비밀을 식별하고 헤쳐 들어간다. 나는 필요 이상으로 나의 손을 바쁘게 놀리고 싶지 않다. 나의 머리가 손과 발이기 때문이다. 나는 최상의 기능이 머릿속에 모여 있음을 느낀다. 어떤 동물이 코와 앞발로 굴을 파듯 나는 내 머리가 굴을 파는 기관임을 본능적으로 느낀다. 나는 이 머리를 가지고 이 주위의 산들을 파볼 생각이다. 이 근처 어딘가에 노다지 광맥이 있는 것 같다. 탐지 막대와 옅게 솟아오르는 증기를 보면 알 수 있다. 자, 이제부터 굴을 파내려 가야겠다.

3
독서

　직업을 선택하는 데 좀 더 신중을 기한다면 아마 누구나 본질적으로는 연구가나 관찰자가 되려고 할 것이다. 왜냐하면 자신의 본성과 운명에 대해서는 누구나 관심이 많기 때문이다. 우리가 우리 자신이나 자손들을 위해 재산을 모으고 가문이나 국가를 창설하고 명성까지 얻는다고 해도 우리는 결국에는 죽게 되어있다. 그러나 진리를 다루면 우리는 불멸의 생명을 얻게 되며 변화나 재난을 두려워할 필요가 없게 된다.
　신神의 입상立像에서 처음으로 베일의 한쪽을 들쳤던 사람은 이집트 아니면 인도의 철학자였을 것이다. 그 떨리는 옷은 지금도 들쳐진 채로 있으며, 철학자가 응시했던 그 영광의 장면은 내 눈에도 선하다. 왜냐하면 옛날에 그처럼 대담하게 베일을 들쳤던 사람은 철학자의 내부에 있던 바로 나 자신이었으며, 오늘 그 광경을 다시 그려보는 사람은 내 속에 있는 옛 철학자이기 때문이다. 그 옷 위에는 아직도 먼지 하나 내려앉지 않았다. 신의 정체가 드러난 이래 시간이 전혀 흐르지 않았기 때문이다. 우리가 지고의 시간으로 승화시키는 또는 승화시킬 수 있는 시간은 과

거도 현재도 미래도 아닌 것이다.

 나의 거처는 사색을 하기 위한 곳뿐만 아니라 진지한 독서를 하기 위한 곳으로도 그 어느 대학보다 나았다. 내가 사는 곳은 그 흔한 순회도서관도 찾아오지 않는 곳이었지만, 나는 온 세상을 떠돌아다니는 몇 권의 책의 영향력 속에 과거 어느 때보다 깊이 젖어들게 되었다. 처음에 나무껍질에 기록되었던 이 책들은 지금도 아마포로 만든 종이에 이따금씩 인쇄되고 있을 뿐이다. 시인 미르 가마르 웃딘 마스트[1]는 이렇게 말한다. "가만히 앉아서도 정신세계를 떠돌아다닐 수 있는 이점이 책 속에는 있다. 한 잔의 술로 기분 좋게 취하는 기쁨을 심오한 교리라는 술을 마셨을 때 맛볼 수 있다."

 나는 여름 내내 호머의 《일리아드》를 책상 위에 놓아두었다. 그러나 이따금씩밖에는 책장을 들추지 못했다. 집을 마저 지으랴 콩밭에서 김을 매랴 할 일이 끊이지 않아, 처음에는 진지하게 독서를 하는 것이 불가능했던 것이다. 앞으로는 책을 읽을 시간이 많으려니 하고 스스로를 위로했다. 일하는 사이사이에 가벼운 여행기 한두 권을 읽었는데, 나중에 스스로가 부끄러워 내가 사는 곳이 도대체 어디냐고 자문해보았다.

 학생들이 호머나 아이스킬로스[2]를 그리스어로 읽더라도 사치나 무절제에 빠질 염려는 없을 것이다. 왜냐하면 이 책들을 읽는 동안 거기에

---

1) 미르 가마르 웃딘 마스트 _ 18세기 페르시아의 시인
2) 아이스킬로스(B.C.525~B.C.456) _ 고대 그리스의 3대 비극 작가 중의 한 사람. 《테베를 공격하는 일곱 용사》등의 작품이 있다.

나오는 영웅들을 어느 정도 본받으려고 노력할 것이고 또 아침 시간을 독서로 보낼 테니 말이다. 영웅들을 그린 이런 책들은 비록 우리의 모국어로 인쇄된 것이지만, 타락한 시대에 사는 사람에게는 마치 사어死語처럼 잘 이해되지 않을 것이다. 그래서 우리는 '지혜'와 '용기'와 '관용'과 같은 관념에도 우리의 일상 용법이 허용하는 것보다는 더 큰 의미를 부여해가면서 단어 하나하나, 문장 하나하나의 뜻을 열심히 찾지 않으면 안 된다.

오늘날 염가의 대량 출판이 자리를 잡고 그에 따라 많은 번역물이 나왔지만 영웅을 그린 옛 작가들에게 우리를 조금이라도 더 가까이 접근시켜주지는 못하고 있다. 그들은 과거나 다름없이 외로워 보이며, 그들의 책들이 인쇄된 글자는 여전히 진귀하고 신기하게 보인다. 당신이 젊은 날의 소중한 시간을 바쳐 몇 마디나마 고전 어휘들을 공부하는 것은 충분한 가치가 있는 일이다. 이 어휘들은 거리의 천박함을 넘어서서 당신에게 영원한 암시와 자극을 줄 것이다. 농부가 자신이 주워들은 라틴어 몇 마디를 기억하고 되뇌어보는 것은 결코 쓸데없는 짓이 아닌 것이다.

때때로 사람들은 고전 연구가 더 현대적이고 더 실용적인 학문에게 자리를 내줄 것이라고 말한다. 그러나 탐구적인 학생은 그것이 어떤 언어로 쓰였고 얼마나 오래되었고 간에 항상 고전을 연구할 것이다. 고전이란 인류의 가장 고귀한 생각을 기록한 것이 아니라면 무엇이겠는가? 고전은 사라지지 않고 남아있는 유일한 신탁이며, 그 안에는 가장 현대적인 질문에 대하여 델포이에 있는 아폴론 신의 신탁이나 도도나에 있는 제우스 신의 신탁도 밝히지 못한 해답들이 들어있다. 고전 연구를 그만두는 것은 자연이 낡았다고 해서 자연 연구를 그만두는 것이나 다름없다.

독서를 잘하는 것, 즉 참다운 책을 참다운 정신으로 읽는 것은 고귀한 '운동'이며, 오늘날의 풍조가 존중하는 어떤 운동보다도 독자에게 힘이 드는 운동이다. 그것은 운동선수들이 받는 것과 같은 훈련과, 거의 평생에 걸친 꾸준한 자세로 독서를 하려는 마음가짐을 요한다. 책은 처음 쓰였을 때처럼 의도적으로 그리고 신중히 읽혀야 한다.

책이 쓰인 언어를 말할 수 있는 것만으로는 충분치 않다. 왜냐하면 말로 한 언어와 글로 쓴 언어, 듣는 언어와 읽는 언어 사이에는 상당한 간격이 있기 때문이다. 전자는 대개 일시적인 것으로 하나의 소리, 하나의 혀 또는 하나의 방언에 지나지 않으며 우리는 그것을 동물처럼 무의식적으로 우리의 어머니로부터 배운다. 후자는 선자가 성숙되고 경험이 쌓여서 이루어진 말이다. 전자가 '어머니 말'이라면 후자는 '아버지 말'이며 신중하고 선택된 표현이다. 이 표현은 단순히 귀로 듣기에는 너무 깊은 의미를 가졌으며, 이것을 입으로 말하려면 다시 한 번 태어나야 하는 것이다.

중세에 우연히 그 나라에 태어났다고 해서 그리스어와 라틴어를 말할 줄 알던 사람들이 이 언어들로 쓰인 천재적인 작품들을 읽을 자격을 부여받았던 것은 아니다. 왜냐하면 이 작품들은 그 사람들이 아는 그리스어나 라틴어로 쓰인 것이 아니고 선택된 문학의 언어로 쓰였기 때문이다. 그들은 그리스나 로마의 좀 더 고상한 방언을 배우지 않았다. 그래서 이 방언으로 쓰인 책들은 그들에게는 휴지나 다름없었다. 그들은 그런 책들보다는 당대의 값싼 유행 문학을 더 좋아했다.

그러나 유럽의 몇몇 국가들이 자기 나라에서 싹트기 시작한 문학의 목적에 충분한, 조잡하긴 하지만 명확한 문어文語를 갖게 되면서부터 학문이 되살아났으며, 학자들은 시대적인 거리에도 불구하고 고대의 보물들을 식별하게 되었다. 로마와 그리스의 대중들이 '들을' 수 없던 것을 많은 세월이 지난 다음에 몇몇 학자들이 '읽을' 수 있게 되었고 지금도 몇몇 학자들이 그것을 읽고 있다.

때때로 터져나오는 웅변가의 열변이 아무리 훌륭하더라도 글자로 기록된 가장 고귀한 말들은 일시적인 구어口語보다는 훨씬 높은 차원에 있다. 마치 별들을 거느리고 있는 창공이 구름보다 훨씬 위에 있듯이 말이다. 별들이 있다면 이 별들을 읽을 수 있는 사람들이 있다. 천문학자들은 끊임없이 별들을 관찰하고 설명하지 않는가?

고귀한 글들은 우리가 노상 하는 말이나 우리가 내뿜는 숨처럼 무의식적으로 발산된 것들이 아니다. 강연장에서의 능변이라는 것은 서재에서 보면 흔한 미사여구에 지나지 않을 때가 많다. 연설가는 그때그때의 감흥에 몸을 맡겨 자기 앞에 있는 군중, 즉 자기 연설을 '들을' 수 있는 사람들에게 말한다. 그러나 작가는 자신의 평온한 생활이 글을 쓰는 동기가 되며, 연설가를 감흥시킬 수 있는 그런 사건과 군중을 만나면 오히려 정신이 산란해진다. 그는 인류의 지성과 감성을 향해서, 즉 모든 시대에 걸쳐 자기를 '이해'할 수 있는 모든 사람들을 향해서 말한다.

알렉산더 대왕이 원정을 나갈 때 귀중품 보관 상자에 《일리아드》를 항상 넣어 가지고 다녔다는 것은 조금도 이상한 일이 아니다. 기록된 말은 역사적 유물 중에서도 가장 귀중한 것이다. 그것은 다른 어떤 예술 작품보다 더 우리에게 친밀감을 주며 동시에 더 큰 보편성을 지니고 있다. 그것은 삶의 본질에 가장 가까운 예술 작품이다. 그것은 모든 언어로 옮겨질 수 있으며, 단순히 읽힐 뿐만 아니라 실제로 모든 인간의 입으로부터 숨결처럼 토해질 수 있다. 즉 화포畵布나 대리석으로 표현될 수 있을 뿐 아니라 생명의 입김으로 조각될 수도 있는 것이다. 고대인의 사상적 상징이 현대인의 말이 된다. 2천 년간의 여름은 그리스의 대리석들에 그랬던 것처럼 그리스 문학의 기념비들에도 보다 원숙한 황금의 가을빛만을 더해주었다. 그리스 문학의 기념비들이 그 차분하고 천상적인 분위기를 모든 땅에 옮겨놓아, 시간의 부식으로부터 스스로를 보호했기 때문이다.

책은 이 세계의 귀중한 새산이며 모든 세내와 모든 민족 들의 고귀한 유산이다. 어느 오두막집이고 간에 그 집의 선반에는 가장 오래되고 훌륭한 책들이 자연스럽고 떳떳하게 진열되어 있다. 책은 스스로 어떤 대의를 내세우지는 않는다. 그러나 책이 독자들을 계발시키고 정신적인 자양분을 공급하는 한, 양식을 가진 사람이라면 책을 버리지 않을 것이다. 그런 책의 저자들은 어떤 사회에서나 당연하고도 거부할 수 없는 사회의 핵심층을 형성하며, 인류에게 미치는 그들의 영향력은 왕이나 황제를 능가한다.

무식하고 냉소적인 장사꾼이 열심히 사업을 해서 바라고 바라던 여유와 자립을 이루면 그는 부와 유행의 사회에 일원으로 끼게 된다. 그러나 그다음에는 필연적으로 더 높은, 그러나 아직은 접근이 불가능한 지성과 천재의 사회 쪽으로 눈길을 돌리지만, 자기의 교양 부족을 통감하게 되며 많은 재산으로도 어쩔 수 없는 무력함과 공허함을 느낀다. 그러나 이때 그는 뛰어난 양식을 발휘하여 자기 자식들만큼은 스스로 부족하다고 뼈저리게 느끼는 지적 교양을 갖추게 하기 위하여 온갖 노력을 기울이는데, 이렇게 함으로써 그는 한 가문의 창시자가 되는 것이다.

옛 고전을 원어 그대로 읽는 것을 배우지 않은 사람들은 인류 역사에 대한 지식이 불충분할 수밖에 없으리라. 왜냐하면 어느 고전도 현대어로 번역된 일이 없기 때문이다. 물론 우리 문명 자체가 고전의 번역이라고 생각한다면 문제는 조금 다르겠지만. 호머는 아직 영어로 인쇄된 일이 없으며[3] 그것은 아이스킬로스나 베르길리우스[4]도 마찬가지다. 이들의 작품은 아침 자체만큼이나 우아하고 내용이 충실하며 아름답다. 후세의 작가들이(그들 중에는 나름대로의 천재성을 지닌 사람도 있겠지만) 고대 작가들의 정교한 아름다움과 만듦새 그리고 문학에 바친 평생 동안의 영웅적 노고를 따라간 적은 설혹 있다 해도 아주 드물었다.

고전 작가들을 모르는 사람들은 이들을 잊어버리자는 이야기를 한다. 우리가 고전에 관심을 기울이고 그것을 충분히 감상할 수 있는 정도의 학문과 천재성을 갖추게 되면 그때 가서 고전을 잊어도 늦지 않을 것이다. 우리가 고전이라고 부르는 문화적 유산과, 고전보다도 훨씬 더 역사가 깊

---

3) 이 말은 물론 사실이 아니며, 단지 번역만으로는 한 작품의 의미가 완벽하게 전달될 수 없다는 것을 뜻한다
4) 베르길리우스(B.C.70~B.C.19) _ 고대 로마의 최고 시인. 주요 작품으로는 《아이네이스》가 있다.

고 더 고전적이지만 우리에게는 잘 알려지지 않은 여러 나라의 경전들이 쌓이게 될 때, 또 바티칸 궁전 같은 곳들이 베다 경전들, 조로아스터교의 경전들, 기독교의 성경과 같은 경전들과 호머, 단테, 셰익스피어 같은 작가들의 문학작품으로 함께 어우러져 채워질 때 그리고 앞으로 올 모든 세기가 각자가 거둔 전리품을 세계의 광장에 차례로 쌓아놓을 때 그 시대는 진실로 풍요로운 시대가 될 것이다. 이러한 문화적 유산의 더미를 딛고서만이 인간은 마침내 하늘에 오를 희망을 갖게 될 것이다.

위대한 시인들의 작품은 아직 인류에게 읽힌 적이 없다. 왜냐하면 그것들은 오직 위대한 시인들만이 읽을 수 있으므로. 만약 그 작품들이 읽혔다면 그것은 대중들이 별을 읽듯이, 다시 말해서 천문학적으로가 아니고 점성술적으로 읽혔을 것이다. 사람들은 장부를 기입하고 장사에서 속지 않기 위해서 셈을 배운 것처럼 하찮은 목적을 위해서 읽기를 배운다. 고귀한 지적 운동으로서의 독서에 대해서 그들은 거의 또는 전혀 아는 바가 없다. 하지만 그것만이 진정한 의미의 독서인 것이다. 자장가를 듣듯이 심심풀이로 하는 독서는 우리의 지적 기능들을 잠재우는 독서이며 따라서 참다운 독서라고 할 수 없다. 발돋움하고 서듯이 하는 독서, 우리가 가장 또렷또렷하게 깨어있는 시간들을 바치는 독서만이 참다운 독서인 것이다.

우리가 이왕 글자를 배운 이상 최고의 문학작품들을 읽어야 할 것이며, 평생 동안을 초등학교 4, 5학년 학생처럼 교실 맨 앞줄에 앉아서 언제까지나 '에이, 비, 씨'와 단음절로 된 단어만을 되뇌고 있어서는 안 되겠다. 대부분의 사람들은 글을 읽을 줄 아는 것만으로 또는 남이 읽어주는 글을 듣는 것만으로 만족하여 한 권의 좋은 책, 즉 성경의 가르침에 전적으로 몸을 맡겨버린다. 그리고 남은 평생을 무기력하게 살면서 이른바 '가벼운 읽을거리'로 지적 능력을 소모시켜버린다.

우리 마을의 순회도서관에는 《리틀 리딩》5)이라는 제목이 붙은 몇 권으로 된 책이 있는데, 나는 처음에 그것이 내가 가보지 못한 어떤 마을의 이름인 줄로만 알았다. 세상에는 가마우지나 타조처럼 고기와 야채를 실컷 먹은 다음에도 이런 잡동사니 책들을 얼마든지 소화해내는 사람들이 있다. 그들은 무엇이든지 버리는 게 아까운 것이다. 이런 종류의 여물을 만들어내는 기계 같은 사람들이 있다면 이 사람들은 이런 여물을 읽어치우는 기계들이다. 그들은 '제블론과 세프로니아'에 관한 9천 번째의 이야기를 읽으며, 이 젊은 두 연인이 그 누구보다도 진한 사랑을 했다느니, 이들의 참사랑이 순탄한 길을 걷지 못했다느니, 아무튼 그 사랑

---

5) 리틀 리딩Little Reading _ '작은 읽을거리들'이란 뜻이나, Reading은 지명으로도 간혹 쓰인다.

이 어떻게 앞으로 가다가 넘어졌고 다시 일어나서 앞으로 또 갔던가 하면서 넋을 잃고 있다.

그 밖에도 어떤 운 나쁜 친구가 어떻게 교회의 첨탑에 올라가게 됐는가(이 녀석은 애초부터 종루까지 올라가질 말았어야 했다.)에 대한 이야기도 있는데, 주인공을 쓸데없이 높은 곳으로 올려놓은 다음 신이 난 소설가는 종을 쳐서 온 세상 사람들더러 모이라고 해놓고는, "큰일 날 뻔했지!", "그 사람 참 아슬아슬하게 내려왔어!" 하는 식의 감탄을 자아내는 그다음 이야기를 들으라고 한다.

내 생각으로는 옛날에 영웅들을 하늘의 별자리 사이에 두었던 것처럼, 소설 왕국의 이들 오르기 좋아하는 주인공을 인간 풍향계로 만들어 녹이 슬 때까지 그 높은 곳에서 뱅글뱅글 돌게 하며 다시는 지상으로 내려와 쓸데없는 장난으로 선량한 사람들을 괴롭히는 일이 없노록 하는 것이 좋을 것 같다. 다음에 그 소설가가 종을 칠 때는 나는 공회당에 불이 나서 다 타버리더라도 꼼짝하지 않을 생각이다.

"《티틀 톨 탄》을 써서 유명해진 작가의 새로운 작품, 중세의 로맨스 《팁 토 합의 모험》을 매월 분할 출간할 예정임! 선풍적인 인기! 혼잡하오니 한꺼번에 오지 마시기 바람." 사람들은 눈을 접시처럼 뜨고 원시적이고 긴장된 호기심을 가지고 이 소설들을 읽어나가는데, 위장의 모래주머니는 조금도 피곤한 기색 없이 어떤 책이든지 잘도 소화시킨다. 마치 네 살짜리 꼬마가 금박 표지를 한 2센트짜리 《신데렐라 이야기》를 열심히 읽어나가듯이 말이다.

그런데 사람들이 이런 책들을 아무리 많이 읽어도 내가 보기엔 발음

독서 165

이나 악센트나 강조에 조금도 발전이 없고, 이야기로부터 어떤 교훈을 끄집어내든가 아니면 집어넣든가 하는 기술도 전혀 늘지 않는다. 이런 독서 취향은 결과적으로 시력의 감퇴, 혈액순환의 장애 그리고 지적 능력의 전반적인 위축 내지는 퇴보만을 가져온다. 그런데도 이런 종류의 '생강빵'은 진짜 밀이나 옥수수로 만든 빵을 제치고 어느 집의 부엌에서나 매일 열심히 구워지고 있으며 시장성도 더 확실한 것이다.

독서를 잘한다고 하는 사람들까지도 양서를 읽지 않는다. 우리 콩코드의 문화 수준은 어느 정도인가? 이 마을에서 극소수의 몇 사람을 제외하면 우리가 모두 읽고 쓸 수 있는 말로 된 영문학에서조차 가장 훌륭한 작품들이나 그 버금가는 작품들을 흥미를 가지고 읽어보려는 사람들이 없다. 이 고장에서는(다른 곳도 마찬가지지만) 대학물을 먹고 이른바 교육을 잘 받았다고 하는 사람들조차 영문학의 고전에 대해 거의 또는 전혀 아는 바가 없다. 그리고 인류의 기록된 예지叡智인 옛 고전이나 경전에 대해서, 알고자 하는 의욕이 있는 사람들은 누구나 쉽게 접근할 수 있음에도 불구하고 이 작품들을 가까이 하려는 노력은 어디에서 간에 미약하기 짝이 없다.

내가 아는 한 중년 나무꾼은 프랑스어 신문을 받아보고 있다. 그러나 뉴스를 보기 위해서가 아니고(그의 말에 의하면 그런 것은 초월했다고 한다.), 자신이 캐나다 태생이므로 "프랑스어를 잊어버리지 않기 위해서"라고 한다. 내가 그에게 이 세상에서 특별히 성취하고 싶은 것이 있느냐고 물으니, 그는 프랑스어 이외에도 영어를 계속 공부하여 어휘력을 기르고 싶다고 대답했다. 이것이 바로 대학 교육을 받은 사람들이 일반적으로 하고 있거나 하기를 원하는 지적 활동의 평균 수준이며, 그들은 그 목적을 위하여 영어 신문을 구독하는 것이다.

　영어로 쓰인 가장 훌륭한 책 중의 한 권을 막 읽고 난 사람이 있다고 하자. 그는 그 책에 관하여 함께 이야기를 나눌 수 있는 사람을 몇이나 찾아낼 수 있을까? 또는 그것이 훌륭한 책이라는 칭찬을 무식한 사람들까지 귀가 아프게 들어온 그리스어나 라틴어 고전을 그가 방금 원어로 읽었다고 하면 어떨까? 아마 그는 같이 이야기할 만한 사람을 찾아내지 못하여 끝내는 입을 다물게 될 것이다. 말이 나왔으니 하는 말이지만, 이 나라의 대학교수들 중에서 그리스어의 어려움을 극복했다 하더라도 그리스 시인의 기지와 시의 난해성을 아울러 극복하고, 게다가 힘든 책을 혼자서 영웅적으로 읽어나가고 있는 학생을 도와줄 자상함까지 갖춘 사람은 거의 없을 것이다.

　그러면 인류의 성서라고 할 수 있는 성스러운 경전들에 관해 말해보자. 이 마을의 누가 그 책들의 제목만이라도 댈 수 있을 것인가? 대부분의 사람들은 유대 민족 말고도 경전을 가지고 있는 민족이 있다는 사실을 알지 못한다. 어떤 사람이든지 1달러짜리 은화를 줍기 위해서는 가던 길을 꽤 멀리 돌아갈 것이다. 여기 고대의 가장 현명했던 사람들이 말씀했고, 또 그 후 모든 시대의 현명한 사람들이 그 가치를 우리에게 보증한 황금 같은 말들이 있다. 하지만 우리는 학교에서 기껏 《아동 독본》이나 《초급 독본》 정도의 교과서를 배우며, 학교를 떠난 다음에는 청소년들이나 초보자들을 위한 책인 《리틀 리딩》과 그 밖의 이야기책들을 보는 것으로 그친다. 그렇기 때문에 우리의 독서나 대화나 사고의 수준은 극히 낮은 수준에 머물러 있으며, 피그미족이나 난쟁이 부족들의 수준을 크게 벗어나지 못한다.

나는 우리 콩코드 땅이 배출한 인물들보다 더 현명한 사람들과 사귀기를 갈망한다. 비록 그들의 이름이 이곳에서는 거의 알려지지 않았더라도 말이다. 내가 플라톤의 이름을 듣고도 끝내 그의 저서를 읽지 않을 것인가? 그렇다면 그것은 플라톤이 바로 우리 마을 사람인데도 내가 그를 한 번도 만나본 일이 없는 것과 무엇이 다를 것이며, 그가 바로 옆집 사람인데도 그의 말을 들어보지 못하고 그 말의 예지에 귀를 기울이지 않는 것과 무엇이 다르겠는가? 그런데 실상은 어떠한가? 플라톤의 《대화편》은 그의 영원불멸한 지혜를 담은 책이며 바로 옆 선반에 놓여 있는데도 나는 그 책을 거의 들추지 않는다.

우리는 버릇이 없고 무식하며 천박한 삶을 살고 있다. 내가 말하고자 하는 것은 책을 전혀 읽지 못한 사람의 무식과, 어린애들과 지능이 낮은 사람들을 위한 책만 읽는 사람들의 무식 사이에 그리 큰 차이를 두고 싶지 않다는 것이다. 우리는 고대의 위인들만큼 훌륭해져야겠다. 그러기 위해서는 우선 그들이 얼마나 훌륭했던가를 먼저 알아야 한다. 우리는 소소인종이며, 지적인 비상飛翔에서 일간 신문의 칼럼 이상은 날지 못하고 있다.

모든 책이 다 독자들만큼 따분한 것은 아니다. 어떤 책에는 어쩌면 우리의 현 상황에 딱 들어맞는 말들이 들어있을 가능성도 크다. 만약 우리가 이 말들을 정말로 듣고 이해할 수만 있다면 아침이나 봄보다 우리의 삶에 더 큰 활력을 줄 것이며, 우리에게 사물의 새로운 측면을 보여줄지 모른다. 얼마나 많은 사람들이 한 권의 책을 읽고 자기 인생의 새로운 기원을 마련했던가! 우리의 기적들을 설명해주고 새로운 기적들을 계시해줄 책이 어쩌면 우리를 위하여 존재할 가능성은 크다. 지금 내가 말로 도저히 표현할 수 없는 것이 어느 책에 표현되어 있을지 모른다. 우리를 당혹하게 하고 우리를 혼란에 빠뜨리며 우리 마음에 파문을 일으키는 문제와 똑같은 문제들이 일찍이 모든 현명한 사람들에게도 제기되었다. 한 문제도 빠짐없이 말이다. 그리고 이들 현인들은 저마다 이 질문들에 대해 해답을 제시했다. 자기 능력에 따라, 또 자기 고유의 언어와 생활 방식으로.

그뿐 아니라 우리가 지혜를 배우면 그와 동시에 너그러움도 아울러 배우게 될 것이다. 콩코드 교외에 있는 어느 농장에서 고용인 생활을 하고 있는 한 고독한 농부는 그것이 진실이 아니라고 생각할지도 모른다. 이 농부는 다시 태어남을 얻고 특이한 종교적 체험을 한 사람인데, 그는 자기 신앙에 따라 엄숙한 침묵과 배타적인 고독의 생활을 해야 한다고 믿고 있다.

그러나 수천 년 전에 살았던 조로아스터[6]는 똑같은 길을 걸었고 똑같은 체험을 했으나, 현명한 사람이었으므로 그 경험이 보편적인 것임을 깨달았다. 그래서 그는 그에 따라 자기의 이웃들을 대하였으며, 하나의 종교를 창시하여 사람들 사이에 확립시키기까지 했던 것이다. 그렇다

---

6) 조로아스터(B.C.628~B.C.551) _ 일명 차라투스트라. 페르시아인으로 조로아스터교를 창시했다.

면 그 농부는 겸손한 자세로 조로아스터와 마음을 터놓고 대화를 하는 것이 어떨까? 그리고 모든 위대한 사람들의 너그러운 감화의 힘을 받아, 예수 그리스도 자신과도 마음을 터놓고 이야기를 하며, '우리 교회, 우리 교회' 하는 식의 배타적 자세는 버리는 것이 어떠할까?

우리는 우리가 19세기에 속해 있으며 어느 나라보다도 급속한 발전을 하고 있음을 자랑한다. 하지만 이 마을이 스스로의 문화 향상을 위해서는 얼마나 하는 일이 없는가를 생각해보라. 나는 마을 사람들에게 아첨하고 싶은 생각도 없고, 그들로부터 아첨을 받고 싶은 생각도 없다. 그래 보았자 피차 아무런 발전이 없을 테니까 말이다. 느림보 소가 채찍질당하듯이 우리는 채찍을 맞고서라도 앞으로 달려갈 필요가 있다.

우리는 어린아이들을 위해서는 비교적 훌륭한 초등학교 제도를 가지고 있다. 그러나 겨울철에만 열리는 데다가 자금 사정으로 반쯤 기아 상태에 놓인 문화회관과, 주 정부의 권장으로 최근에 생긴 보잘것없는 도서관을 제외하고는 성인들을 위한 교육 시설이 아무것도 없다. 우리는 정신을 위한 자양분은 등한시하지만 육체를 위한 자양분이나 육체적인 질병에는 비용을 아끼지 않는다.

이제 우리 마을에 성인들을 위한 학교를 세워서, 청소년들이 어른이 되려는 시점에서 교육을 중단하는 일이 없도록 할 때가 왔다. 마을 하나하나가 대학이 되며, 나이 많은 주민들은 그 대학의 특별 연구원이 되어 남은 평생 여유를 가지고서(그들이 그처럼 유복하다고 하니) 교양으로서의 학문을 추구할 때가 온 것이다. 세계가 언제까지 파리 대학 하나, 옥스퍼드 대학 하나로 한정되어야 한단 말인가? 이 마을에 학생들을 기숙시

커 콩코드의 하늘 밑에서 교양 교육을 받게 할 수는 없을까? 아벨라르[7] 같은 뛰어난 학자를 모셔 강의를 들을 수는 없을까? 안타깝게도 우리는 가축을 돌본다, 가게를 지킨다는 핑계로 너무 오랫동안 학교로부터 멀어지고 공부를 등한시해왔다. 이 나라에서는 각 마을이 어느 면에서는 유럽의 귀족이 하는 역할을 맡아야 한다. 마을은 예술의 후견인이 되어야 한다. 마을은 그렇게 할 만한 돈을 충분히 가지고 있다. 단지 그렇게 할 만한 아량과 세련됨이 결여되어 있을 뿐이다. 농부들이나 상인들이 좋다고 하는 일에는 많은 돈을 쓰지만, 좀 더 지적인 사람들이 훨씬 더 가치 있는 것으로 확신하고 있는 일에 돈을 쓰자고 제안하면 꿈같은 얘기 말라고 일축해버린다. 우리 읍은 번영의 덕분인지 정치의 덕분인지 1만 7천 달러의 돈을 공회당을 짓는 데 사용했다. 그러나 이 공회당이라고 하는 섭데기 안에 넣을 잠다운 알맹이, 즉 '살아있는 지혜'를 초빙하는 데에는 앞으로 100년이 지나도 그만한 돈을 쓰지 않을 것이다. 겨울 동안에만 열리는 문화회관을 유지하기 위해 매년 걷는 125달러의 기부금은 같은 금액의 어떤 기부금보다도 훌륭하게 쓰이고 있다.

왜 우리는 19세기에 살고 있으면서 19세기가 제공하는 이점을 최대한으로 활용하지 않고 있는가? 왜 우리의 생활이 어떤 점에서건 간에 지방적이어야 하는가? 왜 우리는 이왕 신문을 구독할 바엔 가십 기사나

---

[7] 피에르 아벨라르(1079~1142) _ 프랑스의 신학자 겸 철학자. 그의 강의를 들으려고 수많은 학생들이 몰려들었기 때문에 소르본 대학의 실질적인 창시자로 알려져 있다. 여제자인 엘로이즈와의 비극적인 사랑으로도 유명하다.

싣는 보스턴의 신문들을 제쳐버리고 세계에서 가장 훌륭한 신문들을 바로 받아보지 않는가? 이곳 뉴잉글랜드의 신문들, 특히 유아용 죽 같은 '중립적 가정' 신문들을 빨아먹는다든지 〈올리브 가지〉[8] 같은 신문을 뜯어먹는다든지 하는 일은 제발 그만두자. 모든 학회의 보고서가 우리에게 도착하도록 하자. 그래서 그들이 과연 무엇인가를 알고 있는지 살펴보자.

왜 우리가 읽을 책의 선정을 하퍼 출판사나 레딩 서점에 맡겨야 하는가? 세련된 취미를 가진 귀족이 자신의 교양을 쌓는 데 도움이 되는 온갖 것들, 즉 천재―학문―기지―책―그림―조각―음악―과학 실험 도구 등등을 자기 주변에 모으듯이 우리 마을도 그렇게 해보자. 그리하여 우리들의 청교도 조상들이 황량한 바위 땅에서 겨울을 날 때 그랬다고 해서 우리마저도 선생 한 사람, 목사 한 사람, 교회지기 한 사람, 교구 도서실 하나와 의원 세 사람으로 만족하지는 말자.

집단적으로 행동하는 것은 우리의 여러 제도의 정신에도 부합된다. 그리고 우리가 여러모로 유럽의 귀족들보다 호황을 누리고 있으므로 우리의 재력도 그들보다 나을 것이 틀림없다. 우리 뉴잉글랜드는 여러 마을이 체재비를 공동 부담하는 조건으로 세계의 모든 현인들을 불러들여 우리를 가르치게 할 수 있으며, 또 그렇게 함으로써 지방성을 완전히 탈피할 수 있다. 이것이 바로 우리에게 필요한 성인들을 위한 학교인 것이다. 귀족들 대신에 보통 사람들로 구성된 고귀한 마을을 건설하자. 필요

---

8) 올리브 가지 _ 실제로 있었던 주간신문의 이름.

하다면 강에 다리 하나를 덜 놓고, 그래서 조금 돌아서 가는 일이 있더라도 그 비용으로 우리를 둘러싸고 있는 보다 어두운 무지의 심연 위에 구름다리 하나라도 놓도록 하자.

4
숲의 소리들

그러나 아무리 잘 고른 책이고 고전이라 할지라도 우리가 책에만 몰두하여 그 자체가 방언이며 지방어에 지나지 않는 어느 특정의 언어들만 읽는다면, 우리는 정말 중요한 언어를 잊어버릴 위험이 있다. 그런데 이 언어야말로 모든 사물과 사건이 비유를 쓰지 않고 말하는 언어이며, 풍부하기 짝이 없는 어휘와 표준성을 지닌 언어인 것이다. 이 언어에서는 발표되는 것은 많지만 인쇄되는 것은 적다. 덧문 사이로 스며든 햇빛은 그 덧문을 완전히 걷어버리면 사람들의 기억에서 사라질 것이다.

어떠한 관찰 방법과 훈련도 항상 주의 깊게 살피는 자세를 대신해주지는 못한다. 볼 가치가 있는 것을 그때그때 놓치지 않고 보는 훈련에 비하면 아무리 잘 선택된 역사나 철학이나 시의 공부도, 훌륭한 교제도, 가장 모범적인 생활 습관도 그리 대단한 것은 아니다. 당신은 단순한 독자나 학생이 되겠는가, 아니면 '제대로 보는 사람'이 되겠는가? 당신 앞에 놓인 것들을 보고 당신의 운명을 읽으라. 그리고 미래를 향하여 발을 내디뎌라.

첫 번째 여름에는 책을 읽지 못했다. 콩밭을 가꾸어야 했던 것이다. 그러나 가끔은 일하는 것보다 더 나은 방법으로 시간을 보냈다. 꽃처럼 활짝 핀 어느 순간의 아름다움을, 육체적 일이든 정신적 일이든 일을 하느라 희생할 수는 없는 때들이 있었다. 나는 내 인생에 넓은 여백이 있기를 원한다. 여름날 아침에는 간혹, 이제는 습관이 된 멱을 감은 다음 해가 잘 드는 문지방에 앉아서 해 뜰 녘부터 한낮까지 한없이 공상에 잠기곤 했다. 그런 나의 주위에는 소나무, 호두나무와 옻나무가 자라고 있었으며 그 누구도 방해하지 않는 고독과 정적이 사방에 펼쳐져 있었다. 오직 새들만이 곁에서 노래하거나 소리 없이 집 안을 넘나들었다. 그러다가 해가 서쪽 창문을 비추거나 또는 멀리 한길을 달리는 어느 여행자의 마차 소리를 듣고서야 문득 시간이 흘러간 것을 깨닫는 것이었다.

이런 계절에는 나는 밤사이의 옥수수처럼 무럭무럭 자랐다. 정말이지 이런 시간들은 손으로 하는 그 어떤 일보다 훨씬 소중한 것이었다. 그런 시간들은 내 인생에서 공제되는 시간들이 아니고 오히려 나에게 할당된 생명의 시간을 초과해서 주어진 특별수당과도 같은 것이었다. 나는 동양 사람들이 일을 포기하고 명상에 잠기는 이유를 이해하게 되었다.

대체로 나는 시간이 어떻게 흘러가든 개의치 않았다. 하루는 마치 내가 해야 할 일을 덜어주려는 듯이 지나갔다. 아침이구나 하면 어느새 저녁이 되었다. 그렇다고 특별히 해놓은 일은 없었다. 새처럼 노래 부르는 대신 나는 나의 끝없는 행운에 말없이 미소 지었다. 참새가 집 앞의 호두나무에 앉아 지저귈 때 나는 혼자서 키득키득 웃었다. 이 웃음은 차라리 새처럼 노래 부르고 싶은 충동을 억누른 것으로 참새는 내 둥지에서 나는 그 소리를 들었으리라. 나의 하루하루는 이교도의 신[1]의 이름을 붙인 한 주일의 어느 요일이 아니었으며, 또 24시간으로 쪼개져 시계의 재깍재깍하는 소리에 먹혀들어가는 그런 하루도 아니었다. 나는 푸리족 인디오처럼 살았다. 그들에 관해서는 이런 이야기가 있다.

"이 사람들은 어제와 오늘과 내일을 나타내는 데에 한 가지 말밖에 없다. 그래서 어제를 의미할 때는 등 뒤를 가리키고, 내일은 자기 앞을, 그리고 오늘은 머리 위를 가리켜서 뜻의 차이를 나타낸다."

나의 이런 생활이 마을 사람들에게는 철저하게 게으른 생활로 비쳤으리라. 그러나 새와 꽃 들이 자기들의 기준으로 나를 심판했다면 나는 합격 판정을 받는 데 별 어려움이 없었을 것이다. 사실이지, 인간은 행동의 동기를 자신의 내부에서 찾아내지 않으면 안 된다. 자연의 하루는 매우 평온한 것이며 인간의 게으름을 꾸짖지 않는다.

나의 생활 방식은 자신들의 오락을 밖에서, 즉 사교계나 극장에서 찾을 수밖에 없는 사람들에 비해 한 가지 큰 이점을 가지고 있었다. 즉 나의 생활은 그 자체가 오락이었으며 끝없는 신기로움의 연속이었던 것이다. 그것은 수많은 장으로 구성된 끝없는 한 편의 드라마였다. 우리가 항상 최근에 배운 최선의 방법으로 생계를 유지하고 생활을 조절해나간

---

[1] 서양의 요일 이름은 이교의 신들의 이름에서 유래했다.

다면 우리는 결코 권태로 인해 괴로워하지 않을 것이다. 당신의 천재성을 바짝 쫓아가라. 그리하면 그것은 반드시 시간시간마다 새로운 경관을 보여줄 것이다.

집안일은 즐거운 소일거리였다. 마루가 더러워지면, 나는 아침 일찍 일어나 침대와 침대보를 짐 하나로 싸는 식으로 해서 모든 가구들을 집 밖의 풀밭 위에다 옮겨놓았다. 그러고 나서 마룻바닥에 물을 끼얹었고 호수에서 가져온 흰 모래를 그 위에 뿌리고는 마루가 깨끗하고 하얗게 될 때까지 대걸레로 북북 문질렀다. 마을 사람들이 아침 식사 끝낼 무렵이면 집 안은 아침 햇볕으로 충분히 말랐으므로 나는 다시 안으로 들어가 명상을 계속할 수 있었다.

내 모든 살림 도구가 풀밭 위에 나와 집시의 봇짐처럼 한 무더기로 쌓이고, 내 삼각 탁자가 책과 펜과 잉크가 그냥 놓인 채로 소나무와 호두나무들 사이에 자리 잡고 있는 모습을 보는 것은 유쾌한 일이었다. 그 물건들도 밖으로 나온 것을 좋아하는 것 같았고 다시 안에 들어가는 것을 싫어하는 것 같았다. 때때로 나는 이것들 위에 차일을 치고 그 아래에 앉아있고 싶은 충동을 느꼈다. 이 물건들 위에 햇빛이 비치는 것을 본다든가, 바람이 그 위로 거리낌 없이 스쳐가는 소리를 듣는 것은 기분 좋은 일이었다.

아무리 우리 눈에 익은 물건이라도 집 밖에 내놓으면 집 안에 있을 때와는 아주 색다르게 보이는 법이다. 바로 옆의 나뭇가지에는 새 한 마리가 앉아있고, 보릿대국화는 탁자 밑에서 자라고 있고, 검은딸기의 넝쿨은 그 탁자의 다리를 휘감고 있다. 주위에는 솔방울과 밤송이 껍질 들이 그리고 딸기 잎사귀들이 흩어져 있다. 그러고 보니 이러한 형상들이 탁자나 의자, 침대 같은 가구에 새겨진 것은 바로 이와 같은 경로에 의해서가 아닐까 싶었다. 즉 이 가구들이 한때는 그런 자연 속에 놓여 있었다는 이유로 말이다.

나의 집은 언덕의 중턱에 자리 잡고 있었는데 커다란 숲이 바로 거기에서 끝나고 있었으며, 집 주위에는 한창때의 리기다소나무와 호두나무가 무성하게 자라고 있었다. 호수까지의 거리는 30미터쯤 되었으며, 집에서 호수로 가는 길은 언덕을 내려가는 작은 오솔길로 되어있었다. 집 앞의 뜰에는 딸기와 검은딸기, 보릿대국화, 물레나물, 미역취, 떡갈나무의 관목, 모래벚나무, 월귤나무와 감자콩 등이 자라고 있었다.

5월 말이 되면 모래벚나무는 짧은 줄기 주위에 원통형의 산형꽃차례로 피어난 섬세한 꽃들로 길 양편을 장식했다. 가을이 되면 이 나무의 줄기는 꽤 큼직한 보기 좋은 열매들의 무게를 이기지 못하여 방사선 모양의 화환처럼 사방으로 휘어졌다. 나는 자연에 대한 경의를 표하는 의미에서 열매를 하나 따먹어 보았으나 맛은 그다지 좋은 편이 아니었다.

옻나무들은 내가 만들어놓은 나지막한 토담을 뚫고 위로 뻗쳐나와 집 주위에 무성했는데, 첫해에 벌써 5, 6피트나 되는 높이로 자랐다. 옻나무의 넓고 깃털 모양을 한 열대성 잎사귀는 이국적이면서도 보기가 좋았다. 그것의 커다란 새싹은 늦은 봄에 죽은 것 같아 보이던 마른 줄기에서 갑자기 터져나오면서 마치 마술처럼 푸르고 여린 직경 1인치가량의 아름다운 가지들로 자라났다. 그 가지들이 너무 빨리 자라서 마디에 부담을 주었기 때문에, 어떤 때 내가 창가에 앉아있노라면 바람 한 점

불지 않는데도 싱싱하고 여린 가지가 자신의 무게에 겨워 부러지면서 갑자기 부채처럼 땅에 떨어지는 소리가 들리곤 했다.

꽃이 피었을 때 수많은 야생벌들을 끌어들였던 커다란 딸기 덩굴들은 8월이 되면 점점 우단 같은 밝은 진홍색을 띠는데, 이 딸기들도 스스로의 무게를 이기지 못해 휘어지면서 자신의 여린 줄기를 부러뜨리는 것이었다.

한여름 오후, 창가에 앉아있노라니 매가 몇 마리 나의 개간지 위를 빙빙 돌면서 날고 있다. 산비둘기가 두세 마리씩 내 시야를 가로질러 날아가거나, 집 뒤의 백송나무 가지에 안절부절못하듯 내려앉곤 하는데 그때마다 소리가 난다. 물수리 한 마리가 거울 같은 호수의 수면에 잔물결을 일으키며 물고기 하나를 채가지고는 날아오른다. 밍크 한 마리가 집 앞에 있는 늪에서 살짝 나와 물가에서 개구리를 잡아챈다. 왕골은 여기 앉았다 저기 앉았다 하는 쌀먹이새들의 무게에 눌려 휘청거리고 있다.

나는 반 시간 전부터 보스턴에서 시골로 손님들을 실어 나르는 기차의 바퀴 소리를 듣고 있었는데, 그 소리는 들꿩의 날갯짓 소리처럼 이제는 안 들리겠거니 하면 다시 들리곤 했다. 나는 이 마을 동쪽에 있는 어느 시골 농가에 가서 머슴살이를 했다던 소년처럼 세상에서 멀리 떨어진 곳에 살고 있는 것은 아니었던 것이다. 그 소년은 얼마 견디지 못하고 도망쳐서 다시 집으로 돌아왔는데, 옷은 누더기였고 향수병까지 걸려 있었다고 한다. 그 아이는 그곳처럼 외지고 따분한 곳은 세상에 다시 없을 거라고 말했다고 한다. 사람들은 모두 떠나가 버리고 기적 소리도

안 들리는 곳이었단다. 나는 오늘날 매사추세츠 주에 그런 곳이 남아있
으리라고는 생각하지 않는다.

"정말로 이제 우리 마을은
저 날쌘 기차 화살의 표적이 되었네.
평화로운 들판 위를 울리는 정다운 소리는
— 콩코드."

휘츠버그 노선 철도는 내 집이 있는 곳에서 남쪽으로 약 500미터 지점에서 호수 옆을 지난다. 나는 대개 이 철로의 둑길을 따라 마을에 간다. 그러므로 어떻게 생각하면, 나를 인간 사회와 연결시켜주는 역할을 철도가 하는 셈이다. 화물열차를 타고 이 노선의 양끝을 왕복하는 사람들은 오랫동안 알고 지내는 사람이라도 되는 것처럼 나에게 인사를 한다. 나를 여러 번 철로 변에서 만났기 때문에 내가 자기들과 같은 철도 회사 직원인 것으로 알고 있음이 분명하다. 어떤 의미에서는 그렇다고 할 수도 있겠다. 나도 지구의 궤도 어디에선가 선로 수리공 노릇을 하고 싶은 생각이 있으니 말이다.

기관차의 기적은 여름이고 겨울이고 내가 사는 숲을 뚫고 들려오는데, 그 소리는 어느 농가 위를 나르는 매의 울음소리 같기도 하다. 이 기적 소리는 바쁘게 서두르는 수많은 도시의 상인들이 읍의 경계선 안에 도착하고 있으며, 그 반대쪽에는 한몫 잡으려는 시골 장사꾼들이 도착하고 있음을 나에게 알려준다. 양쪽 상인들이 한 지평선 아래로 접근하

게 되면 그들은 서로 상대방더러 길을 비키라고 경고의 기적을 빽빽 울리는데, 이 소리는 때때로 두 읍의 안쪽까지 들리기도 한다.

"자, 시골이여. 여기 당신들 식료품이 왔소! 시골사람이여, 당신들 양식이 왔단 말이오!" 자기 농장에서 자라는 농산물로 자급자족하고 있으므로 "그런 것 필요 없소!" 하고 말할 수 있는 농부는 한 사람도 없다. "자, 식료품 값 여기 있소!" 하고 시골 사람의 기차는 기적을 울린다. 그 기차 안에는 성벽을 무너뜨리는 데 쓰는 파성퇴破城槌처럼 생긴 목재들이 실려서는 도시의 성벽을 향하여 시속 20마일의 속도로 달리고 있다. 또한 성벽 안에 사는 지치고 무거운 짐을 진 사람들을 모두 앉히기에 충분한 의자들도 실려 있다.

거창하고 투박한 예의를 보이면서 시골은 도시에게 의자를 넘겨준다. 허클베리로 뒤덮였던 언덕들이 발가벗겨지고, 넌출월귤이 지천에 깔렸던 들녘도 갈퀴로 싹싹 긁혀 열매란 열매는 전부 도시로 보내진다. 솜은 도시로 올라오고 옷감은 시골로 내려간다. 견직물이 올라오고 모직물이 내려간다. 그런데 책이 올라오면 그 책을 쓴 저자가 내려가는 것은 어쩐 일인가?

차량을 몇 칸씩이나 단 기관차가 마치 행성처럼 달려가는 모습을 볼 때면(아니, '행성처럼'이 아니라 '혜성처럼'이라고 하는 게 낫겠는데, 왜냐하면 그것의 궤도가 순환 곡선인 것처럼 보이지 않으니 그 속력과 그 방향으로 달려서는 그 기차가 다시 태양계로 돌아올지를 구경하는 사람은 모르니까.), 게다가 증기의 구름을 깃발처럼 휘날리며, 높은 하늘에서 자신의 모습을 햇빛에 펼쳐 보이는 수많은 새털구름같이 생긴 금은金銀의 화환을 뒤에 남기면서 달리는 모습을 볼 때면(그 모습을 보면 이 질주하는 반신半神, 이 구름을 휘어잡는 존재가 머지않아 석양의 하늘을 자기의 제복으로 만들 것만 같다.) 그리고 이 철마가 발굽으로 대지를 뒤흔들고 불과 연기를 내뿜으며 벽력같은 콧김으로 산울림을 울리는 것을 들을 때면, 지구는 이제 그 위에 살 만한 자격을 갖춘 새로운 종족을 갖게 된 게 아닌가 하는 생각이 든다.(새로운 신화에 어떤 날개 달린 말과 불을 뿜는 용이 들어갈지 나는 모르겠다.)

만약 모든 것이 보이는 대로이고, 인간이 고귀한 목적을 위하여 자연의 힘을 자기의 하인으로 삼은 것이라면 얼마나 좋을까! 만약 기관차 위로 뿜어나오는 구름이 영웅적인 행위로 인한 땀이며 농가의 밭 위에 떠 있는 구름처럼 자비로운 것이라면, 우주의 원동력과 자연의 여신도 인간의 사명 완수를 위하여 기꺼이 동반자가 되며 경호를 맡을 것이다.

아침 열차가 지나가는 것을 보는 나의 심정은 해가 뜨는 것을 보는 나의 심정과 다를 바 없다. 기차도 해돋이 못지않게 시간을 정확히 지킨다. 기차가 보스턴을 향해 달리면 연기의 구름은 뒤에 처지면서 점점 하늘 높이 올라가는데 잠시 태양을 가리면서 멀리 있는 나의 밭을 그 그늘 속으로 집어넣는다. 그 연기의 구름은 하늘을 향해 달리는 기차와도 같다. 그것에 비하면 땅을 달리는 기차는 한낱 창끝에 지나지 않는다.

철마의 마부는 이 겨울 아침에도 그의 말에게 먹이를 주고 안장을 채우기 위해 산중에 기울어진 별빛을 보며 일어났다. 철마 속에 생명의 열을 넣어 출발 준비를 할 수 있도록 불 역시 일찍 깨워졌다. 아침 일찍부터 바쁘게 돌아가는 이 일이 순진무구한 일이라면 오죽 좋으랴! 눈이 많이 쌓인 날이면 그들은 철마에 눈 신을 신기고 거대한 쟁기로 산간지대부터 해안지대까지 고랑을 판다. 기관차 뒤의 열차 칸들은 마치 쟁기 뒤를 따르는 파종기가 고랑 안에 씨를 뿌리듯 많은 분주한 사람들과 떠도는 상품들을 시골에 뿌려준다. 온종일 이 화마火馬는 전국을 날아다니며, 주인을 쉬게 하기 위해서나 잠시 걸음을 멈춘다.

나는 한밤중에 이 화마의 발굽 소리와 반항적인 콧김 소리에 잠을 깨는 때가 있는데, 이때는 그가 숲 속의 어느 외진 계곡에서 얼음과 눈으로 무장한 자연의 힘과 대결하고 있을 때이다. 그는 새벽 별이 뜰 때야 비로소 자기 마구간에 돌아온다. 그러나 쉬지도 자지도 못하고 곧 다시 여행길에 오른다. 저녁때 간혹 나는 화마가 자기 마구간에서 그날의 남아 돌아가는 힘을 발산하는 소리를 듣는데, 아마도 신경을 안정시키고 간과 뇌를 식혀 두어 시간이나마 잠을 이루려는 것이리라. 지치지 않고 계속되는 이 일이 영웅적이고 당당한 일이기도 하다면 얼마나 좋겠는가!

한때는 대낮에도 사냥꾼들이나 겨우 들어왔던 시골 읍 변두리에 있는 인적미답人跡未踏의 숲 속으로 이 불을 환히 밝힌 응접실들은 승객도 모르는 사이에 깊숙이, 깊숙이 캄캄한 어둠을 뚫고 달린다. 어느 순간에는 수많은 사람이 모인 읍이나 도시의 어느 밝은 정거장에서 멈추는가 하면, 다음 순간에는 음산한 늪지대를 지나며 부엉이와 여우를 놀라게 하기도 한다. 기차가 도착하고 떠나는 시간은 이제 마을의 하루에서 중요한 기준 시점이 되었다. 기차가 오가는 시간이 규칙적이고 정확하며 기적 소리가 대단히 먼 데까지 들리므로 농부들은 그에 따라 시계를 맞추게 되었고 그리하여 일사불란하게 움직이는 하나의 제도가 온 나라를 관리하게 되었다.

숲의 소리들

철도가 생기고 나서 사람들의 시간관념은 상당히 나아졌다고 할 수 있지 않을까? 사람들은 옛날의 역마차역에서보다 오늘의 기차역에서 더 빨리 말하고 더 빨리 생각하는 것은 아닐까? 기차역의 분위기에는 무엇인가 흥분을 자아내는 것이 있다. 나는 기차역이 이룩한 기적에 여러 번 놀라고 있다. 나의 이웃 중 어떤 사람들은 철도처럼 빠른 수단으로는 결코 보스턴에 가지 않을 것이라고 내가 장담할 수 있던 사람들인데, 그들 또한 역의 종이 울리면 거기에 모습을 나타내곤 한다. 이제는 일을 '철도식으로' 처리하는 것이 유행처럼 되었다.

어떤 강력한 것이 자신의 선로에 들어서지 말라고 그처럼 여러 번 진지하게 경고할 때는 그 말을 귀담아들을 필요가 있다. 기차는 소요소요騷擾 단속법을 적용하기 위해서 멈추지도 않으며, 군중의 머리 위로 권총을 쏘지도 않는다. 우리는 절대로 자기의 길 옆으로 비켜나지 않는 어떤 운명 같은 것을, 즉 아트로포스 여신[2]같은 것을 만들어놓았다.(이 여신의 이름을 따서 기관차의 이름을 지어도 좋으리라.)

사람들은 몇 시 몇 분에 기차라는 화살이 어느 특정 지점을 향하여 발사되리라는 것을 들어서 알고 있다. 그렇지만 기차는 사람들의 일을 방해하는 일이 없으며, 아이들은 다른 길로 학교에 간다. 우리는 철도가 있기 때문에 좀 더 꿋꿋한 삶을 살고 있다. 기차 때문에 우리는 모두 월리엄 텔의 아들이 되도록 훈련을 받고 있다. 공중은 눈에 보이지 않는

---

2) 아트로포스 _ 그리스 신화의 '운명의 세 여신' 중의 하나. 사람의 생명의 실을 끊는 역할을 한다.

화살로 가득 차 있다. 당신 자신의 길을 빼놓고는 모두 운명의 길이다. 그러므로 당신 자신의 길에서 벗어나지 않도록 하라.

상업이 내 마음에 드는 것은 그 진취적 기상과 용기 때문이다. 상업은 두 손을 모아 주피터 신에게 기도드리지 않는다. 나는 상인들이 날마다 크든 작든 간에 용기와 만족감을 가지고 자기들의 일에 종사하며, 스스로가 생각하는 이상으로 많은 일을 해내는 것을 본다. 아마 그들이 의식적으로 계획을 했더라도 이보다 더 좋은 일을 하지는 못할 것이다. 나는 부에나비스타[3]의 격전장에서 반 시간을 견뎌낸 군인들의 영웅적 행위보다는, 겨울 동안 제설 기관차를 숙소로 삼고 있는 사람들의 꾸준하고도 낙천적인 용기에 더 큰 감동을 받는다. 그들은 나폴레옹이 가장 드문 용기라고 말했던 '새벽 3시의 용기'를 가지고 있다. 그들의 용기는 일찌감치 잠사러 가시 않으며, 그들 자신노 눈보라가 멎거나 철마의 근육이 얼어붙었을 때에야 잠자리에 든다.

폭설이 아직 맹위를 떨치면서 사람들의 피를 얼어붙게 만드는 오늘 아침에도, 나는 그들의 기관차의 종소리가 자신들의 얼어붙은 입김이 만들어낸 두꺼운 안개 층을 뚫고 나오는 둔한 소리를 듣는다. 이 소리는 뉴잉글랜드 지방을 휩쓰는 북동 폭설의 거부 행위에도 불구하고 기차가 큰 지연 없이 오고 있다는 것을 알려준다. 아니나 다를까, 나는 온몸이 눈과 서리로 덮인 제설 작업반원들이 기관차의 제설 장비 위로 머리를

---

3) 부에나비스타 _ 멕시코 북부의 지명. 미국과 멕시코 사이에 영토 분쟁 때문에 벌어졌던 멕시코 전쟁(1846~1848) 때의 격전지이다.

내밀고 있는 모습을 보는데, 이 제설 장비는 우주의 변두리 어딘가에 있는 시에라네바다 산맥의 바위덩이처럼 들국화와 들쥐 들의 집이나 부수는 것이 아니라 바로 눈덩이를 파헤치는 것이다.

    상업은 예상했던 것과는 달리 자신감에 넘치고 차분하며, 기민하고 모험적이며 지칠 줄 모르는 일이다. 게다가 상업은 그 방법에서 매우 자연스럽다. 허다한 공상적인 기획이나 감상적인 실험들보다 그 방법이 훨씬 자연스러우며, 바로 거기에 그 특유의 성공 비결이 있다. 화물열차가 덜커덕거리며 내 옆을 지나갈 때면 나는 기분이 상쾌해지고 마음이 뿌듯해진다. 나는 보스턴의 롱 부두에서 버몬트 주의 샘플레인 호수까지 내내 냄새를 풍기면서 가는 화물들의 냄새를 맡는데, 그 냄새는 나로 하여금 이국의 땅들과 산호초와 인도양과 열대의 풍토와 지구의 넓이를 생각케 한다. 내년 여름에 수많은 뉴잉글랜드 지방 사람들의 금발 머리를 가려줄 모자가 될 종려나무 잎들 그리고 마닐라 삼, 코코야자 껍데기, 낡은 밧줄, 마대, 고철과 녹슨 못 들을 보면 세계의 시민이 된 것 같은 기분이 든다.

    이 화차에 실려 가는 찢어진 돛들은 종이로 재생되어 책이 인쇄되겠지만, 그보다는 지금 이대로가 읽기도 쉽고 내용도 재미있다. 이 돛들이 겪은 폭풍의 역사를 이 찢어진 자국들만큼 생생하게 그려낼 사람이 어디 있겠는가? 이것들은 더 이상 고칠 필요가 없이 바로 인쇄에 들어갈 수 있는 교정쇄인 것이다.

    여기 메인 주의 숲 속에서 나온 목재가 실려 간다. 이 목재들은 지난번 홍수 때 바다로 떠내려가지 않은 것들인데, 그때 떠내려간 나무들도 있고 쪼개진 나무들도 있었기 때문에 값이 천 달러당 4달러쯤 올라 있다. 이 목재들은 소나무와 가문비나무와 삼나무로, 1급, 2급, 3급, 4급의 등급이 매겨져 있지만, 얼마 전까지만 해도 다 같은 품질로서 곰과 사슴과 순록의 머리 위에서 바람에 흔들리고 있었던 것들이다. 다음엔 토마스톤산産 석회가 지나간다. 최상급 품질인데 소석회가 되려면 산간 지방으로 꽤 멀리 들어가야 할 것이다.

여기 색깔도 품질도 가지각색인 누더기를 담은 부대들이 지나간다. 무명과 리넨이 닳고 헐어서 최저의 상태로 내려간 것이 누더기이며, 모든 옷의 종착점이 바로 누더기 아닌가? 여기 실려 가는 것들은 이제는 밀워키[4]에서가 아니면 떠들어대는 일이 없는 무늬의 것인데, 영국, 프랑스, 미국제의 날염천, 깅엄천, 모슬린천 등 한때는 화려했던 옷감들로 유행과 빈부의 차이를 막론한 각계각층의 사람들로부터 수거된 것들이다. 이것들은 이제 단색 또는 두어 가지 색의 종이로 재생될 예정인데 그 종이에 상류사회 인생이나 밑바닥 인생에 관하여 사실에 입각한 이야기들이 기록될지는 모르는 일이다.

문이 닫혀 있는 이 칸은 소금에 절인 생선 냄새가 나는데, 이 강력한 뉴잉글랜드의 상업적 냄새는 나로 하여금 그랜드뱅크스의 대어장과 여러 어장들을 생각나게 한다. 소금에 절인 생선을 보지 못한 사람이 있는가? 이 생선들은 어찌나 철저하게 소금으로 절여놓았는지 어떤 일이 있어도 썩지 않을 것이며, 그래서 도를 닦는 성자들도 그 앞에서는 낯을

---

4) 밀워키 _ 당시 독일에서 이민들이 몰려왔던 미국 중서부의 중심 도시.

붉히게 될 것이다. 이 절인 생선으로 사람들은 길거리를 청소하기도 하고 도로를 포장하기도 하며 불쏘시개를 쪼개는 칼 대신 쓰기도 하고, 마부들은 이것을 가지고 태양과 바람과 비로부터 자기 자신과 짐을 보호하기도 한다. 내가 아는 어느 콩코드 사람이 그랬듯이 상인들은 개업을 할 때 간판 대신 절인 생선을 가게 문 앞에 걸어놓을 수도 있겠는데, 그렇게 해서 세월이 지나면 마침내는 가장 오래된 단골손님도 그것이 동물성인지 식물성인지 또는 광물성인지 알 수 없겠지만, 그래도 그것은 눈송이처럼 깨끗한 것이니 솥에다 넣고 끓이면 토요일 저녁 식사 때 훌륭한 생선 요리로 내놓을 수 있을 것이다.

다음에 지나가는 것은 스페인산産 소가죽들인데, 꼬리는 이 소들이 살아서 스페니시메인의 대초원을 뛰놀 때와 똑같은 각도로 쳐들려 있고 그때와 똑같은 모양으로 끝이 휘어져 있다. 이 꼬리는 모든 고집불통의 표본으로, 타고난 악덕은 종류를 막론하고 얼마나 바로잡기가 힘든가를 보여준다고 하겠다. 여기서 솔직히 고백하지만, 나는 어떤 사람의 참된 성품을 알게 되면, 이 세상에 사는 동안 그 성품을 더 좋게든 혹은 더 나쁘게든 바꿀 수 있으리라는 희망을 전혀 갖지 않는다. 동양 사람들이 말하듯이 "개의 꼬리를 뜨겁게 한 다음 눌러서 노끈으로 묶는 일을 12년간이나 되풀이하더라도 그것은 원래의 형태로 돌아가고 말"것이다. 이들 소꼬리나 개 꼬리가 보여주는 것과 같은 완고함을 고치는 데에 유일하게 효과적인 방법은 흔히 하듯이 이것들을 끓여서 아교로 만드는 것인데, 아교가 된 다음에는 붙여놓은 대로 붙어있을 것이다.

이번에는 버몬트 주 커팅스빌에 사는 존 스미스 씨에게 배달될 당밀 아니면 브랜디 큰 통이 실려 간다. 그는 그린 산맥 지역의 상인으로 자신의 개간지 근처에 사는 농부들을 상대로 물건을 수입해 팔고 있다. 아마 지금쯤 그는 자신의 가게 출입문 근처에 서서 최근 해안에 도착한 상품들이 자기의 물건 가격에 어떤 영향을 끼칠 것인가에 대해 생각하면서, 다음 기차 편으로 최상급의 물건이 도착하게 되어있다고 오늘 이전에도 스무 번쯤 되풀이했던 말을 또다시 고객들에게 하고 있을 것이다. 이 상품은 커팅스빌 신문에 광고가 나와 있다.

이런 물건들이 올라가는가 하면 다른 물건들이 내려온다. "쉬잇!" 하는 소리에 놀라 책에서 눈을 들어 쳐다보니 먼 북쪽 지역의 산에서 베어진 큰 소나무가 그린 산맥과 코네티컷 주를 넘어 날아오더니 10분도 안 되어 마을 중심부를 화살처럼 통과하여 어느 누가 보기도 전에 사라져 버렸는데 그것은,

"어느 커다란 군함의
돛대가 되려는 것이니."[5)]

자, 들어보라! 여기 가축 열차가 오고 있다. 천 개의 산에서 자란 가축들을 실은 공중에 뜬 양의 우리요, 외양간이요, 소의 우리인 셈인데, 거기에다가 막대기를 든 소몰이꾼과 양 떼들 한가운데 서 있는 목동도 끼어있어 산의 목초지만 빼고는 다 있다고 하겠는데, 이 모든 것들이 9월

---

5) 밀턴의 《실낙원》 중에서.

의 강풍에 산에서 휘몰리는 낙엽처럼 밀려오고 있다. 사방은 온통 송아지와 양 들의 울음소리 그리고 수소들이 서로 밀고 비비적대는 소리들로 가득 차 마치 목장의 계곡이 송두리째 지나가는 것 같다. 맨 앞에 있는 방울 단 양이 방울을 울리면, 산들은 정말 숫양들처럼 뛰고 작은 산들은 어린 양들처럼 뛰는 것이었다. 소몰이꾼들을 실은 열차 한 칸이 중간에 끼어있었는데, 이들은 이제 소들과 같은 위치에 서서 일거리를 잃은 채 쓸모없는 막대기를 직무의 표시인 양 여전히 쥐고 있었다.

그런데 몰이꾼의 개들, 그 개들은 지금 어디 있는가? 개들에게는 가축이 떼 지어 도망친 것이나 다름없다. 그들은 가축의 행방을 잃어버렸다. 그들은 말을 냄새를 잃어버린 것이다. 개들이 피터보로 산 뒤에서 짖는 소리가 들리는 것 같다. 아니면 그린 산맥의 서쪽 경사면을 헐레벌떡 올라가는 소리 같기도 하다. 개들은 가축들이 도살되는 현장에 있지는 않을 것이다. 그들도 이제 일거리를 잃었다. 그들의 충성심과 영특함은 지금 최저의 상태에 빠져 있다. 그들은 치욕을 느끼며 개집으로 돌아가거나, 어쩌면 야생의 상태로 돌아가 늑대와 여우 들과 한 패거리가 될지도 모른다.

이렇게 해서 목장의 생활을 실은 열차는 바람처럼 지나간다. 그러나 종이 울리니 철로에서 비켜나 기차가 지나가도록 해주어야겠다.

철로는 나에게 무엇인가?
나는 그것이 어디서 끝나는지
결코 보러 가지 않는다.

철로는 계곡 몇 개를 메워주고
제비를 위해 둑을 쌓기도 한다.
철로는 모래를 휘날리며
검은딸기를 자라게 한다.

나는 숲 속에 있는 짐수레 길을 건너듯 철로를 건너간다. 나는 연기와 증기와 기적 소리로 눈이 아리고 귀가 머는 꼴을 당하고 싶지 않다.

이제 기차가 지나가고 그와 함께 바쁘게 설쳐대는 세상도 지나가 버렸다. 호수의 고기들도 이제 기차의 덜커덕거림을 느끼지 않는다. 나는 그 어느 때보다 홀로라는 느낌이 든다. 나머지 오후 내내 나는 명상에 잠겨 있었으며, 마차나 가축 몇 마리가 먼 한길을 지나가는 희미한 소리에만 간혹 깨어나곤 했다.

일요일 중 어떤 날 바람이 알맞은 방향에서 불 때는 종소리가 들려오기도 했다. 이 종소리는 링컨, 액턴, 베드퍼드나 콩코드 마을에서 들려오는 은은하고 감미로운 종소리인데, 마치 자연의 멜로디의 하나로 숲 속에 들어올 자격을 인정받은 것 같았다. 이 종소리는 넓은 숲을 지나올 때 하프를 켜듯 숲 속의 솔잎을 하나하나 건드리기라도 한 것처럼 어떤 떨리는 음색이 가미되어 내 귀에 들려왔다. 들릴 수 있는 최대의 거리에서 들려오는 모든 소리는 '우주의 칠현금七絃琴'의 진동이라고도 부를 수 있는 동일한 음향 효과를 낸다. 그것은 마치 멀리 있는 산등성이들이 중간에 있는 대기로 인하여 감청색의 빛깔을 띠게 되고, 그래서 우리 눈에 더 아름답게 보이는 것과 같은 것이다.

이 종소리의 경우 나에게 들려온 선율은 공기에 의해 팽팽해진 선율이며, 솔잎을 포함한 숲의 모든 잎사귀들과 이야기를 나눈 선율이며, 자연의 원소들에게 붙들려 조율된 다음 계곡에서 계곡으로 메아리쳐진 선율인 것이다. 메아리는 어느 정도는 독창적인 소리이며 바로 여기에 메아리의 마력과 매력이 있다. 메아리는 종소리 중 되울릴 가치가 있는 것을 되울린 것일 뿐 아니라 그 일부는 숲 자체가 내는 소리이기도 하다. 즉 숲의 요정의 속삭임과 노래가 그 안에 담겨 있는 것이다.

저녁 무렵 숲 너머 지평선 멀리서 들려오는 소의 음매 소리는 감미롭고도 선율적이다. 처음에 나는 그 소리를 나에게 이따금 세레나데를 들려주던 어떤 가수들이 산과 들을 돌아다니며 부르는 노래로 착각했다. 그러나 그 소리를 계속 들으면서 소가 부르는 흔한 자연적인 음악이라는 것을 알고 실망했지만 기분은 그리 나쁘지 않았다. 그 젊은이들의 노래가 소의 노래와 비슷하다고 말한 것은 비꼬는 의미에서가 아니고 오히려 젊은이들의 노래의 진가를 인정하려는 것이다. 즉 양쪽이 다 같이 자연이 내는 하나의 조화된 표현인 것이다.

여름의 어느 기간에는 저녁 열차가 막 지나간 뒤인 7시 반만 되면 쏙독새들이 문 앞의 나무 그루터기나 지붕의 용마루에 앉아서 반 시간 동안 저녁 노래를 부른다. 그들은 저녁마다 일정한 시각에, 즉 해가 지고 나서 5분 이내에 거의 시계처럼 정확히 노래를 시작한다. 나는 이 새들의 습관을 알 수 있는 흔치 않은 기회를 얻은 것이다. 어떤 때는 네다섯 마리가 숲의 여기저기서 한꺼번에 우는 적도 있었는데 우연히도 한 소

절씩 차례로 뒤늦게 울었고, 또 내가 아주 가까이 있었으므로 나는 매 소절 다음에 쿠룩쿠룩 하는 소리뿐만 아니라 거미줄에 걸린 파리가 내는 것 같은 그 특이한 웅웅 소리(물론 몸집이 크니까 소리도 컸지만)도 들을 수 있었다. 또 어느 때 숲에 들어가면 쏙독새 한 마리가 줄에 묶인 것처럼 내 주위를 불과 두어 자 떨어져 계속해서 빙빙 도는 적이 있는데, 아마 근처에 알을 낳은 둥시가 있기 때문이리라. 그들은 밤새 일정한 간격을 두고 울었으며, 동이 틀 무렵이나 바로 그 직전에 가장 구성지게 울었다.

다른 새들이 조용해지면 부엉이들이 바통을 이어받아, 죽음을 곡하는 여인들처럼 부엉부엉 하고 그들의 태곳적 울음을 시작한다. 그들의 음산한 울음은 그야말로 벤 존슨[6]적的이다. 교활한 한밤중의 마녀들 같으니! 그들의 노래는 시인들의 정직하면서도 투박한 노래가 아니라 실로 엄숙하기 짝이 없는 무덤의 노래이며, 동반 자살한 두 연인이 지옥의 숲에서 지난날 이승에서의 강렬했던 사랑의 고통과 기쁨을 돌이켜보

---

6) 벤 존슨(1573?~1637) _ 영국의 극작가. 작품 중에 《마녀들의 노래》가 있다.

면서 서로를 위안하는 노래인 것이다. 그래도 나는 그들의 비탄, 그들의 구슬픈 응답이 숲의 언저리에 떨리듯 들려오는 것을 좋아한다. 왜냐하면 그것은 때때로 나에게 음악과 노래하는 새들을 생각나게 하기 때문이다. 다시 말하면, 정말 노래로 표현되기를 원하는 것은 음악의 어둡고도 눈물겨운 측면이며 후회와 탄식이라는 것을 말이다.

부엉이들은 정령精靈이다. 한때는 사람의 모습으로 밤마다 이 세상을 걸으면서 어둠의 만행을 저질렀으며 이제는 죄의 현장에서 탄식의 노래와 비가悲歌를 부르면서 속죄하고 있는 추락한 영혼들의 의기소침한 정령이며 우울한 전조前兆인 것이다. 부엉이는 우리 모두의 집이기도 한 대자연의 다양성과 가능성에 대하여 새로운 느낌을 준다. "아, 차라리 태어나지 말 것을!" 하고 호수 이쪽에서 부엉이 한 마리가 한숨을 쉬고는 절망에서 우러난 불안한 심경으로 날아올라 한 바퀴를 돌더니 회색 떡갈나무들 속에 새로 자리를 잡고 앉는다. 그러자 "······태어나지 말 것을!" 하면서 호수 건너편에 있는 다른 부엉이가 떨리는 목소리로 진지하게 응답한다. 그러자 또 "······말 것을!" 하고 멀리 링컨 숲에서 응답하는 소리가 희미하게 들려온다.

올빼미 역시 나에게 세레나데를 들려주었다. 올빼미 우는 소리를 가까이서 들으면 자연의 소리 가운데 가장 우울한 소리가 아닌가 하는 생각이 든다. 마치 자연의 여신이 죽어가는 인간의 신음 소리를 올빼미 소리로 형식화시켜서 자신의 합창단 가운데 영구히 집어넣은 것 같다. 그것은 모든 희망을 버린 한 가련한 인간의 혼이 지옥의 어두운 골짜기를 들어서면서 짐승처럼 울부짖는 소리인데 거기에 인간의 흐느낌이 가미

된 소리인 것이다.

그런데 이 소리가 더 처량하게 들리는 것은 그것이 목구멍에서 나오는 듯한 음악적인 소리이기 때문인데(내가 이 소리를 흉내 내려고 하면 '쿠르르' 소리가 먼저 나온다.) 이 소리는 모든 건전하고 과감한 사상을 억누름으로써 끈끈하고 곰팡이가 슨 상태에 도달한 인간의 마음을 나타낸다. 그 소리를 들으면 시체를 뜯어먹는 귀신들과 백치들과 미친 듯한 울부짖음이 생각났다. 그러나 지금은 올빼미 한 마리가 먼 숲에서 울고 있는데, 거리가 멀어서인지 그 소리가 몹시 음악적이다. 우엉 우엉 우엉 우우엉. 사실, 올빼미 우는 소리는 낮이든 밤이든 또 여름이든 겨울이든 나에게는 대체로 즐거운 연상만을 불러일으켰다.

나는 이 세상에 부엉이나 올빼미가 있는 게 좋다. 이 새들로 하여금 사람들을 위하여 바보 같고 비치광이 같은 '부엉부엉' 소리를 내도록 내버려두라. 그 울음소리는 한낮에도 어두컴컴한 늪지대나 깊은 숲에 너무나도 걸맞은 소리이기 때문이다. 그 소리는 인간이 아직도 인식하지 못하고 있는 미개척의 광활한 자연을 암시하고 있다. 이 새들은 우리 모두가 지니고 있는 을씨년스러운 황혼과 해답을 구하지 못한 사념들을 상징한다.

하루 종일 태양은 어느 야생의 습지에 내리쬐었다. 거기에는 가문비나무 한 그루가 이끼에 가득 덮여 서 있고, 자그마한 매들은 그 위를 빙빙 돌고 있다. 박새는 상록수 틈에서 지저귀고 있고, 들꿩과 토끼는 그 밑을 살금살금 숨어 다닌다. 그러나 이제 더 음산하고 이곳에 더 어울리는 밤이 다가오고 있으며, 또 다른 종류의 생물들이 잠에서 깨어나서 이곳에서의 자연의 의미를 표현하려고 하고 있다.

　늦은 밤, 나는 마차들이 덜커덕거리며 다리를 건너는 소리(밤에는 이 소리가 그 어떤 소리보다도 멀리까지 들린다.)와 개들이 짖는 소리 그리고 때로는 멀리 있는 어느 외양간의 앞마당에서 들려오는 암소의 구슬픈 음매 소리를 듣곤 했다. 그러는 동안 호숫가는 온통 황소개구리들의 울음소리로 가득 찬다. 호수에 수초는 별로 없어도 개구리들은 있었던 것이다. 이 개구리들이야말로 그 옛날 술깨나 마시던 주객들과 잔치꾼들의 억센 혼들로서 그들은 아직도 전혀 뉘우치는 기색 없이 이 저승의 호수에서 돌림노래 한 가락을 멋들어지게 부르려는 것이다.(월든 호수의 요정들은 나의 이 '저승의 호수'라는 표현을 용서해주리라고 믿는다.)

　이 개구리들은 그 옛날 잔칫상에서의 유쾌한 격식을 지키려고 했지만 목소리는 쉰 데다 엄숙한 맛이 나 오히려 이들의 들뜬 기분을 풍자하는 꼴이 되었고, 술은 그 맛을 잃어 단지 배만 채워주는 액체가 되어버렸다. 과거의 기억을 잊게 할 달콤한 도취는 결코 오지 않고 물로 찬 포만감과 팽창감만이 느껴지는 것이었다. 제일 연장자격인 개구리가 북쪽 물가에서 냅킨 대신 부초 위에 축 늘어진 턱을 괸 채 한때는 경멸했던 물을 한 모금 쭉 들이켜고 나서 "개구울 개구울 개구울" 크게 울면서 잔을 돌린다. 그러자 곧 어느 먼 물가로부터 똑같은 암호 소리가 수면을 타고 들려오는데, 이것은 나이에서나 허리 굵기에서나 두 번째 가는 개구리가 자기 몫만큼의 물을 따라 마셨다는 신호이다.

　이렇게 이 의식이 호숫가를 한 바퀴 돌게 되면 이 잔치의 주최자는 만족한 듯이 "개구울" 하고 운다. 그러면 하나씩 차례대로 "개구울" 소리를 반복하는 데 착오가 있으면 안 되며, 마지막으로 배가 제일 적게 나오고 제일 연약해서 물이라도 샐 것 같은 개구리에 이르러서 끝이 난다. 그 후 술잔은 계속해서 몇 순을 돌며 해가 아침 이슬을 걷을 때까지 잔치는 계속된다. 그때쯤 되면 모두 취해서 쓰러져버리고 최연장자 혼자만 남아 이따금 "개굴" 하고 울어보지만 응답해주는 자는 아무도 없다.

나는 수탉이 우는 소리를 나의 개간지에서 들은 적이 있었는지 확실한 기억이 없다. 나는 어린 수탉을 단지 그 울음소리를 들어볼 목적으로 키워봄 직도 하다고 생각했다. 한때 야생 꿩이었던 이 수탉의 울음소리는 확실히 다른 새의 울음보다 특이한 데가 있다. 닭을 가축이 아닌 채로 자연스럽게 자라도록 할 수 있다면 아마 그 울음소리는 머지않아 이 근처 숲 속에서 가장 두드러진 소리가 될 것이며, 기러기의 끼룩끼룩 하는 울음소리나 부엉이의 부엉부엉 하는 소리를 능가할 것이다. 세나가 수탉이 나팔 부는 것을 쉴 때는 암탉들이 그사이를 꼬꼬댁 소리로 메워줄 것이다. 달걀과 닭다리를 따지지 않더라도 인류가 닭을 가축의 대열에 끼워 넣은 것은 조금도 이상한 일이 아니다.

어느 겨울날 닭들이 떼 지어 살았던 숲, 즉 그들의 고향이었던 숲을 거닐다가 야생 수탉이 나무 위에서 우는 모습을 본다고 생각해 보라. 그리하여 그 울음소리가 날카롭고 또렷또렷하게 몇 마일이고 울려퍼져 다른 새들의 가냘픈 울음소리를 압도하는 장면을 생각해 보라. 그 소리는 여러 민족들을 긴장시키리라. 이 소리를 듣고 그 누가 일찍 일어나지 않겠는가? 그리하여 다음 날에는 더 일찍 일어나고 끝없이 더 일찍 일어나 나중에는 말할 수 없이 건강하고 부유하고 현명하게 되지 않을 사람이 그 누가 있겠는가?

 모든 나라의 시인들이 노래 잘 부르는 본토박이 새들과 함께 이 외국 태생 새의 노래를 찬양하고 있다. 이 용감한 수탉은 어떤 풍토에도 적응할 수 있다. 그는 토박이 새들보다 더 토박이 기질을 가지고 있다. 그의 건강 상태는 항상 좋으며, 그의 폐는 항상 튼튼하다. 그리고 그는 결코 의기소침하는 일이 없다. 태평양과 대서양을 항해하는 선원들까지도 이 닭의 소리를 듣고 잠을 깬다.

 하지만 내가 수탉의 날카로운 울음소리를 듣고 곤한 잠에서 깬 일은 한 번도 없었다. 나는 개나 고양이, 소나 돼지, 닭을 기르지 않았으므로 내가 사는 곳에는 가정적인 소리가 결여되었다고 할 수도 있으리라. 거기에는 사람을 포근하게 해주는 우유 휘젓는 소리도, 물레 도는 소리도, 솥이 끓는 소리도, 찻주전자가 끓는 칙칙 소리도, 또 아이들이 우는 소리도 들리지 않았다. 재래적 관념을 가진 사람이라면 미쳐 버리거나 아니면 그전에 권태감을 이기지 못해 죽어버렸을 것이다.

 벽에는 쥐들도 살지 않았다. 먹을 것이 없어서 굶어 죽었거나, 아니면 애초부터 들어올 생각을 안 했던 것이리라.

 그러나 지붕 위와 마루 밑에는 다람쥐들이 있었고, 용마루 위에는 쏙독새, 창밖에는 푸른어치가 울었다. 집 밑에는 산토끼나 우드척이 있었고, 집 뒤에는 부엉이나 올빼미, 호수 위에는 기러기 떼와 되강오리가 있었으며, 밤에만 짖는 여우도 있었다. 그러나 농장 주변에 사는 온순한 새들인 종달새나 꾀꼬리는 단 한 번도 내 개간지에 모습을 나타내지 않았다. 내 집 마당에는 큰 소리로 우는 수탉도 꼬꼬댁거리는 암탉도 없었다. 아니 마당 자체가 없었다. 그 자리엔 울타리 없는 자연이 문지방까지 다가와 있었던 것이다.

　창문 바로 밖에는 한창때의 어린나무들이 무성하게 자라고 있었으며, 야생 옻나무와 검은딸기의 뿌리들이 흙을 뚫고 지하 저장실로 들어가고 있었다. 강인한 리기다소나무들이 빽빽하게 자라면서 지붕의 널빤지를 부비고 있었고 그 뿌리들은 집 밑으로 뻗어있었다. 강풍이 분다고 떨어져나갈 천창天窓도 차양도 없었다. 그 대신 소나무가 집 뒤에서 부러지거나 뿌리째 뽑혀 땔감이 되어주고 있었다. 큰 눈이 내려도 앞마당의 대문에 이르는 길이 막히는 일은 없었다. 대문도 없고 마당도 없고 문명 세계로 통하는 길 자체가 없었던 것이다.

5
고독

 몹시도 상쾌한 저녁이다. 이런 때는 온몸이 하나의 감각기관이 되어 모든 땀구멍으로 기쁨을 들이마신다. 나는 자연의 일부가 되어 그 자연 속에서 이상하리만큼 자유롭게 돌아다닌다. 날씨는 다소 싸늘한 데다 구름이 끼고 바람까지 불지만 셔츠만 입은 채 돌이 많은 호숫가를 거닐어본다. 특별히 내 시선을 끄는 것은 없으나 모든 자연현상들이 그 어느 때보다 내 마음을 흡족하게 한다.

 황소개구리들은 밤을 맞아들이느라고 요란스럽게 울어대고, 쏙독새의 노랫소리는 잔물결이 이는 호수의 수면을 타고 들려온다. 바람에 나부끼는 오리나무와 백양나무 잎들에 대한 친화감 때문에 거의 숨이 막힐 것만 같다. 그러나 호수나 내 마음이나 잔물결만 일 뿐 거칠어지지는 않는다. 저녁 바람에 일어나는 이 잔물결들은 거울 같은 수면만큼이나 폭풍우와는 거리가 멀다.

 이제 사방에 어둠이 깔렸다. 그러나 바람은 그치지 않고 불면서 숲을 휘저어놓고 물결은 계속 부딪쳐온다. 어떤 생물들은 자신의 노랫소리로 다른 생물들의 마음을 가라앉혀 주려고 한다. 완전한 휴식은 결코 없다. 야성을 가장 많이 지닌 동물들은 휴식을 취하지 않고 이제부터 먹이를 찾아 나선다. 여우와 스컹크와 산토끼 들이 이제 두려움 없이 들과 숲을 돌아다닌다. 그들은 자연의 야경꾼이며, 활기찬 생명의 나날을 이어주는 고리이기도 하다.

밖에 나갔다가 돌아오면 방문객들이 들렀다가 명함을 남겨놓고 간 것을 발견한다. 그 명함이란 한 다발의 꽃일 수도 있고, 상록수 가지들을 화환처럼 엮은 것일 수도 있으며 또는 노란 호두나무 잎이나 그 나뭇조각에다 연필로 이름을 써놓은 것일 수도 있다. 어쩌다가 숲에 오는 사람들은 도중에 나뭇가지 같은 것을 꺾어 만지작거리며 와서는 의식적으로 혹은 무의식적으로 그것을 남겨놓고 가기도 한다. 버드나무 껍질을 벗겨 고리 모양으로 엮은 다음 그것을 내 탁자 위에 놓고 간 사람도 있었다.

나는 내가 없을 때에 어떤 사람이 왔다 갔는지를 나뭇가지가 휘거나 풀잎이 구겨진 모양이나 구두 자국을 보고 틀림없이 알아맞힐 수 있었다. 또 꽃 한 송이를 떨어트려놓고 간 모습이나 풀 한 묶음을 뽑아서 던져놓고 간 사소한 흔적을 보고서(어떤 때는 그것이 반 마일 밖의 철로 변에 떨어트린 것일지라도) 또는 시가나 파이프 담배의 냄새가 남아있는 것을 맡고서도 그 사람의 성별과 연령과 교양 정도를 대략은 맞힐 수 있었다. 심지어 나는 300미터나 떨어진 큰길을 사람이 지나간다는 것을 그의 파이프 담배 냄새로 알아맞힌 경우도 몇 번 있었다.

우리 주위에는 대개 넉넉한 공간이 있다. 지평선이 우리의 턱밑까지와 있지는 않다. 울창한 숲이나 호수도 우리들의 집 문 앞까지 와 있지는 않다. 어느 정도의 공간은 항상 개척되어 인간과 친숙한 상태에서 인간의 발자국으로 닳아가고 있다. 즉 인간의 몫으로 차출되어 울타리가 쳐 있으며, 자연으로부터는 탈취된 상태에 있는 것이다.

그런데 무슨 까닭으로 나는 사람들로부터 버려져 있는 이 광활한 영역을, 이 몇 제곱마일이나 되는 인적 드문 숲을 혼자서 차지하고 있는 것일까? 나의 가장 가까운 이웃도 1마일이나 떨어진 곳에 살고 있으며, 언덕 꼭대기에 올라가지 않는 한 내 집 주위의 반 마일 이내에는 사람 사는 집이 전혀 보이지 않는다. 숲으로 경계 지어져 있는 지평선을 나 혼자 독차지하고 있다. 한편으로는 철로가 호수의 한쪽 옆을 지나는 것이 멀리 보이고, 다른 편으로는 숲 속의 길을 따라 서 있는 울타리의 모습 또한 멀리 보이는 것이다.

그러나 대체로 내가 사는 곳은 대초원만큼이나 적적하다. 여기는 뉴잉글랜드이면서도 아시아나 아프리카 같은 기분이 든다. 말하자면 나는 혼자만의 해와 달과 별들을 가지고 있으며 혼자만의 작은 세상을 가지고 있는 셈이다. 밤에는 길손이 내 집 옆을 지나거나 문을 두드리는 적이 한 번도 없었는데, 마치 내가 이 세상 최초의 인간이거나 마지막 인간이기라도 한 것 같았다.

그러나 봄에는 메기를 낚으러 밤낚시를 오는 마을 사람들이 이따금씩 있었다. 하지만 이들은 어둠을 미끼로 자신의 마음의 호수에서 더 많은 고기를 낚았던 것이 틀림없다. 왜냐하면 그들은 대개 빈 바구니를 들고 곧 물러났으며, '세계를 어둠과 나에게' 남겨놓았기 때문이다. 그리하여 밤의 어두운 핵심이 사람들의 근접으로 더럽혀지는 일은 결코 없었다. 아직도 사람들은 어둠을 꽤 두려워하고 있다는 생각이 든다. 마녀들은 다 잡혀서 교수형을 당했고 기독교와 양초가 널리 보급되었는데도 말이다.

나의 경험에 의할 것 같으면, 가장 감미롭고 다정한 교제, 가장 순수하고 힘을 북돋아주는 교제는 자연물 가운데서 찾을 수 있다고 하겠다. 이것은 가련하게도 사람을 싫어하는 사람이나 극도의 우울증이 있는 사람의 경우도 마찬가지일 것으로 생각된다. 자연 가운데 살면서 자신의 감각기능을 온전하게 유지하는 사람에게는 암담한 우울이 존재할 여지가 없다. 건강하고 순수한 사람의 귀에는 어떤 폭풍우도 '바람의 신'의 음악으로 들릴 뿐이다. 소박하고 용기 있는 사람을 속된 슬픔으로 몰아넣을 권리를 가진 것은 아무것도 없다.

내가 사계절을 벗 삼아 그 우정을 즐기는 동안에는 그 어떤 것도 삶을 짐스러운 것으로 만들지 못할 것이다. 오늘 내 콩밭을 적시면서 한편으로 나를 집에 머물도록 하는 저 보슬비는 지루하고 우울한 느낌을 주지 않고 오히려 내게 좋은 일을 해주고 있다. 비 때문에 콩밭을 매지 못하지만, 비는 밭 매는 것보다 훨씬 큰 가치를 가지고 있다. 비가 계속되어 땅속의 종자들이 썩고 낮은 지대에서 감자 농사를 망치더라도 높은 지대의 풀에게는 좋을 것이며, 풀에게 좋다면 나에게도 좋은 것이다.

때때로 나 자신을 다른 사람들과 비교해보면, 내가 그들에 비해 분에 넘치게 신의 총애를 받고 있는 것 같은 느낌이 든다. 마치 내가 남들이 갖지 못한 면허증과 보증서를 신들로부터 받았으며, 신들에 의해 각별한 지도와 보호를 받고 있는 것처럼 말이다. 지금 나는 스스로를 추어올리고 있는 것은 아니다. 그러나 만약 그런 일이 가능하다면, 신들이 나를 추어올리고 있는 것 같은 생각이 든다.

나는 외로움을 느낀 적이 한 번도 없었으며 고독감 때문에 조금이라도 위축된 적이 없었다. 그러나 꼭 한 번, 내가 숲에 온 지 몇 주일 되지 않아서였는데, 그때 나는 주변에 사람들이 있는 것이 명랑하고 건전한 생활의 필수 조건이 아닌가 하는 생각 속에 약 한 시간쯤 빠져 있었다. 혼자 있는 것이 언짢게 느껴졌다. 그러나 그와 동시에 나는 내 기분이 정상적이지 않다는 것을 의식했으며 이 기분에서 곧 벗어나게 되리라는 것을 예감했다.

조용히 비가 내리는 가운데 이런 생각에 잠겨 있는 동안 나는 갑자기 대자연 속에, 후드득후드득 떨어지는 빗속에, 또 집 주위의 모든 소리와 모든 경치 속에 진실로 감미롭고 자애로운 우정이 존재하고 있음을 느꼈다. 그것은 나를 지탱해주는 공기 그 자체처럼 무한하고도 설명할 수 없는 우호友好의 감정이었다. 이웃에 사람이 있음으로써 얻을 수 있다고 생각되던 여러 가지 이점이 대단치 않은 것임을 느꼈고 그 후로는 두 번 다시 그런 생각을 하지 않았다. 솔잎 하나하나가 친화감으로 부풀어 올라 나를 친구처럼 대해주었다. 나는 사람들이 황량하고 쓸쓸하다고 하는 장소에서도 나와 친근한 어떤 것이 존재함을 분명히 느꼈다. 나는 나에게 혈연적으로 가장 가깝거나 가장 인간적인 것이, 반드시 어떤 인간이거나 어떤 마을 사람이지는 않다는 것을, 그리고 이제부터 어떤 장소도 나에게는 낯선 곳이 되지 않으리라는 것을 분명히 느꼈다.

"아름다운 토스카의 딸이여!
애도는 슬퍼하는 사람들의 목숨을 불시에 빼앗아가나니,
이 세상에서 그들이 사는 날은 길지 않은 것이다."

내가 보낸 가장 즐거운 시간들 가운데에 봄이나 가을에 비바람이 오랫동안 몰아치던 때를 넣을 수 있을 것이다. 그런 날 나는 오전은 물론 오후에도 집 안에 틀어박혀 쉴 새 없이 부는 바람 소리와 빗소리를 들으며 마음을 달래곤 했다. 이런 때는 이른 황혼이 긴 밤을 맞아들여 많은 사념들이 뿌리를 박고 그 나래를 펼칠 시간적 여유를 얻을 수 있었다. 저 북동 태풍이 마을의 집들을 엄습하여 하녀들이 빗자루와 물통을 들고 문간에 서서 집 안이 물에 잠기는 것을 막으려 하고 있을 때, 나는 내 작은 집의 문을 닫고 그 뒤에 앉아 비바람으로부터 완벽한 보호를 받았다.

천둥과 비바람이 요란하던 어느 날, 호수 건너편의 커다란 리기다소나무에 벼락이 떨어진 일이 있었다. 벼락은 마치 지팡이에 홈을 파듯 나무꼭대기에서 밑동까지 깊이 1인치 남짓에 폭이 4, 5인치쯤 되는 나선형의 홈을 아주 또렷하고 완벽하게 파놓았다. 얼마 전에 그 나무 옆을 다시 지나간 일이 있는데, 나는 8년 전 악의 없는 하늘에서 무섭고도 감히 저항할 수 없는 번갯불이 내리쳤던 흔적이 그전보다 더 뚜렷하게 남아있는 것을 보고 놀라움을 금치 못했다.

사람들은 늘 나에게 이런 말을 하곤 한다. "그곳에선 무척 외롭겠군요. 특히 눈이나 비가 오는 날이나 밤 같은 때는 이웃이 그립지 않습니까?" 그런 사람들에게 나는 이렇게 대답해주고 싶다.

"우리가 살고 있는 지구 자체가 우주의 한 점에 불과합니다. 저 별의 폭은 인간이 만든 기계로는 측정할 수 없는데, 저 별에 살고 있는 가장 멀리 떨어진 두 사람의 거리가 얼마쯤 된다고 생각하시오? 어째서 내가 외롭게 느끼리라고 생각하죠? 우리의 지구는 은하수 안에 있다는 것을 알지 못합니까? 댁이 나에게 한 질문은 핵심을 찌른 질문은 아닙니다. 사람을 그의 동료들로부터 분리시켜 그를 고독하게 만드는 공간은 어떤 종류의 공간이라고 생각합니까? 아무리 발을 부지런히 놀려도 두 사람의 마음이 가까워지지 않는다는 것을 이제 나는 압니다. 사람은 그 무엇에 가장 가까이 살고 싶어 한다고 생각합니까? 많은 사람들 가운데는 분명 아닐 겁니다. 기차역이나 우체국, 공회당, 학교, 잡화점, 술집, '비컨힐'이나 '파이브포인츠'[1]같이 사람들이 많이 몰려드는 곳은 아닐 것이오. 물가에 서 있는 버드나무가 물 쪽으로 뿌리를 뻗듯 우리의 온갖 경험에 비추어보아 생명이 분출되어 나오는 곳, 즉 영원한 생명의 원천이라고 생각하는 곳에 가까이 살기를 원할 것이오. 사람마다 본성에 따라 다르겠지만 현명한 사람이라면 반드시 그곳에 지하 저장실을 팔 것이오……."

어느 날 저녁, 나는 이른바 '한 재산 톡톡히 모은' 마을 사람 하나를(그 한 재산이라는 것이 어떤 건지 자세히 본 적은 없지만) 월든 거리에서 뒤따른 일이 있었다. 그는 소 두 마리를 끌고 시장에 가는 길이었는데 나더러 어떻게 세상의 온갖 편의를 버릴 수 있었느냐고 물었다. 나는 지금의 내 생활에 별 불편이 없다고 대답했다. 물론 이것은 농담이 아니었다. 그러

---

[1] 비컨힐은 보스턴에 있는 번화가이며, 파이브포인츠는 지금은 없어진 뉴욕의 우범 지역이다.

고는 나는 잠자리가 기다리고 있는 내 집으로 왔고, 그가 어둠 속에서 진흙 길을 더듬으며 '브라이턴'[2]인가 또는 '브라이트타운'인가 하는 데로 가도록 내버려두었다. 그는 다음 날 아침쯤에는 그곳에 도착했으리라.

죽은 사람이 눈을 뜨고 다시 살아날 가망이 있으면 그에게는 시간이나 장소 같은 것은 문제되지 않을 것이다. 그러한 기적이 일어날 수 있는 장소는 항상 같으며, 그러한 장소는 우리의 오감五感에 형언할 수 없는 즐거움을 준다. 대체로 우리는 핵심에서 벗어나고 일시적인 일들만 주요 관심사로 삼는다. 바로 그것이 우리의 정신이 교란되는 근본 원인인 것이다.

만물의 옆에는 그것의 존재를 형성하는 어떤 힘이 있다. 우리들의 바로 옆에서 가장 중대한 여러 가지 법칙들이 끊임없이 실행되고 있다. 우리들의 바로 옆에는 어떤 일꾼이 있다. 그는 우리가 고용하고 우리가 항상 더불어 이야기하기를 좋아하는 일꾼이 아니라 바로 우리 자신을 일감으로 삼아 끊임없이 일하고 있는 어떤 큰 일꾼인 것이다.

"천지의 오묘한 힘은 그 영향이 얼마나 넓고 깊은가!"

"그 힘을 보려고 하지만 우리 눈에 보이지 않으며, 들으려고 하지만 우리 귀에 들리지 않는다. 그것은 만물의 본질과 같은 것이어서 만물과 분리될 수 없다."

"그 힘의 작용으로 천하의 사람들은 마음을 순화하고 성스럽게 하

---

2) 브라이턴 _ 보스턴의 도살장이 운집해 있던 지역.

며 의복을 갖추어 조상의 제사를 받든다. 그것은 오묘한 지혜의 대양이다. 그것은 우리의 위와 좌우 도처에 있으며 사방에서 우리를 둘러싸고 있다.[3]

우리는 내가 적잖게 흥미를 갖고 있는 어떤 실험의 피험자들이다. 이런 상황에서 우리가 잠시나마 어울려 잡담이나 하는 것을 삼가고 우리 자신의 사고로 스스로를 위안하면서 지낼 수는 없을까? 공자는 다음과 같은 진리의 말을 했다.

"덕은 결코 외롭지 않으며 반드시 이웃이 있다."[4]

사색을 함으로써 우리는 건전한 의미의 열광 속에 빠질 수 있다. 마음의 의식적인 노력으로 우리는 행위들과 그 결과들로부터 초연하게 서 있을 수 있다. 그렇게 되면 만사는 좋은 일이든 나쁜 일이든 격류처럼 우리의 옆을 지나치게 된다.

우리는 자연 속에 전적으로 몰입되어 있지는 않다. 나는 시냇물에 흘러가는 나무토막일 수도 있고 또는 하늘에서 그 나무토막을 내려다보고 있는 인드라 신[5]일 수도 있다. 나는 어떤 연극 공연에 감동을 받을 수도

---

3) 이상 세 구절은 《중용中庸》 제16장에서 인용한 공자의 말이다.
4) 《논어》 제4편 25절.
5) 인드라 신 _ 힌두교 신 중 하나로 공기, 눈, 비, 바람과 천둥을 다스린다.

있지만, 반면에 나와 훨씬 더 이해관계가 있을지 모르는 실제 사건에 감동을 느끼지 않을 수도 있다. 나는 나 자신을 인간적 실재로서만, 다시 말하면 여러 가지 사고와 감정의 장소로서만 알고 있다. 그리고 나는 다른 사람으로부터는 물론 나 자신으로부터도 멀리 떨어져 있을 수 있는 어떤 이중성을 느끼고 있다.

나의 경험이 아무리 강렬하더라도 나는 나의 일부분이면서 나의 일부분이 아닌 것처럼 나의 경험에 참여하지 않으면서 단지 방관자로서 메모를 하고 있는 어떤 부분이 존재하는 것을 느끼고 있다. 그 부분은 '나'라기보다는 차라리 제삼자라고 할 수 있으리라. 인생의 연극(그것은 비극일 수도 있겠는데)이 끝나면 그 관객은 제 갈 길을 가 버린다. 그 관객에 관한 한 그 인생극은 일종의 허구이며 상상의 작품일 따름인 것이다. 이러한 이중성은 종종 우리를 빈번찮은 이웃이나 친구로 만들기에 충분한 것이다.

나는 대부분의 시간을 혼자 지내는 것이 심신에 좋다고 생각한다. 아무리 좋은 사람들이라도 같이 있으면 곧 싫증이 나고 주의가 산만해진다. 나는 혼자 있는 것이 좋다. 나는 고독만큼 친해지기 쉬운 벗을 아직 찾아내지 못하고 있다. 대체로 우리는 방 안에 홀로 있을 때보다 밖에 나가 사람들 사이를 돌아다닐 때 더 고독하다. 사색하는 사람이나 일하는 사람은 어디에 있든지 항상 혼자이다. 고독은 한 사람과 그의 동료들 사이에 놓인 거리로 잴 수 있는 것이 아니다. 하버드 대학의 혼잡한 교실에서도 정말 공부에 몰두해 있는 학생은 사막의 수도승만큼이나 홀로인 것이다.

농부는 하루 종일 혼자 밭에서 김을 매거나 숲에서 나무를 베면서도 외로움을 느끼지 않는다. 그것은 그가 일에 몰두해 있기 때문이다. 그러나 밤에 집에 돌아오면 여러 가지 생각이 떠올라 방 안에 가만히 혼자 있을 수가 없다. 그래서 하루 종일 혼자 있었던 것에 대해 스스로를 보상해주어야겠다고 생각하여 사람들을 만나 기분 전환을 할 수 있는 곳을 찾아 나서는 것이다. 그러므로 농부는 학생이 밤과 낮의 대부분을 집에 있으면서 어떻게 권태와 우울증을 느끼지 않나 의아해한다. 농부는 학생이 집에 있더라도 농부처럼 그 나름의 밭을 갈고 그 나름의 나무를 베고 있으며 그런 다음에는 좀 더 집중된 형태이긴 하지만 농부와 똑같은 휴식과 사교를 찾는다는 사실을 이해하지 못하는 것이다.

대체로 사람들의 사교는 값이 너무 싸다. 우리는 너무 자주 만나기 때문에 각자 새로운 가치를 획득할 시간적 여유가 없다. 우리는 하루 세 끼 식사 때마다 만나서 우리 자신이라는 저 곰팡내 나는 치즈를 서로에게 맛보인다. 이렇게 자주 만나는 것이 견딜 수 없게 되어 서로 치고받는 싸움판이 벌어지지 않도록 우리는 예의범절이라는 일정한 규칙들을 협의해놓아야 했다.

우리는 우체국에서 만나는가 하면 친목회에서 만나며 매일 밤 난롯가에서 또 만난다. 우리는 너무 얽혀 살고 있어서 서로의 길을 막기도 하고 서로에게 걸려 넘어지기도 한다. 그 결과 우리는 서로에 대한 존경심을 잃어버렸다. 조금 더 간격을 두고 만나더라도 중요하고 흉금을 터놓는 의사소통에는 전혀 지장이 없을 터인데도 말이다. 공장에서 일하고 있는 저 여공들을 생각해보라. 그들은 꿈속에서까지 혼자 있는 일이란 없다. 내가 사는 이곳처럼 1제곱마일마다 한 사람이 살 수 있다면 좋지 않겠는가. 사람의 가치는 피부에 있는 것이 아니므로 어떤 사람의 피부를 만져본다고 그의 가치를 아는 것은 아니다.

나는 숲 속에서 길을 잃어 나무 밑에서 굶주림과 피곤으로 거의 죽어가고 있던 어떤 사람의 얘기를 들은 적이 있다. 그때 그는 육체의 쇠약으로 인한 병적 상상력으로 말미암아 자기가 괴기한 환영들로 둘러싸여 있다고 생각했고 또 이것들을 실재의 것으로 믿었다. 하지만 그 환영들 덕분에 고독감을 면하고 결국은 목숨을 부지할 수 있었다고 한다. 이와 마찬가지로 우리가 육체적, 정신적 건강과 힘을 지니고 있으면 위와 같은, 그러나 더 정상적이고 자연적인 교제를 통하여 기운을 얻게 되며 자신이 결코 홀로가 아님을 알게 되는 것이다.

내 집에는 무던히도 많은 친구들이 있다. 특히 아무도 찾아오시 않는 아침에는 더욱 그렇다. 나의 처지가 이해될 수 있도록 몇 가지 비유를 들어보겠다. 마치 웃는 것 같은 특유의 울음을 큰 소리로 우는 호수의 저 되강오리가 외롭지 않듯이, 그리고 월든 호수가 외롭지 않듯이 나도 외롭지 않다. 저 고독한 호수가 도대체 어떤 벗들을 가지고 있단 말인가? 그러나 저 호수는 그 감청색의 물속에 '푸른 악마들'[6]이 아닌 푸른 천사들을 가지고 있는 것이다. 태양은 혼자이다. 안개가 자욱한 날에는 태양이 두 개처럼 보이기도 하지만 하나는 가짜 태양인 것이다. 하느님 역시 홀로 존재한다. 그러나 악마는 결코 혼자 있는 법이 없다. 그는

---

6) 푸른 악마들blue devils _ 우울증을 뜻한다.

많은 패거리들과 어울려 대군을 이루고 있다. 목장에 핀 한 송이 우단현삼이나 민들레꽃, 콩잎, 괭이밥, 등에 그리고 뒤영벌이 외롭지 않듯이 나도 외롭지 않다. '밀브룩'[7]이나 지붕 위의 풍향계, 북극성, 남풍, 4월의 봄비, 정월의 해동 그리고 새로 지은 집에 자리 잡은 첫 번째 거미……. 이런 모든 것들이 외롭지 않듯이 나도 외롭지 않다.

숲 속에 눈이 펑펑 내리고 바람이 세차게 부는 긴 겨울밤이면 호수의 옛 개척자며 원래 주인이었던 이가 이따금 찾아온다. 들리는 바에 의하면 이 양반이 월든 호수를 파서 돌로 기반을 단단히 다진 다음 주변에 소나무를 심었다고 한다. 그는 나에게 옛날에 있었던 일과 새로운 영원永遠에 대하여 이야기해준다. 우리 두 사람은 사과나 과일즙 없이도 사교

---

[7] 밀브룩 _ 콩코드의 중심부를 흐르는 개천의 이름.

적인 기쁨과 유쾌한 잡담을 나누면서 즐거운 저녁 시간을 보내곤 한다. 나의 친구는 몹시 현명하고 유머 감각이 풍부해서 나는 그를 무척 좋아한다. 그는 '고프'나 '휠리'[8]보다도 더 사람 눈에 띄지 않게 돌아다닌다. 사람들은 그가 이미 세상을 떠난 것으로 알고 있는데, 어디에 묻혀 있는지는 아무도 모른다.

한 늙수그레한 마나님도 이 근처에 살고 있는데, 보통 사람들의 눈에는 보이지가 않는다. 때때로 나는 이 마나님의 향기로운 약초밭을 거닐면서 약초도 캐고 그녀의 얘기를 듣곤 한다. 이 마나님은 비할 데 없는 풍요와 천재성을 겸비한 분인데, 뛰어난 기억력은 신화 이전까지 거슬러 올라가 모든 전설의 기원과 그 전설이 어떤 사실에 근거를 두고 있는지까지 말할 수 있다. 왜냐하면 그 사건들은 그녀가 젊었을 때에 일어난 일들이기 때문이다. 안색이 훤하고 기력이 좋은 이 늙은 부인은 어떤 기후나 계절도 다 좋아하며 자신의 자녀들보다도 더 오래 살 것 같은 생각이 든다.

자연은(해와 바람과 비 그리고 여름과 겨울은) 말로 표현할 수 없이 순수하고 자애로워서 우리에게 무궁무진한 건강과 환희를 안겨 준다. 그리고 우리 인류에게 무한한 동정심을 가지고 있기 때문에 만약 어떤 사람이 정당한 이유로 슬퍼한다면 온 자연이 함께 슬퍼해줄 것이다. 태양은 그 밝음을 감출 것이며 바람은 인간처럼 탄식할 것이며 구름은 눈물의

---

[8] 고프와 휠리는 17세기 중반의 영국인들로 국왕 찰스 1세의 처형에 가담한 다음 미국으로 도망쳐 그곳에 숨어 살았다.

비를 흘릴 것이며 숲은 한여름에도 잎을 떨어트리고 상복을 입을 것이다. 내가 어찌 대지와 교제를 갖지 않겠는가? 나 자신이 그 일부분은 잎사귀이며 식물의 부식토가 아니던가!

우리들을 늘 건강하고 명랑하고 만족스럽게 해줄 묘약은 무엇인가? 그것은 나나 당신의 증조부가 빚은 환약이 아니고, 바로 우리 모두의 증조모인 자연의 여신이 빚은 우주적이고 식물적이고 또 식물학적인 약인 것이다. 이 약을 가지고 자연의 여신은 젊음을 유지해왔으며, 수없이 많은 '파아 노인'[9] 같은 장수자들보다 항상 더 오래 살았으며, 그들의 썩은 지방으로 자신의 건강을 키워왔다.

내가 원하는 만병통치약은 엉터리 의사가 저승의 강과 사해의 물로 조제해서는, 병의 운반용으로 제작된 것을 종종 볼 수 있는 저 길고 납작한 검은 배 같은 마차에 싣고 다니면서 파는 물약 병이 아니다. 내가 진정 아끼는 만병통치약은 희석하지 않은 순수한 아침 공기 한 모금이다. 아, 아침 공기! 만약 사람들이 하루의 원천인 새벽에 이 아침 공기를 마시려들지 않는다면, 그것을 병에 담아 가게에서 팔기라도 해야 할 것이다. 아침 시간에 대한 예매권을 잃어버린 세상의 모든 사람들을 위해서 말이다. 그러나 아침 공기는 아무리 차가운 지하실에 넣어둔다 해도 정오까지 견디지 못하고 그 전에 벌써 병마개를 밀어젖히고 새벽의 여신을 따라 서쪽으로 날아가 버린다는 것을 잊어서는 안 되겠다.

나는 늙은 약초의藥草醫 아스클레피오스의 딸이며, 한손에는 뱀을 들

---

[9] 토머스 파아 _ 152세까지 살았다는 영국의 대표적인 장수 노인.

고 다른 손에는 그 뱀이 마실 물 잔을 들고 있는 모습으로 조각상에 새겨진 히기에이아 여신[10]의 숭배자는 아니다. 나는 오히려 주노 여신과 야생 상추의 딸이며, 신과 인간을 회춘시킬 능력을 가지고 있으며, 주피터 신에게 술을 따라 올리는 모습으로 묘사된 헤베 여신[11]의 숭배자이다. 이 여신이야말로 지구의 역사상 아마 가장 완벽한 신체 조건을 갖춘, 가장 건강하고 굳센 젊은 여성이 아니었나 생각한다. 그리고 그녀가 나타나는 곳에는 어디서나 바로 봄이 열리는 것이다.

---

10) 히기에이아 _ 그리스 신화에 나오는 건강의 여신.
11) 헤베 _ 그리스 신화에 나오는 청춘과 봄의 여신.

6
방문객들

 대부분의 사람들과 마찬가지로 나도 사교를 즐기며, 진정한 열정을 지닌 사람들을 만나면 한참 동안은 찰거머리처럼 달라붙어 떨어질 줄을 모른다. 나는 타고난 은둔자는 아니다. 일이 있어 주점에 갈 때는 가장 끈질긴 손님보다 더 오래 눌러앉아 있기도 한다.
 내 집에는 세 개의 의자가 있다. 하나는 고독을 위한 것이고 둘은 우정을 위한 것이며 셋은 사교를 위한 것이다. 손님들이 뜻밖에 많이 찾아올 때에도 이들 모두를 위해 세 번째 의자만을 내놓을 수밖에 없었지만 그들은 대개 서 있음으로써 방을 효율적으로 이용했다. 조그만 집이라도 꽤 많은 어른 남녀를 받아들일 수 있다는 것은 놀라운 일이다. 나는 한꺼번에 스물다섯 내지 서른 명의 영혼을 그 육체와 함께 내 지붕 아래에 받아들인 적이 여러 번 있다. 그러나 우리는 그렇게 빽빽이 끼여 있었다는 것을 느끼지 못한 채 헤어지곤 했다.
 공적인 주택이나 개인 주택 할 것 없이 우리들의 주택 가운데 많은 수가 그 안에 사는 주민들에 비해 지나치게 크다는 생각을 한다. 그 속에는 헤아릴 수 없는 많은 방들과 널따란 홀 그리고 술과 다른 평화 시의 군수품들을 저장하는 지하실이 있다. 집이 너무 크고 웅장하기 때문에 거기에 사는 사람들은 그곳의 거주자라기보다 차라리 그 안에 기생하는 해충들처럼 보인다. 전령관이 트레몬트 호텔이나 애스터 호텔 또는 미들섹스 하우스 같은 큰 호텔 앞에서 나팔을 불 때, 호텔 바로 앞에 있는 주민을 위한 넓은 광장에 생쥐 한 마리가 기어 나왔다가 다시 보도에 난 구멍으로 기어들어 가던 우스꽝스러운 장면이 생각난다.

내 작은 집에서 이따금 느끼는 한 가지 불편은 손님과 내가 큼직한 사상을 큼직한 말로 표현하기 시작할 때 두 사람 사이에 충분한 거리를 두기가 힘들다는 점이다. 우리는 우리의 사상이 예정된 항구에 도착하기 전에 항해 준비를 완전히 갖춘 채 한두 항로라도 달려볼 수 있는 공간을 갖기 바란다. 사상이라는 탄환은 듣는 사람의 귀에 도착하기 전에 좌우상하의 동요를 극복하고 마지막의 일정한 탄도로 들어가야만 한다. 그렇지 않으면 그 탄환은 듣는 사람의 머리를 뚫고 반대 방향으로 나올지 모른다.

우리가 표현하는 문장들 역시 넓게 펼쳐져 대열을 정비할 만한 공간을 원했다. 국가와 마찬가지로 개인도 적당한 크기의 넓고 자연스러운 경계선은 물론 상당한 크기의 중립지대마저 가져야 할 것이다. 나는 친구 한 사람과 호수를 사이에 두고 이야기를 주고받은 적이 있었는데 그것은 아주 드문 즐거운 경험이었다.

내 집에서 나와 손님은 서로에게 너무 가까워서 상대방의 이야기를 들을 수 없었다. 즉 서로에게 들릴 만큼 낮은 목소리로 이야기를 할 수 없었던 것이다. 잔잔한 물에 두 개의 돌을 너무 가까이 던지면 두 개의 파문이 서로를 교란하듯이 말이다.

우리가 단지 고성다변高聲多辯만을 즐긴다면 뺨과 턱을 마주 대다시피 하고 상대방의 입김을 맡을 만큼 가까이서 이야기해도 좋으리라. 그러나 신중하고 사려 깊게 이야기하기를 원한다면 우리는 어느 정도 떨어져서 서로의 동물적 열기와 습기가 증발할 수 있도록 해야 할 것이다. 만약 우리가 서로의 마음속에 있는 것들 중 대화의 범위 밖에 있는 것을 진정 알기를 원한다면 우리는 침묵을 지키며 서로의 말소리가 들리지 않을 만큼 신체적으로 떨어져 있어야 한다. 이런 기준으로 보면 말이란 귀가 잘 들리지 않는 사람들의 편의를 위하여 있는 것 같다. 하지만 세상에는 큰 소리를 쳐서는 결코 표현할 수 없는 많은 섬세한 것들이 있다. 대화가 점점 심각하고 고차원적 색채를 띠면, 우리는 의자를 조금씩 뒤로 밀어 나중에는 벽에까지 닿아 더 이상 물러날 여지가 없게 되는 것이었다.

그러나 나의 가장 좋은 방, 항상 손님 맞을 준비가 되어있는 응접실은 집 뒤에 있는 소나무 숲이었다. 이 방의 양탄자에는 해가 비치는 적이 거의 없었다. 여름날 귀한 손님들이 오면 나는 그들을 이 소나무 숲으로 모셨다. 그 가치를 헤아릴 수 없는 소중한 하인이 이 방의 마루를 쓸고 가구의 먼지를 털었으며 모든 것을 깨끗이 정돈해놓곤 했다.

손님이 한 사람일 경우에는 종종 나와 함께 소찬을 들었다. 그럴 때면 '즉석 푸딩'을 휘저어 만들거나 재 속에 묻은 한 덩이의 빵이 부풀어올라 익는 것을 지켜보곤 했는데, 그것이 대화를 지속하는 데 조금도 방해되지 않았다. 그러나 스무 명의 손님이 와서 집에 앉아있을 때는 두 사람 분의 빵이 있더라도 식사에 대해서는 아무도 언급하지 않았다. 마치 밥

먹는다는 것이 잊힌 습관이기라도 한 것 같았다. 우리는 자연스럽게 금욕을 실천했다. 그러나 그것이 손님 접대의 예의를 벗어난 것으로 느끼는 사람은 아무도 없었으며 오히려 적절하고 사려 깊은 행위로 여겼다.

이런 경우, 항상 보급을 해주어야 하는 육체적 생명의 소모와 쇠약은 기적적으로 저지되고 오히려 생명의 힘이 굳건히 자리를 지키는 것 같았다. 이런 식이라면 스무 명이 아니라 천 명의 손님도 접대할 수 있었으리라. 만약 어떤 손님이 내가 집에 있었음에도 불구하고 실망해서 또는 배가 고파서 돌아가는 일이 있었다면, 최소한 내가 그들의 기분을 충분히 이해하고 있었다는 것만은 믿어주길 바란다.

주부들 대부분은 믿으려 하지 않겠지만 낡은 관습 대신에 새롭고 보다 나은 관습을 확립하는 것은 어려운 일이 아니다. 손님들에게 대접하는 식사에 여러분의 명예를 걸 필요는 없다. 지옥문을 지키고 있다는 '케르베로스의 개'만큼이나 내가 다른 사람의 집에 가는 것을 막는 것이 있다면, 그것은 나를 식사 초대한 사람이 요리에 대해서 취하는 지나치게 과시적인 행동이다. 나는 그것을 주인이 다시는 자기를 귀찮게 하지 말아달라는 아주 점잖고도 은근한 암시를 보낸 것으로 받아들인다. 나는 그런 곳에 다시는 가지 않을 생각이다.

다음 시는 어떤 방문객이 명함 대신 노란 호두나무 잎에 적어놓고 간 스펜서[1]의 시이다. 이것을 내 오두막의 표어로 자랑스럽게 내걸 수도 있겠다.

---

1) 에드먼드 스펜서(1552~1599) _ 영국의 시인. 여기에 나오는 시는 그의 서사시 《요정의 여왕》에서 인용한 것임.

"그곳에 이르러 그들은 오두막을 가득 채웠으나
도락이 원래 없는 곳이니 도락을 찾지 않는다.
휴식이 그들의 만찬이며 모든 것이 뜻대로이다.
가장 고귀한 정신이 가장 큰 만족을 얻는다."

후에 플리머스 식민지의 지사가 된 윈슬로가 매사소이트 추장[2]을 예방했을 때의 일이다. 그가 수행원 한 사람을 데리고 숲 속을 걸어서 추장의 집에 도착했을 때 그들은 피곤하고 배가 고팠다. 그들은 추장의 환대를 받았으나 식사에 대해서는 아무 얘기가 없었다. 그들의 말을 인용하면, "밤이 되자 추장은 우리를 자기 부부와 한 침대에 눕게 했다. 이 침대는 1피트 정도의 높이에 판자로 되어있었고 그 위에 돗자리를 깐 것이었는데, 한쪽 구석에는 그들 부부가 다른 구석에는 우리가 누워 잤다. 추장의 심복 부하 두 사람이 잘 데가 없어 우리 옆에 끼여 잤다. 그래서 우리는 여행에서보다 잠자리에서 더 피로를 느꼈다."
다음 날 오후 1시쯤 매사소이트 추장은 "그가 직접 활로 쏘아서 잡은 물고기 두 마리를 가져왔다." 크기가 송어의 세 배쯤 되는 고기였다. "그것을 끓여놓자 적어도 40명쯤 되는 사람들이 먹으려고 기다리고 있었다. 거의 모든 사람들이 그것을 나누어 먹었다. 이것이 이틀 밤과 하루 낮 동안에 우리가 먹은 식사의 전부였다. 우리 둘 중의 한 사람이 들꿩

---

[2] 매사소이트 추장 _ 1620년 청교도들이 뉴잉글랜드에 처음 도착했을 때 호의를 베풀었던 인디언 추장.

한 마리를 사지 않았더라면 우리는 내내 굶으면서 여행을 했을 것이다." 먹을 것도 없는 데다 "인디언들의 야만스러운 노래 때문에(그들은 노래하면서 잠이 드는 습관이 있었던 것이다.)" 잠을 제대로 자지 못했으므로 그들은 정신이 이상해질까 두려워서, 또 여행할 기력이 남아있을 동안에 집으로 돌아오려고 길을 나섰다.

　잠자리에 대해 말하자면 확실히 그들이 받은 대접이 썩 좋은 것은 아니었다. 하지만 실은 그들이 느낀 불편은 인디언들이 경의를 표하고자 한 데서 초래된 것이었다. 그러나 식사에 관한 한 인디언들이 그 이상 어떻게 할 수 없었음을 우리는 알 수 있다. 그들 자신들도 먹을 것이 없었고, 또 손님들에게 변명을 늘어놓는 것으로 식사를 대신할 수 있으리라고 생각할 만큼 어리석은 사람들이 아니었다. 그러므로 그들은 허리띠를 졸라매고 식사에 대해서는 아무 말도 하지 않았던 것이다. 그 후 윈슬로가 다시 그들을 방문했을 때는 먹을 것이 풍부한 때였으므로 이 점에서는 아무런 부족함이 없었다.

　사람들이 어디에 살든지 방문객이 없을 때는 없다. 숲 속에 사는 동안 나는 내 생애의 그 어떤 시기보다 많은 방문객들을 맞았다. 즉 방문객이 어느 정도 있었다는 이야기이다. 이곳에서 나는 어느 곳에서보다 유리한 환경 아래 사람들을 만났다. 그러나 사소한 일로 나를 찾아오는 사람은 훨씬 줄어들었다. 나의 방문객은 단지 내 집이 마을에서 떨어져 있다는 이유만으로도 추려졌다고 하겠다. 나는 고독이라는 이름의 거대한 바다 한가운데 자리 잡고 있었고, 이 바다로 사교라는 이름의 여러 강들이 흘러들었다. 그러나 내가 필요로 하는 것을 따져볼 때, 대체로 가장 훌륭한 침전물들이 내 주위에 와서 쌓였다. 게다가 바다 저편에는 아직 탐사되거나 개척되지 않은 대륙들이 존재한다는 증거들도 떠내려오곤 했다.

오늘 아침 나의 집을 찾아온 사람은 진실로 호머의 작품 속에 나오는 인물이나 파플라고니아[3]인 같은 사람이라 할 수 있을 것이다. 이 사람은 너무나 그럴듯한 시적인 이름을 가지고 있는데, 이 자리에서 그 이름을 밝힐 수 없는 것이 유감일 뿐이다. 그는 캐나다 태생의 나무꾼이며, 나무 기둥 만드는 일을 하는 사람이다. 하루에 50개의 기둥에 구멍을 팔 수 있는 사람이다. 그는 자기 개가 사냥해 온 우드척을 요리해서 어제 저녁 식사로 먹었다고 했다.

그 사람 역시 호머에 대해 들은 적이 있으며, "만약 책이 없다면 비 오는 날 소일할 거리가 없을 것"이라고 말하기도 했다. 그러나 나는 그가 거듭되는 우기 동안에도 책 한 권을 다 읽지 못했으리라고 생각한다. 그리스어를 웬만큼 할 수 있던 어느 신부가 그의 먼 고향 땅에서 그에게 성서를 그리스어로 읽는 법을 가르쳐 주었다고 한다. 이제 나는 그가 책을 들고 있는 동안 아킬레우스가 파트로클로스[4]의 슬픈 안색을 책망하는 구절을 그에게 번역하여 들려주어야 한다.

---

3) 파플라고니아 _ 고대 소아시아에 있었던 나라. 《일리아드》에서도 언급된다.
4) 아킬레우스는 호머의 《일리아드》에 나오는 인물로 그리스군 최고의 용사이다. 파트로클로스는 그의 가장 친한 친구이다.

"자네는 어찌하여 어린 처녀처럼 눈물에 젖어있는가.
파트로클로스여?
혹은 자네 혼자 프시아에서 온 무슨 소식을 들었는가?

듣건대 악토르의 아들 메네티우스가 아직 살아있으며
이아코스의 아들 펠레우스도 미르미돈 사람들 사이에 살아있다는군.
그들 중 누군가가 죽었다면 우리가 크게 슬퍼해야겠지만."

"이 구절 정말 멋있군요." 하고 나무꾼은 말한다. 일요일인 오늘 아침 그는 약용으로 채집한 흰참나무 껍질 한 다발을 팔 밑에 끼고 있다. "일요일에 이런 것을 모으러 다녀도 괜찮겠지요." 하고 그는 덧붙인다. 그는 호머를 위대한 작가로 보았지만 작품의 내용에 대해서는 잘 모르고 있었다. 이 사람보다 더 소박하고 자연적인 사람을 찾아보기란 힘들 것이다. 이 세상에 그처럼 어두운 그림자를 던지고 있는 악덕과 질병은 그에게는 존재조차 하지 않는 것 같았다.

그의 나이는 스물여덟쯤 되었는데, 12년 전에 캐나다의 고향 집을 떠나 미국으로 왔다. 이곳에서 일을 하여 돈을 벌어서는 농장을 마련할 계획을 가지고 있으며 그때는 아마 고국으로 다시 돌아갈지 모르겠다는 것이었다. 그의 외모는 상당히 투박했다. 땅딸막한 체격에 동작이 느렸으나 몸가짐은 점잖았다. 햇볕에 탄 굵은 목, 더부룩한 검은 머리 그리고 정기가 없는 푸른 눈을 가지고 있었는데 이 눈은 이따금 감정 표현으로 밝게 빛나곤 했다. 그는 납작한 회색 천 모자에다 칙칙한 양털 외투 그리고 소가죽 장화 차림이었다.

그는 고기를 매우 좋아했다. 그는 여름 내내 나무를 베어 넘어뜨렸는데 도시락 통을 들고 내 집 앞을 지나 2마일쯤 떨어진 그의 일터로 가곤 했다. 양철통에 담은 도시락은 대개 차게 한 우드척 고기였다. 그리고 돌로 만든 병에 커피를 담아 허리띠에 매달고 다녔는데 가끔 나에게 한 잔 권하기도 했다.

그는 아침 일찍 나의 콩밭을 가로질러 지나다녔으나 미국인처럼 무엇에 쫓기는 듯이 서둘러 일을 시작하지는 않았다. 그는 무리하게 일을 하지 않았으며 그날의 하숙비만 벌어도 상관없다는 태도였다. 때때로 길을 가다가 개가 우드척이라도 잡는 때면 도시락을 숲 속에다 던져두고는 하숙집까지 1마일 반을 되돌아가서는 우드척을 손질하여 지하실에 보관했다. 그러나 하숙집으로 돌아가기 전에 그 우드척을 일이 끝나는 저녁 시간까지 호숫물 속에 담가두는 것이 더 낫지 않을까 하고 반 시간쯤 골똘히 생각하는 것이었다. 그는 그런 문제에 대해 생각하는 것을 즐겼다. 그는 아침에 내 집 앞을 지날 때 이런 말을 하곤 했다. "산비둘기들이 무진장 많아요. 매일 하는 일만 아니면 산비둘기며 우드척, 산토끼, 들꿩 같은 것을 얼마든지 잡을 수 있을 텐데. 정말이지 하루만 사냥해도 일주일 먹을 것은 넉넉히 잡을 겁니다."

그는 능숙한 나무꾼으로 나무를 벨 때 약간의 멋을 부리길 즐겼다. 그는 나무를 지면에 바싹 고르게 잘라냈다. 그래서 나중에 새순이 날 때도 좀 더 무성하게 나오고, 그루터기 위로 썰매가 달려도 미끄러지듯 넘어가게 했다. 그리고 장작 다발의 받침목을 통나무로 내버려두지 않고 가느다란 나무로 잘라 사용자가 나중에 손으로도 끊어 쓸 수 있도록 했다.

내가 그에게 흥미를 가진 것은, 그처럼 말이 없는 외톨이이면서도 몹시 행복해 보였기 때문이다. 그는 쾌활과 만족의 샘 같았는데 그 샘의 물은 그의 눈을 통해 철철 흘러넘쳤다. 그의 기쁨은 순수한 것이었다. 나는 종종 그가 숲에서 나무를 베며 일하는 모습을 보았는데, 그런 때 그는 말로 표현할 수 없는 만족의 웃음소리를 내며 나를 맞이했으며, 영어도 할 줄 아는 사람이지만 캐나다식 프랑스어로 인사말을 했다. 내가 다가가면 그는 하던 일을 멈추고 기쁨을 억제하지 못하는 듯, 잘라놓은 소나무 위에 길게 누웠다. 그러고는 소나무 속껍질을 벗겨 돌돌 뭉쳐 입안에 넣어 씹으면서 웃기도 하고 이야기도 했다.

그는 야생동물과 같은 기백이 넘쳤기 때문에 이야기 도중 재미있다고 생각되면 웃다가 굴러떨어져 땅에 뒹굴기도 했다. 사방의 나무들을 둘러보면서 그는 소리치곤 했다. "사실 말이지, 나무 베는 일이 정말 좋습니다. 이 이상 재미있는 일은 바라지도 않아요."

그는 간혹 한가할 때는 권총을 가지고 온종일 숲 속을 돌아다니면서 일정한 시간 간격을 두고 자신을 위해 축포를 쏘기도 했다. 겨울에는 불을 피워놓고 점심때면 주전자에 커피를 끓였다. 점심을 먹으려고 통나무에 앉으면 박새들이 모여들었으며 때로는 그의 팔에 내려앉아 손에 든 감자를 쪼아 먹기도 했다. 그러면 그는 "이 꼬마 녀석들이 이렇게 와서 노는 게 참 좋다."고 말하는 것이었다.

그의 내부에는 동물적 인간이 주로 발달되어 있었다. 육체적 인내력과 만족이라는 면에서 그는 소나무와 바윗돌의 사촌이었다. 나는 그에게 하루 종일 일하고 나면 피곤하지 않느냐고 물어본 적이 있다. 그때 그는 진지하고 심각한 표정으로 "천만에요. 평생 피곤해 본 일이 없어요." 하고 대답했다.

그러나 그의 내부의 지적인 인간, 소위 정신적인 인간은 갓난아기처럼 잠을 자고 있었다. 그는 가톨릭 신부가 원주민에게 가르치는 그런 천진난만하고 비효과적인 방법으로만 교육을 받았다. 이런 방법으로는, 배우는 사람이 스스로 자각을 할 정도까지는 결코 이르지 못하고 단지 신뢰와 존경을 표시할 정도로만 교육을 받는다. 어린아이는 어른으로 자라도록 도움을 받지 못하고 어린아이로만 남아있게 된다. 자연의 여신이 그를 만들 때 그녀는 그의 몫으로 건강한 육신과 만족을 주었으며, 어린아이로 칠십 평생을 살 수 있도록 그의 온몸에 존경과 신뢰의 마음을 심어놓았다.

그는 너무나 순수하고 세속적으로 전혀 닳지 않은 사람이었다. 그래서 이웃 사람에게 우드척을 소개할 수 없듯이 그 사람 역시 소개할 마땅한 방법이 없었다. 나 자신이 그랬듯이 이웃 사람도 스스로 그가 어떤 사람인가 알아내지 않으면 안 되었다. 그는 어떠한 역할도 하려들지 않았다. 그는 사람들에게 일을 해주고 품삯을 받았으며 그것으로 의식衣食 문제를 해결했으나 결코 사람들과 자신의 생각을 주고받지 않았다. 아무런 욕망이 없는 사람에게 겸손하다는 표현을 쓸 수 있을는지 모르나 이 사람의 겸손은 너무나 소박하고 자연스러운 것이어서 그의 뚜렷한 특징이라고 할 수 없었고 그 자신도 그것을 전혀 의식하지 못하고 있었다.

그는 현명한 사람들을 거의 신 같은 존재로 우러러보았다. 만약 그런 현인이 방문할 예정이라고 그에게 말하면, 그는 그처럼 위대한 존재는 자기에게 어떤 기대도 걸지 않을 것이고 또 스스로 모든 책임을 지며 자기는 그냥 잊힌 존재로 놔둘 거라고 생각하는 것이었다. 그는 평생 칭찬의 말을 한마디도 들은 적이 없었다. 그는 특히 작가와 목사를 우러러보았다. 그들이 하는 일을 기적을 행하는 것으로 생각했다. 나 자신도 글을 꽤 쓰노라고 그에게 말한 적이 있는데, 그는 오랫동안 그 말을 단지 글씨를 많이 쓴다는 의미로 여기는 것 같았다. 그는 뛰어난 글씨 솜씨를 가지고 있었다. 나는 길을 가다가 종종 그의 고향 이름이 프랑스어 특유의 악센트 부호까지 덧붙여져 길옆의 눈 위에 멋진 글씨체로 쓰여 있는 것을 보고 그가 지나갔음을 알곤 했다.

그에게 자기 생각을 글로 표현해보고 싶은 때가 없었느냐고 물은 적이 있다. 내 질문에 대하여 그는 글을 모르는 사람들을 위해 편지를 대신 읽거나 써준 적은 있으나 자기 생각을 적어보려고 한 적은 한 번도 없었다고 대답했다. 아니, 써보려고 해도 쓰지 못하는 것이 무슨 말로 시작해야 할지도 모르며 게다가 철자법까지 신경을 써야 하니 더 계속하다가는 자기가 죽고 말 것이라는 이야기였다.

어느 저명한 사회 개혁가가 세상이 좀 바뀌는 것이 좋지 않겠는가 하고 그에게 묻는 것을 들은 적이 있다. 그때 그는 놀란 듯한 웃음과 함께 그 특유의 캐나다 억양으로 "아니, 이대로가 좋은데요." 하고 대답했다. 그는 이런 질문이 전에도 제기되었다는 것을 몰랐으리라. 만약 철학자가 그와 교제를 한다면 많은 암시를 받게 될 것이다.

낯선 사람에게 그는 세상 물정을 모르는 사람이라는 인상을 주었다.

그러나 나는 그에게서 전에 보지 못하던 측면을 본 적이 있었다. 그럴 때면 그가 셰익스피어처럼 현명한 사람인지 아니면 단순한 어린애처럼 무지한 사람인지 또는 그가 섬세한 시적인 의식을 가진 건지 아니면 그냥 어리석은 건지 갈피를 잡을 수 없었다. 어떤 마을 사람은 내게 말하기를, 그 나무꾼이 머리에 꼭 맞는 조그만 모자를 쓰고 휘파람을 불면서 마을을 산책하는 모습을 보면 변장을 하고 돌아다니는 왕자가 생각난다는 것이었다.

그가 가지고 있는 책이라고는 연감 한 권과 산술 책 한 권뿐이었는데, 그의 산술 실력은 꽤 높은 편이었다. 연감은 그에게는 일종의 백과사전 같은 역할을 했다. 그는 연감을 인간의 지식이 압축되어 담긴 책으로 보고 있었는데 사실 그렇게 생각해도 틀린 것은 아니다.

나는 현재 신행되는 여러 가지 개혁에 대하여 그의 의견을 물어보곤 했다. 그런데 그때마다 그는 한 번도 그 문제들에 대해 들어본 적이 없었음에도 불구하고 항상 가장 소박하고 실제적인 측면에서 그 문제들을 따져보는 것이었다. 공장工場이 없어도 우리가 생활하는 데 지장이 없을까 하고 내가 물었다. 그는 대답하기를 자기는 집에서 짠 버몬트산産 회색 옷감으로 만든 옷을 입고 있는데 품질에 만족한다는 것이었다. 차나 커피 없이도 지낼 수 있는가, 이 나라에 물 말고 어떤 음료가 있겠는가? 그는 솔송나무 잎을 물에 담가 두었다가 그 물을 마셔보았는데, 더운 날씨에는 맹물보다 낫더라고 대답했다.

돈이 없어도 살 수 있겠는가 하고 물어보자 그는 돈의 편리한 점을 나에게 설명했는데, 그의 설명은 화폐제도의 기원에 대한 가장 철학적인 설명과도 일치했으며, 라틴어로 '돈'을 뜻하는 '페쿠니아'라는 단어의 어원과도 일치했다. 가령 한 마리의 소를 그의 재산으로 친다면, 바늘과 실을 가게에서 살 경우 그때마다 소의 일부분을 그 값만큼 저당잡히는 것은 불편할 뿐만 아니라 불가능하다는 것이었다.

그는 여러 가지 제도를 어떤 학자보다도 더 잘 변호할 수 있었는데, 자기와 관련된 측면을 중심으로 그 제도를 설명하면서 그것이 널리 퍼진 참다운 이유를 지적할 수 있었기 때문이며, 또한 다른 이유들을 찾아 이리저리 숙고해보지 않았기 때문이었다.

또 한 번은 플라톤의 인간에 대한 정의(즉 '깃털이 없는 두발동물')를 듣고, 또 어떤 사람이 털 뽑은 수탉을 들고 그것을 플라톤의 인간이라고 불렀다는 이야기를 듣고서 그는 사람과 닭은 무릎이 각각 다른 방향으로 구부러진다는 것을 지적하며 그것은 중요한 차이점이라고 생각한다는 것이었다. 그는 이따금 이렇게 소리치는 것이었다. "얘기하는 게 이렇게 재미있다니! 정말이지 하루 종일이라도 얘기할 수 있을 것 같군요."

어느 때인가 여러 달 동안 그를 보지 못하다가 만났을 때 나는 여름 동안 무슨 새로운 생각이라도 한 게 있느냐고 물었다. "별말씀을요." 하고 그는 대답했다. "나같이 일이나 하는 사람은 자기가 갖고 있는 생각을 잊어버리지나 않으면 다행이지요. 만약 나와 함께 김을 매는 사람이 김매기 경주를 하자고 한다면 나는 거기에 정신을 쏟을 것 아니겠습니까? 즉 잡초 생각만 할 거라는 거죠." 이처럼 오래간만에 만날 경우 어떤 때는 그가 먼저 나더러 그동안 무슨 발전이 있었는지 묻기도 했다.

어느 겨울날 나는 그더러 항상 자신에게 만족하고 있는지 물은 적이 있다. 나는 그의 외부에 있는 신부神父를 내부에서 대신할 만한 어떤 대체물을 제시하고 인생을 살아가는 데 있어 좀 더 고귀한 어떤 동기를 제시해보고 싶은 생각이 들었던 것이다. "만족이라고요?" 하고 그는 말했다. "사람에 따라 만족도 가지각색이겠지요. 어떤 사람은 가진 것이 넉넉하면 등을 난로 쪽으로 향하고 배를 식탁에 맞대고 하루 종일 앉아있는 것으로 만족할 수도 있겠지요."

나는 별의별 방법을 다 써보았지만 그로 하여금 사물의 정신적인 면을 보게 만들 수는 없었다. 그가 이해하는 것처럼 보이는 최고의 개념은 동물 역시 이해하리라고 생각되는 '단순한 편리' 같은 개념이 고작이었다. 하긴 세상 사람들의 대부분이 그렇다고 할 수 있으리라. 내가 그의 생활 방식에 어떤 개선을 제시하면 그는 별로 후회하는 기색 없이 이미 늦었다고만 대답하는 것이었다. 하지만 그는 성식과 기타 여러 가지의 미덕은 철저히 신봉하고 있었다.

그의 내부에는 비록 사소할망정 어떤 근본적인 독창성이 존재하고 있음을 엿볼 수 있었다. 나는 그가 독자적인 사고를 하고 그 자신의 독창적인 견해를 말하는 것을 볼 경우가 있었다. 이런 현상은 매우 희귀한 것이기 때문에 그런 일을 볼 수만 있다면 나는 아무 때고 10마일을 걸을 용의가 있다. 이 나무꾼의 경우 그의 독창적인 견해는 한마디로 얘기해서 사회의 여러 가지 제도를 재구성해보는 것이었다. 비록 그가 망설이며 자신의 생각을 분명하게 표현하지는 못했지만, 그는 항상 내놓을 만한 사상을 배후에 가지고 있었다. 그러나 그의 사고방식이 너무 원시적인 데다 자신의 동물적 생활 속에 잠겨 있었기 때문에, 비록 그것이 단순한 학식만을 가진 사람의 생각보다 더 유망했을지라도 남에게 전달될 수 있는 형태로 성숙되는 일은 거의 없었다.

이 나무꾼의 존재는 인생의 최하층에도 천재적인 인물들이 존재할지 모른다는 것을 암시했다. 이 사람들은 비록 평생 비천하고 무식한 상태를 벗어나지 못할지라도 항상 독창적인 관점에서 사물을 보며, 그러지 않으면 차라리 전혀 견해가 없는 사람처럼 행동한다.

그리고 그들의 생각은 비록 어두컴컴하고 흙탕물 같을망정 바닥을 알 수 없는 깊이를 가지고 있다. 사람들이 그 깊이를 알 수 없다고 하는 월든 호수와 같다고나 할까.

길을 가던 사람들 중 많은 사람이 나와 내 집의 내부를 보려고 일부러 길을 돌아왔으며, 찾아온 구실로 물 한 잔을 청했다. 나는 나 자신이 음료수로 호숫물을 마신다는 말과 함께 호수 쪽을 가리키면서 물 떠먹을 그릇을 빌려주겠노라고 했다. 나는 외진 곳에 살았지만 사람들이 매년 4월 초하루 전후쯤 해서 나가는 봄나들이의 대상에서 제외되지는 않았다. 나 역시 내 몫에 해당하는 방문객들을 맞이했는데 그중에는 좀 유별난 사람들이 끼어있었다.

예를 들면 빈민 구호소나 그 밖의 곳에 사는 머리가 좀 모자라는 사람들이 찾아올 때가 있었다. 나는 그들이 머리를 전부 짜내어 자신의 신변 이야기를 할 수 있도록 도왔다. 그런 경우 우리는 '머리'를 대화의 주제로 삼았으며 어느 정도 성과가 있었다고 할 수 있다. 그들 중의 몇 사람은 소위 빈민 감독관이나 시의원들보다 실은 더 현명한 사람들이라는 것을 깨달았다. 그래서 이제는 주객이 전도되어야 할 때가 오지 않았나 하는 생각도 들었다. '머리'라는 것도 머리가 온전한 사람과 그렇지 않은 사람 사이에 커다란 차이가 있는 것이 아니라는 점을 알게 되었다.

어느 날 양순하고 머리가 좀 모자라는 가난한 사람 하나가 찾아와서는 나와 같은 생활을 해보고 싶다는 얘기를 했다. 이 사람이 들에서 다른 사람들과 함께 곡식 부대 위에 앉거나 서서 가축들이(또는 자신이) 달아나지 못하도록 인간 울타리 노릇을 하고 있는 것을 전에도 몇 번 본 적이 있었다. 그는 소위 겸손이라는 것을 능가하는, 아니 거기에도 이르지 못하는 극도의 소박성과 진실성을 가지고 자기는 '지적 능력이 결여'되었다고 나에게 말하는 것이었다.

이 말은 그가 한 말을 그대로 인용한 것이다. 하느님이 자신을 그렇게 만들었지만 그래도 하느님은 남들과 마찬가지로 자기를 걱정해준다고 생각하고 있었다. "나는 아이 때부터 항상 그랬어요. 온전한 정신이었던 때가 한 번도 없었습니다. 다른 아이들과는 달랐어요. 정신박약이었던 것이지요. 이것도 하느님의 뜻일 겁니다." 하고 그는 말했다. 그리고 마치 자기 말의 진실성을 입증이나 하려는 듯이 그는 내 앞에 서 있었다.

그는 나에게는 형이상학적인 수수께끼였다. 나는 그처럼 유망한 기반 위에서 동료 인간을 만난 적이 별로 없었다. 그가 한 말은 모두 너무나도 소박하고 진지했으며 거짓이 없었다. 정말이지 스스로를 낮춘 만큼 그는 더 높게 보였다. 처음에는 몰랐지만 그것은 현명한 처신 방법의 결과였다. 이 가난하고 머리가 조금 모자란 가련한 사람이 다져놓은 진실과 정직의 기반 위에서 우리의 교제는 현자賢者들 사이의 교제보다 더 훌륭한 것으로 발전할 가능성이 있어 보였다.

　나는 마을의 극빈자 대열에 끼지는 않았으나 실제로 끼어야 할 사람들, 아무튼 세계의 극빈자 대열에는 낄 만한 사람들의 방문도 받았다. 이 사람들은 손님 대접을 바라는 것이 아니라 '손님 대대접'을 바라는 그런 사람들이다. 그들은 도움을 호소하는데, 그보다 먼저 자기는 스스로의 힘으로 문제를 해결할 생각은 아예 없노라는 뜻을 밝힌다. 나는 손님이 세상에서 제일가는 식욕을 가졌더라도(그가 그 식욕을 어떻게 해서 가지게 되었는지는 모르나), 굶어 죽기 일보 직전의 상태가 되어서 나를 찾아오는 것은 바라지 않는다. 자선의 대상은 손님이라고 할 수 없다. 내가 다시 내 일을 보기 시작했고 점점 더 멀리서 대답하는데도 자기들의 방문이 끝난 줄을 모르는 사람들도 있었다.

　사람들이 철새처럼 이동하는 계절에는 지능 면에서 천차만별인 사람들이 나를 찾아왔다. 어떤 사람들은 자기 힘으로 처리할 수 있는 이상의 지능을 가지고 있어 어쩔 줄 몰라 했다. 농장을 도망쳐 나왔지만 아직도 농장에서 하던 대로 굽실굽실하는 버릇이 남아있는 도망 노예들도 있었다. 이들은 이솝우화에 나오는 여우처럼 자기들 뒤를 쫓아오는 사냥개 소리라도 들리지 않나 해서 때때로 귀를 기울이다가는, "아아, 기독교도여! 당신은 나를 돌려보낼 셈이오?" 하고 말하는 듯 애원하는 눈초리로 나를 쳐다보는 것이었다. 나는 진짜 도망 노예 한 사람을 북극성을 따라 계속 도망칠 수 있도록 도와준 적이 있었다.

　병아리(그것도 실은 오리 새끼인데) 한 마리를 달고 다니는 암탉처럼 한

가지 생각 속에 빠져 있는 사람들이 있었다. 그런가 하면 천 가지 생각과 부스스한 머리를 가진 사람들도 있었는데 이들은 백 마리의 병아리를 떠맡은 암탉과도 같았다. 이 병아리들은 모두 한 마리의 벌레를 쫓다가 그중 스무 마리는 매일 아침의 이슬 속에 길을 잃었으며, 그 와중에 어미 닭은 털이 다 빠지고 온통 지저분한 꼴이 되는 것이었다.

수족手足 대신 여러 가지 착상着想을 달고 다니는 일종의 지적인 지네 같은 사람들도 있었는데 이들을 보면 온몸이 스멀거렸다. 어떤 사람은 화이트 산山에서처럼 방문객들의 이름을 기록하는 명부를 비치해놓을 것을 제안했다. 행인지 불행인지 나는 기억력이 좋아서 그럴 필요가 없었다.

나는 방문객들의 몇 가지 특징을 주목하지 않을 수 없었다. 소년 소녀들과 젊은 여성들은 일반적으로 숲 속에 들어온 것이 좋은 것 같았다. 그들은 호수를 들여다보고 꽃들을 살펴보면서 시간을 선용하였다. 사업가들은 그리고 심지어 농부들까지도 내가 홀로 지내는 점이나 내가 무엇을 하며 먹고사는가 또는 내가 이런 것 저런 것에서 떨어져 사는 불편에 대해서만 관심을 보였다. 그들은 종종 숲 속을 거닐기를 즐긴다고 말하지만 사실은 즐기지 않는 것이 분명했다.

생활비를 버느라 자기의 모든 시간을 다 뺏겨 여유가 없는 사람들, 신에 관한 화제라면 자기들이 독점권을 가진 것처럼 말하며 다른 어떤 견해도 용납하지 못하는 목사들, 의사들과 변호사들 그리고 내가 없는 사이에 나의 찬장과 침대를 들여다보는 무례한 가정주부들(모 부인은 나의 침대 시트가 자기의 침대 시트보다 깨끗하지 않은 것을 어떻게 알았을까?), 안정된 전문직의 닦인 가도를 걷는 것이 가장 안전하다고 결론을 내린 더 이상 젊지 않은 젊은이들, 이 모든 사람들이 한결같이 하는 이야기는 현재 나의 위치에서는 큰일을 할 수 없다는 것이었다.

아! 바로 거기에 문제가 있었다. 나이와 성별을 망라한 이들 늙고 병들고 겁 많은 사람들은 질병과 불의의 사고와 죽음에 대해서만 주로 생각하는 것이다. 그들이 보기에는 인생은 위험으로 가득 찬 것이었다.(그러나 위험에 대해서 생각지 않으면 어떤 위험이 있겠는가?) 그리고 신중한 사람이라면 어디를 가더라도 마을의 의사인 B씨가 바로 달려올 수 있는 안전한 지대를 벗어나서는 안 된다는 것이었다.

그들에게 마을이란 문자 그대로 '커뮤니티', 즉 '공동 방어를 위한 동맹'이었다. 그들은 약상자 없이는 산딸기도 따러 갈 수 없는 사람들이다. 내 말의 요지는, 사람은 살아있는 한 늘 죽음의 위험이 뒤따른다는 것이다. 물론 그 사람이 처음부터 산송장과 비슷하면 비슷할수록 죽음의 위험은 적다고 보아야겠지만. 앉아있는 사람이나 달리는 사람이나 위험의 정도는 똑같은 것이다.

끝으로, 자칭 개혁가들이 있었는데 그들은 모든 사람들 중 가장 귀찮은 사람들이었다. 그들은 내가 영원히 이렇게 노래하고 있는 것으로 생각하는 것이었다.

이것이 내가 지은 집이죠.
바로 이 사람이 내가 지은 집에 사는 사람이죠.

그러나 그들은 세 번째 행이 다음과 같다는 것을 모르고 있었다.

바로 이 사람들이 내가 지은 집에 사는 사람을
귀찮게 하는 사람들이죠.

나는 병아리를 기르지 않으므로 솔개를 두려워하지 않았다. 그러나 나는 사람을 귀찮게 하는 인간 솔개는 두려워했다. 내게는 그런 사람들보다는 훨씬 유쾌한 또 다른 방문객들이 있었다. 딸기를 따러 오는 어린 아이들, 깨끗한 셔츠를 입고 일요일 아침 산보를 나온 철도원들, 낚시꾼들과 사냥꾼들 그리고 시인들과 철학자들. 다시 말하면, 정말로 마을을 뒤에 버려두고 자유를 찾아 숲 속으로 온 모든 정직한 순례자들이 바로 그들이다. 이들을 나는 이렇게 반가이 맞아늘였다. "어서 오시오, 영국인들이여! 어서 오시오, 영국인들이여!"[5] 왜냐하면 나는 이미 이 종족과 친밀한 관계를 맺고 있었기 때문이다.

---

[5] 청교도들이 플리머스 항구에 도착했을 때 인디언 추장인 사모세트가 했다는 환영의 인사말.

7
콩밭

 그러는 동안 밭두둑의 총 연장 길이가 7마일 정도나 되게 심어놓은 나의 콩들은 김매기를 갈망하고 있었다. 가장 먼저 심은 콩들은 마지막 콩을 심기도 전에 상당히 자랐던 것이다. 사실 김매기를 더 이상 늦출 수는 없었다. 이 지속적이고 자존심을 요하는 노동, 이 '헤라클레스의 고난'의 축소판 같은 노동이 어떤 의미를 가지고 있는지 나는 알지 못했다. 그러나 나는 나의 콩밭과 거기에 심어놓은 콩들을 사랑하게 되었다. 내가 바라던 것보다 훨씬 많은 양이기는 했지만.

 콩은 나를 대지에 연결시켜주었으며 나는 안타이오스[1]처럼 대지로부터 힘을 얻었다. 그러나 내가 왜 콩을 길러야 하는가? 오직 하늘만이 알 것이다. 여름 내내 내가 몰두해 있던 이 신기롭기 짝이 없는 일은 그 전엔 양지꽃과 검은딸기와 물레나물 같은 향기로운 야생 열매와 아름다

---

1) 안타이오스 _ 그리스 신화에 나오는 거인으로 대지의 여신의 아들이다. 몸이 땅에 닿고 있는 한은 무적이었으나, 헤라클레스에 의해 공중에 들린 채 목이 졸려 죽었다.

운 꽃들만이 자라던 땅에서 이제는 대신 콩이 나오도록 하는 일이었다.

나는 콩들에게서 무엇을 배울 것이며, 콩들은 나에게서 무엇을 배울 것인가? 나는 콩들을 아껴주며 김을 매주고 아침저녁으로 살펴준다. 이것이 나의 하루 일과이다. 넓적한 콩잎들은 보기만 해도 탐스럽다.

콩밭을 가꾸는 데 이를 돕는 조수들이 있다. 이 마른땅에 물기를 공급해주는 이슬과 비 그리고 척박한 땅에 다소라도 남아있는 생산력이 바로 그것이다. 반대로 나의 적들로는 벌레들과 서늘한 날씨 그리고 그 무엇보다도 우드척을 들 수 있다. 우드척이란 놈들은 4분의 1에이커나 되는 콩을 깨끗이 갉아먹었다. 그러나 내가 무슨 권리가 있어 물레나물과 그 밖의 풀들을 쫓아내며 그들이 예부터 이룩해놓은 잡초의 정원을 망가뜨린단 말인가? 이제 남은 콩들은 곧 우드척을 당해낼 만큼 커질 것이며 또 다른 새로운 적들을 맞이하게 될 것이다.

지금도 생생하게 기억하는 것은 내가 네 살이 되던 해에 보스턴에서 이곳 마을로 이사 올 때 바로 이 숲과 들을 지나오고 월든 호수에도 잠시 들렀던 일이다. 그것은 나의 뇌리에 새겨져 있는 가장 오래된 추억의 장면들 중 하나이다. 오늘 밤 내가 부는 피리 소리는 바로 그때의 호숫물 위에 메아리를 울려퍼지게 하고 있다. 바로 그날의 소나무들이 나보다 더 나이를 먹은 채 여전히 서 있다. 내가 밥 짓는 데 땔감으로 쓰는 나무 그루터기도 그때 서 있던 나무들이 잘린 것인지 모른다.

사방 주위에는 어린나무들이 새로 자라기 시작하여 새로운 어린 눈동자들을 위하여 또 다른 경치를 준비하고 있다. 풀밭에는 옛날과 거의 다름없는 물레나물이 똑같은 다년생 뿌리로부터 싹이 터 자라고 있다.

그리고 드디어 나 자신마저도 꿈같기만 하던 저 어린 시절의 환상적인 경관을 장식하는 데 한몫을 하게 되었다. 내가 숲 속에 사는 흔적과 영향력이 바로 이 콩잎들과 옥수수 잎들 그리고 감자 덩굴에 나타나 있는 것이다.

나는 높은 지대의 땅 2에이커 반가량을 경작했다. 그 땅이 개간된 지 약 15년밖에 되지 않았고, 나 자신이 나무뿌리들을 캐어낸 군데군데의 곳은 처녀지와 다름없었으므로 나는 전혀 거름을 주지 않았다. 그러나 여름내 김을 매면서 파낸 화살촉들로 미루어보면, 백인들이 이 땅에 오기 전에도 지금은 멸망한 인디언 부족이 이곳에 살면서 옥수수 농사와 콩 농사를 지었으며, 그리하여 내가 지금 가꾸고 있는 농작물에 필요한 지력地力을 어느 정도 쇠진시켰던 것 같다.

우드척이나 다람쥐가 아침에 일어나 길을 건너오기 전에, 태양이 떡갈나무 관목들 위에 떠오르기 전에, 그리고 새벽이슬이 한 방울이라도 마르기 전에 나는 콩밭에 자라고 있는 거만한 잡초들을 쓰러뜨리고 그 위에 흙을 덮었다. 농부들은 새벽일을 하지 말라고 한다. 그러나 나는 여러분에게 가능하면 아침 이슬이 있는 동안에 모든 일을 마치라고 권하고 싶다. 이른 아침 나는 마치 조형 미술가처럼 맨발로 이슬을 머금고 있어 잘 부스러지는 모래흙을 밟으며 일을 했다. 그러나 나중에는 햇볕 때문에 발에 물집이 생기곤 했다. 태양이 이 황색의 자갈 많은 고지대의 밭을 비추는 가운데 나는 거의 80미터의 길이로 길게 뻗쳐 있는 푸른 콩 두둑 사이를 천천히 왔다 갔다 하며 김을 맸다.

콩두둑의 한쪽 끝에는 떡갈나무 관목의 숲이 있어서 그 그늘에서 쉴 수 있었다. 다른 끝에는 검은딸기밭이 있었는데, 김을 한차례 매고 돌아올 때마다 푸른색의 딸기들은 한층 더 색깔이 진해져 있었다. 나의 일과는 풀들을 뽑아버리고 콩대 주위에 새 흙을 덮어 격려하며, 이 황색의 흙이 자신의 여름 생각을 쑥이나 개밀이나 피 같은 잡초가 아니라 콩잎으로 나타내도록 설득하고, 그리하여 대지가 '풀!' 하고 외치는 대신 '콩!' 하고 외치도록 만드는 일이었다.

나는 소나 말을 부리지 않았고, 아이 어른 할 것 없이 일체의 고용인을 쓰지 않았으며, 또 개량 농기구의 도움을 전혀 받지 않았기 때문에 일이 몹시 더디었다. 그 대신 콩들과는 한층 더 친숙한 관계를 맺을 수 있었다. 손으로 하는 노동은 아무리 지루한 일이라 하더라도 가장 나쁜 형태의 게으름은 결코 아니다. 노동은 지속적인 불후의 교훈을 담고 있으며 학사에게는 고전적인 성과를 가져올 것이다.

어디로 가는지는 모르나 링컨이나 웨일랜드 마을을 지나 서쪽으로 가는 여행자들에게 나는 '열심히 일하는 농부의 표본'처럼 보였을 것이다. 그들은 이륜마차에 편안히 앉아서 무릎 위에 팔꿈치를 얹어놓고, 말고삐는 화환 모양으로 감아 느슨하게 쥐고 있었다. 그들에게 나는 집에 남아서 힘들게 땅을 파는 농사꾼이었다. 그러나 나의 농원은 곧 그들의 시야와 생각에서 벗어났다. 단지 상당한 거리를 달리는 동안 도로 양쪽에 눈에 띄는 경작지라고는 나의 농원뿐이었으므로 여행자들은 그것을 심심풀이의 대상으로 삼는 것이다.

때때로 여행자들이 자기들끼리 주고받는 잡담과 비평이 밭에 있는 나의 귀에까지 들려오기도 했다. "강낭콩이 저렇게 늦다니! 완두콩이 저렇게 늦다니!" 다른 사람이 김매기를 시작했을 때도 나는 계속 콩을 심었던 것이니 저 농사일을 잘 아는 목사에게는 생각지도 못할 일일 것이다. "여보게, 가축 사료로는 옥수수가 제일이야. 암, 옥수수가 단연 낫지.", "저 사람 저기서 사는 걸까요?" 하고 검은 보닛을 쓴 여자가 회색 외투를 입은 남자에게 묻는다.

얼굴이 험상궂게 생긴 농부 한 사람이 고삐를 당겨 말을 세우더니, 밭에 거름이 전혀 보이지 않으니 어찌 된 영문이냐고 묻는다. 그리고는 톱밥이나 재, 석회 등 무엇이라도 좋으니 거름을 좀 주라고 권한다. 그러나 여기 2에이커 반이 되는 밭이 있었지만 수레 대신에 호미 한 자루와 그 호미를 쥐고 움직이는 두 손이 있었을 뿐이다. 나는 수레와 말이 싫었던 것이다. 게다가 톱밥도 멀리 떨어져 있었다. 같은 마차를 탄 나그네들이 덜거덕거리며 지나가면서 자기들이 이미 지나쳐온 밭들과 나의 밭을 큰 소리로 비교했으므로 나는 농업의 세계에서 내가 어떤 위치를 차지하고 있는지 알게 되었다. 콜맨[2] 씨의 농업 보고서에 포함되지 않은 밭이 있었다면 바로 이 밭이리라.

그런데 사람의 손이 닿지 않는, 좀 더 넓은 야생의 들판에서 대자연이 산출하는 수확물의 가치는 누가 평가할 것인가? 영국 목초는 수확을 하는 즉시 조심스럽게 무게를 달아보고 습도를 재며, 규산염과 가리의 성분 비율을 측정한다. 그러나 모든 골짜기와 호수 그리고 숲과 들과 늪에

---

[2] 헨리 콜맨(1785~1849) _ 미국의 목사 겸 농경제학자. 매사추세츠 주를 위해 네 차례에 걸쳐 농업 보고서를 작성했다.

도 가지각색의 풍성한 작물들이 자라고 있다. 단지 사람의 손에 수확되지 않을 뿐이다.

어느 면에서는 나의 밭은 야생의 들과 경작지를 연결하는 고리와도 같은 위치에 있었다. 마치 어떤 나라들은 개발국이라 하고 또 어떤 나라들은 반半개발국이라고 하며 또 다른 나라들은 미개국이나 야만국이라고 하듯이 나의 밭은 나쁘지 않은 의미의 반半개척지였다. 내가 기르는 콩들은 야생의 원시 상태로 기꺼이 돌아가고 있었으며, 나의 호미는 그들을 위하여 알프스의 목가를 불렀다.

콩밭 바로 옆에 있는 자작나무의 맨 꼭대기 가지에는 갈색 개똥지빠귀(어떤 사람들은 붉은지빠귀라고 부르기도 한다.) 한 마리가 나와 함께 있는 것이 즐겁다는 듯이 아침 내내 노래를 부르고 있다. 내가 이곳에 없었다면 이 새는 다른 농부의 밭을 찾아갔으리라. 내가 씨앗을 심고 있는데 그 새가 소리를 지른다. "씨를 뿌려라, 씨를 뿌려! 흙을 덮어라, 흙을 덮어! 씨를 뽑아라, 씨를 뽑아!"

그러나 이것은 옥수수가 아니므로 그 새와 같은 적들로부터는 안전했다. 내가 씨를 뿌리는 일이 개똥지빠귀의 지저귀는 소리, 즉 그 새가 한 현이나 스무 현 위에 켜대는 서투른 파가니니 연주와 무슨 관계가 있는지 의심스럽기도 했지만, 그래도 재거름이나 석회 거름보다는 그 새의 노랫소리가 씨앗에게는 훨씬 좋을 것 같았다. 그것은 내가 전적으로 신용하는 일종의 값싼 웃거름이었다.

호미로 새 흙을 긁어 콩대 주위에 덮다 보면 호미에 걸리는 것들이 있다. 즉 원시시대에 이곳의 하늘 아래 살았으되 역사에 아무런 기록을 남기지 않은 민족들의 잔재를 건드려 그들이 쓰던 전쟁과 수렵의 작은 도구들이 현대의 햇빛을 받으며 드러난 것이다. 그것들은 다른 자연석들과 섞여 있었는데 그중 어떤 것들은 인디언의 모닥불에 그을린 흔적이 있는가 하면 다른 것들은 햇볕에 탄 흔적이 있었다. 그리고 근래에 이 땅을 개간한 사람들이 가져온 그릇의 파편과 유리 조각 들도 있었다.

내 호미가 돌에 짤그랑하고 부딪히면 그 음악은 숲과 하늘에 울려퍼졌으며, 순간순간 무한한 수확을 거둬들이는 나의 노동에 반주 음악의 역할을 했다. 내가 김을 매고 있는 것은 이미 콩밭이 아니었고 또 콩밭에서 김을 매고 있는 사람은 이미 내가 아니었다. 그리하여 오라토리오 聖譚曲를 들으러 도시에까지 나들이를 간 내 친지들이 혹 생각나는 경우에는 연민의 감정과 더불어 어떤 자부심을 느꼈다.

나는 때로는 하루 종일 일했는데, 맑게 갠 날 오후에는 밤매가 눈의 티처럼, 아니 하늘의 눈의 티처럼 머리 위를 비잉비잉 도는 모습이 보였다. 그러다가 때때로 그 새는 하늘이 갈기갈기 찢어지는 것 같은 소리를 내면서 갑자기 급강하해 내려왔다. 그러나 하늘의 천은 아무런 홈 없이 그대로였다. 하늘을 떠다니다가도 알은 사람들이 잘 찾아낼 수 없는 지상의 모래밭이나 산꼭대기의 바위틈에 낳아놓는 작은 장난꾸러기들. 그들의 모습은 호수에서 떠온 잔물결처럼 아름답고 늘씬하다. 마치 바람에 의하여 공중으로 띄워진 잎사귀들 같다. 자연에는 그처럼 닮은 모습들이 있는 것이다. 매는 그가 공중을 날면서 내려다보는 물결의, 하늘에 있는 형제이다. 공기에 부푼 그의 완벽한 두 날개는 바다의 털 없는 원시적인 날개들에 대응한다.

어떤 때는 한 쌍의 솔개가 하늘을 날면서 높이 치솟았다가는 내려오고, 서로 가까이 갔다가는 떨어지는 모습을 보았는데 그 모습은 마치 나 자신의 생각을 구현이라도 하는 것 같았다. 또 산비둘기들이 이쪽 숲에서 저쪽 숲으로 약간 떨리는 듯한 날갯소리를 내면서 날아가는 것을 보았는데 긴급히 전해야 할 통신문이라도 있는 것 같았다. 그런가 하면 썩은 나무 그루터기 밑을 괭이로 파헤치던 중에 둔중한 몸집을 한 이국적인 점들이 박힌 도롱뇽이 나오기도 했다. 이집트와 나일 강 냄새가 물씬 나는 이놈은 실은 우리와 같은 시대의 생물이다.

내가 일을 멈추고 괭이에 기대어 서 있노라면 밭고랑 어느 곳이었건 간에 이러한 소리들과 광경들을 듣거나 볼 수 있었다. 그것들은 이 땅이 제공하는 무궁무진한 여흥의 일부였던 것이다.

경축일에는 마을에서 대포를 쏘는데, 그 소리가 이 숲 속에서는 딱총 소리 정도로 들리며, 어떤 때는 군악 소리 몇 가닥이 멀리 이곳까지 들리기도 한다. 마을 반대편 끝의 콩밭에 와 있는 나에게는 대포 소리가 말불버섯이 터지는 소리처럼 들렸다. 내가 알지 못하는 군사훈련[3]이 있는 경우, 나는 때로는 지평선에 성홍열이나 두드러기 같은 질병이나 가려움증이 발생할 것 같은 막연한 예감을 온종일 느끼곤 했다. 그러다가 마침내 좀 더 좋은 방향의 바람이 들판과 웨일랜드 도로를 급히 불어올 때에야 민병대가 훈련하고 있다는 것을 알게 되는 것이었다.

멀리서 들리는 그 웅웅 소리를 들으면, 마치 어떤 사람의 벌 떼가 분봉分蜂을 했는데 그의 이웃들이 베르길리우스의 충고대로 가정 도구 중에서 가장 소리가 잘 나는 것을 뚱땅거려서 벌 떼를 벌집 속에 다시 불러들이려는 것 같았다. 그 뚱땅거리는 소리나 웅웅 소리가 다 조용해지고 바람 소리가 더 이상 아무런 소식을 전하지 않게 되면, 나는 사람들이 마지막 수벌마저 미들섹스의 벌통 안에 안전하게 몰아넣었으며, 그들은 이제 벌통에 발려 있는 꿀에만 온 정신을 쏟고 있으리라는 것을 알게 되는 것이었다.

나는 매사추세츠 주와 조국의 자유가 그처럼 안전하게 유지되고 있는 것에 자부심을 느꼈다. 나는 다시 김매기 작업을 하면서도 내 가슴은 말로 표현할 수 없는 신뢰감으로 가득 차 있었다. 그래서 미래에 대해 평온한 믿음을 가지고 나의 일을 기꺼이 계속해나갔다.

여러 악대가 함께 연주할 때에는 온 마을이 거대한 풀무와도 같은 소리를 냈다. 그래서 마을의 모든 집들과 건물들이 요란한 소리와 함께 늘

---

[3] 군사훈련 _ 소로우가 월든 숲에 들어간 다음 해(1846)에 멕시코 전쟁이 일어났다. 그는 이 전쟁을 영토 확장을 위한 침략으로 보고 반대하는 입장에 선다.

어났다 줄었다 하는 것 같았다. 그러나 때로는 정말로 숭고하고 용기를 북돋우는 음악이 명성을 구가하는 트럼펫 소리와 함께 들려왔기 때문에 나는 멕시코 사람이 옆에 있기라도 한다면 꼬챙이로 꿰어버리고 싶은 심정이었다.(이왕 무슨 일을 하려면 철저하게 해야 할 게 아닌가?) 그래서 용맹심을 발휘하여 우드척이나 스컹크라도 있으면 혼내주려고 주위를 둘러보기도 했다.

이 군악 소리는 먼 중동의 팔레스타인에서 들려오는 것 같았으며, 지평선 위를 행군하는 십자군의 모습을 생각나게 했다. 마을 위에 무성하게 뻗어있는 느릅나무 가지들이 이 시끄러운 소리로 인해 떨리는 모습도 아울러서 말이다. 그즈음은 정말 '위대한' 나날들이었다. 그러나 내 밭에서 보이는 하늘이야말로 영원히 변함없는 위대한 모습을 보여주고 있었지만 보통날과 다른 점이라곤 아무것도 없었다.

내가 콩하고 맺은 긴 교제는 좀 특이한 경험이라고 할 수 있었다. 나는 콩을 심고, 김을 매고, 수확하고, 도리깨질하고, 추리고, 그다음에는 이 콩을 팔기까지 했다.(이 마지막 일이 실은 제일 힘들었다.) 참, 콩을 맛보았으니 먹은 것도 넣어야 하겠다. 나는 콩에 대해서 철저하게 알려고 했다. 콩이 자라는 동안 나는 아침 5시부터 정오까지 김을 매주었으며 그 후의 시간은 대개 다른 일을 보았다. 내가 콩밭을 가꾸면서 여러 가지 종류의 잡초들과 맺었던 친숙하면서도 기이하기 짝이 없는 관계를 상상해보라.(이 이야기는 다소 중복되는 데가 있겠는데, 밭 노동 자체가 중복되는 일이 많았다.)

나는 잡초들의 섬세한 조직을 가차 없이 부러뜨렸으며 괭이를 가지고 불공평한 차별 대우를 행사하여 어떤 종류의 식물은 줄줄이 있는 대로 다 잘라버리고 또 다른 종류의 식물은 세심히 보살펴 주었다. 저것은 로마쑥, 저것은 돼지풀, 저것은 괭이밥이고, 저것은 개밀이다. 달려들어 잘라버려라. 뿌리를 뽑아 햇볕에 말려버려라. 가는 뿌리 하나라도 그늘 속에 놔두지 마라. 그렇지 않으면 이틀 만에 다시 일어나 부추처럼 파릇파릇해질 것이다.

이 기나긴 싸움은 학들과의 싸움이 아니라 잡초들, 즉 태양과 비와 이슬을 자기편으로 둔 트로이 사람들과의 싸움이었다. 날마다 콩들은 괭이로 무장한 밭주인이 그들을 구하기 위해 와서는 자신들의 적들을 무찔러 잡초의 시체로 밭고랑을 가득 채워놓는 광경을 지켜보았다. 주위에 운집한 전우들보다 최소한 1피트는 더 높이 솟아 투구의 앞술을 흔들면서 용감하게 싸우던 수많은 헥토르 장군[4]들이 내 무기 앞에 쓰러져 먼지 속에 나뒹굴었다.

그해 여름, 나의 동시대 사람들이 보스턴이나 로마에서 미술에 열중하고, 인도에서 명상에 잠기며, 런던이나 뉴욕에서 사업에 열중하고 있을 때 나를 포함한 뉴잉글랜드의 농부들은 이처럼 농사를 열심히 짓고 있었다. 먹을 콩이 필요해서가 아니었다. 왜냐하면 남이야 콩으로 죽을 쑤든 투표용으로 쓰든 상관할 바 아니겠으나 나 자신은 피타고라스[5]처럼 콩을 싫어하여 콩을 쌀과 바꾸어 먹었기 때문이다. 그러나 비록 비유

4) 헥토르 _ 트로이 왕의 맏아들로 트로이 최고의 용사였다.
5) 피타고라스 _ 고대 그리스의 수학자. 제자들에게 콩을 먹지 말라고 했다는 일화가 있다.

와 문학적 표현을 위해서라도 또는 후일 어느 우화 작가에게 도움을 주기 위해서라도 누군가가 밭에서 일을 해야 하는 것이다. 밭농사는 대체적으로 볼 때 흔치 않은 즐거운 일이었다. 그러나 너무 오래 계속하면 정력의 낭비가 될 수도 있었다.

나는 콩밭에 거름을 전혀 주지 않고, 한꺼번에 밭 전체에 걸친 김매기를 해준 적은 없지만 내 깐에는 김매기에 상당한 공을 들였으며, 그 결과 좋은 결실을 맺을 수 있었다. 저술가 이블린이 말했듯이 "사실 어떠한 퇴비나 거름도 삽으로 이렇게 늘 땅을 파고 또 파서 흙을 뒤집어놓는 것에는 견줄 수 없는" 것이다. 그는 또 다른 곳에서 이렇게 덧붙여 말했다.

"흙은, 특히 신선한 흙은 자체 안에 어떤 자력을 가지고 있어서 그 자력으로 염분과 힘을 흡수한다. 이 힘이 흙에게 생명력을 준다. 우리가 늘 흙을 뒤집고 파헤치는 이유가 바로 거기에 있는 것이다. 인분 비료나 기타 다른 지저분한 퇴비를 쓰는 것은 이 개량법에 대한 차선책에 불과하다."

게다가 나의 콩밭은 "지치고 힘이 빠져 안식일을 즐기는 땅"이었기 때문에 케넬름 딕비 경의 생각처럼 공기로부터 '생명의 영기'를 흡수했는지도 모른다. 아무튼 나는 모두 12부셸의 강낭콩을 수확할 수 있었.

콜맨 씨는 주로 비용이 많이 먹히는 아마추어 농업가의 실험에 대해서만 보고했다는 불평이 있으니까 나의 지출을 비교적 상세하게 보고하면 다음과 같다.

괭이 대금	54센트
쟁기질, 써레질, 고랑 내는 값	7달러 50센트(너무 비싸다.)
강낭콩 종자	3달러 12 1/2센트
씨감자	1달러 33센트
완두콩 종자	40센트
무 씨앗	6센트
허수아비용 흰 실	2센트
말쟁이 및 소년의 품삯(6시간)	1달러
수확 운반용 말수레 삯	75센트
합계	14달러 72 1/2센트

나의 수입은 다음과 같다.("집안의 가장은 사는 습관이 아니라 파는 습관을 들여야 한다."[6])

강낭콩 9부셸 12쿼트 판매 대금	16달러 94센트
큰 감자 5부셸	2달러 50센트
작은 감자 9부셸	2달러 25센트
풀	1달러
콩대	75센트
합계	23달러 44센트

6) 카토가 그의 《농사론》에서 한 말이다.

앞서 말한 것처럼 순이익금은 8달러 71 1/2센트였다. 내가 콩을 재배하면서 얻은 경험의 결과는 다음과 같다. 6월 초순경, 하얀 보통의 강낭콩 중에서 싱싱하고 둥그런 순종純種을 골라 두둑과 두둑 사이는 3피트, 콩과 콩 사이는 18인치로 띄워 심는다. 처음엔 벌레를 조심하며 빈 틈이 있으면 다시 심어서 메운다. 그다음엔 개방된 밭 같으면 우드척을 조심한다. 우드척은 밭을 지나면서 맨 처음 나온 새싹들을 깨끗이 갉아 먹기 때문이다. 그리고 새 넝쿨이 나올 때에는 그것을 알아차리고는 다람쥐처럼 똑바로 서서 콩꽃의 봉오리와 콩꼬투리가 달린 넝쿨을 그대로 잘라버린다. 그러나 무엇보다도, 가능한 한 일찍 수확을 하도록 하여 서리를 피하고 최적의 판매 시기를 잡는다. 또 그렇게 함으로써 큰 손실을 예방할 수 있다.

그 밖에도 나는 다음과 같은 경험을 얻었다. 나는 이렇게 혼잣말을 한 적이 있었다. 내년 여름에는 콩과 옥수수를 그처럼 열심히 심지 말고 씨앗만 있으면 성실, 진리, 소박, 믿음, 순수 등의 씨앗을 심어, 적은 노력과 거름을 주더라도 그것들이 이 땅에서 자라나 나의 양식이 될 수 있을 것인지를 지켜보자. 왜냐하면 이 땅은 그런 씨앗들을 키우지 못할 만큼 메마르지는 않았을 테니까.

아아, 이제 다음 해의 여름이 지나갔다. 그리고 그다음 여름과 또 다른 여름마저 지나갔다. 그런데 독자 여러분, 내가 여러분들에게 고백하지 않을 수 없는 것은 내가 심은 씨앗들이, 내가 저 아름다운 덕德들의 씨앗이라고 믿었던 그 씨앗들이 벌레를 먹었는지 또는 생명력을 잃었는지 싹이 트지를 못했다는 것이다.

사람들은 흔히 자기 아버지가 용감했던 만큼만 또는 겁쟁이였던 만큼만 용감성을 발휘하려고 한다. 수백 년 전에 인디언들이 옥수수와 콩을 심고 또 최초의 백인 개척자들에게 가르쳐준 방법 그대로, 요즈음 세대의 사람들은 매년 꼬박꼬박 옥수수와 콩을 심고 있다. 마치 그것이 자기들의 숙명이기라도 한 것처럼. 얼마 전 나는 어느 노인이 괭이를 가지고 적어도 일흔 개의 구멍을 열심히 파고 있는 놀라운 광경을 보았는데 그 구멍은 자기가 누울 무덤은 아니었다.

왜 우리 뉴잉글랜드 사람들은 새로운 모험을 시도하지 않는가? 어찌하여 곡물이나 감자, 건초와 과수원에만 그처럼 신경을 쓰고 다른 수확물은 가꾸지 않는가? 왜 우리는 종자용 콩에는 그처럼 관심을 쏟으면서 새로운 인간 세대에 대해서는 무관심한가? 우리가 만약 어떤 사람을 만났을 때, 내가 말한 여러 가지 미덕들이(우리는 모두 미덕들을 다른 산물보다 더 큰 자랑으로 삼고 있지만 그것들은 대개 바람에 날리는 씨앗처럼 공중을 떠돌고 있을 뿐이다.) 그 사람 안에 뿌리를 박고 자라고 있는 것을 본다면, 우리는 진실로 그로부터 정신적인 자양滋養과 위안을 얻지 않겠는가?

가령 우리가 길을 가다가 '진실'이나 '정의' 같은 섬세하고 미묘한 미덕을(비록 그 양이 소량이고 새로운 변종이라 할지라도) 보았다고 하자. 해외에 나가 있는 우리의 대사들은 이러한 미덕들의 씨앗을 본국에 보내도록 훈련을 받아야 하며, 의회는 그 씨앗이 전국에 분포되도록 노력해야 할 것이다. 우리는 성실에 대하여 격식을 차려서는 안 된다. 인격과 우정의 핵核만 있으면 우리는 비열한 행동으로 서로를 속이고 욕하고 쫓아내지는 않을 것이다.

우리는 이처럼 바쁜 듯이 서로를 만나서는 안 되겠다. 나는 요즈음 사람들을 거의 만나지 않는다. 그들이 시간이 없는 것 같으니 말이다. 그들은 콩 농사를 짓느라고 바쁘다. 그처럼 늘 분주하게 일하는 사람과는 상대하고 싶지 않다. 그들은 일하다가 쉬는 틈에는 괭이나 삽을 지팡이 삼아 기대는데, 버섯과는 달리 지상에서 반쯤 떨어져 있으며, 꼿꼿이 서 있다기보다는 마치 땅 위에 내려 걷고 있는 제비와도 같은 모습을 하고 있다.

"그리고 그가 말을 할 때는 그는 날개를 이따금씩,
 날아가려는 듯이 폈다가는 다시 접곤 했다."

그래서 그들과 이야기를 하노라면 우리가 전사와 내화를 하고 있는 것이 아닌가 하는 생각이 드는 것이다.

빵이 항상 우리를 배부르게 하지는 못한다. 그러나 인간이나 자연 가운데에서 어떤 너그러움을 깨닫는 것은, 그리고 순수하고 영웅적인 기쁨을 함께 나누는 것은 반드시 우리에게 이익이 된다. 더욱이 그것은 우리가 우리 괴로움의 원인을 모르는 경우에도 우리의 굳은 관절을 풀어 주고 우리로 하여금 유연성과 탄력성을 지니게 한다.

농사가 한때는 신성한 예술이었음을 옛 시詩와 신화는 최소한 암시를 하고 있다. 그러나 지금 우리는 대형 농장과 대량 수확만을 목표로 삼은 나머지 성급하고 생각 없이 농사를 짓고 있다. 농부로 하여금 자기 직업의 신성함을 표현하고, 또 그 직업의 거룩한 기원을 회상하도록 하는 축제나 행사나 의식이 전혀 없다. 이것은 가축 품평회나 소위 추수감사절이라는 것을 포함해서 하는 이야기이다. 농부의 관심은 오직 눈앞의 이익과 때려먹는 잔치에만 있다. 그는 농업의 여신이나 대지의 신에게 제사를 지내지 않고 지옥의 황금신에게 제사 지내고 있다.

탐욕과 이기심 때문에 그리고 토지를 재산으로 보거나 재산 획득의 주요 수단으로 보는 누구나 벗어나지 못하는 천한 습성 때문에 자연의 경관은 불구가 되고 농사일은 품위를 잃었으며, 농부는 그 누구보다도 비천한 삶을 영위하고 있다. 농부는 자연을 약탈의 대상으로만 알고 있다. 카토는 농사에서 생기는 이익은 그 무엇보다 성스럽고 정당한 것이라고 말했다. 그리고 로마의 대학자 바로에 의하면, 고대 로마인은 "대지를 어머니라고 부르기도 하고 농업의 여신 케레스라고 부르기도 했다. 그들은 땅을 경작하는 사람들은 경건하고 유익한 삶을 살고 있으며 그들만이 사투르누스[7] 왕족의 유일한 후손이라고 생각했다." 우리가 흔히 잊기 쉬운 것은, 태양은 인간의 경작지와 대초원과 삼림지대를 차별 없이 똑같이 내려다보고 있다는 것이다. 그것들은 태양의 광선을 똑같이 반사하거나 흡수한다. 인간의 경작지는 태양이 매일 지나다니는 길에 내려다보는 멋진 풍경의 작은 부분일 뿐이다. 태양의 눈에 이 지구는 두루두루 잘 가꾸어진 하나의 정원인 것이다. 그러므로 우리는 태양의 빛과 열의 혜택을 이에 상응하는 믿음과 아량으로 받아들여야 할 것

---

7) 사투르누스 _ 주피터(그리스 신화의 제우스와 동일시되는 로마의 최고 신)의 아버지. 인간에게 농사를 가르쳤다고 한다.

이다. 내가 이 종자 콩들을 소중히 여겨 가을에 수확한다고 한들 그것이 무슨 대수이겠는가? 내가 그토록 오래 보살펴온 이 넓은 밭은 나를 진짜 경작자로 보지 않고 밭에 물을 주고 밭을 푸르게 만드는, 보다 친절한 자연의 어떤 힘을 더 따르는 것이다.

이 콩의 결실을 내가 다 거둬들이는 것은 아니다. 이 콩들의 일부는 우드척을 위해서 자라고 있는 것이 아니겠는가? 밀의 이삭이 농부의 유일한 희망이 되어서는 안 되겠으며, 그 낟알만이 밀대가 생산하는 모든 것은 아닌 것이다. 그렇다면 우리의 농사가 실패하는 일이 있겠는가? 잡초들의 씨앗이 새들의 주식일진대, 잡초가 무성한 것도 실은 내가 기뻐해야 할 일이 아닌가? 밭농사가 잘되어 농부의 광을 가득 채우느냐 아니냐는 비교적 중요한 일이 아니다. 금년에 숲에 밤이 열릴 것인지 아닌지 다람쥐가 걱정을 않듯 참다운 농부는 걱정에서 벗어나 자기 밭의 생산물에 대한 독점권을 포기하고, 자신의 최초의 소출뿐만 아니라 최종의 소출도 제물로 바칠 마음의 자세를 가져야 할 것이다.

8
마을

밭에서 김을 매거나 글을 읽거나 쓰는 것으로 오전을 보낸 나는 다시 호숫물 속에 몸을 담그기가 일쑤였다. 운동 삼아 호수의 작은 만을 이쪽에서 저쪽으로 헤엄쳐 건너면서 노동의 먼지를 몸에서 말끔히 씻어내고, 공부하면서 생긴 주름살을 모두 펴놓았다. 그런 다음 오후에는 완전히 자유로운 몸이 되었다.

날마다 또는 하루 걸러쯤 나는 세상 이야기를 들으러 마을로 산책을 나갔다. 마을에서는 이 사람에서 저 사람에게로, 또 이 신문에서 저 신문으로 이야깃거리들이 끊임없이 퍼져 돌아다니고 있었다. 이 세상 이야기들을 동종요법同種療法에서처럼 적은 양을 취하면 살랑거리는 잎사귀 소리나 개구리 울음소리처럼 상쾌하기 그지없었다.

새들과 다람쥐들을 보려고 숲 속을 거닐었던 나는 이제 어른과 아이들을 보려고 마을을 거닐었다. 소나무 사이를 부는 바람 소리 대신에 마을에서는 수레들이 덜커덩거리며 굴러가는 소리가 들렸다. 나의 집에서 어느 방향으로 가면 강가의 풀밭에 사향쥐가 모여 사는 마을이 있었다. 그리고 그 반대편의 지평선에는 우거진 느릅나무들과 플라타너스들 밑에 바삐 움직이는 인간들의 마을이 있었다. 이들 인간들은 대초원에 굴을 파고 사는 프레이리 다람쥐만큼이나 내 눈에는 신기하게 보였는데, 그들은 각자의 굴 앞에 앉아있다가도 이야깃거리를 주고받으려고 이웃의 굴로 쪼르르 달려가는 것이었다. 나는 그들의 습성을 관찰하러 자주 마을로 나갔다.

마을은 하나의 커다란 뉴스 열람실 같았다. 마을의 한쪽에는 뉴스의 독자들에게 자양분을 공급하기 위하여 전에 보스턴의 스테이트 가에 있는 레딩 상사商社가 그랬듯이 호두, 건포도, 소금, 밀가루와 다른 식료품들을 팔고 있었다. 어떤 사람들은 앞의 상품, 즉 뉴스에 대한 엄청난 식성과 튼튼하기 짝이 없는 위장을 가지고 있어, 큰길가에 꼼짝하지 않고 언제까시라도 앉아서는 뉴스의 바람이 지중해의 계절풍처럼 속삭이며 지나가는 소리를 듣고 있었다. 그들은 마취 액을 흡입하듯이 뉴스를 흡입하고 있었다. 그래서 의식에는 아무런 영향 없이 고통에 대한 마비와 무감각만을 가져오도록 했는데, 그렇지 않으면 뉴스고 무엇이고 듣는다는 자체가 때로는 너무나도 괴로울 것이기 때문이었다.

마을을 거닐다 보면 이 양반들의 모습을 거의 언제나 볼 수 있었다. 이들 중 어떤 이들은 줄지어 사다리에 앉아 햇볕을 쪼이며 상반신을 앞으로 숙이고는 게슴츠레한 눈으로 신문 기사의 줄을 이리저리 훑어보고 있었다. 또 다른 이들은 호주머니에 양손을 집어넣고 창고 앞에 기대어 서 있었는데, 마치 여인상 모양의 기둥처럼 창고를 받치고 있는 인상을 주었다. 그들은 거의 언제나 밖에 나와 있었으므로 바람결에 들려오는 소식은 모두 듣고 있었다. 그들은 말하자면 일종의 투박한 제분기製粉機였으니, 소문이란 소문은 우선 이 속에서 거칠게 바수어진 다음에야 집 안의 보다 정밀하고 섬세한 깔때기 안으로 넣어지는 것이었다.

내가 보는 마을의 심장부는 식료품 가게와 술집, 우체국과 은행이었다. 그리고 이 심장부의 필수 비품으로 마을 사람들은 종과 대포와 소방차를 편리한 곳에 비치해두고 있었다. 지나가는 사람을 최대한으로 우려먹을 수 있도록 집들이 서로 마주 보고 있는 모양이나 골목길의 위치 같은 것을 교묘히 배열해놓았으므로, 마을을 통과하는 여행자는 '몰매형벌'[1]을 받게 되어 남자, 여자, 아이 들 할 것 없이 모두 한 방씩 그 사람을 갈길 수 있었다.

물론 줄의 맨 앞 가까이 자리 잡은 사람들은 가장 잘 볼 수 있고 또 가장 눈에 잘 띄는 곳이어서 맨 먼저 여행자를 갈겨줄 수 있으므로 그 장소에 대하여 가장 비싼 값을 지불하였다. 그러나 마을의 변두리에 흩어져 사는 몇몇 주민들은 그곳에 이르면 몰매 형벌의 줄에는 커다란 틈이 생겨 여행자는 담을 넘거나 또는 샛길로 빠져 도망칠 수 있으므로 매우 적은 토지세나 창문세만을 지불하였다.

길 가는 사람을 유혹하기 위하여 사방 여러 군데에 간판이 내걸려 있

---

1) 몰매 형벌gauntlet _ 예전에 서양의 사관학교 생도나 선원을 처벌할 때 쓰던 형벌의 일종. 매를 든 사람들이 두 줄로 서로 마주 보고 서 있으면 형벌을 받은 사람은 그 가운데를 나아가면서 매를 맞도록 되어있다.

었다. 술집과 식료품점은 식욕을 미끼로 그를 낚으려 했고 포목점과 보석상은 사치심을 미끼로 썼다. 이발소와 구두 가게와 재봉사는 각각 여행자의 머리털과 발목과 치맛자락을 잡으려고 했다. 이런 유혹 말고도 나는 집집마다 아무 때나 방문을 해달라고 하는 더 무서운 초청장을 받아놓은 상태였으며, 이때쯤이면 내가 들러주기를 기대하는 사람들도 있었다. 나는 몰매 형벌을 받을 사람에게 흔히 주는 충고대로 이것저것 생각하지 말고 목표 지점을 향하여 과감하게 나아가거나 또는 "칠현금의 소리에 맞추어 신의 영광을 큰 소리로 찬미함으로써 사이렌 마녀들의 노랫소리를 압도하여 위험을 모면한" 오르페우스[2]처럼 고상한 생각에 몰두함으로써 이러한 위험들로부터 거뜬히 벗어났다.

　어떤 때 나는 갑자기 길에서 뛰어 도망쳤으므로 아무도 나의 행방을 알지 못하였다. 왜냐하면 나는 체면 같은 것은 별로 따지지 않고 울타리에 개구멍이라도 있으면 주저하지 않고 빠져나갔기 때문이다. 나는 남의 집에 불쑥 뛰어드는 짓도 예사로 했는데, 그 집에서 대접을 잘 받는 체로 마지막 걸러낸 뉴스의 핵심, 즉 바닥에 가라앉은 부분을 청취하고, 전쟁과 평화에 대한 전망과 세상이 조금 더 지탱될 것인지 아닌지를 알아본 다음 뒷길로 해서 나와 다시 숲으로 도망쳐왔다.

　밤늦게까지 마을에 머물다가 다시 집으로 올 때는, 특히 깜깜하고 폭풍이라도 불 것 같은 밤에 환하게 불이 켜진 어느 집 사랑방이나 강연장을 뒤로하여 호밀이나 옥수수 가루 한 부대를 어깨에 메고 숲 속에 있는

---

2) 오르페우스_ 그리스 신화에 나오는 뛰어난 음악가 겸 시인.

나의 아늑한 항구를 향해 떠나올 때는 기분이 그처럼 상쾌할 수가 없었다. 그런 때 나는 배의 외부를 꼭 닫아버린 채 나의 외부적 인간만을 키잡이로 남겨놓고는, 아니 뱃길이 순조로울 때는 키마저 고정시켜버리고는 사념思念들이라고 하는 유쾌한 선원들과 함께 갑판 밑의 선실로 들어가는 것이었다. '항해를 하면서' 나는 선실의 난롯가에 앉아 많은 즐거운 생각을 했다. 나는 심한 폭풍우를 만나기는 했지만 어떤 경우에도 표류를 하거나 조난을 당한 적은 없었다.

보통날 밤에도 숲 속은 사람들이 생각하는 것보다 더 어둡다. 몹시도 어두운 밤에 숲 한가운데를 지날 때는, 나는 나아갈 길을 알기 위하여 자주 나무들 사이의 공간을 쳐다보아야 했으며, 수레바퀴 자국도 없는 데서는 나 자신이 전에 밟고 다녀 생긴 희미한 발자국을 발로 더듬어 찾곤 했다. 그리고 가령 사이가 18인치 정도밖에 떨어지지 않은 두 그루의 소나무 사이를 통과할 때의 경우에는 전에 알고 있던 나무들의 위치를 짐작하여 손으로 더듬어가며 지나기도 했다.

때로 깜깜하고 무더운 밤 늦게 보이지 않는 길을 발로 더듬으며 오면서 몽상에 빠지거나 다른 생각에 깊이 몰두할 경우에는 문의 걸쇠를 올리려고 손을 들 때에야 비로소 정신이 드는데, 이런 때는 내가 걸어온 길이 한 발자국도 생각이 나지 않는 것이었다. 그래서 나는 손이 아무런 도움 없이도 입을 찾듯이 내 몸도 주인이 버리더라도 집을 찾아올 것이라는 생각을 했다.

몇 번인가, 나를 찾아온 손님이 저녁 늦게까지 있다가 돌아가는 경우가 있었다. 깜깜한 밤에는 집 뒤쪽으로 난 수레 길까지 그를 안내하고 그가 가야 할 방향을 알려주었는데, 그런 때 그는 눈이 아니라 발로 길을 더듬어 돌아가야만 했다. 어느 칠흑같이 어두운 밤, 나는 호수에서 낚시질하던 두 청년에게도 그런 식으로 길을 가르쳐 주었다. 그들은 숲 속으로 해서 약 1마일쯤 떨어진 곳에 살고 있었으며 평소 그 길을 잘 알고 있는 터였다. 하룬가 이틀 후엔가 두 청년 중 한 사람이 나에게 말하기를, 그들은 자기네 집 근처에서 거의 온밤을 헤맸으며, 새벽녘에야 겨우 집에 돌아갔다는 것이었다. 게다가 밤새 몇 차례 심한 소나기가 내리고 나뭇잎들이 젖어있어서 완전히 물에 빠진 생쥐 꼴이 되었다고 덧붙이는 것이었다.

속담에도 있듯이 어둠을 칼로 자를 수 있을 만큼 깜깜한 밤에는 마을의 한길에서도 길을 잃는 경우가 자주 있다는 얘기를 들었다. 교외에 사는 사람들이 마차를 타고 마을에 물건을 사러 왔다가 하룻밤을 묵어야 한 적도 있으며, 나들이를 가던 신사 숙녀가 발만으로 보도를 더듬으며 가다가 언제 옆길로 들어선지도 모르고 계속 가게 되어 반 마일이나 길을 빗나간 적도 있었다고 한다.

어느 때이고 숲 속에서 길을 잃는다는 것은 놀랍고도 기억해둘 만한 경험이며 소중한 경험이기까지 하다. 특히 대낮이라도 눈보라가 치는 경우에는 낯익은 길 위로 나왔더라도 어느 쪽으로 가야 마을에 이르게 되는지 알 길이 없다. 자신이 이 길을 천 번이나 지나다닌 것은 알지만 그 길의 특징 하나 알아볼 수 없어 마치 시베리아의 길처럼 낯설기만 한 것이다. 밤에는 물론 그 당혹감이란 비할 수 없이 더 큰 것이다.

사소한 걸음을 옮길 때에도 우리는 무의식적으로나마 늘 수로水路

안내인처럼 잘 알려진 등대나 해안의 돌출부를 표지 삼아 배를 조종하며, 일상의 항로를 벗어나는 경우에는 근처의 갑岬의 위치를 항상 마음속에 두고 있다. 그래서 완전히 길을 잃어버리거나 한 바퀴 빙 돌려지거나 하기 전에는(인간이 세상에서 길을 잃으려면 눈을 감은 채로 한 바퀴 빙 돌려지기만 하면 되니까.) 우리는 대자연의 거대함과 기이함을 깨닫지 못한다. 잠에서 깨어나든 몽상에서 깨어나든, 사람은 그때마다 나침반의 위치를 다시 눈여겨보아야 할 것이다. 길을 잃고 나서야, 다시 말하면 세상을 잃어버리고 나서야 비로소 우리는 자기 자신을 발견하기 시작하며, 우리의 위치와 우리의 관계의 무한한 범위를 깨닫기 시작한다.

첫 번째 여름이 끝나가던 어느 날 오후, 나는 구둣방에서 구두를 찾으려고 마을에 갔다가 체포되어 투옥을 당했다. 그 이유는 다른 데[3]서도 기술한 바와 같이 나는 의사당 문 앞에서 인간을 남녀노소 할 것 없이 가축처럼 매매하는 국가에게는 세금을 낼 수 없었고 그 권위도 인정할 수 없었기 때문이다. 내가 숲에 들어간 것은 정치적이 아닌 다른 목적이 있어서였다. 그러나 한 인간이 어디를 가든 사람들은 그의 뒤를 쫓아와 그들의 더러운 제도를 가지고 그를 거칠게 다루며, 어떻게 해서라도 필사

---

3) 흑인 노예제도와 멕시코 전쟁에 반대했던 소로우는 항의의 표시로 세금 납부를 거부했으며, 그 결과 감옥에 가게 된다.(친척 한 사람이 몰래 세금을 대납했기 때문에 그는 다음 날로 풀려 나왔다.) 그는 자신의 입장을 〈시민의 불복종〉이라는 글로 발표했는데, 이 글은 후일 톨스토이와 간디에게 깊은 감명을 주게 된다. 여기서 '다른 데'라는 것은 〈시민의 불복종〉을 가리킨다.

적인 상황에 몰린 자신들의 '괴이한 공제조합'[4]에 그를 강제로라도 붙들어 매려고 한다.

물론 나는 효과가 있든 없든 무력으로 저항을 할 수도 있었고, 사회에 대해 '미친 듯이 날뛸' 수도 있었으리라. 하지만 나는 차라리 사회가 나에 대해 '미친 듯이 날뛰는' 모습을 지켜보기로 했다. 왜냐하면 자포자기적인 것은 그쪽 편이니까. 그러나 나는 그다음 날로 석방이 되었다. 그래서 수선한 구두를 찾아가지고 숲으로 돌아왔으며 곧바로 페어헤이번 언덕에 올라가 산딸기로 점심을 들었다.

나는 국가를 대표하는 사람들 말고는 그 누구한테서도 괴롭힘을 받은 적이 없다. 내 집에는 원고를 넣어둔 책상 말고는 자물쇠나 빗장 같은 것이 없었으며, 문의 걸쇠나 창문 위에 못 하나 꽂아놓지 않았다. 밤이고 낮이고 문을 삼근 적이 없었다. 며칠 동안 집을 비웠을 때도 그랬고, 심지어 다음 해 가을에 메인 주의 산속에서 두 주일간을 보냈을 때도 그랬다. 그래도 나의 집은 일단의 병사들이 그 집을 둘러싸고 지켰을 경우보다도 더 존중을 받았다.

숲을 산책하다가 피로를 느낀 사람은 내 집의 벽난로 앞에 앉아 몸을 녹일 수 있었으며, 문학적인 취향을 가진 사람이라면 탁자 위에 놓인 몇 권의 책을 뒤적이며 즐길 수 있었으리라. 또한 호기심 많은 사람은 내가

---

[4] '괴이한 공제조합' _ 원문에는 'odd-fellow society'로 되어있다. 18세기 영국에서 창립된 일종의 비밀 공제조합이었던 Independent Order of Odd Fellows에서 빌려온 말로, 국가권력의 대행자들을 odd fellows(괴상한 녀석들)로 풍자하고 있다.

점심에 무엇을 먹고 남겨놓았으며 저녁 식사로는 무엇을 먹으려고 하는지를 알 수 있었으리라.

그러나 온갖 계층의 많은 사람들이 내 집 근처를 지나 호수를 다녀갔지만 이들로부터 어떤 심각한 불편을 겪은 적이 없으며, 조그만 책 한 권 말고는 아무것도 잃어버린 것이 없다. 그 책은 호머의 작품으로 지나치게 금박을 입힌 것이었는데, 지금쯤은 그 가치를 아는 사람의 수중에 다시 들어가 있을 것으로 생각된다.

만약 모든 사람들이 그 당시 내가 생활했던 것처럼 소박하게 산다면 절도나 강도는 존재하지 않으리라는 것을 나는 확신하고 있다. 이러한 일들은 일부 사람들이 충분한 정도 이상의 재물을 소유하고 있는 데 반하여 다른 사람들은 필요한 만큼도 갖지 못한 사회에서만 일어나는 것이다. 포프가 번역한 호머의 책들은 곧 적절하게 배포될 것이다.

"너도밤나무 그릇으로 만족하던 시절에는
사람들은 전쟁으로 고통받지 않았으니."

"그대, 정치하는 사람들이여, 형벌을 쓸 필요가 어디 있는가? 그대들이 덕을 사랑하면 백성들도 덕을 사랑할 것이다. 윗사람의 덕은 바람과 같고 평민의 덕은 풀잎과 같다. 풀잎들은 그 위에 바람이 불면 고개를 숙이게 되어있다."[5]

---

5) 《논어》 제12편 19절.

9
호수

사람들과 만나서 이야기하는 것에 지겨움을 느끼고 마을의 친구들에게도 싫증을 느낄 때면 나는 평상시에 돌아다니는 영역을 벗어나 거기서 훨씬 더 서쪽으로 발걸음을 옮기곤 했다. 즉 "새로운 숲과 새로운 풀밭"을 찾아 사람늘이 잘 가지 않는 곳으로 갔던 것이다. 때로는 해 질 무렵에 페어헤이번 언덕에서 허클베리나 월귤의 열매로 저녁 식사를 하고 며칠분을 더 따가지고 오기도 했다.

과일은 그것을 사먹는 사람이나 시장에 내다 팔기 위하여 재배하는 사람에게는 결코 그 참다운 맛을 보여주지 않는다. 그 맛을 보는 방법은 오직 한 가지뿐인데, 이 방법을 택하는 사람은 얼마 되지 않는다. 허클베리의 참 맛을 알려거든 소 모는 소년이나 들꿩에게 물어보라. 허클베리를 손수 따보지 않은 사람이 허클베리 맛을 안다고 생각하는 것은 흔히 범하는 잘못된 생각이다.

허클베리는 보스턴까지는 결코 오지 않는다. 예전에는 보스턴의 세 언덕에 허클베리가 자생했지만 지금은 그 도시에서 참다운 허클베리를 찾아볼 수 없다. 장사꾼의 수레에 실려 오면서 허클베리의 과분果粉만 문질러 없어지는 것이 아니라 이 과일의 가장 중요한 부분인 불사약 성분도 같이 사라지는 것이다. 남은 것은 단지 식품으로서의 딸기일 뿐이다. 영원한 정의가 살아있는 한 순수한 허클베리는 단 한 알도 산골에서 도시로 가져오지 못할 것이다.

어떤 때 나는 그날의 김매기 작업이 끝나면 아침부터 호수에서 성급한 마음으로 낚시질을 하고 있던 친구에게로 가서 어울렸다. 그는 물 위에 떠 있는 오리나 나뭇잎처럼 아무 말 없이 미동도 하지 않고 오직 낚시에만 몰두해 있었는데, 내가 그에게 갈 때쯤이면 이 철학, 저 철학을 실천해본 끝에 자신은 옛 수도회의 수사[1]라는 결론을 내리고 있었다.

이 친구 말고도 고기를 잘 잡고 목각 기술도 뛰어난 낚시꾼 노인이 한 사람 있었다. 그는 내 집을 낚시꾼들의 편의를 위해 지어진 집으로 보고 있었는데 나 역시 그가 내 집 문 앞에 앉아 낚싯대를 손보고 있는 것이 그리 싫지가 않았다. 가끔 우리는 호수에 배를 띄우고 제각기 배의 한쪽 끝을 차지해 앉아있곤 했다. 최근에 와서 노인의 귀는 거의 들리지 않았으므로 두 사람 사이에는 말이 별로 없었다. 노인만이 이따금씩 찬송가를 흥얼거릴 따름이었다. 이것은 나의 철학과도 어울리는 것이었다. 그와 나의 친교는 깨어지지 않는 조화의 친교였으며, 말이 개입된 경우보

---

[1] 원문에는 Coenobites로 되어있다. '수도회의 수사'라는 의미지만 발음이 see no bites(고기가 하나도 안 물린다.)와 똑같은 것을 이용하여, 낚시에 몰두한 수도승 같은 모습과 고기가 잡히지 않는 것을 동시에 표현했다.

다 뒷날 회상하기에 더 즐거운 것이 되었다. 거의 늘 그랬지만 혼자라서 이야기를 나눌 상대가 없을 때는 나는 노로 뱃전을 침으로써 메아리를 울리게 하곤 했다. 그 뱃전을 친 소리는 원을 그리면서 점점 팽창하는 소리가 되어 호수를 둘러싸고 있는 숲을 가득 채우고는, 마치 동물원의 조련사가 야수들을 자극하여 울음소리를 내게 하듯 숲을 뒤흔들어서는 마침내 모든 숲의 골짜기와 산허리로부터 우르릉대는 소리를 끌어냈다.

날씨가 훈훈한 밤에는 자주 보트를 띄우고 그 안에 앉아 피리를 불었다. 내 피리 소리에 매혹된 듯한 퍼치들이 배 주위를 떠나지 않고 헤엄치는 모습을 볼 수 있었다. 또 숲의 잔해가 깔린 이랑 진 호수 바닥을 달이 비추는 모습도 보였다.

예전에 나는 깜깜한 여름밤에 가끔 친구 한 사람과 함께 모험하는 기분으로 이 호수에 왔다. 우리는 고기를 유혹하기 위하여 물가에 불을 피워놓고서 실에 매단 지렁이들을 미끼로 메기를 잡았다. 밤이 늦어 낚시질이 끝나면 불붙은 나뭇가지를 폭죽이라도 되는 것처럼 하늘 높이 던졌는데, 그것은 호수에 떨어질 때 '쉬익' 하고 큰 소리를 내면서 꺼지는 것이었다. 그와 동시에 우리는 갑자기 칠흑 같은 어둠 속에 휩싸이면서 주위를 더듬어야 했다. 우리는 이 어둠을 뚫고 휘파람을 불면서 사람들이 사는 곳으로 나왔다. 그러나 이제 나는 호수 바로 옆에 내 집을 마련했다.

때때로 나는 마을의 어떤 집 사랑방에 늦게까지 앉아있다가 그 집 식구들이 모두 잠자리에 들 때에야 일어나 숲으로 돌아왔다. 그리고는 다음 날의 점심거리라도 낚을 겸 심야의 몇 시간을 달빛 아래서 배낚시 하는 데 보내곤 했다. 부엉이와 여우가 세레나데를 부르는가 하면 이따금 이름 모를 새가 가까이에서 우는 소리도 들렸다. 이런 밤낚시의 경험은 내게는 매우 소중한 추억으로 기억 속에 새겨져 있다. 물가에서 100미터나 150미터쯤 떨어진 호수 위에 자리를 잡고, 깊이가 40피트가량 되는 물속에 닻을 내린 나는 달빛 아래서 꼬리로 수면을 치는 수천 마리의 퍼치 새끼들과 피라미에 때로는 둘러싸이기도 하면서 아마亞麻로 된 긴 낚싯줄을 통하여 저 아래 40피트 물속에 사는 신비스러운 밤의 물고기들과 교신을 하는 것이었다.

어떤 때는 부드러운 밤바람에 배가 밀려가면서 60피트 정도의 낚싯줄을 호수 주위로 끌고 다니기도 했다. 그러다가 이따금씩 낚싯줄을 타고 오는 어떤 가벼운 떨림을 느낄 때가 있다. 그것은 낚싯줄 끝을 배회하는 어떤 생명체가 있다는 것을 시사했으며, 그 생명체는 어렴풋하고 불확실하며 허둥대는 의욕을 가졌으나 아직 결심하기를 망설이고 있다는 것을 암시했다.

마침내 나는 줄을 당기기 시작한다. 한 손 한 손으로 천천히 줄을 감아올리면 뿔이 난 메기 한 마리가 끽끽거리며 몸을 비틀면서 물 밖으로 끌려 나온다. 깜깜한 밤에, 특히 나의 생각이 다른 천체들의 방대하고 우주생성론적인 문제 주위를 방황하고 있을 때, 고기가 낚싯밥을 무는 가벼운 충격을 느끼면서 몽상에서 깨어나 자연과 다시 연결이 되는 것은 참으로 기이한 체험이었다. 이제 나는 공기보다 더 진할 것 같지 않은 아래쪽의 물속은 물론 위쪽의 하늘로도 낚싯줄을 던질 수 있을 것 같았다. 이리하여 나는 낚시 한 개로 두 마리의 물고기를 낚았던 것이다.

월든 호수의 경치는 그 규모가 수수하며 매우 아름답기는 하나 웅장하다고 할 수는 없다. 그리고 자주 와본 사람이나 그 호숫가에 살아본 사람이 아니면 깊은 관심을 갖지 않는다. 그러나 이 호수는 너무나 깊고 맑기 때문에 자세하게 묘사할 만한 가치를 지니고 있다. 이 호수는 길이가 반 마일에다 둘레의 길이가 1 3/4마일에 이르는 맑고 깊은 초록빛의 우물이며 61에이커 반쯤 되는 넓이를 가지고 있다.

소나무와 떡갈나무 숲의 한가운데에 자리 잡고 있는 영원한 샘물로서 구름과 증발에 의한 방법 이외에는 특별히 눈에 띄는 유입구나 유출구가 없다. 호수를 둘러싼 산들은 수면에서 40피트 내지 80피트의 높이로 가파르게 치솟아있다. 그러나 동남쪽과 동쪽에 위치한 산들은 4분의 1마일과 3분의 1마일의 거리에서 각각 100피트와 150피트의 높이에 이르고 있다. 이 일대는 완전한 삼림지대이다.

콩코드의 모든 강과 호수 들은 적어도 두 가지의 색깔을 가지고 있는데, 하나는 멀리서 본 색깔이며 다른 하나는 가까이에서 본, 좀 더 본래의 색깔에 가까운 색깔이다. 첫 번째 색깔은 빛에 많이 좌우되며 하늘의 색을 따른다. 여름날 청명한 날씨에 그리 멀지 않은 거리에서는 청색으로 보인다. 특히 물결이 일고 있을 때는 더욱 그러하다. 그러나 멀리 떨어져서 볼 때는 모두 똑같은 색깔이다. 폭풍우가 부는 날씨에는 때로는 어두운 청회색을 띤다.

그러나 내가 듣기에 바다의 색깔은 대기에 뚜렷한 변화가 없을 때도 어떤 날은 청색, 그다음 날은 초록색으로 보인다고 한다. 나는 사방이 눈으로 덮였을 때 콩코드 강의 물과 얼음이 풀처럼 초록색을 띠고 있는 것을 본 적이 있다. 어떤 사람들은 청색이야말로 액체 상태이건 고체 상태이건 '맑은 물의 색깔'이라고 생각한다. 그러나 보트 위에서 우리 마을의 강과 호수 들을 똑바로 내려다보면 매우 다른 여러 가지 색깔로 보이는 것을 알 수 있다.

 월든 호수는 똑같은 관측 지점에서 보더라도 어떤 때는 청색으로 어떤 때는 초록색으로 보인다. 하늘과 땅 사이에 놓인 이 호수는 양쪽의 색깔을 다 가지고 있는 것이다. 언덕 위에서 보면 호수는 하늘의 색을 반영하고 있지만 가까이에서 보면 모래가 보이는 호숫가의 물은 누런 색조를 띠고 있으며, 조금 더 깊은 곳은 옅은 녹색, 그러고는 점차로 색이 진해져서 호수의 중심부를 포함한 대부분의 물은 한결같이 어두운 초록색이다. 빛의 상태에 따라서는 언덕 위에서 보더라도 호숫가 근처의 물이 선명한 초록색일 때가 있다.

 어떤 사람들은 이것은 우거진 숲이 반영된 것이라고 한다. 그러나 모래가 깔린 철롯둑 옆의 호숫물도 초록색이고 봄에 나뭇잎이 무성해지기 전의 호숫가 물도 초록색이니, 그것은 단순히 기본색인 청색이 모래의 노란색과 뒤섞인 결과일지 모른다. 바로 이것이 월든 호수가 눈眼이라면 그 홍채虹彩에 해당하는 부분의 색깔이다. 이 부분이 또한 봄에 호수바닥으로부터 반사된 태양열과 땅을 통해 전해진 태양열로 인하여 얼음이 맨 처음 녹아서 아직도 얼어있는 중심부 둘레에 좁은 운하를 만드는 부분이다.

 우리 마을의 다른 호수나 강처럼 월든 호수도 맑은 날씨에 물결이 일 때에는, 수면이 태양빛을 직각으로 반사하기 때문인지 또는 수면 자체에 섞인 빛의 양이 더 많기 때문인지는 모르나, 약간 떨어져서 보면 하늘색보다 더 짙은 청색으로 보인다. 그런 때 호수의 수면 위에 자리를 잡고서는 물 위에 비친 그림자를 보기 위해 '따로따로 나누어진 시선'으로 보면 물결무늬의 비단, 즉 빛에 따라 색깔이 변하는 비단이나 칼날에서 발하는 것 같은 비할 데 없는 밝은 청색을 보게 된다. 이 말로는 도저히 표현 못 할 밝은 청색은 하늘 자체보다도 더 하늘색에 가까운 색으로서 호숫물의 원래 색깔인 어두운 초록색과 더불어 물결의 양쪽 색깔로 서로 교차되어 나타나는 것이다. 이 색깔과 비교하면 원래의 어두운 초록색은 진흙처럼 탁하게만 보이는 것이었다.

내가 기억하기로 그것은 해가 서쪽에 지기 전 구름 사이로 보이는 겨울 하늘의 조각처럼 유리 같은 녹색을 띤 푸른색이었다. 그러나 유리잔에 호숫물을 떠서 햇빛에 비추어보면 그것은 같은 양의 공기처럼 색깔이 없다. 누구나 알다시피 커다란 판유리는 초록빛을 띠지만(제조업자들은 그것의 '몸체' 때문이라고 한다.), 같은 유리의 조그만 조각은 색깔이 없다. 월든 호숫물을 얼마나 큰 몸체로 담아 보아야 초록빛을 띨지 내가 실험으로 증명을 해본 일은 없다.

콩코드 강의 물은 똑바로 내려다보는 사람에게는 검은색이나 매우 짙은 갈색으로 보인다. 이 강물은 대부분의 호숫물처럼 그 물에서 수영하는 사람의 몸 색깔에 누르스름한 빛깔을 가미해준다. 그러나 월든 호수의 물은 수정과 같이 맑기 때문에 수영하는 사람의 몸은 설화석고雪花石膏의 백색을 띠게 되는데 이것은 한층 더 부자연스러운 색깔인 것이다. 게다가 사지가 확대되고 뒤틀려 보이니 그 백색은 더욱 기괴한 효과를 내게 되어 미켈란젤로와 같은 화가의 좋은 연구 대상이 될 것이다.

　호수의 물은 너무나 투명해서 25피트나 30피트의 깊이라도 그 바닥을 쉽게 볼 수 있다. 보트의 노를 젓고 있노라면 물 밑 수십 피트의 깊이에서 헤엄치고 있는 퍼치와 피라미 떼를 볼 수 있다. 이 물고기들의 크기는 고작 1인치를 넘지 못하지만 퍼치는 세로의 줄무늬 때문에 쉽게 구별할 수 있다. 이런 곳에서 먹을 것을 찾을 수 있다니, 퍼치는 매우 금욕적인 물고기임에 틀림없다.

　몇 해 전 어느 겨울날, 나는 강꼬치고기를 잡으려고 호수에 얼음 구멍을 여러 개 뚫은 적이 있다. 물가로 올라서면서 얼음 위에 도끼를 던져두었는데 무슨 마魔가 들기라도 한 것처럼 이 도끼가 20여 미터를 미끄러지더니 얼음 구멍 하나로 빠지는 게 아닌가? 그곳은 깊이가 25피트쯤 되는 물속이었다. 호기심이 발동한 나는 얼음 위에 엎드려서 구멍 속을 들여다보았다. 호수 바닥 한쪽에 도끼가 쇠 부분을 아래로 자루를 위

로 하여 똑바로 서 있고 자루는 호수의 맥박에 따라 좌우로 가볍게 흔들리는 모습이 보였다. 그냥 놔두면 그 도끼는 자루가 썩어 없어질 때까지 계속 똑바로 선 채 흔들리고 있을 것이 분명했다. 나는 갖고 있던 얼음 끌로 도끼 바로 윗부분에 얼음 구멍을 하나 더 낸 다음 주머니칼로 그 근처에서 가장 긴 자작나무를 잘라 가져왔다. 올가미를 만들어 자작나무 끝에 매단 후 조심스럽게 구멍 속으로 내려뜨려서 도끼 자루의 손잡이 아래로 씌우고는 자작나무에 매단 줄을 당겨서 도끼를 다시 건져냈다.

호숫가는 한두 군데의 작은 모래사장을 제하고는 도로포장용 돌처럼 매끄럽고 둥근 하얀 돌들로 되어있다. 그리고 가파른 데가 많아서 물속으로 펄쩍 뛰어들어 가면 머리 위를 넘기기가 일쑤이다. 호숫물이 그처럼 투명하지 않았더라면 맞은편 물가에 도달할 때까지 바닥을 다시 구경하지 못할 것이다. 이 호수가 바닥이 없다고 생각하는 사람늘도 있다. 물이 흐린 곳은 한 군데도 없으며, 언뜻 보면 수초가 전혀 없는 것처럼

보이기도 한다. 최근에 수위가 높아져 잠기게 된, 그래서 호수의 일부라고 볼 수 없는 작은 풀밭을 제외하면 눈에 띌 만한 수초라고는 자세히 찾아보아도 창포나 부들은커녕 노란색이나 흰색의 백합도 볼 수 없으며 약간의 작은 심장초와 가래풀 그리고 한두 포기의 순채 정도를 볼 수 있을 뿐이다. 그러나 수영하는 사람은 이들 수초마저 보기가 쉽지 않을 것이다. 이들 식물들은 호숫물처럼 깨끗하고 밝다.

물가의 흰 돌들은 물속으로도 5미터나 10미터쯤 더 뻗쳐 있고 그다음은 깨끗한 모래가 바닥을 이루고 있다. 그러나 가장 깊은 곳에는 약간의 침전물이 있는데, 수없이 많은 가을에 떨어져 물결에 흘러온 나뭇잎들이 바닥에 쌓여 썩은 것이리라. 한겨울에도 보트의 닻을 걷어올리느라면 새파란 풀잎이 걸려 따라 올라오기도 한다.

월든 호수 같은 호수가 또 하나 있는데 이곳에서 서쪽으로 약 2마일 반쯤 떨어진 '나인 에이커 코너'에 있는 화이트 호수가 그것이다. 그러나 여기서 12마일 이내에 있는 호수들은 내가 거의 다 알고 있지만 월든 호수만큼 맑고 샘물과 같은 성질을 가진 호수는 보지 못했다. 오랜 시간이 흐르는 동안 수많은 부족들이 이 호수의 물을 마시고, 그 아름다움에 감탄하고, 그 깊이를 재보고 그러고는 시간의 뒤안길로 사라졌겠지만, 호수의 물은 여전히 푸르고 맑기 그지없다. 월든 호수는 이따금씩 마르기도 하는 그런 샘은 아닌 것이다.

아마도 아담과 이브가 에덴동산에서 쫓겨나던 그 봄날에도 월든 호수는 이미 존재하고 있었을 것이며, 옅은 안개와 남쪽 바람을 동반한 부드러운 봄비를 맞아 호수의 얼음이 녹고 있었을 것이다. 수면에는 아직 인간의 몰락의 소식을 듣지 못한 수많은 물오리와 기러기 들이 그처럼 맑은 호수에 흡족해하며 떠 있었으리라.
 이미 그때에도 월든 호수는 불었다 줄었다 하면서 자신의 물을 계속 정화시켰을 것이며 그 결과 지금과 같은 색깔을 가지게 되었을 것이다. 그리하여 이 세상에서 하나밖에 없는 월든 호수가 될 특허권과 하늘의 이슬을 증류할 수 있는 면허증을 하늘로부터 받아냈을 것이다. 얼마나 많은 사라져버린 민족들의 문학에서 이 호수가 '카스탈리아의 샘'[2] 같은 역할을 했는지 그 누가 알겠는가? 또 황금시대에는 어떤 요정들이 이 호수를 지배하였는지 그 누가 알겠는가? 월든 호수는 콩코드 마을이 자신의 작은 왕관에 달고 있는 최고급의 보석인 것이다.
 그러나 이 호수에 맨 처음 왔던 사람들이 그들의 발자취를 조금은 남겨놓은 것 같다. 나는 호수를 빙 둘러가면서 가파른 산허리에 선반 같은 길이 나 있는 것을 발견하고 놀란 적이 있다. 호숫가의 우거진 숲 일부가 최근에 잘려나간 곳에도 흔적이 남아있는 이 길은 산허리를 따라 올라갔다 내려갔다 하기도 하고, 물가에 가까워졌다 멀어졌다 하기도 한다. 이 길은 아마도 이곳에 살아온 인간의 역사만큼이나 오래된 길로 원시시대 사냥꾼들의 발에 의해 닦이기 시작했을 것이며, 현재의 주민들도 그 사실을 모르고 이따금씩 밟고 다니는 것이다.
 이것은 겨울에 눈이 약간 내린 다음 호수 한가운데에 서서 보면 더욱

---

2) 카스탈리아의 샘 _ 그리스의 파르나소스 산 기슭에서 솟아났던 성스러운 샘으로서 시적인 영감의 원천으로 여겨졌다.

뚜렷하게 보인다. 그때 이 길은 풀이나 나뭇가지로 가려지지 않았기 때문인지 뚜렷한 기복이 있는 하나의 하얀 선으로 나타난다. 여름에는 가까이서도 그 길을 알아볼 수 없던 여러 곳에서 4분의 1마일 정도 떨어져서 보면 아주 분명히 보이는 것이다. 말하자면 눈이 그 길을 명확한 백색의 활자로 부각시켜 다시 인쇄해놓았다고 할 수 있다. 언젠가 이곳에 지어질 별장들의 정원이 이 길의 흔적을 어느 정도나마 보존하게 되리라고 나는 생각한다.

　호수의 수위는 높아지기도 하고 낮아지기도 한다. 그러나 그것이 주기적인지 아닌지, 또 얼마 동안의 기간에 그러한지는 아무도 모른다. 항상 그렇듯이 많은 사람들이 아는 체를 하긴 하지만. 대체로 수위는 겨울에는 높아지고 여름에는 낮아지는데 일반적인 강우나 한발과는 일치하지 않는다. 내가 이 호숫가에 살 때보다 수위가 1피트나 2피트 낮았던 때와 적어도 5피트 이상 높았던 때를 나는 기억하고 있다.

　호수 속으로 뻗쳐 있는 좁은 모래톱이 있는데 그 한쪽은 물이 매우 깊다. 이 모래톱의 끝은 호수 기슭에서 약 30미터쯤 떨어져 있는데 1824년이던가 어른들이 거기서 솥에 생선 스프를 끓일 때 심부름을 했던 일이 생각난다. 그러나 지난 25년간 그런 일을 하는 것은 불가능했다. 그런가 하면 내 친구들은 생선 스프 건이 있은 다음 2, 3년 후에 그들이 알고 있는 유일한 호수 기슭에서 약 80미터쯤 떨어진 숲 속의 외진 작은 만에서 내가 보트를 타고 자주 낚시를 했다는 얘기를 하면 믿을 수 없다는 듯이 귀를 기울이곤 했다. 왜냐하면 그 작은 만은 풀밭으로 변한 지 오래였기 때문이었다.

그러나 지난 2년 동안 호수는 물이 계속 불어, 1852년의 여름인 지금에 이르러서는 내가 호숫가에 살던 때보다 꼭 5피트만큼 수위가 높아졌다. 즉 30년 전과 같은 높이의 수위가 되어 위에 이야기한 그 풀밭에서 또다시 낚시질을 할 수 있게 되었다. 이것으로 보면 월든 호수 수위의 변동 폭은 그 최대 수치가 6, 7피트이다. 그러나 주위의 산에서 흘러드는 물의 양은 대수롭지 않으므로 이 같은 물의 증가는 지하 깊숙이에 있는 수원水源에 영향을 미치는 원인들에 기인한다고 보아야 할 것이다.

올여름에도 호수의 물은 다시 줄기 시작했다. 이처럼 주기적이든 아니든 수위의 변동이 완료되기까지 오랜 세월을 요하는 것처럼 보이는 것은 주목할 만한 일이다. 나는 한 차례의 상승과 두 차례의 하강 일부분을 관찰하였는데, 앞으로 12년 내지 15년 후에 호수의 수위는 내가 알고 있는 최저의 수치 이하로 떨어질 것으로 예상하고 있다. 여기서 1마일 동쪽에 있는 플린트 호수(이 호수는 유입구와 유출구를 가지고 있으므로 그것에 따른 변동을 감안하더라도)와 중간에 있는 작은 호수들도 월든 호수와 보조를 맞추고 있다. 이들 호수들은 얼마 전에 월든 호수와 때를 같이하여 최고의 수위에 도달했다. 나의 관찰에 따르면 화이트 호수의 사정도 마찬가지이다.

월든 호수가 오랜 간격을 두고 물이 불었다 줄었다 하는 것은 적어도 다음과 같은 용도를 가지고 있다. 즉 최고의 수위가 1년 또는 그 이상 지속되면 호수 주위를 걸어다니는 것을 어렵게는 하지만, 지난번 수위가 최고로 올랐던 때 이후 물가에 자라난 수목과 관목 들인 리기다소나무, 자작나무, 오리나무, 사시나무 같은 것들을 죽게 만드는 것이다. 그래서 물이 다시 빠지면 말끔히 정리가 된 호수 기슭이 나타나게 된다.

매일 간만의 차가 있는 호수나 강과는 달리 월든 호수의 기슭은 수위가 낮을 때 가장 깨끗하다. 내 집 바로 옆의 호숫가에 한 줄로 죽 서 있던 15피트 높이의 리기다소나무들이 마치 지렛대를 써서 쓰러뜨린 것처럼 죽어 넘어졌는데, 이 나무들이 호수를 잠식해 들어가는 것은 그렇게 해서 저지가 된 것이다. 이 소나무들의 크기를 보면 마지막으로 수위가 이 정도로 높았던 때로부터 몇 년의 세월이 흘렀는지를 알 수가 있다.

이러한 수위의 변동을 통하여 호수는 기슭에 대한 소유권을 주장하며, 기슭은 가위질을 한 것처럼 털이 깎이게 된다. 그러므로 나무들은 점유권에 의하여 기슭을 차지할 수는 없다. 기슭은 수염이 자라지 않는 호수의 입술에 해당한다고 하겠다. 호수는 때때로 자신의 입술을 핥아서 그곳을 깨끗하게 한다. 수위가 최고에 달하면 오리나무, 버드나무 및 단풍나무 들은 물속에 있는 줄기 부분으로부터 사방으로 수없이 많은 불그스레한 섬유질의 뿌리를 수 미터의 길이로 뻗어서 자신을 지탱하려고 하는데, 바닥에서 3, 4피트가량의 높이에까지 이런 뿌리들이 나온다. 또 물가에 사는 월귤나무는 대개 열매를 맺지 않는데 이런 상황이 되면 많은 열매를 맺는 것을 나는 보았다.

이 호숫가에 어떻게 해서 그처럼 고운 돌이 고르게 깔리게 되었는지에 대해서 궁금해하는 사람들이 꽤 있다. 거기에 관해서 마을 사람들이 모두 들어서 알고 있고, 나이 든 사람들은 그들대로 어렸을 때 들었다고 하는 전설이 하나 있다. 그 전설에 의하면, 옛날 옛적에 인디언들이 바로 이 자리에 있던 산 위에 모여 주술呪術 의식을 올리고 있었는데 그 산은 지금 월든 호수가 깊은 것만큼이나 하늘 높이 치솟은 그런 산이었다고 한다. 인디언들은 주술 의식을 올리면서 신을 모독하는 말을 많이 사용했다고 하는데(그러나 모독적인 언사의 사용은 인디언들이 결코 범하지 않는 악덕이라고 하겠다.), 그들이 이러고 있는 동안 산이 흔들리면서 갑자기 가라앉았다는 것이다. 이때 '월든'이라는 이름을 가진 한 노파만이 도망쳐 목숨을 구했으며 호수의 이름은 그 노파의 이름에서 유래했다는 것이다.

산이 흔들릴 때 돌들이 산허리를 굴러 내려와 지금의 호수 기슭을 이루었으리라는 것이 사람들의 추측이다. 어쨌든 옛날에는 이곳에 호수가 없었으며 지금은 있다는 사실 하나만은 틀림없는 것 같다. 이 인디언의 전설은 내가 전에 말한 바 있는 원시 개척자의 이야기와 별로 상충되지 않는다. 그 개척자는 탐지 막대를 들고서 이곳에 처음 왔을 때 풀밭에서 엷은 수증기가 올라오는 것을 보고, 또 개암나무로 된 탐지 막대가 점차 아래로 숙여지는 것을 보고 이곳에 우물을 파기로 결심했다는 것이었다.

호숫가의 돌들에 대해서 말할 것 같으면, 호수의 물결이 언덕배기에 부딪치는 작용으로는 설명할 수 없다고 생각하는 사람들이 아직도 많다. 그런데 내가 관찰한 바에 의하면 호수 주위의 산들에는 이와 똑같은 종류의 돌들이 놀라울 정도로 많다. 호수 근처를 지나는 철로를 건설할 때 그와 똑같은 돌들이 많이 나왔기 때문에 그 돌들을 가지고 철로 양옆에 돌담을 쌓아야 했다. 더구나 호수 기슭이 가장 가파른 곳에 돌들이 가장 많다. 그러므로 유감스럽지만 이 돌들의 유래는 나에게는 더 이상

신비스러운 일이 되지 못한다. 나는 누가 그 돌을 깔았는지 알아낸 것이었다.[3]

호수의 이름은, '새프론 월든' 같은 영국의 지명에서 온 것이 아니라면, 원래부터 '월드인 폰드', 즉 '담으로 둘러싸인 호수'라고 불린 데서 유래한 것으로 보아도 좋을 것 같다.

내게 월든 호수는 누가 미리 파놓은 우물과도 같았다. 연중 항상 맑은 이 호수의 물은 그중 4개월간은 차갑기까지 한 것이다. 그때의 호숫물은 마을에서 유일하게 가장 좋은 물은 아닐지라도 최상급의 물 중의 하나라고 해도 좋을 것이다. 겨울에 대기 중에 드러난 물들은 대기로부터 보호를 받고 있는 샘물이나 우물물보다 차갑다. 1846년 3월 6일 오후 5시부터 다음 날 정오까지 내 방의 기온은 지붕 위에 내리쬐는 햇볕의 영향도 있고 해서 한때는 화씨 65도 내지 70도까지 올라갔지만, 같은 시간 동안 방 안에 놓아두었던 호숫물은 42도였다. 그것은 갓 길어 온 마을의 가장 차가운 우물물보다 1도가 더 낮은 것이었다. 같은 날 보일링 샘의 물은 45도였는데 내가 시험해본 여러 샘물 가운데 가장 온도가 높은 것이었다. 그러나 그 샘물은 표면에 얕게 고여 있는 물이 섞이지 않으면 내가 아는 물 중에서 여름에는 가장 차가운 물인 것이다.

또 월든 호수는 여름에는 그 깊이 때문에 햇빛에 드러나 있는 대부분의 물처럼 따뜻해지는 일이 없다. 아주 더운 날에는 나는 늘 한 통의 물

---

3) 그 돌을 깐 것은 다름 아닌 빙하이다. 이 모든 돌들은 빙하기 때 빙하의 작용으로 이곳으로 운반된 것이라고 한다.

을 길어서는 지하 저장실에 넣어두곤 했는데, 밤사이에 차가워져서는 그다음 날 낮 동안에도 시원한 상태를 유지하는 것이었다. 나는 근처에 있는 샘의 물을 길어오는 때도 있었다. 그러나 호숫물은 일주일이 지나도 길어온 날과 물맛이 같았으며 펌프 냄새도 나지 않았다. 여름에 호숫가에서 일주일 동안 캠핑을 하는 사람은 누구나 한 통의 물을 캠프장 그늘에 2, 3피트의 깊이로 묻어두면 구태여 사치스러운 얼음의 신세를 질 필요가 없을 것이다.

월든 호수에서는 강꼬치고기가 잡힌다. 7파운드짜리가 잡힌 적이 있는가 하면 또 한 마리는 굉장한 속력으로 릴을 채가지고 달아났기 때문에 낚시꾼은 그 고기를 보지 못했으며, 그래서 그놈이 8파운드짜리는 된다고 안심하고 우겼다. 퍼치와 메기도 잡히는데 2파운드가 넘는 것들도 있었다. 피라미와 황어, 기름송개와 몇 마리의 송어도 잡힌다. 두 마리의 장어도 잡혔는데 한 마리는 4파운드나 나갔다. 내가 무게에 대해서 신경을 쓰는 이유는, 물고기의 경우 흔히 그 무게가 유일한 자랑거리인 데다 이 두 마리의 장어는 월든 호수에서 잡힌 것으로 알려진 유일한 장어들이기 때문이다. 나는 또 길이 5인치 정도에 옆구리는 은색, 등은 초록색이며 전반적인 생김새가 버들개와 비슷한 작은 물고기를 본 기억이 어렴풋이 난다. 여기서 이 이야기를 하는 이유는 사실을 우화에 연결시키려는 의도에서이다.

그러나 이 호수는 고기가 풍부하지는 않다. 그 수는 많지 않지만 강꼬치고기가 제일 큰 자랑거리라고 할 수 있겠다. 나는 얼음 위에 엎드려서 적어도 세 종류의 강꼬치고기를 동시에 목격한 일이 있다. 첫 번째 것은 길고 납작하며 쇠 색깔을 하고 있는데 강에서 잡히는 강꼬치고기와 아주 흡사하다. 두 번째 것은 밝은 황금색으로 초록빛 광택이 나며 이 호수에서 가장 흔히 볼 수 있는 것이다. 세 번째 것은 역시 황금색이며 생김새도 두 번째 것과 비슷하지만 옆구리에 짙은 밤색이나 검은색 반점들이 몇 개의 옅고 붉은 반점과 뒤섞여 있어 송어와 아주 흡사해 보이기도 한다. 이 세 번째 고기에게는 종명種名인 reticulatus(그물 무늬를 가진)가 맞지 않으므로 차라리 guttatus(점이 박힌)라고 하는 것이 나을 것이다.

이 고기들은 모두 살이 단단해 겉보기보다는 무게가 더 나간다. 그 점은 피라미나 메기나 퍼치도 마찬가지이다. 사실 물이 깨끗하기 때문에 이 호수에 사는 모든 물고기들은 강이나 다른 호수에 사는 물고기보다 훨씬 깨끗하고 모양이 준수하며 살도 단단하다. 그래서 다른 곳의 물고기들과 쉽사리 구별된다. 어류학자들 중에는 이곳의 물고기 중 몇 가지를 새로운 변종으로 분류하려는 사람도 꽤 있을 것이다.

깨끗한 인상을 주는 개구리와 거북이의 한 종족도 이 호수에 살고 있으며 민물조개도 약간 있다. 사향쥐와 밍크가 호수 주변에 발자국을 남겨놓고 다니며, 때로는 떠돌아다니는 자라가 찾아오기도 한다. 아침에 보트를 밀어내다가 밤사이에 그 밑에 들어가 숨어있던 커다란 자라를 놀라게 한 적이 간혹 있었다.

봄과 가을에는 물오리와 기러기 들이 호수를 찾아온다. 여름 내내 흰가슴제비들이 수면 위를 스치듯 나는가 하면 도요새는 돌이 많은 호숫가를 갸우뚱하면서 날아다닌다. 때때로 나는 호수 위로 뻗은 백송나무 가지 위에 앉은 물수리를 놀라게 하는 일이 있었다. 그러나 페어헤이번처럼 월든 호수에도 갈매기가 찾아온 일이 단 한 번이라도 있었을지는 의심스럽다. 이 호수는 기껏해야 되강오리 한 마리가 해마다 찾아오는 것을 묵인하고 있을 뿐이다. 지금까지 열거한 것들이 현재 이 호수를 드나드는 주요 동물들이다.

고요한 날, 모래가 많은 동쪽 물가로 배를 저어가서 깊이가 8피트 내지 10피트 되는 물속을 내려다보면 호수 바닥에 돌 더미가 있는 것을 볼 수 있다. 이곳 말고도 호수의 다른 여러 곳에도 발견되는 이런 돌 더미는 달걀보다 작은 돌들이 직경 6피트에 높이 1피트로 둥그렇게 쌓인 것이며 그 주변은 그냥 모래로 되어있다. 처음에는 인디언들이 무슨 목적으로 얼음 위에 쌓아놓았던 돌들이 얼음이 녹자 호수 바닥에 가라앉은 것이 아닌가 생각했다. 그러나 그렇게 보기에는 이 돌 더미들이 너무 고르게 쌓여 있고 그중 어떤 것은 쌓은 지가 그리 오래되지 않은 것이 분명했다. 그것들은 강물 속에서 발견되는 돌 더미하고 비슷하다. 그러나 이 호수에는 서커나 칠성장어가 살고 있지 않으니 어떤 고기가 그 돌 더미들을 쌓아놓았는지 알 길이 없다. 어쩌면 황어의 집인지도 모르겠다. 어쨌든 호수 바닥에 재미있는 수수께끼가 있는 셈이다.

호숫가의 선線은 상당히 불규칙해서 단조롭지가 않다. 지금 내 마음의 눈은 깊은 만灣들이 휘어들어 간 서쪽 호숫가와 그보다 더 대담한 선을 긋고 있는 북쪽 호숫가도 보고 있다. 아름다운 가리비 조개 모양을 하고 있는 남쪽 호숫가도 보인다. 그곳은 연이어있는 갑岬들이 서로 겹쳐서 그 사이사이에 사람들이 가보지 않은 작은 만들이 있음을 암시하고 있다.

물가에 솟은 산들로 둘러싸인 작은 호수의 한가운데서 볼 때만큼이나 숲이 좋은 위치에 놓여 그 선명한 아름다움을 보여주는 적은 없으리라. 이때 숲의 모습이 비친 호숫물은 가장 훌륭한 전경前景이 될 뿐 아니라, 굽이치는 호숫가의 선은 숲과 호수를 가르는 가장 자연스럽고 보기 좋은 경계가 된다. 그런 때는 숲의 일부분이 도끼로 잘려나가거나 경작지가 숲의 경계를 침범해서 생긴 상처나 결함이 숲의 가장자리에 나타나지 않는다. 나무들은 물가로 뻗어갈 충분한 여지를 가지고 있으며 나무마다 가장 힘찬 가지를 그쪽으로 내뻗고 있다. 이곳에서 자연의 여신은 수繡의 끝마무리를 자연스럽게 해놓았으므로 보는 사람의 시선은 호수 기슭의 낮은 관목으로부터 점차로 올라가서 가장 높은 나무들에게 이르게 된다. 인간의 손이 미친 흔적은 거의 찾아볼 수 없다. 호숫물은 천 년 전이나 다름없이 기슭에 철렁대고 있다.

　호수는 하나의 경관 속에서 가장 아름답고 표정이 풍부한 지형地形이다. 그것은 대지의 눈이다. 그 눈을 들여다보면서 사람은 자기 본성의 깊이를 잰다. 호숫가를 따라 자라는 나무들은 눈의 가장자리에 난 가냘픈 속눈썹이며, 그 주위에 있는 우거진 숲과 낭떠러지 들은 굵직한 눈썹이라고 할 수 있으리라.

　고요한 9월의 어느 오후, 동쪽 물가의 부드러운 모래사장에 서서 호수를 바라보면 맞은편 물가는 엷은 안개 때문에 어렴풋이밖에 보이지 않는데, '유리 같은 호수의 수면'이라는 표현이 어디서 왔는지를 알 수 있을 것 같다. 머리를 거꾸로 해서 두 다리 사이로 보면 호수의 수면은 계곡에 걸쳐놓은 섬세하기 짝이 없는 한 가닥의 거미줄처럼 보이는데 멀리 소나무 숲을 배경으로 반짝반짝하면서 대기를 두 개의 층으로 갈라놓고 있다. 맞은편의 산까지 물에 젖지 않고 수면 밑으로 해서 걸어갈 수 있을 것 같은 생각이 든다. 호수 위를 스치듯 나는 제비들이 수면에 앉아도 될 듯한 생각이 든다. 사실, 제비들은 때때로 착각이라도 한 듯 수면 아래로 미끄러져 들어가다가 자신의 잘못을 깨닫고는 다시 날아오르는 것이었다.

서쪽을 향해 호수 위를 바라보면 진짜 태양과 물 위에 반영된 태양이 똑같이 눈부시기 때문에 두 손으로 눈을 가리지 않으면 안 된다. 이 두 개의 태양 사이에 있는 수면을 유심히 바라보면 수면은 문자 그대로 유리같이 매끄러운 것을 볼 수 있다. 다만 수면 전체에 똑같은 간격을 두고 흩어져 있는 소금쟁이들이 햇빛 속에 움직이면서 반짝반짝 눈부시기 짝이 없는 빛을 발하는 곳이라든지, 물오리 한 마리가 깃털을 가다듬고 있는 곳 또는 아까도 얘기한 것처럼 제비가 너무 낮게 날다가 수면을 스치는 곳은 제외하고 말이다.

멀리서 물고기 한 마리가 아치를 그리면서 3, 4피트나 공중에 뛰어오르는 때가 있다. 그런 때는 물고기가 뛰어나온 곳에 섬광이 번득이고 다시 들어간 곳에 또 한 번 섬광이 번득이는데, 어떤 때는 그 은빛의 아치 전체가 한눈에 보일 때도 있다. 엉겅퀴의 갓털冠毛이 물 위 여기저기에 떠돌아다닐 때는 물고기들이 달려드는 바람에 수면에 다시 파문이 생긴다.

호숫물은 액체 상태로 녹아있던 유리가 식기는 했으나 아직 굳지 않은 것과 같으며, 그 속에 떠 있는 몇 개의 티눈은 유리 속의 불순물처럼 차라리 순수하고 아름답기까지 하다. 간혹 호숫물의 일부분이 다른 곳보다 더 매끄럽고 짙은 색을 하고 있는 것을 보게 된다. 이 부분은 마치 보이지 않는 거미줄들, 즉 물의 요정들의 방책防柵에 의하여 호수의 다른 부분들로부터 차단되어 그 위에 떠 있는 것 같다.

언덕 위에서 호수를 바라보면 거의 어디서건 고기가 뛰는 모습이 잘 보인다. 강꼬치고기나 피라미가 이 매끄러운 수면으로부터 벌레 한 마리를 낚아챌 때 분명 호수 전체의 평정이 교란된다. 고기가 벌레를 잡는 이 단순한 행동이 마치 살인을 감추어두기가 힘든 것처럼 교묘하게 사방에 알려지는 것은 신기롭기 짝이 없는 일이다. 원을 그리면서 점점 커지는 그 파문의 직경이 30미터쯤 될 때는 멀리 내가 있는 언덕 위에서도 알아볼 수가 있는 것이다.

심지어는 4분의 1마일쯤 떨어진 데서 물매암이 한 마리가 매끄러운 수면 위를 쉴 새 없이 나아가고 있는 모습까지도 보인다. 왜냐하면 물매암이는 물 위에 작은 고랑을 내면서 앞으로 나아가는데, 두 개의 갈라져 나가는 선 사이에 똑똑히 보이는 잔물결을 내기 때문이다. 그러나 소금쟁이는 수면 위를 별 흔적도 내지 않고 미끄러지듯 넘어간다. 호수의 수면에 물결이 꽤 일렁일 때에는 소금쟁이도 물매암이도 찾아볼 수 없다. 하지만 수면이 잔잔한 날에는 이들 곤충들은 숨어있던 데서 나와, 짧고 충동적인 작은 동작으로 물 위를 모험적으로 미끄러져 가서는 호수를 완전히 뒤덮는다.

태양의 따스함이 정말 고맙게 느껴지는 가을의 어느 맑은 날에 언덕 위의 나무 그루터기에 걸터앉아 호수를 내려다보며, 물 위에 비친 하늘과 나무들의 그림자 때문에 잘 보이지 않는 수면 위에 끊임없이 그려지는 동그라미 모양의 파문을 관찰하는 것은 마음이 무척 차분해지는 일이다. 이 넓은 수면에는 동요가 있더라도 그것은 이처럼 곧 잠잠해지며 가라앉게 된다. 그것은 마치 물이 가득한 항아리를 흔들어놓으면 그 물이 출렁대지만 가장자리에 닿으면서 결국엔 수면 전체가 다시 잠잠해지는 것과 같다.

호수에 고기 한 마리가 뛰거나 벌레 한 마리가 떨어지기만 해도 그것은 아름다운 동그란 파문을 일으키면서 사방에 알려진다. 그것은 이 호수의 원천源泉으로부터 물이 끊임없이 솟아나는 모습같이 보이며, 호수가 살아서 그 생명이 부드럽게 고동치는 모습 또는 호흡하느라 그 가슴이 부푸는 모습같이 보인다. 기쁨의 전율과 고통의 전율을 구별할 수가 없다. 이 호수에서 벌어지는 현상들은 얼마나 평화로운가! 인간의 작업은 다시 봄날처럼 빛나고 있다. 그렇다. 오늘 오후 모든 잎사귀와 나뭇가지, 돌멩이와 거미줄이 봄날 아침 이슬에 젖어있을 때처럼 반짝이고 있다. 노櫓가 움직일 때마다 또 벌레가 움직일 때마다 빛이 번쩍인다. 그리고 노가 물을 칠 때 생기는 메아리는 얼마나 듣기 좋은가!

9월이나 10월의 이런 날 월든 호수는 완벽한 숲의 거울이 된다. 그 거울의 가장자리를 장식한 돌들은 내 눈에는 보석 이상으로 귀하게 보인다. 지구의 표면에서 호수처럼 아름답고 순수하면서 커다란 것은 없으리라. 하늘의 물. 그것은 울타리가 필요 없다. 수많은 민족들이 오고 갔지만 그것을 더럽히지는 못했다. 그것은 돌로 깰 수 없는 거울이다. 그 거울의 수은은 영원히 닳아 없어지지 않으며, 그것의 도금을 자연은 늘 손질해준다. 어떤 폭풍이나 먼지도 그 깨끗한 표면을 흐리게 할 수는 없다. 호수의 거울에 나타난 불순물은 그 속에 가라앉거나 태양의 아지랑이 같은 솔이, 그 너무나도 가벼운 마른걸레가 쓸어주고 털어준다. 이 호수의 거울에는 입김 자국이 남지 않는다. 오히려 자신의 입김을 구름으로 만들어 하늘로 띄워 올리는데, 그 구름은 호수의 가슴에 다시 그 모습이 비친다.

들판과도 같이 넓은 물은 공중에 떠 있는 정기精氣를 반영한다. 그것은 위로부터 끝없이 새로운 생명과 움직임을 받아들이고 있다. 그것은 하늘과 땅의 중간적인 본성을 지니고 있다. 땅 위에서는 풀과 나무 들만이 흔들리지만 물은 그 자체가 바람에 의해 잔물결이 일게 된다. 나는 수면에 미풍이 불어 지나가는 곳을 빛줄기나 빛의 파편이 번득임을 보고 알 수 있다. 이처럼 우리가 호수의 표면을 내려다볼 수 있다는 것은 대단한 일이다. 언젠가 우리는 공기의 표면을 내려다보며 한층 더 신묘한 정기가 어디를 스쳐 지나가는가를 보게 될 것이다.

10월 하순경 된서리가 내리면 소금쟁이와 물매암이는 마침내 자취를 감춘다. 그때부터 11월 말까지 평온한 날에는 호수의 표면에 파문을 일으킬 만한 것이라고는 정말 아무것도 없다. 11월의 어느 오후였다. 며칠 동안 계속되던 비바람이 그치고 평온이 다시 왔지만 하늘은 아직도 구름이 잔뜩 끼고 공기는 옅은 안개로 가득했다. 호수가 너무 잔잔했기 때문에 수면을 구별하기가 어려울 정도였다. 그러나 수면은 이제 10월의 화려한 빛깔들이 아니라 주위를 둘러싸고 있는 산들의 어두운 11월의 색을 반영하고 있었다. 그 영상 위를 나는 될 수 있는 대로 가만가만히 노를 저었다. 그러나 보트가 일으킨 작은 물결은 내 시선이 뻗칠 수 있는 곳까지 멀리 퍼져나갔으며, 호수에 비친 영상에 이랑을 만들어놓았다.

그런데 수면 위를 바라보고 있노라니 멀리 물 위의 이곳저곳에 희미하게 깜빡이는 빛들이 내 눈에 들어왔다. 마치 서리를 피한 소금쟁이들이 그곳에 모여 있기라도 한 것 같았다. 또는 수면이 너무 잔잔하니 호수 바닥에서 샘이 솟는 모습이 그곳에 표출되는 것 같기도 했다. 가만히 노를 저어 그곳에 다가가자 나는 놀랍게도 나 자신이 수없이 많은 조그만 퍼치의 떼에 둘러싸인 것을 알게 되었다. 약 5인치 정도 크기의 이 퍼치들은 푸른 물속에서 아름다운 청동색의 모습으로 뛰놀다가, 끊임없이 수면으로 올라와서 파문을 일으키곤 했는데 어떤 때는 수면에 기포를 남겨놓기도 했다. 이처럼 투명하고 바닥이 없어 보이는 호숫물에 구름까지 비치고 보니 나는 마치 기구를 타고 하늘을 날고 있는 기분이었으며, 지느러미를 돛처럼 펼치고 헤엄치는 이 물고기들은 나보다 조금 아래에서 좌우로 날고 있는 새들 같다는 생각이 들었다.

호수에는 그런 퍼치 떼들이 많았는데 겨울이 그들의 넓은 하늘의 창문에 얼음으로 된 덧문을 씌우기 전에 얼마 남지 않은 짧은 시간을 최대한으로 즐기려는 것 같았다. 고기 떼가 수면 가까이 노는 모습이 어떤 때는 가벼운 바람이 수면을 치는 것처럼 또는 약간의 빗방울이 수면에 떨어지는 것처럼 보일 때도 있었다. 내가 무심히 배를 저어나가다가 고기들을 놀라게 하면 그들은 마치 누가 잎이 많이 달린 나뭇가지로 수면을 친 것 같은 소리를 내며 꼬리로 수면을 쳐서 잔물결을 일으키고는 깊은 물속으로 사라져버리는 것이었다. 드디어 바람이 일고 안개가 더 짙어지며 물결이 치기 시작하자 퍼치들은 수면 위에 몸이 반쯤 드러날 정도로 더 높이 뛰기 시작했는데 그 모습은 3인치 길이의 검은 점 백여 개가 동시에 수면 밖에 나타난 것 같았다.

어느 해인가는 12월 5일같이 늦은 시기에도 호수의 표면에 파문이 생기는 것을 본 적이 있었다. 게다가 엷은 안개까지 쫙 끼었으므로 나는 세찬 비가 곧 쏟아질 것으로 생각하고 급히 노를 저어 집으로 돌아가려고 서둘렀다. 내 얼굴에 빗방울이 떨어진 것은 아니었지만 비는 더 심하게 오는 것 같았고 나는 금방이라도 비에 흠뻑 젖게 될 것만 같았다. 그러나 갑자기 수면 위에서 파문들이 사라져버렸다. 그 파문들은 퍼치들이 일으켰던 것인데, 나의 노 젓는 소리에 놀라서 물속 깊은 곳으로 달아나버린 것이었다. 나는 고기 떼가 사라지는 뒷모습을 어렴풋이 볼 수 있었다. 그날 오후에는 끝내 비가 내리지 않았다.

월든 호수에 자주 드나들던 어느 노인이 나에게 한 말에 의하면, 약 60년 전만 해도 이 호수는 주위를 둘러싼 숲 때문에 어둠침침했으며 물오리와 그 밖의 물새가 무척 많았다고 한다. 또한 주위에 많은 독수리들이 살고 있었다고 한다. 낚시를 하러 여기에 올 때면 그는 물가에서 발견한 낡은 통나무배를 사용했다. 그 배는 백송나무 두 그루의 속을 파서 맞붙여놓고 양쪽 끝은 네모나게 잘라놓은 것이었다. 매우 투박하게 생긴 배였지만 오랜 세월 사용되었으며, 결국에는 침수되어 호수 바닥에 가라앉았을 거라고 했다. 노인은 배 주인이 누구였는지 몰랐다. 월든 호수가 주인일 수밖에 없다고 했다. 노인은 호두나무 껍질을 엮어 만든 줄을 닻줄로 사용했다.

미국 독립 이전에 이 호숫가에 살았으며 직업이 옹기장이였던 또 다른 노인이 그에게 한 말에 의하면, 호수 밑바닥에 쇠로 된 상자가 하나 있었으며 자기가 직접 눈으로 보기까지 했다는 것이었다. 이 상자는 때로는 물가로 떠밀려오기도 했으나 사람이 가까이 가면 깊은 물속으로 물러나 결국엔 사라지곤 했다는 것이었다.

그 낡은 통나무배 이야기를 들었을 때 나는 반가운 생각이 들었다. 그 배는 똑같은 나무 재질로 된, 보다 정교하게 만들어진 인디언의 통나무배를 대신한 것이라고 했다. 아마 처음에는 호숫가에 자라고 있던 나무 한 그루가 어쩌다가 쓰러졌으며, 그 후 한 세대 동안 호수를 떠다니며 호수에 가장 알맞은 배의 역할을 충실히 해낸 것이다. 내가 월든 호수의 깊은 곳을 처음 들여다보았을 때 바닥에 큰 통나무들이 많이 쌓여 있는 것이 어렴풋이 보이던 생각이 난다. 그 통나무들은 바람에 밀려 그리로 갔거나, 아니면 목재 값이 쌌던 시절의 마지막 채벌 때 얼음 위에 쌓아놓았다가 그냥 버려진 것이었으리라. 그러나 지금은 대부분 사라져버리고 없다.

내가 월든 호수에 처음으로 배를 띄웠을 때 호수는 키 큰 소나무와 떡갈나무의 우거진 숲으로 완전히 둘러싸여 있었다. 그리고 몇몇 작은 만에는 포도 넝쿨들이 물가에 있는 나무들 위로 자라 뻗어서, 마치 정자亭子와도 같은 모습을 하고 있어 보트가 그 밑을 지날 수 있었다. 호숫가를 이루는 언덕들은 경사가 매우 급하고 그 언덕에 자라는 나무들이 그때는 키가 대단히 컸으므로 호수의 서쪽 끝에서 내려다보면 호수는 숲 속의 어떤 멋들어진 경관을 보기 위한 원형극장처럼 보이는 것이었다.

내가 지금보다 젊었던 시절, 여름날 아침이면 나는 자주 호수 한가운데로 보트를 저어가서는 그 안에 길게 누워 몽상에 잠기곤 했다. 그리고는 산들바람이 부는 대로 배가 떠가도록 맡겨놓으면 몇 시간이고 후에 배가 기슭에 닿는 바람에 몽상에서 깨어나곤 했는데, 그제서야 나는 일어서서 운명의 여신들이 나를 어떤 물가로 밀어 보냈는지를 알아보았다. 그 시절은 게으름 부리는 것이 가장 매력적이고 생산적인 작업이던 때였다. 하루 중 가장 귀한 시간들을 그런 식으로 보내기 위하여 오전 나절에 몰래 빠져나오는 일이 얼마나 많았던가! 그 당시 나는 정말로 부유했다. 금전상으로가 아니라 양지바른 시간과 여름의 날들을 풍부하게 가졌다는 의미에서 그러했던 것이다. 그리고 나는 이것들을 아끼지 않고 썼다. 그 시간들을 조금 더 공장이나 학교의 교단에서 보내지 않은 것에 대해 나는 결코 후회하지 않는다.[4)]

그러나 내가 호숫가를 떠난 이후로 나무 베는 사람들이 그곳을 더욱 황폐하게 해놓았다. 가끔 호수가 내다보이는 전망을 가진 숲 속의 오솔길을 거닌다는 것은 앞으로 오랫동안 불가능할 것이다. 이제 나의 시신 詩神이 침묵을 지키더라도 탓할 수가 없게 되었다. 숲들이 베어지고 있는데 어떻게 새들이 노래하기를 기대할 수 있겠는가?

이제 호수 바닥의 통나무들과 낡은 통나무배 그리고 호수 주위의 빽빽한 숲들도 사라졌다. 호수의 위치가 어디인지도 잘 모르는 마을 사람

---

4) 소로우는 오랫동안 아버지가 가내공업으로 경영하던 연필 공장 일을 도왔고 학교를 직접 운영한 일도 있다.

들이 호수에 와서 멱을 감거나 물을 마시는 대신에 그 물을 수도관으로 마을에 끌어다 그것으로 접시를 씻으려고 한다. 최소한 갠지스 강처럼 신성해야 할 월든 호수의 물을 말이다. 그들은 수도꼭지를 틀거나 마개를 뽑아서 월든 호수의 물을 손에 넣으려고 한다.

귀청을 찢는 듯한 울음소리로 온 마을을 뒤흔들어놓는 저 악마 같은 철마鐵馬는 발굽으로 보일링 샘을 짓밟아 그 물을 더럽혀 놓았다. 월든 호숫가의 숲을 죄다 갉아먹은 것도 저 철마이다. 돈에 눈이 어두운 그리스인들이 데리고 온 이 철마는 그 뱃속에 적병 1천 명을 숨기고 있다. 이 거만한 괴수를 계곡에서 맞이하여 그의 갈비뼈 사이에 복수의 창을 깊숙이 꽂을 '무어홀의 무어'5)같은 이 나라의 용사는 과연 어디에 있는가?

하지만 내가 알고 있는 월든의 모든 특성 가운데 가장 잘 보존된 것은 그 순수성일 것이다. 많은 사람들이 이 호수에 비유되어왔지만 그 영예를 받을 자격이 있는 사람은 거의 없었다. 나무 베는 사람들이 호숫가의 여기저기를 야금야금 베어내고, 아일랜드 사람들이 호수 근처에 돼지우리 같은 집을 짓고, 철도가 그 경계선을 침범하고, 얼음 장사꾼들이 호수의 얼음을 걷어갔지만, 월든 자체는 변함이 없으며 내가 어릴 때 보았던 바로 그 호수 그대로이다. 어떤 변화가 있다면 그것은 모두 나 자신에게 있었을 뿐이다. 무수한 잔물결이 호수에 일었지만 항구적인 주름살은 단 한 개도 없다. 월든 호수는 영원히 젊다. 지금이라도 호숫가에 서면 옛날과 다름없이 제비가 벌레를 잡으려고 살짝 물을 스치는 모습

---

5) 무어홀의 무어 _ 고대 영국 시가詩歌에 나오는, 용을 죽였다는 영웅.

을 볼 수 있으리라.

나는 오늘 밤에도 내가 지난 20여 년 동안 거의 매일같이 이 호수를 보아오지 않은 것처럼 새로운 감동을 받았다. 아, 여기 월든 호수가 있구나! 내가 그 옛날 처음 보았을 때와 똑같은 숲 속의 호수가. 지난겨울에 숲의 일부가 잘려나간 물가에는 새로운 어린 숲이 기운차게 자라고 있다. 그때와 똑같은 사념이 호수 표면에 샘처럼 솟아오르고 있다. 참으로 이 호수는 그 자신이나 그 창조자에게, 아아, 그리고 나에게까지도 변치 않는 기쁨과 행복의 샘물이다. 그것은 확실히 마음에 아무런 흉계를 품지 않은 용감한 사람의 작품이다. 그는 자신의 손으로 이 호수의 주위를 둥글게 가다듬었으며 그의 사념 속에 호수를 깊이 파고 그 물을 맑게 하였으며 마침내는 유산으로 콩코드 마을에 남겨준 것이다.

호수의 얼굴을 보니 나와 똑같은 회상에 잠긴 것을 알 수 있다. 그리하여 이런 말이 내 속에서 나오려고 한다. 오, 월든이여, 진정 그대인가?

시 한 줄을 장식하는 것이
나의 꿈은 아니다.
내가 월든 호수에 사는 것보다
신과 천국에 더 가까이 갈 수는 없다.
나는 나의 호수의 돌 깔린 기슭이며
그 위를 스쳐가는 산들바람이다.
내 손바닥에는
호수의 물과 모래가 담겨 있으며,

호수의 가장 깊은 곳은
내 생각 드높은 곳에 떠 있다.

열차는 호수를 보기 위하여 멈추는 일이 결코 없다. 그러나 기관사와 화부와 제동수制動手 그리고 정기승차권을 가지고 있어 이 호수를 자주 지나는 승객들은 호수를 보았기 때문에 좀 더 나은 사람들이 되지 않았을까 하고 나는 상상을 해본다. 하루에 적어도 한 번 이 평온과 순수의 표본 같은 호수를 보았다는 것을 그 기관사는(적어도 그의 본성은) 밤에도 잊지 않을 것이다. 비록 한 번밖에 보지 않더라도 이 호수의 모습은 혼잡한 보스턴의 거리들과 기관차의 검댕을 씻어내는 데 도움을 줄 것이다. 이 호수를 '신의 안약眼藥'이라고 부르자고 제안한 사람이 있다.

월든 호수에는 눈에 보이는 유입구나 유출구가 없다고 전에 말한 적이 있다. 그러나 이 호수는 중간에 있는 일련의 작은 호수들을 통하여 멀리 더 높은 지대에 있는 플린트 호수와 간접적으로 연관을 맺고 있다. 그리고 더 낮은 지대에 있는 콩코드 강과도 역시 일련의 호수들을 통하여 직접적으로 명백한 연관을 맺고 있다. 그 어느 지질학적인 시대에 월든 호수는 이들 호수를 통하여 콩코드 강 쪽으로 흘렀던 것 같으며, 지금이라도 호수 바닥을 조금 파면 다시 그쪽으로 흐르게 할 수 있으리라. (그러나 그런 일은 하느님이 용서하지 않을 것이다.)

만일 이 호수가 이렇게 숲 속의 은자와도 같이 긴 세월을 과묵하고 엄격한 생활을 함으로써 그처럼 놀라운 순수성을 얻었다고 한다면, 비교적 불순한 플린트 호수의 물이 이 호수의 물과 섞이거나 또는 이 호수의 물이 바다의 물결 속에서 그 단맛을 잃게 되는 것을 그 누가 애석하게 여기지 않겠는가?

링컨 마을 근처에 있는 플린트 호수는 일명 샌디 호수라고도 하는데 이 지역의 가장 큰 호수이자 내해內海이며, 월든 호수에서 동쪽으로 1마일 지점에 있다. 넓이가 197에이커에 달하여 월든보다는 훨씬 크며 물고기도 더 많다. 그러나 이 호수는 비교적 깊지 않으며 물도 뛰어나게 맑지는 않다. 나는 기분 전환 삼아 숲 속을 걸어서 플린트 호수까지 간 적이 여러 차례 있다. 얼굴에 바람이 제법 세게 불고 물결이 이는 것을 보면서 선원들의 생활을 상상하는 것만으로도 그곳으로 가볼 가치는 충분했다. 바람 부는 가을날에 그곳으로 몇 차례 밤을 주우러 갔는데, 밤들이 호숫물에 떨어졌다가는 물결에 의해 내 발밑으로 떠밀려오는 것이었다.

어느 날 얼굴에 물보라를 맞으며 골풀이 무성한 호숫가를 헤쳐나가다가 썩어가는 보트의 잔해를 발견했다. 배의 옆 부분은 사라지고 배 밑창도 골풀들 사이에 거의 흔적만 남아있었다. 그래도 마치 커다란 썩은 수련의 잎에 잎맥이 남아있듯이 그 원래의 형태는 뚜렷했다. 그것은 바닷가에 떠밀려온 그 어느 난파선 못지않게 인상적이었으며 그에 못지않은 어떤 교훈을 담고 있었다. 이제 그것은 부식토가 되어 주위의 흙과 구별이 되지 않았으며, 그 흙을 뚫고 골풀과 창포가 자라고 있었다.

이 호수의 북쪽 물가에 가면 물 밑 모래 바닥에 물결 모양의 자국이 있는데, 이것을 볼 때마다 감탄을 금할 수 없다. 이 자국들은 물의 압력에 의해 굳어져 물속에 발을 담그고 그 위를 걷노라면 이 자국들의 단단함을 느낄 수 있었다. 또한 이 자국을 따라 골풀들이 굽이치는 하나의 줄 모습으로 자라고 있었는데, 이러한 줄들이 연속으로 죽 서 있어 마치 물결이 거기에다가 심어놓기라도 한 것 같았다.

나는 또 거기서 공처럼 생긴 이상한 것들을 많이 보았는데, 곡정초穀 精草의 가는 잎이나 뿌리가 뭉친 것 같았으며 직경은 1.5인치 내지 4인 치가량에, 완전한 구형球形이었다. 이 풀로 된 공들은 모래 바닥 위 얕 은 물속에서 물결에 앞뒤로 흔들리고 있는데 때로는 물 밖으로 밀려나 오기도 한다. 또한 이것들은 속이 풀로 꽉 찼거나 아니면 중심에 모래가 조금 들어있기도 한다. 처음에는 이것들이 물가의 조약돌처럼 물결의 작용에 의하여 생겼을 것이라고 생각하기 쉽다. 그러나 직경 반 인치 정 도의 가장 조그만 공도 그 구성 재료는 똑같으며 1년 중 단 한 계절에만 만들어진다. 더욱이 물결은 이미 어느 정도 견고한 물질을 튼튼히 해주 기보다는 오히려 부스러뜨리려고 한다는 것이 나의 생각이다. 이것들 은 말라서도 상당히 오랫동안 그 형태를 유지한다.

플린트 호수라니! 우리가 이름을 붙이는 방식은 이처럼 졸렬하기 짝이 없다. 이 하늘에서 내려보낸 물 옆에 자신의 농장을 만들고 그 물가의 나무들을 무자비하게 베어넘긴 불결하고 어리석은 농부가 무슨 권리로 자신의 이름을 이 호수에 붙였단 말인가? 그는 호수의 수면보다는 자신의 철면피 같은 얼굴이 비치는 1달러짜리 은화나 1센트짜리 동전의 번쩍이는 표면을 더 사랑하는 구두쇠가 아닌가?

그는 호수에 내려앉은 물오리들을 무단 침입자로 보는 사람이다. 탐욕스러운 하피 괴물처럼 재물을 긁어모으는 오랜 습관으로 인하여 그의 손가락들은 꼬부라진 각질의 발톱으로 변해버렸다. 그러므로 플린트 호수란 이름을 나로서는 받아들이기 힘든 것이다. 나는 그 농부를 보거나 그에 대한 이야기를 듣기 위하여 그 호수에 가는 것이 아니다. 그 농부는 한 번이라도 참다운 눈으로 이 호수를 본 적이 없으며, 호수에서 멱을 감은 일도 없고, 호수를 사랑하거나 보호한 일도 없다. 또한 호수를 칭찬하는 말 한마디 한 적이 없으며, 하느님이 이 호수를 만들어놓은 데에 대하여 감사한 적도 없다.

차라리 이 호수의 이름을 그 속에서 헤엄치는 어느 물고기나 그곳에 자주 모습을 나타내는 들새나 네발짐승 또는 그 물가에 자라는 어떤 들꽃이나 또는 그의 삶이 호수의 내력과 밀접한 관계를 맺었던 어떤 야성의 어른이나 아이의 이름을 따라 지었더라면 한결 나았을 것이다. 자신과 비슷한 사고방식을 가진 이웃 사람이나 또는 법률이 그에게 준 토지증서 말고는 아무런 권리도 주장할 수 없는 사람, 이 호수의 금전적 가치만 따지는 사람의 이름을 붙이지는 말았어야 하는 것이다.

그가 이 호숫가에 모습을 나타내면 호수 전체에 어떤 저주의 그림자가 드리워졌다. 그는 호수 근처 땅의 지력을 소진시켰으며 가능하면 호수의 물마저 다 써버리려고 했을 것이다. 그는 이 호수가 영국 건초나 넌출월귤이 자라는 풀밭이 아닌 것을 못내 아쉬워했다. 그의 눈에 호수는 환금 가치가 없었다. 그는 할 수만 있다면 호수의 물을 전부 빼고 바닥에 있는 진흙이라도 팔려고 했을 것이다. 이 호수의 물로는 물방아를 돌릴 수 없었으며 호수를 그냥 바라보는 것은 그에게는 아무런 '특전'이 될 수 없었던 것이다.

나는 그의 노동을 경멸하며 모든 것에 가격표가 매겨져 있는 그의 농장도 경멸한다. 그는 단 몇 푼이라도 받을 수만 있으면 경치라도, 아니 그가 믿는 하느님이라도 시장에 가지고 나가 팔려고 할 것이다. 사실 그의 진짜 하느님은 시장에 있다. 그의 농장에서는 아무것도 공짜로는 자라지 않는다. 그의 밭에서는 곡식 대신 돈이 자라며, 그의 꽃밭에서는 꽃 대신 돈이 피어나며, 그의 과일나무들에는 과일 대신 돈이 열리는 것이다. 그는 과일의 아름다움을 사랑하지 않으며, 과일이 돈으로 환금되기 전에는 완전히 익은 것으로 보지 않는다.

진정한 부를 즐길 수 있는 가난, 내가 원하는 것은 바로 그것이다. 농부의 가난에 비례하여 나의 관심과 애착심은 커진다. 모범 농장! 거기에는 퇴비 더미에서 자라난 버섯같이 생긴 집이 있으며, 일꾼들의 방과 말, 소, 돼지 들의 방들이 다닥다닥 붙어있다. 청소가 되고 안 되고는 별로 중요하지 않다. 가축들과 더불어 사람들을 사육하는 곳. 가축들의 똥오줌 냄새와 버터밀크의 냄새가 뒤범벅이 된 곳. 사람들의 심장과 뇌수를 퇴비로 쓰는 고도高度의 경작이 이루어지는 곳. 그것은 마치 묘지에서 감자를 재배하는 것과 다를 바 없다! 모범 농장이란 바로 그런 곳이다.

아니다. 이래서는 안 된다. 아름다운 경치에 사람의 이름을 붙이려거든 가장 고귀하고 훌륭한 사람들의 이름으로 제한하기로 하자. 우리 고장의 호수들에 최소한 '이카로스의 바다'[6]처럼 진실된 이름이 주어지도록 하자. 그 바다에서는 지금도 그의 용감한 시도試圖가 해안을 울리고 있다.

자그마한 구우스 호수는 플린트 호수로 가는 길에 위치해 있다. 콩코드 강이 넓어진 수역인 페어헤이번은 넓이가 70에이커쯤 되는데 이곳에서 남서쪽으로 1마일 지점에 있다. 넓이가 40에이커쯤 되는 화이트 호수는 페어헤이번을 지나서 1마일 반쯤 되는 곳에 위치해 있다. 이상이 나의 호반 지역이다. 이 호수들이 콩코드 강과 더불어 내가 그 수리권水利權을 가진 수역들이다. 밤이든 낮이든, 해가 가고 또 새해가 오더라도 이 호수들은 내가 가지고 가는 곡식들을 어김없이 빻아준다.

나무꾼들과 철도 그리고 나 자신마저도 월든 호수를 더럽혀 놓았기 때문에 이제 이 지역의 호수들 중에서 가장 아름답지는 않더라도 가장 매력적인 호수, 숲의 보석과도 같은 호수는 화이트 호수라고 하겠다. 그러나 화이트라는 이름은 호숫물이 맑은 데서 유래했든 혹은 호수의 모래 색깔에서 유래했든 너무 평범하기 때문에 잘 지은 이름이라고는 할 수 없다.

---

[6] 그리스 신화에서 이카로스는 위대한 발명가였던 디달로스의 아들이었다. 크레타 섬의 폭군에게 붙들려 있던 두 부자는 디달로스가 만든 인조의 날개를 달고 탈출했으나, 이카로스는 태양에 너무 가까이 다가갔기 때문에 날개의 아교가 녹아 바다에 떨어져 죽었다. 지금도 에게 해에 '이카로스의 바다'라는 해역이 있다.

여러 가지 점에서 이 호수는 월든 호수의 쌍둥이 동생이다. 이들은 서로가 너무 닮았기 때문에 지하로 연결되었으리라는 생각이 든다. 호숫가에 돌이 많은 것도 같고 물의 빛깔도 똑같다. 무더운 복날에 깊지 않은 만의 물을 숲 사이로 바라보면, 월든 호수처럼 바닥으로부터 색깔이 반사되어 호숫물이 엷은 청록색을 띠는 것을 볼 수 있다. 오래전에 나는 샌드페이퍼를 만들 모래를 채취하기 위해서 외바퀴 수레를 끌고 그 호수에 갔는데 그 후에도 계속하여 그곳을 찾게 되었다.

그 호수에 자주 드나드는 어떤 이는 호수의 이름을 '비리드 호수', 즉 녹색 호수로 부르자고 한다. 내 생각에는 '미송美松 호수'라고 부르는 것이 좋을 듯한데 그 연유는 다음과 같다. 약 15년 전만 하더라도 물가로부터 수십 미터 떨어진 깊은 곳에 뚜렷한 종으로 분류된 것은 아니지만 이 지방에서 미송이라고 부르는 종류의 소나무 위쪽 끝 부분이 물 위에 나와 있는 것을 볼 수 있었다. 어떤 사람들은 육지가 가라앉아 이 호수가 생겨났고 이 나무는 과거에 이곳에 있던 원시림 중에서 남아있는 나무인 것으로 추측하기도 했다.

상당히 오래전인 1792년에 이미 매사추세츠 역사학회의 논문집에 수록된 '콩코드 시의 지형'이란 글에서 콩코드의 시민 한 사람은 이 미송에 대해 언급하고 있다. 그는 이 글에서 월든 호수와 화이트 호수에 대해 기술한 다음 이렇게 덧붙이고 있다.

"호수의 수위가 내려가면 화이트 호수 한가운데는 나무 한 그루가 서 있는 게 보이는데 이 나무는 그 자리에서 자란 것처럼 보인다. 그러나 뿌리는 수면에서 50피트 아래의 호수 바닥에 박혀 있다. 이 나무의 최상부는 잘려나갔고 그 잘린 부분의 지름은 14인치쯤 된다."

1849년 봄에 나는 서드베리 마을 사람 중 이 호수에 가장 가까운 곳에 살고 있는 남자와 이야기를 나눌 기회가 있었다. 그런데 그는 10년 전인가 15년 전인가에 그 나무를 호수에서 꺼낸 사람이 바로 자기라고 하는 것이었다. 그의 기억이 확실하다면 그 나무는 호숫가에서 60미터 내지 75미터쯤 떨어진 물속에 서 있었으며, 그곳의 깊이는 30피트 내지 40피트 정도였다고 한다. 어느 겨울날 그는 아침나절에 호수에서 얼음을 자르고 있었는데, 그날 오후에 이웃 사람들의 도움을 얻어 그 오래된 미송을 뽑아내기로 결심했다고 한다. 그는 나무가 있는 데서 호숫가 쪽으로 얼음을 톱으로 잘라 골을 내고 황소의 힘을 빌려 그 나무를 얼음 위로 끌어올렸다.

그런데 그가 일을 착수한 지 얼마 되지 않아, 위에 나와 있던 부분이 실은 밑동이며 가지 부분은 아래로 향해 있고 그 가는 끝이 모래 바닥에 단단히 박혀 있다는 것을 알고 깜짝 놀랐던 것이다. 나무는 굵은 쪽의 지름이 1피트쯤 되어서 그는 훌륭한 판자용 목재가 되리라고 기대했다. 그러나 막상 꺼내놓고 보니 너무 썩어있어서 간신히 땔감으로나 쓸 수 있을 정도였다.

나하고 이야기할 때만 해도 나무의 일부가 그의 헛간에 남아있었다. 나무의 밑동 부분에는 도끼 자국과 딱따구리가 쪼아놓은 자국이 있었다. 그의 추측으로는 이 나무는 호숫가에 있을 때 이미 고목이 되어있었으며, 바람에 의해 마침내 호수 쪽으로 넘어졌으리라는 것이었다. 그리하여 나무의 윗부분에는 물이 배고 밑동 부분은 아직 말라서 가벼울 때 호수 가운데로 떠내려가다가 거꾸로 호수 바닥에 박혔을 것이라고 했다. 그의 부친은 연세가 여든이었는데 호수에 그 나무가 없었던 적을 기억할 수 없었다고 한다. 이 호수 바닥에는 아직도 꽤 커다란 통나무들이 몇 개 있는 것을 볼 수 있는데, 수면 물결의 움직임 때문에 마치 커다란 물뱀들이 꿈틀거리고 있는 것처럼 보인다.

이 호수에서 사람들이 배를 띄우는 일은 거의 없는데, 낚시꾼을 끌어들일 만큼 고기가 많지 않기 때문이다. 진흙이 필요한 하얀 수련이나 보통의 창포 대신 붓꽃이 호숫가 주변의 돌이 많은 바닥에서 뻗어올라 맑은 물속에서 가냘프게 자라고 있다. 6월이 되면 벌새들이 붓꽃을 찾아 이곳으로 날아온다. 뭇꽃의 푸르스름한 긴 잎과 꽃들, 특히 물에 비친 그 그림자는 호수의 청록색 물과 더불어 신기한 조화를 이룬다.

화이트 호수와 월든 호수는 지상의 커다란 수정이며 빛의 호수들이다. 만약 이들이 영원히 응결되고, 훔칠 수 있을 만큼 작은 것들이라면 아마 제왕들의 머리를 장식하는 보석으로 쓰기 위하여 노예들이 캐갔을 것이다. 그러나 이 호수들이 액체 상태인 데다 그 양이 풍부하며 우리와 우리 자손들에게 영원히 확보되어 있으므로 우리는 이들을 무시하고 '코히누르의 다이아몬드'[7]를 뒤쫓는다.

이 호수들은 너무 순수하기 때문에 그 가치를 측정할 수 없다. 이들에

---

7) 코히누르의 다이아몬드 _ 1850년에 영국의 빅토리아 여왕의 소유가 된 커다란 다이아몬드.

겐 더러운 것이라고는 전혀 없다. 이 호수들은 우리들의 인생보다 얼마나 더 아름다우며 우리들의 인격보다 얼마나 더 투명한가! 이들은 우리 앞에서 비천한 모습이라고는 손톱만큼도 보이지 않는다. 농부의 집 앞에 오리들이 헤엄치는 물웅덩이보다 얼마나 더 깨끗한가! 이곳에는 깨끗한 야생 물오리가 찾아온다. 자연에게는 자연을 이해해주는 인간의 주민이 없다. 아름다운 깃털을 지닌 새들은 노래를 부르며 꽃들과 함께 조화를 이룬다. 그러나 어떤 청년이나 처녀가 자연의 야성적이고 풍요로운 아름다움과 호흡을 같이하는가? 자연은 이들이 살고 있는 도시에서 멀리 떨어져 홀로 활짝 피어난다. 자연을 놓아두고 천국을 이야기하다니! 그것은 지구를 모독하는 짓이 아니고 무엇이겠는가?

10
베이커 농장

　때때로 나는 소나무가 우거진 작은 숲들이 있는 곳으로 발걸음을 옮겼다. 이 소나무들은 신전들처럼 또는 돛을 전부 올린 바다의 함대처럼 당당하게 서 있었으며, 부드럽게 흔들리는 가지들 때문에 잔물결이 이는 듯이 햇빛 속에 반짝이고 있었다. 그 나무늘은 너무나도 부드럽고 푸르른 데다 시원한 그늘을 만들고 있었으므로 드루이드교[1]의 승려들이 보았더라면 떡갈나무 숲을 버리고 이 소나무 숲에서 예배를 보려고 했을 것이다.
　나는 플린트 호수 너머에 있는 삼나무 숲을 찾아가기도 했다. 그곳에는 해묵은 청딸기 넝쿨에 감긴 삼나무들이 점점 키가 높이 솟아올라 설사 '발할라의 전당'[2] 앞에 선다 해도 조금도 손색없을 모습을 하고 있으며, 노간주나무는 열매가 주렁주렁 달린 화환으로 땅을 뒤덮고 있다.

---

1) 드루이드교 _ 고대 영국, 아일랜드, 프랑스 등지에 살았던 켈트인들이 믿었던 종교. 이 교의 승려들은 떡갈나무를 신성시하여 그 숲에서 종교의식을 치렀다.
2) 발할라의 전당 _ 고대 게르만 민족의 최고신 '오딘'의 전당.

어떤 때는 늪을 찾기도 했다. 거기에는 나무 이끼가 가문비나무에서 꽃 줄처럼 늘어져 있으며, 늪의 신들의 둥근 탁자인 버섯들이 땅을 덮고 있다. 보다 아름다운 버섯들은 나비나 조개 모양으로 나무 그루터기를 장식하고 있는데, 그 붙어있는 모습이 꼭 식물성의 고둥貝 같기만 하다. 늪에는 패랭이꽃과 산딸나무가 자라며, 감탕나무의 붉은 열매는 꼬마 도깨비의 눈처럼 빛난다. 노박덩굴은 매우 단단한 나무라도 부스러뜨릴 듯이 휘감아서 자국을 내놓는다. 야생의 감탕나무 열매는 너무나 아름답기 때문에 보는 사람으로 하여금 집에 갈 생각을 잊게 만든다. 그 밖에도 사람이 따먹기에는 너무 아름다운 이름 모를 금단의 야생 열매들이 그의 눈을 부시게 하고 그를 유혹한다.

나는 어떤 학자를 방문하는 대신 이 근처에서는 보기 드문 특이한 나무들을 여러 차례에 걸쳐 찾아갔나. 이런 나무들은 널리 벌어신 어떤 풀밭의 한가운데에 서 있거나 숲이나 늪의 깊숙한 곳에 자리 잡고 있으며, 어떤 것은 산꼭대기에 있는 것도 있었다. 한 예로 검정자작나무를 들 수 있는데, 직경이 2피트쯤 되는 잘생긴 나무 몇 그루가 이 지역에 자생하고 있다. 그 사촌뻘 되는 노랑자작나무는 황금색의 헐렁한 조끼를 걸친 듯한 모습을 하고 있으며 검정자작나무와 똑같은 향기를 가지고 있다.

말쑥한 줄기에다 아름답게 이끼가 덮여 있는 너도밤나무는 모든 점에서 완벽하다. 이 너도밤나무는 몇몇 흩어져 있는 나무들을 제외하고는 이 지역에 단 한군데의 작은 숲밖에 남아있지 않은 것으로 나는 알고 있다. 예전에 이 근처에서는 산비둘기를 잡으려고 할 때 너도밤나무 열매를 미끼로 썼는데, 그 열매를 산비둘기가 물고 가다가 떨어뜨린 것이

이 너도밤나무 숲이 생기게 된 유래라는 얘기가 있다. 이 나무를 쪼갤 때 은빛의 나뭇결이 빛나는 것은 보기에 참 좋다.

참피나무와 서어나무도 있다. 그리고 단 한 그루의 잘 자란 개느릅나무도 있다. 높은 돛대 같은 소나무와 폰데로사소나무도 있으며, 보통 이상으로 완벽한 솔송나무가 숲 한가운데에 정자처럼 서 있기도 하다. 그 밖에도 많은 나무들을 들 수 있으리라. 이 나무들이야말로 내가 여름, 겨울을 가리지 않고 찾아보는 신전들이었다.

언젠가 나는 무지개의 한쪽 끝에 서 있었던 적이 있다. 그 무지개의 끝은 대기의 하층에 가득 차 주위의 풀과 나뭇잎 들을 물들여, 마치 색깔 있는 수정을 통하여 본 세상처럼 나를 황홀경에 빠뜨렸다. 그것은 무지갯빛의 호수였으며, 나는 잠시 동안이나마 그 속에서 돌고래처럼 뛰놀았다. 그것이 조금 더 오래 계속되었더라면 나의 일과 생명은 무지갯빛으로 채색되었으리라.

나는 철둑길을 걸을 때면 내 그림자 주위에 후광이 생기는 것을 보고 늘 신기하게 생각했으며, 어쩌면 내가 선택된 사람들 중의 한 사람일지 모른다는 공상을 해보기도 했다. 나를 찾아온 사람 하나는 자기 앞을 걸어가던 어떤 아일랜드 사람들의 그림자에는 후광이 없었으며 오직 이 나라에서 태어난 사람들만이 그런 특징이 있노라고 단언하기도 했다.

벤베누토 첼리니[3]는 그의 자서전에서 다음과 같은 이야기를 하고 있

---

3) 벤베누토 첼리니(1500~1571) _ 이탈리아의 유명한 조각가이자 금세공가金細工家. 그의 파란만장한 일생을 이야기한 자서전 역시 유명하다.

다. 즉 그가 성聖 안젤로 성城에 갇혀 있을 때, 밤에 무서운 꿈을 꾸거나 환상을 본 다음 날 아침이나 저녁에는 자신의 머리 그림자 주위에 찬란한 빛이 나타났다는 것이다. 그러한 현상은 그가 이탈리아에 있건 프랑스에 있건 관계없이 일어났고, 특히 풀이 이슬에 젖어있을 때 더욱 역력했다는 것이다. 이것은 아마 내가 말한 것과 같은 현상일 것으로 생각되는데 아침에는 특히 잘 보이며 다른 때에도, 심지어는 달이 뜬 밤에도 볼 수 있는 것이다. 이것은 늘 있는 현상이지만 사람들은 거의 주목을 하지 않는다. 첼리니같이 흥분하기 쉬운 상상력을 갖고 있는 경우에 그것은 충분히 미신의 소지가 될 수 있으리라. 게다가 그는 극소수의 사람들에게만 그것을 보여주었다고 한다. 자신이 특별한 관심의 대상이라는 것을 의식하고 있는 사람들은 정말 유별난 존재들이 아닌가?

어느 날 오후 나는 숲을 지나 페어헤이번으로 고기를 잡으러 갔다. 식물성만으로 된 나의 넉넉지 않은 식단을 보강하기 위해서였다. 그리로 가려면 플레전트 들판을 지나야 하는데, 이 들판은 베이커 농장에 부속된 땅이다. 베이커 농장에 대해서 최근에 어떤 시인이 시를 지어 읊었다. 그 시는 이렇게 시작된다.

"그대의 입구는 유쾌한 들판.
이끼 낀 과일나무들이 들판의 일부를
기운찬 개울에 양보한다.

개울의 임자는

소리 없이 움직이는 사향쥐와,

여기저기 헤엄쳐 다니는 경쾌한 송어들."

나는 월든에 가기 전에는 베이커 농장에 살아볼까 하는 생각도 했다. 나는 그곳을 지나면서 사과를 훔치기도 하고 개울을 뛰어넘어 사향쥐와 송어를 놀라게 하기도 했다. 그날은 많은 사건이 발생할지 모르는 한없이 길게 느껴지는 그런 오후였다. 우리 인생은 상당 부분 그런 날이 차지한다. 하지만 내가 출발했을 때는 이미 오후의 절반가량이 지나가고 있었다. 가는 도중에 소나기를 만나 30분 동안을 소나무 아래에 서서 나뭇가지를 여러 개 머리 위에 얹고 손수건으로 비를 막아야 했다.

마침내 물속에 몸을 반쯤 담그고 낚시를 수초 위로 던졌을 때 나는 갑자기 나 자신이 구름의 그림자 속에 들어있는 것을 발견했다. 천둥소리가 무섭게 울리기 시작했다. 나는 잠시 그 소리에 넋을 잃고 있었다. '불쌍하고 힘없는 낚시꾼 한 사람을 쫓아내기 위해 째진 번갯불까지 동원하다니! 그러고도 신들은 의기양양해 있겠지!' 하고 나는 생각했다. 나는 가장 가까이에 있는 오두막집으로 급히 달려갔다. 이 오두막집은 길에서는 반 마일이나 떨어져 있었으나 호수로부터는 그만큼 가까웠으며, 오랫동안 아무도 사는 사람이 없었다.

"이곳에 시인이 집을 지었다.

그 먼 옛날에.

보라, 다 쓰러져가는

이 초라한 오두막집을."

이처럼 시의 여신은 이야기를 전한다. 그러나 그곳에 가보니 아일랜드에서 이민 온 존 필드라는 남자가 아내와 여러 아이들과 함께 살고 있었다. 큰아들은 아버지의 일을 돕는 얼굴이 넓적한 소년이었는데, 방금 비를 피해 아버지와 함께 늪에서 막 뛰어온 참이었다. 그리고 막내는 얼굴에 주름살이 있는 데다 여자 무당 같은 모습을 한 원추형의 머리를 가진 아이였는데, 아버지의 무릎이 왕후들의 궁전인 양 그 위에 앉아있었다. 습기와 굶주림이 누비는 자기 집에서 어린아이만의 특권을 행사하여 낯선 사람을 호기심에 가득 찬 눈으로 내다보고 있었다. 그 아이는 자신이 존 필드라는 사람의 가난하고 굶주린 자식이 아니고 실은 고귀한 가문의 막내이며, 세상의 희망인 동시에 주목의 대상이라는 것을 모르고 있었다.

그 집 지붕에서 비가 가장 적게 새는 쪽에 우리는 다 함께 모여 앉았다. 밖에는 천둥이 치면서 비가 억수로 쏟아지고 있었다. 이 집 식구들을 미국으로 태워온 배가 만들어지기 전인 그 옛날에도 나는 여러 차례 이곳에 와서 앉아있었다.

존 필드는 분명히 정직하고 부지런하기는 했으나 주변머리가 없는 사람이었다. 그의 아내 역시 저 높다란 아궁이의 한구석에서 날이면 날마다 밥을 하느라 애를 쓰고 있었다. 동그랗고 기름진 얼굴에다가 가슴 한쪽을 드러내놓고 있었는데, 언젠가 자기 집 형편이 나아지리라는 희망을 버리지 않고 있었다. 한 손에는 항상 걸레가 들려 있었으나 그 효과는 아무 데서도 찾아볼 수가 없었다. 닭들 역시 비를 피해 집 안으로 들어와서는 가족의 일원인 양 돌아다녔다. 이 닭들은 너무 인간화되어서 요리를 해도 그리 맛이 있을 것 같지 않았다. 닭들은 똑바로 서서 내 눈을 쳐다보기도 하고, 내 구두를 무슨 의미가 있는 듯 쪼기도 했다.

그동안 집주인은 나에게 자기 신세 이야기를 하였다. 그는 이웃의 어느 농부와 계약을 맺고 늪을 개간하는 일에 온갖 노력을 다 기울이고 있다는 것이었다. 삽과 늪지대용 곡괭이를 써서 늪을 개간하면 1에이커당 10달러를 개간비로 받고, 또 그 땅을 1년 동안 비료를 써서 경작할 수 있는 권리를 갖는다는 조건이었다. 얼굴이 넓적한 아들은 아버지가 얼마나 불리한 계약을 맺었는지 알지 못한 채 그의 곁에서 즐거운 마음으로 일을 해온 것이다.

나는 내 나름대로의 경험을 토대로 그를 돕고 싶었다. 나는 그에게 내가 근처에 사는 이웃 중 한 사람이라는 것과 낚시나 다니며 빈둥빈둥 노는 사람처럼 보이겠지만 실은 나 자신도 일을 해서 먹고산다는 이야기를 했다. 그리고 내가 밝고 깨끗하고 아담한 집에 살고 있으며, 그의 집처럼 낡은 집을 1년 동안 세내는 금액만을 가지고도 내 집을 지었으며, 그도 원한다면 한두 달 안에 궁전 같은 자신의 집을 지을 수 있을 것이라고 말했다.

또 나는 차나 커피, 버터나 우유나 육류를 먹지 않기 때문에 그런 것들을 얻기 위하여 힘든 노동을 할 필요가 없다는 점 그리고 중노동을 하지 않으니 대식을 할 필요가 없고, 그리하여 식료품 값으로 아주 적은 돈만을 지출한다는 점을 이야기했다. 하지만 그는 기본 식량이 차, 커피, 버터, 밀크와 소고기이므로 그것들을 얻기 위해 중노동을 해야 하며, 중노동을 하면 신체의 소모된 부분을 보충하기 위하여 다시 대식을 해야 한다는 점, 그러니 결국은 마찬가지인 것 같지만 그가 만족하지 못하고 있는 데다 몸까지 축내고 있으니 실은 손해라는 점을 이야기했다.

그런데 그 사람은 자신이 미국에 건너온 것을 잘한 일로 생각하는데, 그 이유가 이곳에서는 차와 커피와 고기를 매일 먹을 수 있기 때문이라는 것이었다. 그러나 참다운 미국은 그런 것들이 없이 살아갈 수 있는 생활양식을 자유로이 추구할 수 있는 그런 나라여야 하며, 또 노예제도나 전쟁을 국민이 지지하도록 국가가 강요하고, 그런 물건들을 사용하는 데서 직접 간접으로 초래되는 쓸데없는 비용을 국민이 부담하도록 강요하는 일이 없는 나라여야 하는 것이다. 나는 마치 그가 철학자이기라도 한 것처럼 또는 철학자가 될 의향이 있는 사람인 것처럼 이런 이야기를 그에게 진지하게 들려주었다.

지상의 모든 풀밭들이 야생의 상태로 남아있다고 하더라도 그것이 인간이 자기 구제를 시작한 결과라면 나는 기뻐할 것이다. 자기 교양에 가장 좋은 것이 무엇인가를 알아내기 위하여 역사를 공부할 필요까지는 없을 것이다. 그러나 안타깝게도 아일랜드 사람을 교화시키는 일은 일종의 정신적인 늪지대용 곡괭이를 써야 할 작업인 것이다.

나는 그에게 그가 힘든 개간 작업을 하기 때문에 두꺼운 장화와 튼튼한 작업복을 필요로 하며 또 그것마저 쉽사리 닳게 마련이지만, 나는 가벼운 구두와 얇은 옷을 입고 있으니 신사 같은 옷차림으로(사실은 그렇지도 않았다.) 보일지 몰라도 실은 그가 들인 비용의 절반밖에 들지 않았다고 말했다. 그리고 내가 원하기만 하면 한두 시간의 수고로 이틀간 먹기에 충분한 물고기를 잡든가, 아니면 일주일을 지탱하기에 충분한 돈을 벌 수 있는데, 그것도 노동이 아니고 오락을 하는 기분으로 그렇게 할 수 있다고 말했다. 만약 그와 그의 가족도 소박하게 살려고만 한다면 여름에는 모두 허클베리를 따러 놀러갈 수도 있는 여유를 갖게 될 것이라고 나는 덧붙였다.

이 말을 듣더니 존은 한숨을 내쉬었고 그의 아내는 양손을 허리에 대고 뚫어지게 쳐다보았다. 그들 부부는 자신들에게 그런 생활을 시작할 만한 넉넉한 밑천이 있는지, 또 일단 시작하면 그것을 계속해낼 만한 산술 능력을 가지고 있는지를 따져보는 것 같았다. 그런 생활은 그들에게는 추측항법에 의해 배를 모는 것과 같아서 어떻게 해서 항구에 도착할지 뚜렷한 방법을 모르는 것이었다. 그러므로 내 생각에 그들은 아직도 자신들의 방법대로 용감하게 인생에 달려들어, 얼굴을 직접 맞대고 물어뜯고 할퀴고 있으리라. 인생의 거대한 기둥들에다 잘 드는 쐐기를 박아 갈라놓은 다음 하나하나 부수어 해결해가는 기술을 갖지 못한 이들 부부는 마치 엉겅퀴나무를 다루듯 인생을 거칠게만 다루려고 한다. 하지만 그들은 엄청나게 불리한 싸움을 하고 있다. 존 필드는 안타깝게도 계산 없이 살기 때문에 실패하는 것이다.

"낚시질 가는 적 있어요?" 하고 내가 물었다. "물론이죠. 한가할 때는 나가서 한 끼니 먹을 정도는 잡아오죠. 퍼치를 꽤 잡았습니다." "미끼는 무엇을 씁니까?" "지렁이로 먼저 피라미를 잡고, 피라미를 미끼로 퍼치를 잡지요.", "여보, 지금 나가시면 어때요?" 하고 그의 아내가 기대에 가득 찬 얼굴로 말했다. 그러나 존은 응하지 않았다.

소낙비가 이제 그쳤고, 동쪽 숲 위의 무지개는 맑은 저녁을 예고하고 있었다. 그래서 나는 작별 인사를 했다. 집 밖으로 나왔을 때 나는 그릇 하나만 빌려달라고 했다. 이 집의 주변을 마지막으로 살필 겸, 우물의 밑바닥을 보고 싶었던 것이다. 그러나 딱하게도 물은 얕고 모래가 보였으며, 두레박줄은 끊어지고 두레박은 우물에 빠져 꺼낼 방도가 없었다.

그동안 적당한 그릇 하나가 선택되었고, 물을 끓이기라도 하는 듯했다. 의논하느라고 꽤 시간을 지체한 끝에 물 한 그릇이 목마른 사람에게 건네졌다. 아직 식지도 않고 티끌이 채 가라앉지도 않은 물이었다. 이런 죽 같은 물이 이곳에서는 생명을 부지해주는구나 하고 나는 생각했다. 그래서 눈을 떡 감고 솜씨 있게 물을 흔들어 티끌을 아래쪽으로 보내면서 이들의 마음에서 우러난 손님 접대에 최대한의 성의를 보여 물을 꿀꺽꿀꺽 들이켰다. 예의범절이 문제가 되는 이런 경우에 나는 까다롭게 굴지 않는다.

비가 갠 뒤 나는 아일랜드 사람의 집을 떠나 다시 호수 쪽으로 발을 옮겼다. 그런데 사람도 없는 황량한 곳에서 물에 잠긴 풀밭에 발목을 적신다든지, 수렁이나 진흙 구덩이에 빠지면서 강꼬치고기를 잡으려고 서둘러 가는 나의 모습이 대학교까지 나온 사람으로서는 너무 하잘것없는 것이 아닌가 하는 생각이 순간적으로 들었다. 그러나 무지개를 등 뒤에 지고, 맑은 공기를 뚫고 어디선가 들려오는 작은 방울들이 딸랑거리는 소리를 희미하게 들으면서, 붉어지는 서쪽을 향하여 언덕을 달려 내려갈 때 나의 천재성은 이렇게 말하는 것 같았다.

―낚시와 사냥을 가라. 날마다 멀리, 더 멀리, 또 더 멀리. 그리고 시냇가이든 난롯가이든 두려워하지 말고 쉬어라. 그대의 젊은 날에 조물주를 기억하라. 새벽이 되기 전에 근심에서 깨어나서 모험을 찾아 떠나라. 낮에는 다른 호수에 가 있도록 하라. 밤이면 뭇 장소를 그대의 집으로 삼아라. 이곳보다 넓은 평야는 없으며, 여기서 하는 놀이보다 더 가치 있는 것은 없다. 그대의 천성에 따라 야성적으로 자라라. 여기 있는 골풀이나 고사리처럼 말이다. 그것들은 결코 영국 건초는 되지 않을 것이다. 천둥이 울리면 울리도록 내버려두라. 그것이 농부의 수확을 망칠 우려가 있다 한들 그게 어떻단 말인가? 그것은 그대가 상관할 바가 아니다. 사람들이 수레와 헛간으로 피할 때 그대는 구름 밑으로 대피하라. 밥벌이를 그대의 직업으로 삼지 말고 도락으로 삼으라. 대지를 즐기되 소유하려 들지 마라. 진취성과 신념이 없기 때문에 사람들은 그들이 지금 있는 곳에 머무르면서 사고팔고 농노처럼 인생을 보내는 것이다.

아, 베이커 농장이여!

"이곳 경치에서 가장 소중한 것은
때 묻지 않은 약간의 햇빛이니.
……(중략)……
울타리를 친 그대의 풀밭에는
아무도 잔치를 벌이며 놀지 않는다.
……(중략)……

그대는 누구와도 다투지 않으며,
묻는 말로 괴로움을 받지도 않는다.
소박한 갈색 옷을 걸친 그대
처음이나 지금이나 순하기 짝이 없다.
……(중략)……
오라, 사랑하는 사람들아,
그리고 미워하는 사람들도 같이
신성한 비둘기의 아이들이든,
국적國賊 가이 포크스든.
그리고 음모를 교수형에 처하자,
단단한 나무 서까래에 매달아서."

   사람들은 저녁에는 꼬박꼬박 집에 돌아온다. 그러나 기껏해야 근처의 밭이나 길거리로부터 돌아오는 것이며, 그곳은 집에서 나는 소리가 들릴 정도로 가까운 곳이다. 자신이 내쉰 공기를 다시 들이마시기 때문에 그들의 인생은 시들고 있다. 차라리 아침저녁 때의 그들의 그림자가 그들이 매일 걷는 걸음보다 더 멀리 뻗쳐 있다. 우리는 매일 먼 곳으로부터 집에 돌아와야 하겠다. 모험을 하고, 위험을 겪고, 어떤 발견을 한 끝에 새로운 경험과 새로운 성격을 얻어 가지고 돌아와야 하겠다.
   내가 호수에 도착하기 전에 무슨 새로운 충동을 느꼈는지 존 필드가 뒤쫓아왔다. 해 지기 전에 한바탕 개간 작업을 하려던 생각은 포기하기로 마음을 돌린 것이다. 그러나 내가 거의 한 줄을 채울 만한 물고기를 잡고 있는 동안 이 가엾은 사람은 두어 마리의 물고기를 놀라게 했을 뿐이다. 그는 그것이 자기의 운이라고 했다. 우리가 배 안에서 자리를 바꾸어 앉자 운도 따라 자리를 바꾸었다.

가엾은 존 필드! 나는 그가 이 글을 읽지 않기를 바란다. 이 글을 읽어서 깨닫는 바가 있을 것이라면 몰라도. 그는 낡은 나라에서 쓰던 수법의 한 변형을 가지고 이 원시적인 새 나라에서 먹고살려고 하는 것이다. 피라미를 가지고 퍼치를 낚으려고 하는 것도 그렇다. 경우에 따라서는 그것이 좋은 미끼임을 인정하지만 말이다. 지평선을 송두리째 차지하고도 그는 가난을 면하지 못하고 있다. 아일랜드의 가난과 또 아담의 할머니 때부터 내려온 진흙 수렁 같은 생활 방식을 유산처럼 물려받고 있으니 그와 그의 자손들은 늪을 헤매고 다니는 그들의 오리발 뒤꿈치에 날개라도 달기 전에는 이 세상에서 일어설 도리가 없는 것이다.

11
보다 높은 법칙들

고기 잡은 것을 줄에 꿰어 들고 낚싯대를 끌면서 숲을 지나 집으로 돌아올 때는 제법 어두워졌을 때였다. 이때 우드척 한 마리가 내 앞길을 살짝 가로질러 지나갔다. 나는 야만적인 기쁨의 야릇한 전율과 함께 그 놈을 잡아 날것으로 먹고 싶은 강렬한 충동을 느꼈다. 배가 고파서가 아니었다. 그 우드척이 나타내는 야성에 식욕을 느낀 것이다.

나는 호숫가에 사는 동안 굶주린 사냥개처럼 어떤 야생동물이라도 있으면 잡아먹으려고 이상한 무아의 경지에서 숲 속을 헤맨 적이 한두 차례 있다. 그때 같으면 어떤 종류의 고기라도 먹을 수 있을 것 같았다. 가장 야성적인 광경도 왜 그런지 낯설지 않았다.

그때나 지금이나 나는 나의 내부에, 대부분의 사람들과 마찬가지로 보다 높은, 소위 정신적인 삶을 추구하는 본능을 발견하는데, 그들과는 달리 다른 또 하나의 본능, 즉 원시적이고 상스럽고 야만적인 삶을 추구하는 본능도 발견하는 것이다. 나는 이 두 가지를 다 존중한다. 나는 야성을 선善에 못지않게 사랑한다. 낚시질에는 야성과 모험이 내포되어

있기 때문에 나는 아직도 낚시질에 매력을 느끼고 있다. 때때로 나는 삶의 야성적인 면에 빠져들어 하루하루를 좀 더 야생동물처럼 보내고 싶은 욕망을 느낀다.

내가 자연과 친하게 된 것은 어렸을 때의 낚시와 사냥 덕택이었던 것 같다. 낚시와 사냥은 일찌감치 우리를 자연의 경관에게 소개해주고 그 안에 머물도록 해준다. 그러지 않으면 그 나이엔 자연과 별다른 친교 관계를 맺을 수 없는 것이다. 어부와 사냥꾼과 나무꾼 같은 사람들은 그들의 삶을 들이나 숲 속에서 보내기 때문에 어떤 의미로는 자연의 일부라고도 할 수 있다. 그들은 생업을 추구하는 과정에서 자연에 어떤 기대감을 가지고 접근하는 철학자나 시인보다도 자연을 관찰하는 데 더 나은 위치에 처하는 경우가 많다. 자연은 이들에게 자신의 모습을 드러내기를 두려워하지 않는다.

대초원을 여행하는 사람은 자연스럽게 사냥꾼이 되며, 미주리 강과 컬럼비아 강의 상류를 여행하는 사람은 덫사냥꾼이 되며, 세인트메리 폭포를 여행하는 사람은 어부가 된다. 단순히 여행을 하는 사람은 사물의 반쪽만을 간접적으로 배우기 때문에 정말로 무엇을 알아가지고 왔다고 할 수 없다. 사냥꾼 같은 사람들이 이미 실제적으로나 본능적으로 알고 있는 것을 과학이 보고할 때 우리는 가장 큰 흥미를 느낀다. 왜냐하면 그것만이 진정한 '인문과학', 즉 인간 경험의 보고서이기 때문이다.

미국인은 영국인처럼 공휴일이 많지 않고 어른들과 아이들이 영국에서처럼 많은 놀이를 하지 않는다는 이유로 그들에게는 오락이 별로 없다고 주장하는 사람들은 잘못된 생각을 하고 있다. 왜냐하면 이곳에서는 사냥이나 낚시 같은, 보다 원시적이고 개인적인 오락이 버티고 있어 다른 놀이에 자리를 양보하지 않기 때문이다.

내 나이 또래의 거의 모든 뉴잉글랜드 사람들은 열 살에서 열네 살 사이의 소년 시절에 엽총을 메고 사냥을 다닌 경험을 갖고 있다. 그들의 사냥터와 낚시터는 영국 귀족의 전용 수렵 지구처럼 한정되어 있지 않았으며 미개인들의 사냥터 이상으로 광활했던 것이다. 그러므로 그들이 무슨 운동경기를 하려고 공설 광장 같은 데에 비교적 자주 머물지 않은 것은 하나도 이상한 일이 아니다.

그러나 이미 어떤 변화가 일어나고 있는데, 그것은 자비심의 증가 때문이 아니고 사냥감이 점점 줄어들고 있기 때문이다. 어쩌면 사냥꾼은 사냥 대상이 되는 동물들의 가장 좋은 친구일지도 모르겠다. 이것은 동물학내 방지협회를 포함해서 하는 이야기다.

호숫가에 사는 동안 나는 변화를 줄 겸 식단에 물고기를 추가할 경우가 있었다. 사실 나는 인류 최초의 어부들과 똑같은 필요 때문에 물고기를 잡았다. 내가 낚시에 대하여 어떤 인도적 차원의 반대론을 제기한다면 그것은 인위적인 것이며, 나의 감정보다는 나의 철학에 더 관계된 것이다. 여기서 나는 단지 낚시에 대해서만 말하고 있다. 새 사냥에 대해서는 오래전부터 다른 견해를 갖고 있어 숲 속에 들어오기 전에 엽총을 팔아버렸다. 낚시에 대해선 내가 다른 사람들보다 자비심이 덜해서가 아니라, 별다른 감정을 느끼지 못했던 것이다. 나는 물고기나 지렁이에 대해서는 가여운 생각이 들지 않았다. 그저 습관적으로 그러했다.

엽총을 마지막으로 메고 다니던 최근 몇 년 동안에 대한 나의 변명은 조류학을 연구하는 데 총이 필요하며, 처음 보는 새나 흔치 않은 새 외에는 잡지 않는다는 것이었다. 그러나 이제 조류학을 연구하는 데 총을 쓰는 것보다 더 나은 방법이 있음을 인정하지 않을 수 없다. 이 방법은 새들의 습성을 면밀히 관찰해야 하므로 그 이유 하나만으로도 나는 기꺼이 엽총을 포기했다.

그러나 인도적 견지에 입각한 반대에도 불구하고 사냥을 대신할 만한 좋은 스포츠가 있는지에 대해서는 나 자신도 잘 모르겠다. 그래서 몇몇 친구들이 아들 녀석에게 사냥을 시켜야 할지를 물어오면 나는 사냥을 시키라고 대답한다. 사냥이 내가 받은 교육에서 가장 귀중한 부분의 하나였음을 기억하기 때문이다.

"그래, 그 아이들을 사냥꾼으로 만들게나. 처음에는 운동 삼아 하겠지만, 가능하다면 나중에는 큰 사냥꾼으로 키워보게나. 그래서 이곳이나 또는 그 어떤 황야에서도 그가 사냥할 만한 동물을 발견할 수 없을 정도의 큰 사냥꾼으로 만들어보게나. 인간을 잡는 사냥꾼, 인간을 낚는 낚시꾼 말일세."

여기까지 나는 초서[1]의 작품에 나오는 여승과 의견이 같다. 그녀는,

"사냥꾼은 성인이 아니라는 구절에 대해서
털 뽑은 닭 한 마리보다도 관심을 주지 않았다."

---

1) 제프리 초서(1340?~1400) _ 영국의 대시인. 대표작으로 《캔터베리 이야기》가 있다. 다음에 나오는 시구도 거기서 인용한 것이다.

앨곤퀸족 인디언들이 말하듯, 사냥꾼이 '가장 훌륭한 인간'이던 시절이 인류의 역사에 있었던 것처럼 개인의 역사에도 그런 시절이 있다. 우리는 엽총을 한 번도 쏘아보지 않은 소년을 가엾게 생각하지 않을 수 없다. 이것은 그 소년이 인정이 더 많아서가 아니며 오히려 그의 교육이 등한시되고 있음을 보여주는 일이기 때문이다.

지금까지 말한 것이 사냥에 빠진 청소년들에 관한 사람들의 질문에 대한 나의 대답이다. 그러나 그것은 그 아이들이 머지않아 사냥을 벗어나게 되리라는 나의 믿음에 토대를 두고 있다. 인간의 탈을 쓴 사람이라면 철없는 소년 시절을 지나고서도 자기와 똑같은 조건으로 생을 살아가는 뭇 동물들을 무분별하게 죽이지는 못할 것이다. 막다른 골목으로 몰린 산토끼는 어린아이처럼 운다고 한다. 세상의 어머니들에게 하고 싶은 말은, 나의 동정심은 흔히 그렇듯 인간과 동물을 차별하는 종류의 동정심이 아니라는 것이다.

젊은이가 숲과 친해지고 또 자신의 가장 독창적인 부분과 친숙해져 가는 경로는 대략 그러한 것이다. 그는 처음에는 사냥꾼이나 낚시꾼으로서 숲에 간다. 그러나 그가 자신의 몸 안에 보다 훌륭한 삶의 씨앗을 지닌 사람이라면, 시인으로서든 박물학자로서든 자신의 진정한 목표를 찾게 되어 총과 낚싯대를 버리게 된다. 이 점에서 대부분의 사람들은 청소년기를 벗어나지 못하고 있으며 아마 영구히 그러할 것이다. 몇몇 나라에서는 사냥이 취미라고 말하는 목사들을 흔히 볼 수 있다. 그런 사람들은 꽤 쓸 만한 양치기 개 노릇을 할지는 모르나 진정한 목자와는 거리가 먼 사람들이다.

보다 높은 법칙들 323

나무를 베거나 얼음을 잘라내는 일 말고는 애 어른을 막론하고 마을 사람들을 월든 호수에 반나절이나마 붙들어 매는 일은 낚시질뿐이라는 것을 깨닫고 놀란 적이 있다. 대체로 그들은 긴 줄에 꿸 만큼 많은 물고기를 낚지 않으면 운이 없거나 시간 낭비만 했다고 생각한다. 그동안 내내 호수를 바라볼 기회를 가졌음에도 불구하고 말이다. 낚시질의 불순물이 가라앉고 그 목적이 순수해지기까지 그들은 아마 천 번쯤은 낚시질을 가야 할 것이다. 그러한 정화 작업은 끝없이 계속될 것이 분명하다.

주지사와 주 의회 의원들도 소년 시절에 낚시질을 갔으므로 어렴풋이나마 호수를 기억하고 있다. 그러나 이제 나이가 들고 점잖아져서 낚시질 가기가 어려워졌으므로 호수하고는 영원히 남남이 되어버렸다. 하지만 이 양반들도 죽으면 천국에는 갈 생각들을 하고 있으리라. 만약 주 의회가 이 호수에 관심을 갖는다면 그것은 주로 이곳에서 사용되는 낚싯바늘의 수를 규정하자는 정도일 것이다. 그러나 그들은 주 의회를 미끼로 써서 호수 자체를 낚는 낚시질 중의 낚시질에 대해서는 아는 바가 없다. 이처럼 문명사회에서도 배아기胚芽期의 인간은 수렵이라는 발전 단계를 거치는 것이다.

최근 들어 나는 낚시를 할 때마다 나 자신에 대한 존경심이 점점 줄어드는 것을 깨닫고 있다. 나는 낚시를 꽤 많이 해본 사람이다. 낚시질에 제법 솜씨가 있다고 생각하며, 많은 내 또래의 친구들처럼 그것에 대해 타고난 본능을 가지고 있고 그 본능이 가끔씩 살아나는 것을 느낀다. 그러나 요즘 들어 나는 낚시를 하고 나면 차라리 하지 말았더라면 하는 생각을 번번이 하게 된다.

내가 착각에 빠진 것은 아니라고 생각한다. 이것은 하나의 어렴풋한 계시다. 그러나 새벽의 첫 햇살도 어렴풋하기는 마찬가지다. 나에게는 분명 하등동물에 해당하는 본능이 있다. 그러나 자비심이 더 많아지거나 더 현명해진 것도 아닌데 해가 갈수록 낚시질하는 횟수가 줄어든다. 이제 나는 전혀 낚시질을 하지 않는다. 그러나 내가 황야에 살아야 한다면 다시 본격적인 사냥꾼이나 낚시꾼이 되지 않을 수 없을 것이다.

낚시에 대해 또 하나 거리끼는 점은 물고기를 먹는 것에는 다른 육류를 먹는 것처럼 근본적으로 깨끗지 못한 요소가 있다는 것이다. 이제 나는 어디서 집안일이 시작되며, 매일 깔끔하고 보기 좋은 외관을 내세우고 집 안을 깨끗이 하여 온갖 나쁜 냄새와 흉한 꼴을 내쫓으려는, 비용이 많이 드는 노력이 어디서부터 시작되는지를 알게 되었다. 나 자신이 푸줏간 주인인 동시에 요리사이며, 설거지꾼인 동시에 밥상을 받는 신사였으므로 나는 흔치 않은 완벽한 체험에서 이야기하는 것이다.

내 경우에 육식을 반대하는 실질적 이유는 그것이 깨끗하지 않기 때

보다 높은 법칙들 325

문이다. 그리고 물고기를 잡아서 내장을 제거하고 요리를 해서 먹은 다음에도 왠지 배가 채워진 것 같지 않았다. 불충분하고 불필요한 짓이었으며, 들어간 수고에 비해 얻은 것이 별로 없었다. 약간의 빵이나 감자 몇 개를 먹더라도 그 정도는 배가 불렀을 것이며, 수고와 더러움은 훨씬 적었을 것이다.

내 나이 또래의 많은 사람들처럼 나 역시 최근 몇 년 동안 육류 및 차와 커피에 거의 손을 대지 않았다. 그것들이 건강에 무슨 나쁜 영향을 끼치는 것을 알아내서가 아니라 어쩐지 마음에 꺼림칙했기 때문이다. 육식에 대한 거부감은 경험의 결과가 아니고 일종의 본능인 것이다. 검소한 생활을 하고 검소한 식사를 하는 것이 여러 가지 점에서 더 아름답게 생각되었다. 완벽하게 해낸 것은 아니지만 나는 나의 상상력을 만족시키기 위하여 나름대로 할 만큼은 했다. 자기의 고매한 능력, 시적인 능력을 진정 최고의 상태로 유지하려고 하는 사람은 육식을 특히 삼가고 어떤 음식이든 많이 먹는 것을 피하는 경향이 있음을 나는 알고 있다.

곤충학자들이 논한 다음과 같은 사실은 의미심장하다고 하겠다. 커비와 스펜스[2]는 자신들의 저서에서 "완전한 상태에 있는 어떤 곤충들은 소화기관이 있음에도 불구하고 그 기관을 쓰지 않는다."고 말했다. 그리고 이 두 사람은 규정짓기를, "일반적으로 이 상태에 놓인 거의 모든 곤충들은 유충 상태에 있을 때보다 훨씬 적은 음식을 먹는다."고 했다. 또 "식욕이 왕성한 배추벌레가 나비가 되고, 식욕이 왕성한 구더기가 파리

---

2) 커비와 스펜스_《곤충학 입문》이란 책을 쓴 19세기의 두 생물학자.

가 되어서는" 한두 방울의 꿀이나 그 밖의 단물로 만족한다는 것이다.

나비의 날개 밑에 붙어있는 배 부분은 과거에 유충이었던 때를 나타낸다. 이 맛있는 부분 때문에 그는 언젠가는 누구에게 잡아먹힐 운명을 타고난 것이다. 대식가는 유충 상태에 있는 인간이다. 국민 전체가 그런 상태에 놓인 국가들도 있는데 그런 국민들은 공상력이나 상상력이 빈곤하게 마련이다. 이런 국가들은 그들이 가진 커다란 배를 보면 바로 그 정체를 알 수 있다.

우리의 상상력을 거스르지 않을 소박하고 깨끗한 음식을 마련하는 것은 쉬운 일이 아니다. 그러나 우리가 육체에 먹을 것을 줄 때 상상력에도 먹을 것을 주어야 한다는 것이 나의 생각이다. 이 둘은 함께 같은 식탁에 앉아야 한다. 그것은 불가능한 일이 아니다. 과일을 적당하게 먹을 때 우리는 식욕을 부끄럽게 여길 필요가 없으며 우리가 추구하는 고매한 작업이 방해받는 일도 없을 것이다. 그러나 음식에 과다한 양념을 치면 그것은 바로 독이 된다. 진수성찬을 먹으면서 지내는 것은 바람직한 일이 아니다. 대부분의 사람들은 남이 자기에게 해주는 그 똑같은 음식을, 그것이 육식이든 채식이든 스스로 마련하는 모습을 주위 사람에게 보이게 되면 수치심을 느낄 것이다. 그러나 이러한 상황이 바뀌기 전까지는 우리는 문명인이라 할 수 없으며, 신사 숙녀일지는 몰라도 진정한 남자와 여자라고 할 수는 없다. 이것은 확실히 어떤 변화가 이루어져야 할 것인지를 알려주고 있다.

왜 상상력이 고기나 기름기와는 조화가 되지 않는지 의문을 제기해도 헛일일 것이다. 나는 그 대답을 모르며, 내가 아는 것은 단지 조화가 되지 않는다는 그 사실뿐이다. 인간이 육식동물이란 것은 실은 부끄러운 일이 아닌가? 사실 인간은 주로 다른 동물들을 잡아먹으면서 살아갈 수도 있고, 또 현재 그렇게 하고 있다. 그러나 그것은 비참한 일이다. 덫을 놓아 토끼를 잡아본 사람이나 양을 도살해본 사람은 그것을 알 것이다.

인간에게 보다 깨끗하고 건전한 식사만을 하도록 가르쳐주는 사람이 있다면 그는 인류의 은인으로 대접받을 것이다. 나의 식사 취향과 관계없이 인류가 점점 발전함에 따라 육식의 습관을 결국엔 버리게 될 것이 인류의 운명임을 나는 조금도 의심하지 않는다. 그것은 야만족들이 비교적 개화된 민족들과 접촉하게 되면서 서로를 잡아먹는 식인 습관을 버린 것만큼이나 확실하다.

만약 사람이 자기 천재성의 희미하지만 끊임없는 진실한 제안에 귀를 기울인다면, 처음에는 이것이 어떤 극단이나 심지어는 미친 짓으로 이끌어갈지 모른다는 생각이 들 것이다. 그러나 점점 결심과 신념이 굳어짐에 따라 자기가 걸어야 할 길이 그쪽이라는 것을 알게 된다. 건전한 인간이 느끼는 확고한 반대는 처음에는 미약하겠지만 결국에는 인류의 주장과 관습을 극복할 것이다. 자기 자신의 천재성을 충실히 따르는 사람은 잘못된 길에 빠지지는 않는다. 육식을 그만둔 결과로 체력의 감퇴가 초래된다 할지라도 그 때문에 낙심할 필요는 없다. 왜냐하면 이것은 더 높은 원칙에 부합된 삶을 사는 것이니까.

만약 우리의 낮과 밤이 기쁨으로 맞이할 수 있는 그런 것이라면, 우리의 인생이 꽃이나 방향초처럼 향기가 난다면, 또 우리의 인생이 좀 더 탄력적이 되며, 좀 더 별처럼 빛나고, 좀 더 불멸에 가까운 것이 된다면, 우리는 크게 성공한 것이다. 그때 자연 전체가 우리를 축하할 것이며 우리는 스스로를 시시각각으로 축복할 이유를 갖는다.

가장 커다란 소득과 가치는 제대로 평가되는 일이 가장 드물다. 우리는 그러한 것들이 정말 존재하는지 곧잘 의심한다. 우리는 그것들을 쉽사리 잊어버린다. 그러나 그것들이야말로 최고의 실체인 것이다. 가장 놀랍고도 가장 진실한 여러 가지 사실들은 사람으로부터 사람에게는 결코 전달되지 않는 것 같다. 내가 매일매일의 생활에서 거두어들이는 참다운 수확은 아침이나 저녁의 빛깔처럼 만질 수도 없고 표현할 수도 없다. 그것은 내 손에 잡힌 작은 별 가루이며 무지개의 한 조각인 것이다.

내 식성은 유별나게 까다롭지는 않다. 먹을 것이 없어 굶주려야 한다면 튀긴 쥐라도 맛있게 먹을 것이다. 나는 오랫동안 음료수로 물만 마셔 온 것을 다행으로 생각한다. 그것은 아편 중독자가 느끼는 황홀한 천국보다 자연스러운 하늘이 내게는 더 좋은 이유와 똑같은 것이다. 나는 언제나 취하는 일 없이 지내고 싶다. 취기의 정도에는 한이 없다. 물이야말로 현명한 사람들을 위한 유일한 음료라고 생각한다. 술은 그다지 고상한 음료가 아니다. 아침의 희망을 한 잔의 뜨거운 커피로 꺼버리고, 저녁의 희망을 한 잔의 뜨거운 차로 꺼버리는 것을 생각해보라! 이런 음료들의 유혹을 받을 때 스스로가 얼마나 천박하게 느껴졌던가!

음악마저도 도취적인 요소가 있다. 보기에는 사소한 그런 원인들이 그리스와 로마를 멸망시켰으며, 영국과 미국을 멸망시킬 것이다. 모든 취기 중에서 자기가 마시는 공기에 취하기를 바라지 않는 사람이 어디 있겠는가? 내가 거친 노동을 오랫동안 지속하는 데에 반대하는 가장 큰 이유는 그런 노동을 하고 나서는 거칠게 먹고 마셔야만 했기 때문이다.

그러나 사실을 말하면, 나는 나 자신이 이런 면에서 지금은 예전처럼 까다롭지는 않음을 느끼고 있다. 이제 나는 종교적이라고 할 정도로 식사에 엄격했던 점이 누그러졌으며, 그것으로부터 어떠한 은총도 바라지 않고 있다. 그 까닭은 내가 더 현명해졌기 때문이 아니라 유감스럽게도 세월이 지나면서 스스로가 투박하고 무감각해졌기 때문이라는 것을 고백하지 않을 수 없다. 아마 이런 문제는 많은 사람들이 시詩에 대해 그렇게 느끼듯이 젊은 시절에만 문제로 삼는 것이 아닌가 하는 생각이 든다. 나의 실천은 어디론지 가벼려 종적이 없고 나의 의견만 남아있는 셈이다.

그렇다고 하더라도 나는 나 자신이 저 베다 경전이 말하는 특권 받은 사람이라고는 결코 생각하지 않는다. 베다 경전은 말하기를, "우주의 지고의 존재를 진심으로 믿는 사람은 존재하는 것은 아무것이나 먹을 수 있다."고 했다. 즉 음식이 무엇이며 누가 마련했는지를 물어보지 않는다는 뜻이다. 그런 경우에도 한 인도인 주석자가 말했듯이, 이 특권은 '위급한 시기'에 국한되고 있음을 주목할 필요가 있다.

식욕과 상관없는 식사에서 이루 말할 수 없는 만족감을 느껴보지 않은 사람이 있는가? 나는 정신적인 지각이 천박한 미각에 힘입고 있다는 점, 내가 미각을 통하여 영감을 얻어왔다는 점 그리고 언덕에서 따먹은 산딸기가 나의 천재성을 키워왔다는 점을 생각하면 전율을 느낀다. 공자는 "마음이 자체를 거느리지 못하면 보아도 보이지 않으며, 들어도 들리지 않으며, 먹어도 그 맛을 모른다."³⁾고 말했다. 음식의 참다운 맛을 아는 사람은 폭식을 하지 않으며, 그 맛을 모르는 사람은 폭식가임을 면할 길이 없다.

시의원 나리가 바다거북 요리를 대할 때 갖는 탐욕스러운 식욕은 한 청교도가 통밀빵을 대하는 자세에서도 발견될지 모른다. 입에 들어가는 음식이 사람을 천하게 하는 것이 아니고 음식을 먹을 때의 탐욕스러운 식욕이 그를 천하게 하는 것이다. 음식의 양이나 질이 문제가 아니고 감각적인 풍미에 빠지는 자세가 문제이다. 먹는 음식이 우리의 동물적 생명을 유지하는 양식, 우리의 정신적인 삶을 고무하는 양식이 되지 못하고 우리를 사로잡고 있는 벌레들의 양식이 될 때 문제가 되는 것이다.

사냥꾼이 자라나 사향쥐나 다른 야만스런 짐승 고기를 좋아하고, 귀부인이 송아지의 족발로 만든 젤리나 바다 건너에서 온 정어리를 좋아한다면 이 두 사람은 크게 다를 바가 없다. 그가 사냥감을 잡으러 늪가로 가는 데 비하여 그녀는 먹을 것을 찾아 저장실로 가는 것이 다를 뿐이다. 문제는 그 두 사람이 그리고 여러분이나 내가 어떻게 이처럼 먹고 마시면서 세월을 보내는, 더럽고 천박한 생활을 해나갈 수가 있느냐는 것이다.

우리의 인생은 놀라울 만큼 도덕적이다. 덕과 악덕 사이에는 한순간의 휴전도 없이 싸움이 계속되고 있다. 선이야말로 절대적으로 실패하지 않는 유일한 투자이다. 온 세상에 울려퍼지는 하프의 소리 속에서 우리에게 특별히 감명을 주는 것은 이 선에 대한 강조인 것이다. 이 하프는 우주의 법칙을 선전하고 돌아다니는 '우주보험 주식회사'의 출장 세

---

3) 《대학》 제7장 2절.

일즈맨이다. 그리고 우리의 조그만 선행은 우리가 지불하는 유일한 보험료이다. 젊은이는 나이가 들면 무감각해지지만 우주의 법칙은 결코 무감각해지는 일이 없으며 영원히 민감한 사람의 편에 선다. 미풍微風에 귀 기울여 그 나무라는 소리를 들어보라. 그 소리는 틀림없이 거기에 있으며, 그것을 듣지 못하는 사람은 불행한 사람이다. 현을 만지거나 손가락으로 누를 때마다 매력적인 도덕의 선율이 우리를 사로잡는다. 귀에 거슬리는 여러 가지 잡음도 멀리 떨어져서 들으면 우리의 천박한 생활을 풍자하는 아름다운 음악 소리로 들린다.

우리는 우리 몸 안에 동물이 들어있는 것을 의식한다. 그 동물은 우리의 고귀한 본성이 잠자고 있는 정도만큼 깨어있다. 그것은 파충류적이고 관능적이며, 아마도 완전히 축출해낼 수 없는 것일지 모른다. 마치 우리가 살아서 건강할 때에도 우리 몸 안에 들어있는 기생충처럼 말이다. 우리는 그것으로부터 물러설 수는 있으나 그것의 본성을 바꿀 수는 없는 것 같다. 그것은 그 나름대로의 어떤 건강마저 즐기는 것 같다. 그래서 우리는 건강하되 순수하지는 못할 수가 있는 것이다.

며칠 전 나는 돼지의 아래턱뼈를 주웠는데, 그 하얗고 건강한 치아는 정신적인 것과는 다른 동물적인 건강과 활력이 존재함을 암시했다. 이 돼지는 절제와 순결이 아닌 다른 방법을 통해 성공적으로 삶을 누렸던 것이다. 맹자는 이렇게 말한다.

"사람이 금수와 다른 점은 극히 사소하다. 보통 사람은 그것을 곧 잃어버리나 군자는 그것을 조심스럽게 간직한다."[4)]

만약 우리가 순수함을 얻을 때 어떤 종류의 삶을 살게 될지 그 누가 알 것인가? 나에게 순수함을 가르쳐줄 만큼 현명한 사람이 어딘가에 있다면 나는 지금이라도 당장 그를 찾아 나설 생각이다. "정욕을 억제하고 육신의 외부적 감각을 억제하는 힘과 선행, 이 두 가지야말로 인간의 마음이 신에 접근하는 데 필요 불가결한 것"임을 베다는 선언하고 있다. 정신은 한정된 시간이나마 육신의 모든 부분과 기능을 전반에 걸쳐 장악하여 겉보기에 천박스럽기 짝이 없는 관능을 순결과 헌신으로 변형시킬 수 있다.

생식력은 우리가 해이해 있을 때는 우리를 방탕케 하고 불순하게 만들지만, 우리가 절제할 때는 우리에게 기력을 주고 영감을 준다. 정결은 인간의 꽃이다. 소위 천재나 영웅적인 행위나 성스러움이라는 것들은 정결의 꽃이 맺은 여러 가지의 열매에 지나지 않는다. 순결의 수로水路가 트일 때 인간은 곧장 신에게로 연결이 된다. 순결은 우리에게 용기를 주고, 비순결은 우리를 낙담케 한다.

자기 내부에서 동물적인 요소가 날마다 조금씩 죽어가고 신적인 면이 확립되어가는 것을 확신하는 사람은 매우 행복한 사람이다. 자기와 결연되어 있는 저급한 동물적인 기질로 말미암아 부끄러워할 이유를 갖지 않는 사람은 아마 한 사람도 없으리라. 우리는 '파우누스'나 '사티로스'[5] 같은 신이나 반신이며, 수성獸性과 신성이 결합된 존재이며, 온갖

---

4) 《맹자》이루장구하離婁章句下 제19장.
5) '파우누스'는 로마 신화에 나오는 반인반수半人半獸의 숲의 신이다. 그는 그리스 신화에 나오는 '사티로스'와 동일시되고 있다.

욕구로 가득 찬 피조물이다. 그리하여 어떤 면에서는 우리의 삶 자체가 바로 치욕이 아닌가 하는 생각도 드는 것이다.

"그는 얼마나 행복한가! 적당한 장소를
마음속의 짐승들에게 주어, 마음속의 숲을 개척해놓은 자는.
……(중략)……
말, 염소, 늑대 및 뭇 짐승을 부리되
제 자신은 딴 짐승들에게 나귀가 되지 않는 자는.
그렇지 않으면 그는 돼지치기일 뿐 아니라,
돼지들을 격분시켜 더 흉하게 만든 악마들이다."

모든 관능은 비록 여러 가지 모습을 하고 있더라도 하나인 것이다. 모든 순결도 한 가지다. 한 사람의 관능적인 행동은 그가 음식을 먹든, 음료수를 마시든, 누구와 동침을 하든 또는 잠을 자든 똑같은 것이다. 그것들은 실은 한 가지의 욕망인 것이다. 그러니 어떤 사람이 얼마나 대단한 관능주의자인가를 알려면 우리는 그가 그것들 중의 한 가지를 하는 것을 보기만 하면 된다. 순결치 못한 사람은 서거나 앉는 동작에도 순결성이 결여되어 있다. 파충류는 자신의 굴 한쪽 입구를 공격당하면 또 다른 입구에 머리를 내민다.

정결하게 되고 싶으면 여러분은 절제를 해야 한다. 정결이란 무엇인가? 사람은 스스로가 정결한지를 어떻게 아는가? 그는 그것을 알지 못할 것이다. 우리는 이 미덕에 대하여 듣고는 있으나 그것이 무엇인지는 모른다. 우리는 우리가 들은 소문에 따라서 이러쿵저러쿵 말할 따름이다. 몸을 부지런히 놀리는 데서 지혜와 순결이 온다. 나태로부터는 무지와 관능이 온다. 공부하는 사람에게 관능은 마음의 게으른 습성이다. 깨끗지 못한 사람은 열이면 열 게으른 사람이며, 난로 옆에 웅크리고 있는 사람이며, 해가 떠 있는데도 누워 있는 사람이며, 피곤하지도 않은데 휴식을 취하는 사람이다.

깨끗지 않음과 온갖 죄악을 피하려거든 외양간의 청소라도 좋으니 부지런히 일을 하도록 하라. 천성은 극복하기 힘드나 극복되어야만 한다. 당신이 기독교도일지라도 이교도보다 더 순결하지 못하고, 이교도보다 자신을 더 극복하지 못하고, 이교도보다 더 종교적이 되지 못한다면 무슨 소용이 있는가? 우리가 이교異敎로 보고 있는 종교 체제 가운데는 그 교리가 신자들로 하여금 부끄러움을 깨닫게 하여 비록 의식의 수행에 지나지 않더라도 그들로 하여금 새로운 열의를 갖도록 독려해 마지않는 여러 종교 체제가 있음을 나는 알고 있다.

나는 여기서 말문을 열기를 주저한다. 그것은 이야기의 주제 때문이 아니고(왜냐하면 나는 상스러운 얘기라도 관계치 않고 하는 사람이므로), 얘기를 하다 보면 나 자신의 순결하지 못함이 폭로될 것이기 때문이다. 우리는 어떤 형태의 관능에 대해서는 거리낌 없이 자유롭게 이야기하나 다른 형태의 관능에 대해서는 입을 다물고 있다. 우리는 너무나도 몰락한 나머지 신체의 필요한 기능들에 대해서도 솔직하게 이야기할 수 없게 되었다. 일찍이 몇몇 나라에서는 모든 신체 기능이 경건하게 논의되었고 법으로 규정되었다. 현대인의 취향에는 거슬릴지 모르나 인도의 입법가에게는 그 어떤 일도 사소하게 취급되는 경우란 없었다. 그는 먹고 마시는 행위, 다른 사람과 동침하는 행위, 대소변을 누는 행위 등등 비천한 것을 승화시켜 그것들을 온당하게 치르는 법을 백성들에게 가르쳤으며, 이러한 것들을 하찮은 일이라고 부름으로써 거짓되게 빠져나가려고 하지 않았다.

각자는 육체라고 불리는 신전의 건축가이다. 이 신전은 자기 나름대로의 양식에 의거해 건축되며 자기가 숭배하는 신에게 바쳐진다. 이 육체 대신 대리석 신전을 지음으로써 빠져나갈 수는 없다. 우리는 모두 조각가인 동시에 화가이며, 우리 자신의 피와 살과 뼈를 작품의 재료로 쓴다. 어떤 사람의 내적 고귀성은 즉각적으로 그의 겉모습을 정교하게 만들기 시작하며, 비열함이나 관능은 그를 짐승처럼 추하게 보이도록 한다.

9월의 어느 날 저녁, 존 파머는 하루의 힘든 일을 마치고 자기 집 문간에 앉아있었다. 그의 마음은 아직도 오늘 한 일을 되새겨보고 있었다. 목욕을 끝냈으므로 그는 자신의 지적인 인간을 재현시키려는 마음으로 그곳에 앉아있었다. 저녁 날씨는 조금 쌀쌀한 편이었고 이웃 사람들 중에는 서리를 걱정하는 사람들도 있었다. 그가 잠시 동안 자기의 생각을 쫓고 있었는데 누군가가 피리를 부는 소리가 들려왔다. 그 피리 소리는 그의 기분과 잘 맞았다. 그래도 그는 자신의 일에 대해서 생각했다. 그러나 자기 뜻에 반하여 그 일을 계획하고 궁리했지만 그 일이 대단한 것이 아니라는 생각이 들었다. 그것은 줄곧 벗겨지는 피부의 각질 같은 것이었다.

그러나 피리 소리는 그가 일하고 있는 세계와는 다른 세계에서 그의 귀에 절실하게 들려와서는 그의 내부에서 잠자고 있는 기능들이 해야 할 일을 제시하고 있었다. 그 피리 소리는 그가 살고 있는 거리와 마을과 국가를 조용히 머릿속에서 앗아가 버렸다. 어떤 목소리가 그에게 속삭였다. "그대는 어째서 이곳에 머물면서 이런 천하고 힘든 생활을 하는가? 영광스러운 삶을 살 수 있는데도 말이다. 저 하늘에 있는 별들은 여기 말고 다른 들판 위에서도 빛나고 있느니라." 그러나 어떻게 이 환경을 벗어나 실제로 그리 이주할 것인가? 그가 생각할 수 있는 것은 어떤 새로운 금욕 생활을 실천하며, 그의 정신으로 하여금 그의 육체 속으로 내려가 육체를 구원하며, 점점 커지는 존경심으로 스스로를 대한다는 것이었다.

12
이웃의 동물들

나에게는 간혹 낚시질을 함께하는 친구가 있었다. 그는 읍의 반대편에서 마을을 지나 나의 집으로 왔는데, 그런 때는 저녁거리로 물고기를 잡는 것은 식사 자체만큼이나 사교적 행사가 되었다.

은자隱者[1]: 세상이 어떻게 돌아가는지 궁금하구나. 지난 세 시간 동안 소귀나무의 관목 위에 매미 한 마리 우는 소리도 듣지 못했어. 산비둘기들도 둥지 위에서 죄다 잠들었나 보군. 날개 치는 소리가 들리지 않으니 말이야. 지금 막 숲 너머로 들려온 것은 농부의 정오 나팔 소리인가? 일꾼들은 삶은 소고기에 사과즙과 옥수수빵을 곁들인 점심을 먹으려고 들어가고 있겠지. 왜 사람들은 그처럼 걱정을 하는 것일까? 먹지 않는다면 일할 필요가 없는 건데. 오늘은 수확을 얼마나 거두어들였을까? 개 짖는

---

[1] 여기서 은자는 소로우 자신을, 시인은 친구인 윌리엄 채닝을 가리킨다.

소리 때문에 사색도 할 수 없는 곳에서 누가 살고 싶어 할 것인가? 게다가 살림을 하는 것은 쉬운 일이 아니야. 오늘같이 화창한 날에도 그놈의 문손잡이를 윤이 나게 닦고 통들을 청소해야 하겠지. 집이 없는 편이 차라리 나아. 속이 빈 나무 속에서 사는 것도 괜찮을 거야. 아침에 찾아오는 사람도 저녁 만찬 파티도 없을 거고 오직 딱따구리만이 나무를 두드리겠지. 마을에는 사람들이 너무 많아. 햇빛도 그곳은 너무 따갑지. 그 사람들은 날 때부터 너무나도 생활에 잠겨 있어 나에게는 맞지 않아. 샘에서 길어온 물과 선반에 놓은 저 통밀빵 한 덩이 외에는 바랄 것이 없어. 아니, 나뭇잎이 바스락거리는 소리가 들리잖아? 배고픈 마을의 개가 사냥을 나온 것일까? 아니면 도망쳤다는 돼지가 숲에 들어온 깃일까? 그놈 발자국을 비 온 다음에 본 적이 있었지. 발걸음이 빨라지고 있군. 옻나무와 들장미 넝쿨이 흔들리잖아? 어이, 시인 양반, 당신이었군그래! 세상이 오늘은 어떻게 돌아가고 있나?

시인 : 저 구름들이 떠 있는 모습을 보게. 오늘 내가 본 것 중에서 제일 멋있는 광경이지. 저런 것은 옛날 그림에도 없고 외국에도 없다네. 스페인 해안은 제외하고 말일세. 그러고 보니 저 하늘이야말로 진짜 지중해 같은 하늘이군. 오늘 아직 밥 한 끼 먹지 않았다네. 끼닛거리도 마련할 겸 낚시나 갈까 하네. 시인에게 걸맞은 일거리며 내가 배운 유일한 재주이지. 어때? 함께 가지 않겠나?

은자 : 거절하기 힘든 얘기군. 내 통밀빵도 거의 다 떨어져가고 있다네. 기꺼이 같이 가겠네만, 지금 중요한 명상을 거의 끝마치고 있다네. 지금 거의 끝 단계에 와 있어. 그러니 잠시만 나를 혼자 있게 해주게. 그러나 출발이 늦어지지 않도록 그동안 자네는 미끼를 파고 있게나. 지렁이는 흙에 거름이 들어있지 않은 이곳에서는 흔치 않아. 거의 멸종했다고 보아도 되지. 배가 고프지 않을 때는 미끼를 파는 재미도 낚시질하는 재미에 못지않아. 오늘은 그 재미를 자네 혼자서 차지하게나. 저기 감자콩 넝쿨 사이를 삽질해보게. 저기 물레나물이 물결치고 있는 게 보이는 곳 말일세. 김을 매듯이 풀뿌리 사이를 잘 살피게. 그러면 풀뿌리 세 포기마다 지렁이 한 마리는 틀림없이 찾아낼 테니. 아니면 조금 더 멀리 가보아도 나쁘지 않을 거야. 좋은 낚싯밥은 거리의 제곱에 비례하여 증가한다는 것을 발견했거든.

은자 : (혼자 남아서) 자, 아까 내가 무엇을 생각하고 있었던가? 아 참, 이런 생각을 하고 있었지. 즉 세계는 바로 이 각도에 놓여 있었다고. 천국으로 갈 것인가, 낚시질을 갈 것인가? 이 명상을 여기서 끝낸다면 그처럼 멋진 기회가 다시 올 것인가? 나는 여태껏 사물의 본질 속에 이 정도까지 용해되어 본 적이 없었어. 나의 사념들이 다시는 돌아오지 않을까 두려워지는군. 휘파람을 불어서 그 사념들을 불러올 수 있으면 좋을 텐데. 사념들이 어떤 제안을 해올 때, '생각 좀 해보지.' 하고 말하는 게 현명한 일일까? 나의 사념들은 흔적도 남기지 않고 사라졌고 나는 다시

길을 찾을 수가 없구나. 내가 무엇을 생각하고 있었더라? 오늘은 안개가 자욱한 날이었어. 공자의 다음 말씀을 읊어보면 어떨까? 그 말씀들이 나를 원래의 상태로 데려다 줄지도 모르니까. 내가 좀 전에 극도의 우울 상태였는지 또는 황홀감에 빠져 있었는지 알 도리가 없군.(메모―기회는 단 한 번뿐임.)

시인 : 이제는 어떤가, 은자 양반? 내가 너무 빨리 돌아왔나? 통통한 지렁이 열세 마리하고 작은 놈 몇 마리를 잡았다네. 이거라면 작은 물고기들은 낚을 수 있을 거야. 낚싯바늘을 완전히 싸감지는 않겠지만. 마을의 지렁이는 실은 너무 커. 피라미가 낚싯바늘을 건드리지 않고도 배불리 떼어먹을 수 있거든.

은자 : 그럼 떠나세. 콩코드 강으로 가볼까? 물이 너무 불지 않았으면 낚시질하기 괜찮을 서야.

왜 세상은 우리가 보는 이런 대상들로 이루어졌을까? 왜 사람은 이런 동물들을 이웃으로 가지고 있을까? 가령 이 갈라진 틈에는 왜 생쥐만이 살 수 있는 것일까? 필파이 같은 옛날의 우화 작가들은 동물들을 잘 이용했던 것 같다. 우화에 나오는 동물들은 어떤 의미에선 모두 짐을 나르는 짐승들로서 사람들 생각의 어떤 부분을 지어 나르도록 되어있다.

내 집을 드나드는 생쥐들은 구대륙에서 건너왔다고 하는 흔히 볼 수 있는 종류의 것이 아니었다. 그것들은 마을에서는 볼 수 없는 야생의 토착종이었다. 나는 생쥐 한 마리를 저명한 박물학자에게 보냈는데 그는 그것에 큰 관심을 나타냈다. 내가 집을 지으려 할 때 그중 한 마리가 집터 밑에 보금자리를 갖고 있었다. 그 생쥐는 내가 마루를 놓고 대팻밥을 쓸어낼 무렵에는 점심때가 되면 꼬박꼬박 나와서 내 발밑에 떨어진 빵 부스러기를 주워먹었다. 사람이라고는 한 번도 본 적이 없는 것 같았다. 그는 나와 곧 친숙해져서 내 구두 위와 옷 위를 달음질치기도 했다. 녀석은 동작이 다람쥐 같아서 짧고 잽싼 동작으로 집 안의 벽을 쉽게 기어 올랐다.

어느 날 내가 긴 의자 위에 팔꿈치를 대고 기대어 앉아있노라니 그 생쥐가 내 옷 위를 타고 올라온 다음 다시 옷소매를 따라 기어와서는 내 손에 든 종이로 싼 점심을 노리는 게 아닌가? 나는 점심을 싼 종이를 꽉 쥐고 녀석을 피하면서 숨바꼭질 놀이를 했다. 마침내 내가 엄지손가락과 집게손가락 사이에 치즈 한 조각을 쥐고 가만히 있자, 녀석은 내 손바닥 위에 올라오더니 거기에 앉은 채로 치즈를 갉아먹었다. 그리고는 파리처럼 자기 얼굴과 앞발을 깨끗이 하고는 사라져버렸다.

머지않아 딱새 한 마리가 헛간에 집을 지었고, 개똥지빠귀는 내 집의 벽에 기대듯이 자라고 있던 소나무에 보금자리를 마련했다. 6월이 되자 천성이 수줍은 새인 들꿩 한 마리가 어린 새끼들을 데리고 집 뒤의 숲에서 나와 창문 앞을 지나 집 앞쪽으로 가는 모습이 보였다. 암탉처럼 꾸꾸 소리로 새끼를 부르면서 앞장서 가는 모습이 영락없는 숲 속의 암탉이었다.

사람이 가까이 가면 어미의 신호를 받은 들꿩 새끼들은 마치 회오리바람에 불린 듯 순식간에 흩어지는데, 그 모습이 마른 잎사귀나 나뭇가지와 너무나도 닮았기 때문에 길 가는 사람은 그 새끼들 한가운데 발을 딛고 서 있으면서도 그것들이 자기 근처에 있다는 것을 전혀 알아채지 못한다. 그도 그럴 것이 이때 어미 새는 갑자기 날아오르며 요란한 날갯소리를 내거나 불안에 가득 찬 이상한 울음소리를 내기도 하고 또는 날개를 땅에 질질 끄는 모습을 보여 그 사람의 주의를 끌기 때문이다.

어미 들꿩은 어떤 때는 털을 풀어헤친 모습으로 길 가는 사람 앞에서 뱅뱅 돌거나 몸을 구르기 때문에 그것이 무슨 짐승인지 일순간 알아보지 못하는 경우가 있다. 새끼들은 나뭇잎 밑에 고개를 처박고 전혀 움직이지 않은 채 웅크리고 있으면서 멀리 있는 어미로부터 지시만을 기다리며, 사람이 가까이 다가가도 달아나거나 자신의 몸을 드러내지 않는다. 그래서 심지어 그 사람은 새끼 한 마리를 밟거나 1분 이상 그 새끼들을 바라보면서도 알아보지 못한다.

언젠가 한번 나는 들꿩 새끼들을 내 손바닥 위에 올려놓은 적이 있었는데, 어미에게 순종하고 본능에 충실한 새끼들은 두려워하거나 떠는 일 없이 가만히 쪼그리고 있는 것에 모든 신경을 집중하는 것이었다. 이 본능은 너무나도 철저하여 한번은 내가 새끼들을 집었다가 다시 나뭇잎 위에 내려놓을 때 잘못해서 한 마리가 옆으로 눕혀졌는데, 10분 후에 다시 보니 이놈을 포함한 모든 새끼들이 아까와 똑같은 자세를 취하고 있었다.

들꿩 새끼는 다른 새들의 새끼와는 달리 털이 제대로 나 있으며, 병아리보다 빨리 어른이 된다. 새끼들의 맑은 눈동자에 담긴 어른스러우면서도 천진난만한 표정을 나는 결코 잊을 수 없다. 모든 것을 아는 영특함이 그 눈에 비쳐 있다. 그 눈은 유아기의 순수성뿐만 아니라 경험에 의하여 맑아진 지혜를 담은 듯하다. 그런 눈은 들꿩이 태어났을 때 생겨난 것이 아니고, 그 눈에 비친 하늘과 동시에 태어난 것이다. 그와 같은 보석은 숲에서 다시 나오지 않을 것이다. 그처럼 맑은 샘을 나그네가 들여다볼 기회는 흔치 않다.

무지하고 앞뒤를 가리지 않는 사냥꾼이 이런 시기의 어미 들꿩을 종종 쏘아 죽이는 경우가 있다. 그렇게 되면 아무것도 모르는 새끼들은 떠돌아다니는 짐승이나 새의 먹이가 되거나, 자신의 모습과 너무나도 닮은 썩은 잎사귀들과 결국에는 섞여버리게 된다. 암탉에 의해 부화된 들꿩 새끼들은 무엇에 놀라 흩어지는 경우 다시 돌아오지 않는다고 하는데, 그것은 자기들을 부르는 어미 새의 소리를 영원히 듣지 못하기 때문이라고 한다. 들꿩이야말로 내가 진정으로 사랑하는 암탉과 병아리들인 것이다.

얼마나 많은 동물들이 근처에서 먹을 것을 구하되 사람들의 눈에 띄지 않은 가운데 숲 속에서 자유롭고 활기차게 살고 있는 것일까! 그들의 생활을 조금이라도 눈치챈 사람은 사냥꾼들밖에 없다. 이 근처에 사는 수달 한 마리는 정말 조용한 생활을 보내고 있다. 4피트 정도 크기의 조그만 소년만 한 이 수달을 먼발치에서라도 본 사람은 아무도 없었으리라. 나는 전에 내 집 뒤의 숲 속에서 너구리를 본 적이 있는데 밤에는 가끔 그놈이 우는 소리를 들을 수 있었다.

씨를 뿌린 다음에는 대개 샘터의 그늘에서 한두 시간을 보내면서 점심을 먹고 책도 읽었다. 그 샘은 내 밭에서 반 마일 떨어진 부리스터 언덕 아래에서 스며나오는데, 자그만 늪과 개울의 근원이 된다. 샘으로 가는 길은 어린 리기다소나무가 빽빽하게 자라는, 풀이 무성한 작은 골짜기들을 따라 내려가다가는 늪 근처의 비교적 큰 숲으로 들어간다. 그 샘

터에는 가지가 넓게 퍼진 한 그루의 백송나무 아래에 외진 그늘이 있었고 사람이 앉을 만큼 깨끗하고 편편한 작은 풀밭이 있었다. 나는 샘을 더 파서 맑은 우물처럼 만들어 물을 휘젓지 않고도 한 통쯤은 떠낼 수 있도록 해놓았다. 호숫물이 시원하지 않은 한여름에는 거의 매일 물을 길러 샘으로 갔다.

샘가에는 도요새 한 마리가 진흙 속에서 벌레를 찾기 위하여 새끼들을 데리고 찾아오곤 했다. 어미 도요새가 둑을 따라 1피트 정도의 높이로 날면서 오고 새끼들은 그 아래서 떼를 지어 종종걸음을 치면서 따라오는 것이었다. 마침내 나를 발견한 어미 새는 새끼들을 버려두고 내 주위를 빙빙 돌기 시작했다. 4, 5피트까지 가까이 날아온 그 새는 날개와 다리가 부러진 척하며 나의 주위를 끌어서 나를 새끼들로부터 떼어놓으려고 했다. 한편 새끼들은 어미 새의 지시에 따라 '피피' 하고 가냘프게 울면서 늪 쪽을 향해 일렬종대로 이미 퇴각 행군을 시작한 터였다. 어떤 때는 새끼들만 '피피' 하고 우는 소리가 들리기도 했다.

샘터에는 멧비둘기들도 날아와 내 머리 위의 백송나무에 앉거나 또는 이 가지에서 저 가지로 날갯소리를 내며 옮겨 다니기도 했다. 어떤 때는 붉은다람쥐 한 마리가 가까운 나뭇가지를 타고 내려와서는 호기심을 가지고 여기저기 기웃거렸는데 그 모습이 여간 친근감을 주는 것이 아니었다. 숲 속의 어떤 아늑한 곳에 자리를 잡고 어느 정도 오래 앉아 있다 보면 거기에 사는 온갖 동물들이 차례차례 찾아와 자신들의 모습을 보여준다.

나는 결코 평화롭지 못한 사건을 목격한 적도 있다. 어느 날 장작을 쌓아놓은 더미, 아니 나무 그루터기를 쌓아놓은 더미가 있는 곳으로 갔다가 두 마리의 큰 개미가 무섭게 싸우고 있는 것을 보았다. 한 마리는 붉은개미였고 또 한 마리는 그보다 훨씬 큰, 아마 반 인치 정도는 될 검은개미였다. 한번 엉겨 붙은 두 개미는 나무 더미 위에서 달라붙은 채로 끝없이 힘겨루기를 하면서 싸우고 뒹구는 것이었다.

주위를 자세히 살펴보자 놀랍게도 나무 더미 전체가 그런 개미 전사들로 덮여 있는 것이 아닌가! 이것은 두 마리만의 결투가 아니라 하나의 전쟁, 즉 종족이 다른 두 개미 떼 사이의 전쟁이었다. 붉은개미는 반드시 검은개미와 엉켜 있었으며 붉은개미 두 마리가 검은개미 한 마리와 엉켜 있는 경우도 많았다. 이 개미들의 대군은 나무 더미의 모든 숲과 계곡을 덮었으며, 그 옆의 땅은 이미 쌍방의 전사자들과 부상자들이 널러 있었다.

이것은 내가 직접 목격한 유일한 전투였으며, 전투가 벌어지고 있는 동안에 발을 디뎌본 유일한 싸움터였다. 한편은 붉은색의 공화주의자들, 다른 편은 검은색의 제국주의자들이 벌이는 대규모의 전쟁이었다. 사방에서 필사적인 전투를 벌이고 있었지만 내 귀에 들려오는 소리는 전혀 없었다. 인간 병사들도 그처럼 단호한 각오로 싸운 적은 없었으리라.

나는 나무 더미 사이의 햇빛이 잘 드는 자그만 계곡에서 서로 엉겨 붙어 떨어지지 않은 채 싸우고 있는 한 쌍의 개미를 지켜보았다. 지금은 대낮이지만 해가 질 때까지, 아니 목숨이 끊어질 때까지 싸울 각오인 것 같았다. 몸집이 작은 붉은개미는 적의 가슴팍에 바이스처럼 꼭 달라붙어 상대방의 더듬이를 뿌리 근처에서 꽉 물고는 그처럼 싸우느라 뒹구는 동안 단 한순간도 놓아주지 않는 것이었다. 다른 한쪽의 더듬이는 이미 잘려서 떨어져나가고 없었다. 힘이 더 센 검은개미는 적을 좌우로 막 흔들어댔는데, 조금 더 가까이 가서 보니 이미 적의 수족을 몇 개나 잘라놓고 있었다. 이 두 개미는 불도그보다 더 끈질기게 싸웠다. 어느 편이나 물러날 기색이라고는 조금도 보이지 않았다. 그들의 전쟁 구호는 '승리!아니면 차라리 죽음을 달라!' 임이 분명했다.

그런 동안 또 다른 붉은개미 한 마리가 자기편 계곡의 언덕을 내려와서는 흥분을 억제하지 못한 채 이쪽으로 오고 있었는데, 그 개미는 자기가 맡은 적을 이미 해치웠거나 아니면 아직 전투에 참가하지 않은 것 같았다. 그의 수족이 멀쩡한 것을 보면 아마도 후자였으리라. 그의 어머니는 그더러 방패를 들고 나가 싸워 이겨서 돌아오든가, 아니면 전사해서 방패에 실려 돌아오라고 훈계한 모양이었다. 아니면 그는 개미족의 아킬레우스로서 홀로 떨어져 분노를 삭이고 있다가 친구인 파트로클로스를 구하거나 그의 죽음에 대한 복수를 하기 위하여 나타난 것이리라.

그는 멀리서 이 불공평한 싸움을(왜냐하면 검은개미의 크기는 붉은개미의 거의 두 배에 가까웠으니까.) 보고 빠른 걸음으로 다가와서는 두 전사로부터 반 인치쯤 되는 거리에서 전투태세를 갖추었다. 그리고는 기회를 엿보다가 검은개미에게 달려들어 그의 오른쪽 앞다리를 뿌리 근처에서 물고늘어졌다. 동시에 그는 적으로 하여금 자기의 수족 가운데 하나를 골라잡을 기회를 주었다. 그리하여 이 세 마리의 개미는 평생 떨어지지 않을 것처럼 엉겨 붙었는데, 그 모습은 모든 자물쇠와 시멘트를 능가하는 어떤 새로운 결합체라도 발명된 것 같았다.

이때쯤 되어서는 양쪽의 개미 진영이 나무 더미 높은 곳에 군악대를 배치해놓고 각기 애국가를 연주시켜 겁먹은 병사들의 용기를 북돋우고 부상병들을 격려하는 것을 보았다 하더라도 나는 하나도 이상하게 생각지 않았을 것이다. 나 자신, 그 개미들이 사람들이기라도 한 것처럼 꽤 흥분해 있었던 것이다. 사실 생각하면 할수록 양자의 차이는 적어진다. 미국 역사라면 몰라도 적어도 콩코드 역사에서는 전투 인원으로나 싸움터에서 발휘된 애국심과 영웅적 행위 면에서나 이 개미들의 전투에 비길 만한 전투는 분명히 기록되어 있지 않다.

그 참가 인원이나 피비린내 나는 살육 행위 면에서 이 개미들의 전투는 분명 아우스텔리츠나 드레스덴[2] 전투에 맞먹는다고 하겠다. 콩코드 전투[3]라고! 독립군 편에서 두 사람이 전사하고 루터 블랜처드가 다쳤던 그 싸움 말인가! 그러나 이곳에서는 모든 개미가 버트릭[4]과 같았으며, "사격! 제발 사격!" 하고 외쳤던 것이다. 그리고 수천 마리의 개미가 콩코드 전투 때 전사한 데이비스와 하스머 같은 운명을 맞았던 것이다. 또 이곳에서는 단 한 명의 용병도 없었다. 이 개미들은 우리의 조상들처럼 신념을 위해 싸웠으며 3페니의 차세茶稅를 면하기 위해 싸운 것이 아니었음을 나는 의심하지 않는다. 그리고 이 싸움의 결과는 적어도 벙커힐 전투[5]만큼이나 관련된 모든 자들에게 중요하고 기억에 남을 만

---

[2] 아우스텔리츠와 드레스덴은 나폴레옹이 승리를 거두었던 싸움터의 이름이다.
[3] 콩코드 전투 _ 1775년 4월 19일에 아메리카 식민지 주민들과 영국군 사이에 벌어졌던 최초의 싸움으로 미국 독립운동의 시초가 되었다.
[4] 버트릭 _ 콩코드 전투에서 식민지군을 지휘한 소령.

했다고 본다.

　나는 내가 자세하게 묘사한 세 마리의 개미가 싸우고 있는 나무토막을 들어서 집 안으로 가지고 들어가 창문턱 위에 올려놓고 그 위에 커다란 유리잔을 씌워놓았다. 나는 싸움의 최종 결과가 알고 싶었던 것이다. 확대경을 들고 맨 처음의 붉은개미를 들여다보니 그놈은 검은개미의 하나 남은 더듬이마저 잘라버리고 지금은 그의 앞다리 하나를 물어뜯느라고 정신이 없었다. 그러나 붉은개미 자신의 가슴팍은 산산이 찢겨서 내장은 검은개미의 사나운 입의 공격 앞에 무방비 상태로 있었다. 검은개미의 가슴팍은 너무 단단해서 붉은개미로서는 찢을 수가 없는 게 분명했다. 극심한 고통을 겪고 있는 붉은개미의 어두운 홍옥紅玉 같은 눈은 전쟁만이 자아낼 수 있는 살기로 가득했다.

　개미들은 유리잔 밑에서 반 시간을 더 싸웠으며, 내가 다시 쳐다보았을 때는 검은개미가 두 적의 목을 이미 잘라놓은 상태였다. 아직도 살아 꿈틀거리는 머리들은 그의 양 옆구리를 꽉 문 채로 매달려 있었는데, 그

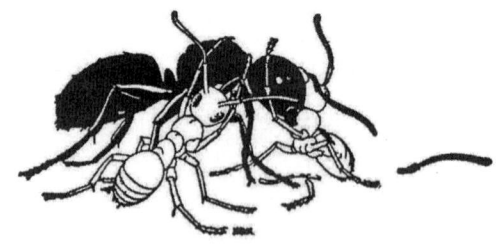

5) 벙커힐 전투 _ 1775년 6월 17일에 벌어진, 미국 독립 전쟁의 또 하나의 유명한 전투.

모습은 안장 테에 묶어놓은 흉측한 전리품 같았다. 검은개미는 잘려나 간 두 더듬이와 한 개밖에 남지 않은 다리 그리고 그 외에도 내가 모를 많은 상처를 입은 몸으로 아직도 달라붙어 있는 적의 머리들을 떼어내려고 힘없이 버둥대고 있었다. 드디어 반 시간이 지난 다음 그는 그 일을 해내고 말았다. 내가 유리잔을 들어올리자 그는 불구가 된 몸으로 창문턱을 넘어 밖으로 나갔다.

그가 전투에서 살아남아 '오텔 데 쟁발리드'[6] 같은 상이군인 요양원에서 여생을 보냈는지 나는 알지 못한다. 그러나 그의 용맹도 이후로는 별 쓸모가 없을 것이라는 생각이 들었다. 나는 어느 편이 승리를 거두었으며 전쟁의 원인이 무엇이었는지 끝내 알지 못했다. 그러나 마치 내 집 문 앞에서 인간 전쟁의 투쟁과 살기와 처참한 살육을 목격이나 한 것처럼 그날 내내 흥분과 너불어 처설한 삼성에서 벗어날 수 없었다.

곤충학자 커비와 스펜스에 의하면 개미들의 싸움은 옛날부터 잘 알려져 있으며 그 연대도 기록되어 있으나, 현대의 저자로서 그들의 싸움을 목격한 사람은 박물학자 후버뿐인 것 같다고 했다. 그들은 다음과 같이 기술하고 있다.

"저술가이며 나중에 교황이 되었던 아이네아스 실비우스는 배나무 줄기에서 큰 개미들과 작은 개미들 사이에 벌어진 무던히도 끈질긴 싸

---

6) 오텔 데 쟁발리드Hotel des Invalides _ 프랑스 파리에 있던 상이군인 요양원. 지금은 군사박물관으로 나폴레옹의 무덤이 그곳에 있다.

움을 자세히 기록한 다음, 이 싸움은 교황 유게니우스 4세 시절 유명한 법률가인 니콜라스 피스토리엔시스가 직접 목격한 것인데 그는 자기에게 이 싸움의 전모를 아주 세밀하게 이야기해주었다고 말했다. 큰 개미들과 작은 개미들 사이에 벌어진 또 하나의 비슷한 싸움에 대해서 스웨덴의 신부였던 올라우스 마그누스가 기록한 바 있는데, 승리를 거둔 작은 개미들은 같은 편의 시체를 매장했으나 몸집이 더 컸던 적군의 시체는 새들의 먹이가 되도록 내버려두었다는 것이다. 이 사건은 폭군 크리스천 2세가 스웨덴에서 축출되기 전에 발생했다."

내가 목격한 개미들의 싸움은 미국의 포크 대통령의 재임 시절, 웹스터의 도망 노예법이 통과되기 5년 전에 벌어진 것이다.

식량을 저장하는 지하실에서 자라龜나 쫓기에 알맞은 마을의 개 여러 마리가 주인 몰래 그 묵직한 몸을 끌고 숲 속에 나타나서는 별 성과도 없이 오래된 여우 굴이나 우드척의 구멍을 뒤지고 다녔다. 이들의 안내역을 맡은 것은 몸집이 작은 들개였는데, 이놈은 잽싸게 숲을 누비고 다니면서 숲의 동물들에게 공포심을 불러일으키고 있었다. 안내자의 훨씬 뒤에 처져 있는 마을의 개들은, 나무 위에 올라가서 이들을 구경하고 있던 조그만 다람쥐 한 마리를 보고 황소 같은 모습으로 짖어댔다. 그러다가 제 딴에는 길 잃은 날쥐를 뒤쫓는다고 생각하며 육중한 몸으로 풀들을 쓰러뜨리며 달리기도 했다.

언젠가 나는 돌 많은 월든 호숫가를 고양이 한 마리가 거닐고 있는 것을 보고 놀란 적이 있다. 고양이는 인가에서 그처럼 멀리 떨어진 곳을 돌아다니는 일이 거의 없기 때문이다. 놀란 것은 고양이 쪽도 마찬가지였던 것 같다. 그러나 항상 양탄자 위에 엎드려 세월을 보내는 잘 길들여진 고양이라도 일단 숲에 들어오면 마치 제집에 온 것처럼 자연스럽게 보이며, 그 교활하고 비밀스런 거동으로 인하여 숲에 항상 사는 동물들보다 더 토착적인 면모를 보여준다. 한번은 산딸기를 따러 숲 속에 들어갔다가 새끼들을 거느린 어미 고양이를 만난 적이 있다. 그들은 이미 꽤 야성화가 되어있어 어미나 새끼들이나 등을 움츠리고 내게 무섭게 으르렁거리는 것이었다.

내가 숲으로 들어와 살기 2, 3년 전에 링컨 마을 사람 중 호수에 가장 가까이 사는 길리언 베이커 씨의 농가에 '날개 달린 고양이'라는 것이 있었다. 1842년 6월 내가 그놈의 생긴 모습을 보려고 그 집을 방문했을 때 고양이는 평소의 습관대로 사냥을 나가고 없었나. 안주인의 말에 의하면 1년여 전인 그 전해 4월에 그 고양이가 집 근처에 처음 모습을 나타냈는데 결국에는 이 집 식구가 되었다는 것이었다. 털은 진한 갈색이며, 목덜미에 하얀 점이 있고, 발은 희며, 여우처럼 더부룩한 꼬리를 가지고 있다는 것이었다. 겨울에는 털이 무성하게 자라 몸 양쪽으로 넓게 펼쳐지는데, 길이 10인치 폭 2인치 반의 띠들로 되어있다고 한다. 턱밑에는 술 같은 것이 자라나는데, 술의 위쪽은 느슨하지만 아래쪽은 펠트처럼 짜여 있으며, 이 모든 가외加外의 털이 봄이 되면 전부 떨어져나간다는 것이다.

그 집 사람들은 떨어져나간 털, 즉 '날개' 한 쌍을 나에게 주었는데 나는 아직도 그것을 보관하고 있다. 그 날개에는 피막皮膜 같은 것은 없다.

이웃의 동물들 353

어떤 사람은 이 고양이가 날다람쥐나 또 다른 야생동물의 튀기라고 생각하는데 터무니없는 생각은 아니다. 박물학자들에 의하면 담비와 집고양이를 교접시켜서 여러 가지 잡종이 나왔다고 하기 때문이다. 내가 고양이를 기른다면 이런 고양이를 길러야겠다는 생각이 든다. 시인은 날개 달린 말과 더불어 날개 달린 고양이를 키우는 게 제격이 아니겠는가?

가을이 되자 여느 해나 마찬가지로 털갈이도 하고 헤엄도 칠 겸 해서 되강오리가 월든 호수에 찾아왔다. 그는 내가 채 일어나기도 전에 그 특유의 미친 듯이 웃는 듯한 울음소리로 온 숲을 뒤흔들어놓았다. 되강오리가 왔다는 소문이 퍼지면 마을의 사냥꾼들은 일제히 비상사태에 들어간다. 그들은 최신형 엽총과 원추형 탄환과 망원경으로 무장한 다음 두 사람씩 또는 세 사람씩 짝을 지어 마차를 타거나 걸어서 출정에 오른다. 사냥꾼들은 가을의 낙엽처럼 바스락거리며 숲 속을 전진해오는데 되강오리 한 마리에 열 사람꼴의 비율이다. 어떤 사람들은 호수 이쪽에 진을 치고 또 다른 사람들은 호수 건너편에 진을 친다. 그 불쌍한 새가 모든 곳에 있을 수는 없겠지만 호수 이쪽에서 잠수하면 반대편으로는 반드시 나올 것이기 때문이다.

그러나 이제 자비로운 10월의 바람이 불기 시작하면서 나무 잎사귀가 살랑거리고 호수의 수면에 잔물결이 인다. 그리하여 되강오리의 적들이 망원경으로 호수를 샅샅이 훑고 총소리가 숲을 울려도 되강오리의 모습은 보이지 않고 소리도 들리지 않는다. 물결이 물새들의 편을 들어 분연히 일어나 성난 듯이 쳐대므로 사냥꾼들은 마을로, 가게로 또는 하다 만 일거리로 후퇴하지 않으면 안 된다. 하지만 사냥꾼들이 성공하는 때도 적지 않았다.

내가 아침에 물 한 통을 길러 호숫가에 나가면 이 당당한 새가 불과 10미터 앞에서 내 집 쪽의 물가를 떠나 호수 한가운데로 헤엄쳐 나가는 것을 본 적이 한두 번이 아니었다. 이 새가 어떻게 하나 보려고 보트를 타고 뒤쫓으면 그는 물속으로 들어가 행방을 감추어버린다. 그래서 어떤 때는 그날 오후 늦게까지 그를 다시 보지 못하기도 했다. 그러나 물 위에서 되강오리는 나의 적수가 되지 못했다. 비가 올 때면 되강오리는 호수에 모습을 나타내지 않았다.

어느 몹시 고요한 10월 오후, 나는 호수의 북쪽 물가에서 보트를 젓고 있었다. 이런 날에는 되강오리들은 박주가리의 깃털처럼 하얗게 호수 표면에 떠 있게 마련인데 호수 위를 아무리 살펴보아도 단 한 마리도 눈에 띄지 않았다. 그런데 그때 갑자기 되강오리 한 마리가 물가에서 호수 가운데로 헤엄쳐 나왔다. 그러고는 내 앞의 불과 10여 미터 지점에서 그 이상의 웃음소리를 내어 자신의 존재를 알리는 것이었다. 내가 노를 저어 뒤를 쫓자 그는 물속으로 들어가 버렸으나, 다시 물 밖으로 나왔을 때는 내가 훨씬 가까이 다가가 있었다. 그는 다시 물속으로 들어갔다. 그러나 나는 그가 물속에서 헤엄쳐 가리라는 방향을 잘못 짚어 거리를 벌려놓았기 때문에 그가 다시 나왔을 때는 250미터쯤 사이가 벌어지고 말았다. 되강오리는 오랫동안 큰소리로 웃어댔는데 그 어느 때보다 웃을 이유가 있었던 것이다.

그의 행동은 너무 교활해서 나는 20~30미터 이내의 거리로 접근할 수가 없었다. 물 밖에 나올 때마다 그는 머리를 사방으로 돌려 침착하게 호수와 육지를 둘러보고, 수면이 가장 넓고 보트와는 가장 먼 거리가 되는 곳에 나올 수 있도록 잠영潛泳 방향을 정하는 것 같았다. 그가 재빨리 결심을 하여 실행에 옮기는 모습은 놀라웠다. 되강오리는 곧 나를 호수의 가장 넓은 부분으로 유인해갔는데 나는 그를 그곳에서 몰아낼 방법이 없었다. 그가 머릿속에 무엇인가를 궁리하면 나는 그의 생각이 무엇인가를 나의 머리로 알아내려고 했다. 그것은 잔잔한 호수의 수면에서 벌어지는 인간 대 되강오리의 멋진 한판 게임이었다. 상대방의 말이 갑자기 장기판 아래로 사라진다. 문제는 이때 나의 말을 상대방의 말이 다시 나타나리라고 생각되는 지점 가장 가까이에 갖다 놓는 일이었다.

되강오리는 때로는 반대쪽에서 갑자기 나타나기도 했는데 내 보트 밑을 똑바로 헤엄쳐 지나갔던 것이 분명했다. 그는 숨이 매우 길었고 쉽사리 지치지도 않아 물속에서 헤엄을 오래 쳤을 때도 곧 다시 물속으로 들어가곤 했다. 그런 때는 그가 고기처럼 재빠르게 헤엄쳐, 잔잔하기는 하지만 깊기 짝이 없는 호수의 어느 곳을 지나고 있는지 알아낼 재간이 없었다. 왜냐하면 그는 호수의 가장 깊은 밑바닥까지 헤엄쳐 내려갈 수 있는 수영 능력과 호흡의 여유를 가지고 있었기 때문이다. 뉴욕 주의 호수에서는 송어를 잡으려고 수면 밑 80피트에 장치해놓은 낚싯바늘에 되강오리들이 걸렸다고 한다. 물론 월든 호수는 그보다는 더 깊다. 이 꼴사나운 외계의 방문객이 자기들 틈에서 헤엄치는 것을 보고 물고기들은 얼마나 놀랐을까!

그는 물 위에서나 마찬가지로 물 밑에서도 나아갈 진로를 확실히 알고 있었으며, 물 밑에서 오히려 더 빨리 헤엄을 쳤다. 한두 번인가 나는 되강오리가 수면으로 나오려고 하는 곳에 잔물결이 이는 것을 보았는데 그는 머리만을 내밀어 주위를 살피고는 곧바로 물속으로 사라졌다. 나는 그가 어디에 다시 나타날지 알아내려고 애쓰느니 차라리 노 젓기를 멈추고 그냥 기다리는 편이 낫겠다는 생각을 하게 되었다. 왜냐하면 내가 두 눈을 부릅뜨고 수면의 한 방향을 지켜보고 있을 때 갑자기 등 뒤에서 나는 되강오리의 괴상한 웃음소리에 깜짝 놀란 적이 한두 번이 아니었기 때문이다.

하지만 어찌하여 되강오리는 교활하기 짝이 없이 행동해오다가도 물 위로 나올 때는 큰 웃음소리를 내서 자신의 정체를 어김없이 드러내는 것일까? 그 하얀 가슴 때문에 이미 쉽게 모습이 드러나는 편이 아니었던가? '어리석기 짝이 없는 되강오리 같으니라고' 하고 나는 생각했다. 수면에 나올 때 내는 물 튀기는 소리를 듣고 그 위치를 아는 때도 많았다. 되강오리는 이런 식으로 한 시간을 보낸 다음에도 전혀 지친 기색이 없었으며, 또다시 물속으로 들어가서는 처음보다 더 멀리 잠영을 했다. 그가 물밖에 나와 있을 때, 물갈퀴가 달린 발로 모든 동작을 하면서 가슴의 털을 조금도 흐트러뜨리지 않고 유유히 헤엄쳐가는 모습은 참으로 인상적이었다.

되강오리가 보통 내는 울음소리는 그 특유의 악마 같은 웃음소리였지만 그래도 다소는 물새다운 데가 있었다. 그러나 간혹 그가 나를 아주 멋지게 골탕을 먹였을 때나 대단히 먼 거리를 잠영하고 나왔을 때는 길게 늘여 빼는 괴상한 울음소리를 냈는데, 그것은 새의 소리라기보다는 차라리 늑대의 울부짖음에 가까운 것이었다. 마치 어떤 짐승이 주둥이를 땅에 대고 길게 울부짖는 것 같았다. 이 숲 속에 넓고 길게 울려퍼지는 되강오리의 울음소리야말로 내가 월든 호숫가에서 들었던 소리 중 가장 괴이한 소리였다. 나는 그것이 되강오리가 자신의 능력을 믿고 나의 시도를 비웃는 웃음이라는 결론을 내렸다.

하늘은 구름이 가득 꼈으나 호수는 너무나 잔잔하여 그의 소리가 들리지 않을 때도 그가 어디서 물 밖으로 나왔는지를 볼 수 있었다. 그의 하얀 가슴, 바람 한 점 없는 날씨 그리고 잔잔한 수면이 모두 그에게 불리하게 작용했다. 마침내 그는 200여 미터 떨어진 수면에 올라와서는 마치 되강오리들의 신에게 도와달라고 요청하는 듯 그 기다란 울부짖는 소리를 냈다. 그러자 즉시 동쪽으로부터 바람이 불기 시작하여 수면에 잔물결을 일으켰으며 사방에 안개 같은 비가 내리기 시작했다. 그것은 마치 되강오리의 기원이 이루어져 그의 신이 나에게 분노를 표시하고 있는 것이라는 느낌을 주었다. 그래서 나는 그가 거칠어진 수면 위로 멀리 사라지는 모습을 그냥 바라보기만 했다.

가을에 나는 물오리들이 영특하게도 사냥꾼들을 멀리 피하여 호수 가운데서 지그재그로 헤엄치며 노는 모습을 몇 시간이고 지켜보았다. 남쪽 루이지애나의 늪지대에 가게 되면 그런 재주는 써먹지 않아도 되리라. 공중으로 날아올라야 하는 경우 어떤 때는 호수 위를 뱅뱅 돌면서 하늘 높이 올라간다. 높은 하늘에 검은 점처럼 떠 있게 되면 다른 호수들이나 강을 쉽게 바라볼 수 있을 것이다. 물오리들이 이미 그곳으로 가버렸으려니 생각하고 있노라면 그들은 4분의 1마일의 높이에서 급경사로 날아 내려와 아무도 없는 호수의 먼 곳에 앉곤 했다. 그들이 월든 호수 한가운데에서 즐겨 헤엄치는 이유가 그곳이 안전하다는 것 이외에 다른 어떤 이유가 있는지 나는 모른다. 어쩌면 나와 똑같은 이유로 이 물오리들도 월든 호수를 사랑하고 있는지도 모른다.

13
집에 불 때기

10월이 되자 나는 강변의 풀밭으로 포도를 따러 갔다. 그리고는 식품으로보다는 그 아름다움과 향기로 해서 더 소중한 포도송이를 잔뜩 따왔다. 그곳에는 넌출월귤도 있었지만, 따지는 않고 그저 바라보면서 그 아름다움을 즐겼다. 넌출월귤의 열매는 광택 나는 작은 보석이라고 할 수 있는데, 빨간색의 진주와도 같은 모습으로 왕포아풀에 주렁주렁 장식처럼 매달려 있었다. 농부는 이것들을 무지막지하게 생긴 갈퀴로 마구 훑어 모으는데, 그 와중에 아름다운 풀밭은 엉망이 되고 만다. 농부는 별생각 없이 이 풀밭의 수확물을 그저 몇 부셸이나 몇 달러어치로 계산해서는 보스턴이나 뉴욕에 내다 판다. 그곳에서 이 열매들은 잼으로 만들어져 자연을 사랑하는 사람들의 입맛을 돋울 것이다. 이와 똑같은 방법으로 도살업자들은 대초원의 풀밭에서 들소의 혀를 긁어모으는데, 그 와중에 꺾여 시들어가는 나무와 풀에 대해서는 아랑곳하지 않는다.

매발톱나무의 아름다운 열매 역시 나에게는 눈요기만을 위한 식품이었다. 그러나 땅임자나 길 가는 사람들이 보지 못하고 지나쳐 버린 야생

사과들은 뭉근한 물에 데쳐먹기 위해 얼마가량을 챙겨두었다. 밤이 영글자 나는 겨울에 먹기 위하여 반 부셸 정도를 저장해놓았다. 가을철에 링컨 마을 근처의 끝없이 넓은 밤나무 숲을(이 나무들은 지금은 철로의 침목으로서 기나긴 잠을 자고 있다.) 돌아다니는 것은 진정 유쾌한 일이었다. 서리가 내릴 무렵까지 기다릴 수 없었던 나는 어깨에 부대를 메고 밤송이를 깔 막대기를 손에 들고 나뭇잎이 바스락거리는 소리와 붉은다람쥐들과 어치들이 큰소리로 꾸지람하는 것을 들으면서 밤나무 사이를 돌아다녔다. 때때로 나는 다람쥐나 어치가 반쯤 먹다 남긴 밤송이를 훔치기도 했다. 그놈들이 고른 밤송이 안에는 꼭 성한 알밤들이 있었던 것이다. 어떤 때는 내가 직접 나무 위에 올라가 흔들기도 했다.

밤나무들은 내 집 뒤꼍에도 있었는데, 그중 한 그루는 집을 뒤덮을 만큼 컸다. 꽃피는 계절이 오면 이 나무는 온 사방에 향기를 뿌리는 꽃다발이 되는 것이었다. 그러나 밤 열매는 다람쥐와 어치가 거의 다 차지해버렸다. 특히 어치들은 이른 아침부터 떼 지어 날아와서는 밤송이에서 밤이 떨어져 나오기 전에 쪼아 먹곤 했다. 나는 집 근처의 밤나무들은 아예 이들에게 맡겨버리고 좀 더 멀리 온통 밤나무뿐인 숲을 찾아갔다. 밤은 제법 훌륭한 빵의 대용 식품이 되었다. 주위를 살피면 이 밖에도 많은 대용 식품을 찾아낼 수 있을 것이다.

어느 날 나는 미끼로 쓸 지렁이를 파내다가 넝쿨에 달린 감자콩을 발견했다. 이것은 원주민의 감자라고 할 수 있는 일종의 전설적인 열매인데, 앞에서도 얘기한 것처럼 어렸을 때 그것을 캐어 먹은 적이 있지만 과연 그런 일이 있었을까 할 정도로 거의 잊고 있었다. 나는 전에도 간혹 그 주름 잡힌 벨벳 모양의 빨간 꽃들이 다른 식물의 줄기에 떠받혀 있는 것을 본 적이 있었으나 그것이 바로 감자콩이라는 것을 깨닫지 못했다.

사람들이 땅을 개간하면서 감자콩은 거의 멸종 상태에 이르렀다. 서리 맞은 감자와 비슷한 단맛이 있으며, 내 경험으로는 굽는 것보다 삶아 먹는 것이 더 맛있었다. 이 감자콩의 덩이줄기는 자연의 여신이 미래의 언젠가에 이곳에서 자신의 아이들을 검소하게 먹여서 키우겠다는 희미한 약속처럼 느껴졌다. 오늘날처럼 살진 소와 물결치는 곡물의 밭이 흔한 시대에는 한때 인디언 부족의 자연숭배의 대상이었던 이 소박한 식물은 완전히 잊혔거나 또는 꽃이 핀 그 넝쿨에 의해서만 기억되고 있는 실정이다.

그러나 야성의 자연이 다시 이 땅을 지배하는 날이 오면, 연하고 사치스러운 영국의 곡물들은 무수한 적들 앞에서 맥을 쓰지 못하고 쓰러질 것이다. 옥수수 역시 사람의 보호를 받지 않게 되면 까마귀는 그 최후의 한 톨마저 인디언의 신이 다스리는 남서부의 광활한 옥수수 밭으로 도로 가져가 버릴 것이다. 옥수수는 원래 까마귀가 그곳에서 날라왔다고들 하니 말이다.

그때 가서는 지금은 거의 멸종되다시피 한 감자콩이 서리와 거친 환경에도 불구하고 다시 살아나 번창할 것이며, 자신이야말로 이 땅의 토박이임을 입증할 것이다. 그것은 수렵민족의 주식으로서 예전에 가졌던 중요성과 품위를 다시 찾게 될 것이다. 이 식물을 창조해서 인디언들에게 기증한 것은 그들의 곡물의 신 아니면 지혜의 여신이었던 것이 틀림없다. 이 땅에 시詩의 지배가 시작되면 감자콩의 잎사귀와 열매 들이 우리들의 예술 작품 위에 그 모습을 나타낼 것이다.

호수 건너편의 뾰족 나온 지점에는 사시나무 세 그루의 하얀 밑동이 제각기 갈라져 나가는 곳이 있으며, 그 바로 밑의 물가에는 두세 그루의 단풍나무들이 서 있다. 그런데 9월 1일이 채 되기도 전에 그 단풍나무들이 이미 빨갛게 물들어있는 것이 보였다. 아아, 그 빛깔은 얼마나 많은 이야기를 하고 있는 것일까! 그때부터 한 주일 한 주일이 지날 때마다 나무들은 제각기의 특색을 드러내 보이며 거울 같은 호수에 비친 자신의 모습을 자랑스럽게 바라보는 것이었다. 매일 아침 이 화랑畵廊의 관리인은 벽에 걸린 낡은 그림을 떼어버리고 보다 멋있고 보다 색채의 조화를 이룬 새로운 그림을 내거는 것이었다.

10월이 되자 수많은 말벌들이 겨울을 날 장소를 찾은 양 내 집으로 몰려왔다. 그들은 창의 안쪽과 머리 위의 벽에 자리를 잡고는 때때로 방문객들이 집 안에 들어오는 것을 방해하기도 했다. 매일 아침 말벌들이 추위에 마비되어 움직이지 못하고 있으면 나는 몇 마리씩 밖으로 쓸어내곤 했지만 그들을 굳이 내쫓으려고 애쓰지는 않았다. 오히려 내 집을 쓸 만한 피신처라고 여기는 것에 대해서 싫지 않은 기분까지 들었다. 밤에는 침대를 같이 쓰기도 했지만 나를 진정으로 괴롭힌 적은 한 번도 없었다. 그들은 겨울과 혹독한 추위를 피해 차츰 어딘가의 틈바구니로 모습을 감추어버렸다.

말벌들이 따뜻한 곳을 찾던 것처럼 나도 11월이 되어 겨우살이에 들어가기 전에 월든의 북동쪽 호숫가를 자주 찾아가곤 했다. 그곳은 리기다소나무 숲과 돌이 많은 기슭에 의해 태양열이 반사되어 마치 월든 호수의 난롯가처럼 된 곳이다. 가능한 한 오랫동안 사람이 피운 불보다는 태양의 열을 받아 몸을 녹이는 것이 훨씬 상쾌하기도 하고 건강에도 좋다. 이와 같이 나는 숲을 떠난 사냥꾼처럼 여름이 남겨놓고 간 타다 남은 등걸불로 내 몸을 따뜻하게 했다.

굴뚝을 쌓게 되자 나는 석공 기술을 배웠다. 나의 벽돌은 그전에 사용된 적이 있는 헌 벽돌이었으므로 흙손으로 깨끗이 할 필요가 있었다. 그래서 벽돌이나 흙손의 성질에 대하여 보통 이상으로 알게 되었다. 벽돌에 붙어있는 회는 50년이나 된 것인데, 어떤 사람은 이 회가 지금도 단단해지고 있는 중이라고 했다. 그러나 이것은 사람들이 진위 여부를 가려내지 않고서 남들이 하는 말을 그대로 따라서 하는 이야기들 중의 하나인 것이다. 그러한 이야기들 자체가 해가 지남에 따라서 한층 더 굳어지고 단단히 들러붙기 때문에 엉터리 식자識者에게서 그런 잘못된 생각을 떼어내려면 흙손으로 수없이 두드려야 할 것이다.

메소포타미아 지방의 많은 마을들은 바빌론의 폐허에서 얻어진 질이 매우 좋은 벽돌로 되어있다고 한다. 거기에 붙은 시멘트는 더 오래된 데다가 더 단단하기까지 할 것이다. 그건 그렇다고 하더라도 흙손의 경우, 나는 그처럼 무수한 타격을 받고도 닳지 않는 강철 특유의 강인성에 깊은 인상을 받았다. 나의 벽돌은 느부갓네살 대왕[1]의 이름이 새겨져 있

---

1) 느부갓네살 대왕(?~B.C.562) _ 옛날 메소포타미아 지방(지금의 이라크 지역)에 자리 잡고 있던 바빌론 왕국의 전성 시절의 통치자.

지는 않았으나 그 전에 굴뚝으로 사용되었으므로 나는 될 수 있는 대로 벽난로에 쓸 벽돌을 많이 추려내어 시간과 노력을 덜기로 했다. 그리고 벽난로 주위의 벽돌과 벽돌 사이는 호숫가에서 가져온 돌로 메우고, 또 같은 곳에서 가져온 흰 모래로 회반죽을 만들었다.

　나는 벽난로가 집의 핵심 부분이라고 생각했으므로 그곳에 가장 많은 수공을 들였다. 사실 너무 공을 들여가며 꼼꼼히 일했기 때문에 아침에 바닥에서 시작하여 밤이 되어서도 바닥으로부터 불과 몇 인치 높이의 단 한 층의 벽돌밖에 쌓지 못했다. 그날 밤은 이 벽돌을 베개 삼아 잠을 잤다. 그러나 그것 때문에 내 목이 굳어진 것은 아니라고 생각한다. 내 목이 굳어진 것은 꽤 오래된 얘기다. 그 무렵 나는 시인 한 사람을 손님으로 맞아 두 주일간을 같이 지냈는데 집이 비좁아 다소 고생을 했다. 그는 자신의 칼을 가져왔는데, 나도 내 것을 두 자루 가지고 있어서 우리는 그 칼들을 흙 속에 쑤셔넣어 갈았다. 그는 내가 밥 짓는 것을 거들기도 했다.

　벽난로 작업이 점점 진척되어 한 단계 한 단계 네모반듯하고 튼튼하게 쌓여 올라가는 것을 보는 것은 기분 좋은 일이었다. 일이 오래 걸리면 걸릴수록 그만큼 오래 견딜 것이라는 생각을 했다. 굴뚝은 지면에 기초를 두고 집을 뚫고 하늘로 솟아오르는, 어느 정도는 독립적인 구조물이다. 집이 타버려도 굴뚝은 여전히 남아 서 있기도 하니 그것의 중요성과 독립성은 명백한 것이다. 이상은 여름이 끝나갈 무렵의 이야기이며 이제 11월이 되었다.

북풍은 이미 호수에 냉기를 불어넣기 시작했다. 그러나 호수를 완전히 차갑게 하려면 적어도 몇 주일간은 쉬지 않고 불어야 할 것이다. 월든 호수는 그렇게 깊다. 저녁에 불을 처음으로 지필 무렵에 굴뚝은 연기를 아주 잘 뽑아냈다. 왜냐하면 집의 회벽칠을 하기 전이라서 판자와 판자 사이에 무수한 구멍이 있었기 때문이다. 나는 그 서늘하고 바람이 잘 통하는 집에서 여러 날 즐거운 저녁을 보냈다. 옹이가 많이 박힌 거친 판자들로 된 벽이 나를 둘러싸고, 껍질이 덜 벗겨진 대들보가 머리 위에 높게 자리 잡고 있는 그런 집에서 말이다.

회벽칠을 하고 나니 집은 훨씬 포근해지기는 했으나 그전만큼 흔쾌한 느낌은 주지 않았다. 사람들이 사는 모든 집은 모름지기 천장이 높직해서 거기 어두컴컴한 곳이 형성되어 저녁이 되면 흔들리는 불빛의 그림자들이 대들보 주위에 춤을 추게끔 되어야 하지 않을까? 그러한 형상이 벽화라든지 다른 값비싼 가구보다는 공상이나 상상의 날개를 펼치는 데에 더 적합할 것이다.

이제야 비로소 내 집에 들어와 산다고 말할 수 있을 것 같은데, 그것은 집이 숙소로서 뿐만 아니라 추위를 피하기 위한 곳으로 사용되기 시작했기 때문이다. 나는 땔나무를 벽난로 바닥으로부터 격리시켜놓으려고 한 쌍의 낡은 장작받침쇠를 구입해놓았다. 내가 쌓아놓은 굴뚝 뒤쪽에 그을음이 생긴 것을 보니 왠지 느긋한 생각이 들었다. 이제 마음 놓고 불을 쑤석거릴 수 있는 권리라도 획득한 기분이었다.

내 집은 자그마했으므로 그 안에서 메아리 소리를 기대할 수는 없었다. 그러나 그것은 방 한 칸으로 된 집이고 이웃집과도 멀리 떨어져 있었기 때문에 한결 더 커 보였다. 주택의 모든 편의 시설들이 방 하나에 집중되어 있었다. 그것은 부엌이자 침실이었고, 거실이자 안방이었다. 어른이나 아이, 주인이나 하인이 집에 거주함으로써 얻게 되는 온갖 만족감을 나는 실컷 즐기고 있었다.

로마의 원로 카토는, 한 집안의 가장이라면 시골집에 "유류와 술이 저장된 지하실과 식료품이 담긴 많은 통을 가지고 있어야 한다. 그러면 어려운 시기가 와도 마음이 든든할 것이다. 그것들은 그의 이익이 되고 힘이 되고 영광이 될 것이다." 하고 말했다. 나는 내 지하 저장실에 감자가 들어있는 작은 통 하나와 바구미가 섞인 완두콩 두 되 정도를 가지고 있으며, 선반에는 약간의 쌀과 한 병의 당밀 그리고 각각 한 말가량 되는 호밀 가루와 옥수수 가루를 가지고 있었다.

나는 때때로 더 크고 사람도 많이 사는 태평성대의 어떤 집 한 채에 대해 상상의 나래를 펴본다. 집은 탄탄한 재료로 지어졌으며 겉치레만 번드르르한 장식은 전혀 없다. 전체가 방 하나로만 되어있는데, 넓고 소박하며, 견고하고 원시적이라고도 할 수 있는 큰 방이다. 천장도 없고 회벽칠도 되어있지 않고 단지 대들보와 서까래가 사람의 머리 위에 작은 하늘을 떠받치고 있어서 비와 눈을 막아주고 있다. 방문객이 문지방을 넘어 옛 왕조의 농업의 신의 와상臥像에 경의를 표하고 나면 왕대공과 쌍대공의 기둥들이 인사를 받으려고 서 있다.

동굴같이 큰 집이어서 지붕 밑을 보려면 장대 끝에 햇불을 매달아 쳐들지 않으면 안 된다. 어떤 사람들은 벽난로 주변에서 살기도 하고 다른 사람들은 창이 움푹 들어가 있는 데서 살며 또 다른 사람들은 긴 의자에서 살기도 한다. 어떤 사람들은 방의 한쪽 구석에서 사는가 하면 다른 사람들은 그 맞은편 구석에서 살며, 원하는 사람들은 대들보 위에서 거미들과 함께 살기도 한다.

바깥문을 열면 벌써 집 안에 들어가 있으니 더 이상의 예의는 필요치 않다. 지친 나그네는 발걸음을 더 옮길 필요가 없이 세수를 하고, 밥을 먹고, 이야기를 나누고는 바로 잠자리에 들 수가 있다. 비바람이 부는 밤에 묵고 가기에 더 이상 바랄 나위가 없는 집이며, 집으로서 필요한 것을 모두 갖추고 있되 정리하느라고 힘이 드는 요소는 하나도 없다. 집 안의 보물은 모두 한눈에 둘러볼 수 있고 사람이 사용할 모든 도구는 하나하나 못에 다 걸려 있다. 부엌, 식료품실, 사랑방, 안방, 창고, 다락방, 이 모두가 하나로 겸해져 있다. 큰 통이나 사다리 같은 필요한 물건이나 붙박이장 같은 편리한 것들도 갖추어져 있다.

냄비 끓는 소리가 들리는가 하면, 저녁 식사를 짓는 불이나 빵을 굽는 오븐에 다가가서 직접 경의를 표할 수도 있다. 필요한 가구들과 살림 도구들이 집 안의 주요 장식품 역할을 하고 있다. 빨래거리도 불도 안주인도 모두 내보내지 않는다. 그리고 지하실로 내려갈 일이 있는 요리사로부터 뚜껑 문에서 비켜달라는 요청을 받을지도 모른다. 그렇게 되면 바닥을 발로 쿵쿵 구르지 않고도 그것이 굳은 땅인지 아니면 밑에 지하실이 있는지를 알 수가 있을 것이다.

집의 내부가 새 둥지처럼 탁 트여서 일목요연하기 때문에 앞문으로 들어와서 뒷문으로 바로 나가더라도 집 안에 사는 사람들 중 몇 사람 정도는 만나게 될 것이다. 그 집의 손님이 된다는 것은 그 집을 마음대로 돌아다닐 자유를 부여받는 것이며, 어느 한 방에 갇혀서 집의 8분의 7로 부터는 주의 깊게 격리되어 고독한 유폐 속에 부디 편히 쉬시라는 말을 듣는 것이 아니다. 요즈음에 와서는 주인이 손님을 자신의 벽난롯가로 초대하지 않는다. 집 안의 한쪽 구석 어딘가의 손님방에 석공을 시켜 벽난로 하나를 설치해놓을 뿐이다. 손님 대접의 예우는 손님을 최대한 멀리 떼어놓는 기술이 되어버렸다. 주인이 손님을 독살하려고 노리는 것이 아닌가 할 정도로 요리는 비밀스럽게 준비된다.

나는 많은 사람들의 소유지에 들어가서 법률상 퇴거를 명령받을지도 모르는 입장에 놓였던 일은 기억하지만, 정말로 어떤 사람의 집에 들어간 적은 몇 번 되지 않는다. 내가 방금 묘사한 바와 같은 집에 소박하게 사는 왕과 왕비가 있고 또 내가 마침 그쪽으로 가는 길이라면, 평상시 입는 옷을 입고 한번 찾아볼 생각은 있다. 그러나 현대식 궁전이라면 우연히 그곳에 발을 디디게 되더라도 어떻게든지 뒷걸음을 쳐[2] 빠져나올 궁리만을 할 것이다.

우리의 응접실에서 쓰는 말 자체가 모든 활력을 잃고 별 의미 없는 수다로 완전히 전락하는 것이 아닌가 하는 생각이 들 때가 있다. 그처럼 우리의 생활은 그 상징에서 아주 멀리 떨어진 곳을 지나고 있고, 그 은유와 비유는 요리 운반기 같은 것에 의해 억지로 먼 곳에서 끌어온 것 같다. 다시 말하면 응접실은 부엌이나 일터에서 그만큼 멀리 떨어져 있는 것이다. 식사도 흔히 식사의 우화에 불과하다. 자연과 진실에 아주

---

[2] 예전에 서양에서는 왕을 알현하고 물러날 때는 등을 보여서는 안 되는 예절이 있었다.

가까이 살고 있어서 거기서 비유를 끌어낼 수 있는 사람은 오직 야만인 뿐일 것 같다. 멀리 북서부 속령 지역이나 맨 섬에 살고 있는 학자가 부엌에서 논란이 되고 있는 것이 무엇인지를 어떻게 알겠는가?

나의 손님들 가운데는 오직 한두 사람만이 좀 더 오래 머물러 있다가 '즉석 푸딩'을 얻어먹을 정도로 용감했다. 대부분의 손님들은 식사 시간이라는 위기가 가까이 오면 허둥지둥 퇴각해버리는 것이었다. 마치 소찬이라도 나누어 먹다가는 내 집이 뿌리째 흔들리기라도 할 듯이 말이다. 하지만 내 집은 제법 많은 '즉석 푸딩'을 차려내고도 끄떡없었다.

얼음이 얼 정도의 추운 날씨가 닥치고서야 나는 집의 회벽칠을 시작했다. 그것 때문에 호수 건너편으로 가서 희고 고운 모래를 배로 실어서 날라왔다. 이 수송 방법은 필요하다면 배를 한없이 저어 나아가고 싶은 충동을 느끼게 한다. 그동안에 나의 집은 사면이 바닥까지 널빤지로 이어졌다. 욋가지를 붙일 때는 망치질 한 번에 못이 제대로 탁탁 들어가 박혀 나 자신의 솜씨에 으쓱해지는 기분이 들었다.

이제 나는 회반죽한 것을 산뜻하고 재빠르게 벽으로 옮겨 바르려는 야심을 갖게 됐다. 나는 어느 우쭐대기 좋아했던 녀석의 이야기가 생각났다. 그는 멋진 옷을 입고 마을을 돌아다니면서 일꾼들이 하는 일에 참견하는 버릇이 있었다. 하루는 말로만이 아니라 행동으로 시범을 보이기로 마음먹은 그는 소매를 걷어붙이고는 미장이의 흙반기를 잡아들었다. 무난히 흙손에 진흙을 옮겨 담고는 자신만만한 모습으로 머리 위의 욋가지를 향하여 겁 없이 달려들었다. 그 순간, 주름 잡아 모양을 낸 그의 가슴으로 흙손에 담겼던 진흙이 통째로 쏟아져 내리는 망신스러운 사태가 벌어지고 말았다.

　나는 새삼스럽게 회벽칠이 얼마나 경제적이고 편리한 것인가를 깨달았다. 회벽은 효과적으로 추위를 막아내고 집을 멋있게 단장해준다. 또 미장이가 범하기 쉬운 여러 가지 실수가 어떤 것인가도 알게 되었다. 내가 놀란 것은 벽돌이 물을 잘 빨아들이기 때문에 내가 채 회를 고르게 손질하기도 전에 회의 수분을 다 빨아먹는다는 것과 그리하여 새로 벽난로를 쌓는 데에는 여러 통의 물이 필요하다는 것이었다. 나는 그 전해의 겨울에 실험 삼아 콩코드 강에서 나는 조개의 껍데기를 태워서 소량의 석회를 만든 적이 있어서 그 원료가 어디서 나오는지를 알고 있었다. 마음만 먹는다면 1, 2마일 떨어진 곳에서 좋은 품질의 석회석을 입수하여 내 힘으로 석회를 구워낼 수도 있었다.

　그동안 호수의 가장 그늘지거나 가장 얕은 작은 만에는 살얼음이 얼었다. 그것은 호수가 전반적으로 얼기 며칠 전, 아니 몇 주일 전의 일이었다. 최초의 얼음은 완벽한 것이어서 각별한 흥미를 자아낸다. 그것은 단단하고, 어두운 색을 띠면서도 투명하기 때문에 얕은 곳에서는 바닥을 조사하는 데 절호의 기회를 마련해준다. 수면 위에 떠 있는 소금쟁이처럼 불과 1인치 두께의 얼음 위에 쭉 뻗고 엎드려서 물 밑바닥을 마음 놓고 구경하는 것이다. 물은 아주 잔잔하고 바닥은 2, 3인치밖에 떨어지지 않았기 때문에 마치 유리를 끼워 놓은 그림을 보는 것만 같다.
　바닥의 모래에는 무슨 동물 같은 것이 기어갔다가 다시 돌아온 자리가 파여서 생긴 고랑들이 무수히 많다. 그리고 잔해로서는 흰 석영의 잘

디잔 알맹이로 되어있는 날도래 유충의 집이 여기저기 널려 있었다. 이 벌레의 집들이 고랑 속에서 여러 개 있는 것을 보니 아마 그들이 고랑을 팠는가 보다. 하나 그렇다고 하기에는 고랑이 꽤 넓고 깊다.

그러나 가장 흥미 있는 대상은 역시 얼음 그 자체이다. 그것을 연구하기 위해서는 최초의 기회를 최대한으로 활용해야만 한다. 얼음이 언 다음 날 아침 자세히 들여다보면, 처음에는 얼음 속에 있는 것 같던 대부분의 공기 방울들이 실은 얼음 밑 쪽에 붙어있다는 것과 그리고 다른 공기 방울들이 끊임없이 바닥에서 올라오고 있다는 것을 알 수 있다. 얼음이 아직 비교적 단단하고 거무스레한 동안에는 얼음을 통해서 물이 보인다. 이들 공기 방울은 지름이 1인치의 80분의 1부터 8분의 1까지의 여러 크기이고, 매우 맑고 아름다우며, 얼음을 통해서 들여다보는 사람의 얼굴이 비친다. 얼음 1제곱인치에 이런 공기 방울이 30~40개는 될 것이다.

또 이미 얼음의 내부에도 수직으로 서 있는 긴 공기 방울들이 생겨나 있는데, 길이가 약 반 인치쯤 되며, 꼭짓점을 위로 한 날카로운 원추형 모양이다. 얼음이 언 지 얼마 되지 않으면 아주 자그만 공 모양의 공기 방울들이 염주 알처럼 위아래로 죽 매달려 있는 경우가 많다. 그러나 이러한 얼음의 내부에 있는 공기 방울들은 얼음 밑에 있는 것들만큼 수효가 많지 않으며 눈에 잘 띄지도 않는다.

나는 때때로 얼음이 얼마나 단단히 얼었나를 시험하기 위하여 돌을 던져보았다. 그런데 얼음을 깨고 들어간 돌은 공기를 함께 끌고 들어가 그 공기는 매우 크고 뚜렷한 공기 방울들이 되어 얼음 밑에 매달리는 것이었다. 어느 날 48시간 후에 같은 장소에 가보았더니 얼음이 1인치쯤 더 두꺼워지기는 했으나 그 큰 공기 방울들은 아직도 완벽한 상태를 유지하고 있었다. 얼음이 더 두꺼워졌다는 것은 얼음 덩어리가 깨졌다가 다시 붙은 자리를 보고서 분명히 알 수 있었다. 그러나 최근 이틀 동안은 날씨가 봄날처럼 따뜻했으므로 얼음은 짙은 초록빛의 물과 호수 바닥을 보여주던 투명성을 잃어버리고 말았다. 얼음은 불투명해진 데다가 색깔도 희끄무레한 색 내지 회색이 되어버렸다.

그리고 두께가 두 배 정도로 두꺼워졌으나 강도는 전보다 더한 것 같지 않았다. 왜냐하면 얼음 속에 있던 공기 방울들이 따뜻한 기온 때문에 크게 팽창해서 서로 맞붙게 되어 그 규칙적인 형상을 잃어버렸기 때문이다. 공기 방울들은 이제 더 이상 위아래로 줄줄이 연결된 모습이 아니라 자루에서 쏟아진 은화처럼 포개져 있거나 좁은 틈 속에 끼어있는 듯 얇은 조각의 모습을 하고 있었다. 얼음의 아름다움은 이미 간 곳이 없고, 호수 밑바닥을 살펴볼 시기도 지나가 버렸다.

앞서 말한 큰 공기 방울들이 새 얼음과 어떤 관계를 맺고 있는가를 알고 싶은 호기심이 발동한 나는 중간 정도 크기의 공기 방울을 품고 있는 얼음 덩어리를 깨서 뒤집어보았다. 공기 방울 주위와 밑에 새 얼음이 얼었으므로 그것은 두 얼음 사이에 끼여 있었다. 공기 방울은 완전히 아래쪽 얼음 속에 자리를 잡고 있었으나 위쪽 얼음에 딱 달라붙어 있었고, 모양은 납작한 편이라기보다는 차라리 렌즈 모양에 가까웠다. 가장자리는 둥그렇고 두께는 4분의 1인치, 지름은 4인치였다.

내가 놀란 것은 공기 방울 바로 밑의 얼음은 받침 접시를 엎어놓은 모양으로 아주 규칙적으로 녹아있었다는 것이다. 그 받침 접시 모양의 중심부는 높이가 8분의 5인치 정도였으므로 공기 방울과 물 사이에는 8분의 1인치도 될까 말까 하는 엷은 칸막이벽만이 남겨져 있었다. 이 칸막이의 작은 공기 방울 중 여러 개는 밑이 터져 있었다. 지름이 1피트쯤 되는 큰 공기 방울들 밑에는 아마도 얼음이 없었던 것 같다. 내가 맨 처음에 본 얼음 밑에 무수히 매달려 있던 작은 공기 방울들 역시 지금쯤은 얼음 속에 갇혀 있으며, 각자 그 크기에 따라 집열集熱 렌즈같이 아래에 있는 얼음을 녹이고 침식해 들어가는 작용을 했을 것이다. 그것들이야말로 얼음을 쩽하고 금이 가게 하는 작은 공기총들이라고 할 수 있다.

회벽칠을 끝내자마자 드디어 겨울이 본격적으로 시작되었다. 바람은 기다리고 있었던 것처럼 집 주위를 휘몰아치면서 무섭게 울부짖었다. 땅이 눈으로 덮인 다음에도 밤이면 밤마다 기러기들이 날갯소리와 요란스러운 울음소리를 내며 어둠 속을 날아와서는, 일부는 월든 호수에 내려앉고 일부는 숲 위를 나지막이 스치며 페어헤이번 호수 쪽으로 건너갔다. 이들의 최종 행선지는 남쪽 멕시코이다. 밤 10시나 11시쯤 마을에서 돌아올 때 나는 여러 번 집 뒤편의 조그만 못 옆에 있는 숲 속에서 한 떼의 기러기나 물오리가 가랑잎을 밟으며 먹이를 주워먹는 소리와 곧이어 선도자의 울음소리에 따라 이들이 황급하게 떠나가는 소리를 들었다.

1845년 월든 호수는 12월 22일 밤에야 비로소 전면적으로 얼음이 얼었다. 플린트 호수와 기타 물이 덜 깊은 다른 호수들 그리고 콩코드 강은 열흘 또는 그 이전부터 얼어있었다. 1849년에는 12월 31일경에,

1850년에는 12월 27일경에, 1852년에는 1월 5일에, 1853년에는 12월 31일에 얼음이 얼었다. 눈은 이미 11월 25일부터 지상을 뒤덮었으며, 나를 갑자기 겨울의 경치로 둘러싸 버렸다. 나는 나의 껍질 속으로 더욱 깊숙이 들어가 앉았으며, 집 안에도 나의 가슴속에도 밝은 불을 지펴 그것이 계속 활활 타오르게 했다.

이제 내가 밖에 나가서 할 일은 숲에 들어가 마른나무를 모아서는 가슴에 안거나 어깨에 메거나 해서 헛간까지 나르는 일이었다. 어떤 때는 소나무 고목 하나씩을 양쪽 겨드랑이에 끼고 질질 끌고온 적도 있었다. 한때는 제 몫을 했던 숲의 헌 울타리가 내게는 큰 횡재였다. 더 이상 '경계의 신'을 모시지 못하는 이 울타리를 나는 '불의 신'에게 희생의 제물로 바쳤다. 눈 속을 돌아다니면서 밥 지을 땔감을 구해온, 아니 훔쳐온 사람의 저녁 식사는 얼마나 맛있는가! 그의 빵과 고기는 바로 진미, 그것이다.

여러 마을 근처의 숲 속에는 많은 가정의 땔감으로 충분한 온갖 종류의 삭정이들과 죽은 나무들이 널려 있지만 대부분 활용되지 않고 있다. 어떤 사람들은 이것들이 어린나무의 성장을 방해하고 있다고까지 생각한다. 그 밖에 호수 위를 떠다니는 유목流木이 있다. 여름 동안에 나는 철로 공사가 한창일 때 아일랜드인 노동자들이 엮어놓은 뗏목을 발견했다. 그 뗏목은 아직도 나무껍질이 채 벗겨지지 않은 리기다소나무들로 엮여 있었는데 나는 그것을 기슭에 반쯤 끌어올려 놓았다. 2년 동안 물에 떠 있다가 6개월 동안 육지에 놓여 있던 이 뗏목은 아무리 해도 마르지 않을 정도로 물이 배어있긴 했지만 목재의 상태는 극히 양호했다.

나는 뗏목을 풀어 통나무 상태로 만들어서는 약 반 마일 거리의 호수

위를 미끄러뜨리며 운반했다. 15피트 길이의 통나무를 한쪽은 내 어깨에 메고 다른 한쪽은 얼음 위에 내려놓은 채 밀고 가기도 하고, 몇 개의 통나무를 자작나무의 나긋나긋한 가지로 묶은 다음 고리가 달린 길쭉한 자작나무나 오리나무를 거기에 꿰어서 끌기도 했다. 이 통나무들은 온통 물이 배어서 거의 납처럼 무거웠지만 오랫동안 탔을 뿐만 아니라 불길이 세기까지 했다. 아니, 물이 배어있기 때문에 오히려 더 잘 타는 것이 아닌가 하는 생각이 들었다. 마치 송진이 물에 갇혀 있기 때문에 램프 속에서 더 오래 타는 것과 같은 이치라고 할 수 있으리라.

저술가 길핀은 영국의 숲 주변에 사는 사람들에 대한 기술에서 다음과 같이 말하고 있다.

"사람들이 숲을 무단출입하거나, 개인의 주택이나 울타리가 숲의 경계를 침범하는 것은 옛 삼림법에서는 중대한 불법행위로 간주되었다. 그러한 행위는 새와 짐승을 놀라게 하고 삼림을 해칠 우려가 있으므로 불법 삼림 침해라는 죄명으로 엄한 처벌을 받았다."

그러나 나는 사냥꾼이나 나무꾼보다는 물론이고, 내 자신이 삼림청 장관이기라도 한 것처럼 야생동물이나 초목의 보존에 깊은 관심을 기울였다. 그리고 숲의 일부가 불에 타기라도 하면(실은 나도 실수로 불을 한 번 낸 적이 있지만) 그 숲의 주인보다 내가 더 안타까워하고 속상해했다. 아니, 주인 자신이 나무들을 잘라낼 때도 속이 상하기는 마찬가지였다. 고대 로마인들이 신성한 숲을 솎아내어 빛을 넣어주려 할 때 느꼈던 외경의 감정을 그 일부만이라도 우리 농부들도 숲을 벌채할 때 느껴주었으면 하고 나는 바라고 있다. 즉 숲은 그 어떤 신에게 바쳐진 신성한 존재라는 것을 농부들이 깨닫기를 나는 바라는 것이다. 로마인들은 벌채를 할 때, 속죄의 제물을 바치고 "어느 분인지 알 수는 없사오나 이 숲에 계시는 남신이나 여신께옵서는 부디 저와 제 가족, 제 아이들에게 자비를 베푸시옵소서." 운운하며 기도를 드렸던 것이다.

이 새로운 시대, 새로운 나라에서 어떠한 가치가 아직도 목재에 부여되고 있으며, 그 가치는 황금의 가치보다도 더 항구적이고 보편적이라는 것을 깨달을 때 놀라움을 금할 수 없다. 우리 시대에 이루어진 온갖 발견과 발명에도 불구하고 어느 누구도 나무 한 단 쌓아놓은 것을 그냥 지나치지 않는다. 나무는 우리의 조상인 색슨 민족이나 노르만 민족에게 그랬던 것처럼 우리에게도 소중하다. 그들이 나무로 활을 만들었다면, 우리는 그것으로 총의 개머리판을 만든다. 프랑스의 식물학자 미쇼는 30여 년 전에 이렇게 말했다.

"뉴욕과 필라델피아에서 연료로서의 나무 값은 파리의 최고급 목재 값과 거의 같거나 때로는 비싸기까지 하다. 이 광대한 수도 파리는 해마다 30만 코드 이상의 나무가 필요하고, 300마일이나 멀리까지 경작된 평야로 둘러싸여 있는데도 말이다."

우리 마을에서도 장작 값은 꾸준히 오르는 추세이며, 문제될 것이 있다면 올해는 작년보다 얼마나 더 오르느냐는 것뿐이다. 다른 볼일이 없는데도 숲을 찾아오는 직공들이나 장사꾼들은 반드시 목재의 경매를 참관하고, 벌목꾼이 숲의 나무들을 베고 남은 부스러기를 모으는 권리에 대하여 비싼 값을 치르기도 한다. 사람들이 땔감이나 각종 공예 재료를 숲에 의지하게 된 지도 오래되었다. 뉴잉글랜드 사람들이나 뉴네덜란드 사람들, 파리 시민이나 켈트인들, 농부와 로빈 후드, 구디 블레이크와 해리 길[3] 그리고 거의 모든 나라에서 왕후든 농사꾼이든, 배운 사람이든 무식쟁이든, 모든 사람이 마찬가지로 몸을 따뜻하게 하고 밥을 짓기 위해서는 숲에서 가져온 한 다발의 나무가 필요한 것이다. 나 역시 그것 없이는 살아갈 수가 없다.

사람은 누구나 자기의 장작더미를 일종의 애정을 가지고 바라본다. 나는 장작더미를 창문 밖에 쌓아놓았는데, 장작더미가 높으면 높을수록 나무를 할 때의 즐거운 시간들이 더 잘 회상되었다. 나는 주인 없는 헌 도끼 한 자루를 가지고 있었다. 겨울에는 종종 양지바른 곳에 나가 내가 콩밭에서 캐낸 나무 그루터기에 그 도끼를 휘두르면서 시간을 보냈다. 밭에서 처음 쟁기질을 할 때 소를 몰던 사람이 예언했던 대로 이 그루터기들은 나를 두 번 따뜻하게 해주었다. 즉 한 번은 내가 그것들을 쪼개느라고 도끼질을 할 때였고, 다른 한 번은 그것을 땔감으로 썼을 때였다. 그러고 보니 나무 그루터기만큼 많은 열을 제공하는 땔감이란 흔치 않은 것 같다. 도끼는 마을의 대장간에 가서 날을 갈라는 충고도 있었지

---

3) 구디 블레이크와 해리 길 _ 19세기 영국의 시인 워즈워스의 시에 나오는, 장작 때문에 싸우는 여자와 남자의 이름.

만 나는 대장장이를 제쳐두고 숲에서 잘라온 호두나무로 자루를 박아서 그런대로 쓸 수 있게 만들었다. 날은 좀 무딜지 몰라도 자루는 제대로 박힌 도끼인 것이다.

송진이 잔뜩 들어있는 소나무 토막들은 진정 보물이나 다름없었다. 이런 땔감들이 아직도 땅속에 얼마나 많이 감춰져 있는가를 생각해보는 것은 흥미로운 일이다. 지나간 몇 년 동안 나는 과거에 리기다소나무의 숲이 서 있었으나 지금은 헐벗은 언덕 비탈을 여러 차례 탐사하면서 송진이 잔뜩 박힌 소나무 뿌리들을 캐내곤 했다. 이 뿌리들은 거의 썩지 않은 것들이었다. 적어도 30년 내지 40년이나 된 그루터기들이 속은 말짱한 채로 있었다. 하지만 겉의 백목질白木質은 모두 부식토가 되어있었는데, 그것은 중심에서 4, 5인치 두꺼운 껍질층이 지면과 같은 높이에서 환상環狀을 이루고 있는 것을 보아서도 알 수 있었다. 도끼와 삽으로 이 광산을 파 들어가서는 소의 기름처럼 누런 그 심지 부분을 캐내는데, 그런 때는 마치 금광맥이라도 찾아낸 기분이었다.

나는 대개 마른 나뭇잎으로 불쏘시개를 했다. 이것은 눈이 내리기 전에 숲 속에 들어가 긁어와서는 헛간에다 쌓아놓았던 것들이었다. 나무꾼들은 숲에서 야영을 할 때 가늘게 쪼갠 호두나무를 불쏘시개로 사용한다. 나도 이따금 그것을 쓸 때가 있었다. 지평선 너머에서 마을 사람들이 불을 때고 있을 때면, 나 역시 굴뚝으로 긴 연기를 내보내 월든 골짜기의 여러 야생의 주민들에게 내가 깨어있다는 것을 알렸다.

가벼운 날개 달린 연기여,

날아오르며 자신의 날개를 녹이는
이카로스를 닮은 새여,
노래 없는 종달새여, 새벽의 사자使者여,
마치 마을이 그대의 보금자리인 양 그 위를 떠도는구나.
혹시 떠나가는 꿈인가, 치맛자락을 여미는
한밤의 환심의 어렴풋한 모습인가.
밤에는 별을 가리고, 낮에는
빛을 어둡게 하며 해를 덮는구나.
자, 이제 이 불가에서 위로 솟거라, 나의 향줌이여!
가서 제신諸神들에게 이 밝은 불을 용서하라고 청해다오.

  깃 질라낸 단단한 생나무는 땔감으로 가장 좋았으나 이것을 사용한 적은 거의 없었다. 겨울날의 오후에 산책을 나갈 때 나는 잘 피워놓은 불을 때로는 그대로 남겨놓은 채 집을 나섰다. 서너 시간 후에 돌아와서 보면 불은 여전히 잘 타고 있었다. 내가 나가 있을 때라도 집은 비어 있는 것이 아니었다. 마치 쾌활한 가정부라도 한 사람 고용하고 있는 것 같았다. 나와 불은 한 집 안에 사는 동거인인 셈이었다.
  대체로 나의 가정부는 믿을 만했다. 그러나 하루는 밖에서 장작을 패고 있었는데 집에 혹시 불이 나지 않았나 창문으로 들여다보고 싶은 생각이 들었다. 내 기억에 불 때문에 왠지 불안한 마음이 들었던 단 한 번의 경우였다. 집 안을 들여다보니 불꽃이 침대에 튀어 불이 붙어있었다. 나는 얼른 달려 들어가 손바닥만 한 크기로 타고 있던 불을 껐다. 그러나 나의 집은 양지바르고 바람막이가 잘 되어있는 곳에 위치한 데다 지붕이 낮았으므로 겨울에도 한낮에는 불을 끄고 지낼 수 있었다.

내 지하 저장실에는 두더지들이 집을 짓고, 감자를 3분의 1 정도나 갉아먹고 있었다. 이놈들은 회벽칠할 때 쓰고 남은 털과 갈색 종이로 포근한 잠자리마저 만들어놓았다. 가장 야성적인 동물이라 하더라도 편안함과 따뜻함을 좋아하는 것은 사람과 다를 바 없다. 그것을 얻으려고 충분한 노력을 하기 때문에 그들은 겨울을 살아서 넘기는 것이다. 내 친구들 중 누군가는 내가 얼어 죽을 작정이라도 하고 숲에 들어온 것 같다는 말을 하기도 했다. 동물은 그저 은폐된 곳에 보금자리를 만들어놓고 그것을 체온으로 따뜻하게 만들 뿐이다. 그러나 인간은 불을 발견하였기에 넓은 방에 공기를 가두어두고 그 공기를 덥게 하여 자신의 보금자리를 만든다. 그 안에서 거추장스러운 의복을 걸치지 않고 돌아다닐 수 있어 한겨울에도 여름과 같은 상태를 유지한다. 게다가 창문이라는 수단을 이용하여 빛을 들어오게 하고, 램프를 써서 낮의 길이를 늘이기도 한다. 그리하여 인간은 본능을 한두 단계 뛰어넘어 예술을 위해 얼마간의 시간마저 마련하는 것이다.

밖에서 몹시 차가운 강풍에 장시간 노출되어 온몸이 무감각해졌을 때라도 내 집의 따뜻한 분위기 속으로 들어오면 곧바로 몸의 기능을 되찾고 생명을 연장할 수 있었다. 그러나 가장 호화스러운 집에 사는 사람이라도 이 점에 관해서라면 그리 내세울 것이 없으며, 인류가 결국에는 어떻게 멸망할 것인가에 대하여 구구하게 추측을 늘어놓을 필요가 없다. 왜냐하면 북쪽에서 좀 더 모진 바람이 불어오기만 하면 인간의 목숨의 실은 언제라도 간단히 끊길 것이기 때문이다. 우리는 '그 추웠던 금요일'이니 '대폭설大暴雪의 날'이니 하면서 그런 날을 기준으로 곧잘 날짜를 세어가지만, 조금 더 추운 금요일이나 조금 더 심한 폭설이 내리기만 하면 지구상의 인간의 존재에는 종지부가 찍힐 것이다.

내가 숲을 소유하고 있는 것은 아니므로 다음 해의 겨울에는 나무를 절약하기 위하여 조그만 요리용 스토브를 사용했다. 그러나 그것은 열려 있는 벽난로만큼 불을 잘 유지하지 못했다. 이제 밥을 짓는 것은 더 이상 시적인 작업이 아니고 단순한 화학적인 작업이 되어버렸다. 오늘날같이 스토브를 주로 쓰는 시대에는 과거에 우리가 감자를 구울 때 인디언처럼 재 속에 묻어서 구웠다는 사실은 곧 잊히고 말 것이다. 스토브는 자리를 차지하고 집 안에 냄새를 피우는 데다 불을 볼 수가 없으므로 나는 마치 친한 친구를 잃어버린 것 같은 기분이 들었다.

불을 피우면 그 속에는 항상 어떤 얼굴이 보인다. 노동자는 저녁에 그 불을 바라보며 낮 동안에 쌓인 찌꺼기와 먼지를 자기의 생각으로부터 씻어낸다. 그러나 이제 나는 가만히 앉아 불을 들여다볼 수 없게 되었다. 그러자 어떤 시인이 불에 관하여 읊은 적절한 시구가 새로운 힘을 가지고 내게 되살아났다.

"밝은 불꽃이여! 너의 다정한, 인생을 비추는
친숙한 공감이 내 곁에서 사라지지 않기를 간절히 바란다.
나의 희망 외에 그 무엇이 그처럼 밝게 타올랐으랴?
나의 운運 외에 그 무엇이 그처럼 한밤중에 꺼져갔으랴?

어째서 너는 우리의 노변爐邊과 대청에서 쫓겨났는가?

우리가 모두 그처럼 환영하고 사랑했던 너였거늘.

단조롭기만 한 우리 인생의 평범한 빛으로는

너의 존재가 너무나 환상적이었더냐?

너의 휘황한 빛은 우리 마음속의 영혼과

신비스런 교제를, 너무도 대담한 비밀을 주고받은 것이냐?

이제 우리는 벽난로 옆에 앉아 안전하고 탄탄하지만,

이곳에선 컴컴한 그림자가 흔들리지도 않으며,

신명을 돋우거나 슬픔을 주는 것이 도무지 없으며,

오직 불 하나가 있어 손발을 녹이는 것으로 만족할 뿐이다.

이 난로의 실용적인 자그만 덩치 옆에

현재의 시간은 앉아서 졸 수도 있으리라.

어두운 과거에서 걸어나와 흔들리는 옛 장작불 곁에서

우리와 이야기를 나누었던 유령을

이제는 두려워하지 않아도 좋으리라."

14
전에 살던 사람들
그리고 겨울의 방문객들

여러 차례의 눈보라를 나는 즐거운 마음으로 맞았다. 밖에는 눈이 미친 듯이 휘날리고 올빼미의 울음소리마저 멈춰버렸지만 벽난로 앞에 앉아있는 나에게는 마냥 즐거운 겨울밤이었다. 몇 주일 동안 내가 숲을 산책하는 길에 만난 사람이라고는 이따금씩 숲에 와서 나무를 베어 썰매로 마을까지 실어 나르는 사람들 말고는 아무도 없었다.

그러나 자연은 나를 유인하여 숲 속에 쌓인 깊은 눈 속에 길을 내게 만들었다. 내가 한번 눈을 밟고 지나가면 내 발자국 속으로 떡갈나무 잎들이 바람에 불려 들어가 자리를 잡았으며, 이 잎들은 햇빛을 흡수하여 눈을 녹여서는 걸어다니기에 알맞은 마른자리를 만들었던 것이다. 또 밤에는 이 발자국들이 검은 선처럼 보여 내가 길을 가는 데 안내 역할을 하기도 했다.

사람 만나기가 힘들어진 나는 이제 예전에 이 숲에서 살던 사람들을 머릿속에 떠올려 그들을 교제 대상으로 삼게 되었다. 내 집 근처를 지나는 길을 갈 때 이 숲에 사는 사람들이 웃고 떠드는 소리가 들리고 길옆의 숲 속에 그들의 작은 집과 화단이 여기저기 자리 잡고 있던 때를 기억하는 마을 사람들도 적지 않다. 그 당시에는 길 양옆의 숲은 지금보다 훨씬 더 울창했다고 한다. 내 자신의 기억에도 몇 군데에서는 길 가는 이륜마차를 길 양쪽의 소나무들이 동시에 할퀴는 곳도 있었고, 이 길을 따라 혼자서 링컨 마을까지 가야 했던 여자들이나 아이들은 두려움으로 가득 차 길을 걸었으며 대부분의 거리를 뛰어가다시피 했다.

　이 길은 사람들이 이웃 마을에 가거나 벌목꾼들이 수레를 몰고 다니는 데에나 쓰던 보잘것없는 길이었지만 그 당시에는 여러 가지 다양한 점이 있어 길 가는 나그네는 결코 심심치 않았으며, 따라서 그들의 추억에도 오래 남아있는 것이다. 지금은 굳은 땅으로 된 넓은 밭이 마을에서 숲까지 뻗쳐 있지만 그때는 단풍나무들이 자라는 늪지대를 가로질러 통나무를 깐 길이 나 있었다. 스트래튼 농장(지금의 구빈원 농장)에서 브리스터 언덕에 이르는 먼지 많은 큰길 밑에는 지금도 분명 그 통나무 길의 흔적이 남아있을 것이다.

　내 콩밭의 동쪽 편으로 길 너머에는 카토 잉그램이라는 사람이 살았다. 그는 콩코드 마을의 유지였던 던컨 잉그램 씨의 노예였는데 주인은 그를 위해 월든 숲 속에 집 한 채를 지어주고 거기서 살도록 했다. 고대 로마 시대에 유명했던 우티카의 카토와 이름이 같은 이 콩코드의 카토는 어떤 사람의 얘기에 의하면 서아프리카의 기니에서 잡혀온 흑인 노예였다고 한다.

　호두나무 숲 가운데에 있던 그의 작은 밭을 기억하고 있는 사람이 아직도 몇 사람은 있다. 카토는 그 호두나무들을 길러 늙었을 때의 생계

수단으로 삼을 생각이었다고 한다. 그러나 그 호두나무 숲은 결국에는 좀 더 젊고 피부가 하얀 투기꾼의 손으로 넘어가 버렸다. 하지만 이 사람 역시 지금은 카토나 마찬가지로 한 조각의 작은 땅을 차지하고 잠들어 있다. 카토의 지하 저장실은 반쯤 땅속에 묻힌 채로 지금도 남아있는데, 소나무 몇 그루에 가려져 길에서는 보이지 않기 때문에 그것을 아는 사람은 거의 없다. 이제 그것은 매끄러운 옻나무 덩굴로 뒤덮여 있으며 가장 일찍 꽃이 피는 종류의 미역취가 무성하게 자라고 있다.

카토의 집에서 조금 더 마을에 가까운 쪽인 내 콩밭의 한쪽 구석에 질파라는 흑인 여자의 작은 집이 서 있었다. 그녀는 리넨을 짜서 마을 사람들에게 팔아 생활을 했는데, 크고 특이한 목소리를 가지고 있었기 때문에 노래를 하면 숲이 쩡쩡 울리곤 했다. 1812년의 영국과의 전쟁 때 그녀가 집을 비운 사이에, 가석방되어 풀려난 영국인 전쟁 포로들이 그녀의 집에 불을 질러 고양이와 개와 닭들을 죄다 태워 죽이고 말았다.

그녀는 비인간적이라고 할 만큼 어려운 생활을 꾸려나갔다. 그 당시 숲에 자주 드나들던 어떤 사람의 얘기에 의하면 하루는 그 집 옆을 지나는데 팔팔 끓는 냄비를 보면서 그녀가 "모두 뼈뿐이군, 뼈뿐이야!" 하고 중얼거리는 소리를 들었다는 것이다. 떡갈나무의 작은 숲 속에 있던 그녀의 집터에는 이제 벽돌만 몇 개 남아있다.

길을 더 내려가서 오른편에 위치한 브리스터 언덕 위에는 브리스터 프리맨이라는 사람이 살았다. 그는 지방 유지였던 커밍스 씨의 노예였다가 자유의 몸이 된 사람으로 '손재주 좋은 흑인'으로 알려져 있었다. 그곳에는 브리스터가 심어서 가꾸던 사과나무들이 이제는 커다란 늙은 나무들이 되어 아직도 서 있는데 사과 맛은 야생사과에 가까운 신맛이었다. 얼마 전에 링컨 마을의 오래된 공동묘지에 갔다가 브리스터의 묘비명을 읽은 일이 있다. 콩코드 전투에서 후퇴하다가 전사한 영국의 척탄병들이 묻혀 있는 무명의 묘에 가깝게 묘지 한구석에 자리 잡은 그의 묘비명에는 '시피오 브리스터, 유색인有色人'이라고 새겨져 있었다. 그를 '스키피오 아프리카누스'[1]라고 부를 만한 이유가 있었겠지만 굳이 '유색인'이라고 한 것은 이제 그가 죽어서 색깔이라도 빠졌다는 뜻일까? 또 이 묘비명은 그가 죽은 날짜를 강조해서 기록하고 있지만 이는 그가 한때는 살아 숨 쉬는 사람이었다는 것을 간접적으로 말해줄 뿐이었다. 브리스터는 펜다라는 이름을 가진 상냥한 성품의 아내와 함께 살았다. 그녀는 사람들의 점을 쳐주었지만 그들의 기분을 언짢게 하는 적은 없었다. 그녀는 몸집이 크고 통통했으며, 피부는 어떤 밤의 아이들보다 더 까맸다. 그처럼 검은 달은 그전에도 그 후에도 콩코드의 하늘에 뜬 적이 없었다.

브리스터 언덕을 더 내려가서 숲 속의 옛 도로 왼쪽에 보면 스트래튼 일가의 농장의 흔적이 일부 남아있다. 그들의 과수원은 한때는 브리스터 언덕의 모든 비탈을 덮고 있었으나 오래전에 리기다소나무들에게 압도되어 이제는 약간의 그루터기만이 남아있을 뿐이다. 그러나 마을에 무성하게 자라는 수많은 나무들의 접목용 대목臺木은 아직도 이 그루터

---

1) 스키피오 아프리카누스 _ 기원전 2세기경의 로마의 장군. 북아프리카의 카르타고를 멸망시켰기 때문에 '아프리카누스'라는 이름이 붙었다.

기들의 늙은 뿌리에서 잘라온다.

조금 더 마을 가까이로 가서 길 건너편 숲 언저리에 브리드의 오두막 집이 서 있던 집터가 있다. 이곳은 옛 신화에도 그 이름이 분명히 나와 있지 않은 어떤 마귀의 장난으로 유명한 곳이다. 이 마귀는 이곳 뉴잉글랜드의 생활에서도 놀랍고도 두드러진 역할을 해왔기 때문에 신화에 나오는 어떤 인물에 못지않게 그의 내력은 기록해 둘 만한 가치가 있다. 이 자는 처음에는 친구나 일꾼으로 위장하고 와서는 그 집 식구 전부를 약탈하고 살해한다. 이 마귀의 이름은 다름 아닌 '뉴잉글랜드 럼주'이다.

그러나 이 집에서 술 때문에 빚어진 비극을 자세하게 기록할 단계는 아직 아닌 것 같다. 좀 더 시간이 흐르도록 해서 그 비극이 완화되고 하늘색을 띠도록 내버려두자. 전해 내려오는 이야기에 따르면 이곳에 한때 수막이 서 있었다고 하는데, 지극히 불확실하고 미심쩍은 이야기다. 우물은 그대로 있는데 그 물로 나그네는 술을 희석하기도 하고 말의 기운을 복돋아주기도 했다고 한다. 사람들은 이곳에서 서로 인사를 나누고 소식을 주고받았으며 그런 다음 자기의 갈 길을 갔다는 것이다.

브리드의 오두막집은 오랫동안 사는 사람이 없지만 10여 년 전까지만 해도 서 있었다. 그 집은 내 집만 한 크기였다. 내 기억이 틀림없다면 마을의 개구쟁이들이 그 집에 불을 지른 것은 어느 선거일 밤이었다. 나는 그 당시 마을의 변두리에 살고 있었는데 영국의 시인 대버난트의 작품인 《곤디버트》를 읽는 데 몰두해 있던 참이었다. 그해 겨울 나는 일종의 무기력증으로 시달리고 있었다. 그런데 이것이 어떤 유전에 의한 병인지(왜냐하면 나의 숙부는 면도를 하다가 잠이 들기도 하고 안식일을 깨서서 지키기 위해 일요일에 지하실로 감자의 눈을 따러 내려가기도 했으니 말이다.) 또는 차머스의 《영시선집》을 빼놓지 않고 읽으려는 내 욕심의 결과인지 알 수 없었다. 그 병 때문에 나는 거의 꼼짝을 않고 있었다.

내가 책에 얼굴을 박고 있는데 불이 난 것을 알리는 종소리가 울렸다. 소방차가 그쪽으로 급히 달려갔으며 그 앞을 이미 한 떼의 어른들과 아이들이 무질서하게 달리고 있었다. 나는 개천을 뛰어넘어 지름길로 갔기 때문에 선두 그룹에 낄 수 있었다. 우리는 불이 난 위치가 숲 너머 훨씬 남쪽일 거라고 생각했다. 불이라면 우리는 단골손님이었다. 창고든 상점이든 가정집이든, 아니면 이 모든 것이 함께 탄든 우리는 개의치 않았다. "베이커 농장의 창고다." 하고 누군가가 소리쳤다. "카드맨 씨 집이 틀림없어." 하고 다른 사람이 단정하듯 말했다.

바로 그때 지붕이 내려앉기라도 하듯 새로운 불길이 숲 위로 솟아올랐다. "콩코드 시민들이여, 불 끄러 갑시다!" 하고 모두들 소리쳤다. 마차들이 부서질 듯이 사람들을 가득 싣고 무서운 속도로 지나갔다. 그중에는 아마 아무리 먼 곳이라도 현장에 가보아야 하는 보험회사 대리인도 타고 있었을 것이다. 그 뒤를 이따금 종을 울리면서 천천히 그리고 침착하게 소방차가 달려갔다. 그리고 맨 뒤에는(사람들이 나중에 쑤군거린 이야기에 따르면) 자기들이 불을 질러놓고는 불난 소식을 마을에 알린 녀석들이 쫓아갔다고 한다.

그리하여 우리는 참다운 이상주의자들처럼 감각의 증언을 무시한 채 계속 달렸다. 길모퉁이를 돌자 불꽃이 탁탁 튀는 소리가 들리면서 담 너머로 불의 열기를 실제로 우리 몸에 느낄 수 있었다. 아, 드디어 현장에 도착했구나 하는 생각이 들었다. 불타는 현장에 아주 가까이 있었지만 우리들의 열의는 식지 않았다. 처음에 우리는 개구리 연못의 물을 통째로 퍼부으려고 했다. 그러나 불길을 잡기에는 이미 늦은 데다 집의 가치도 대단치 않기 때문에 그냥 타도록 내버려두기로 했다.

밀치락달치락할 정도로 소방차 주변에 빽빽이 모여 선 우리는 손나팔로 우리의 느낌을 외치기도 하고 또 나지막한 목소리로 배스콤 상점의 화재를 포함하여 세계가 목격한 큰 화재에 대한 이야기를 주고받기도 했다. 그리고 소방차가 조금만 더 일찍 도착하고 근처의 개구리 연못에 물이 가득했더라면 이번 화재를 또 하나의 홍수로 바꾸어놓을 수도 있었을 것이라는 우리들만의 생각을 쑤군거렸다. 마침내 우리는 아무런 나쁜 짓도 저지르지 않고 현장을 물러나 각자의 잠자리로 또는 《곤니버트》로 되놀아갔다. 《곤디버트》에 대해 한마디 하자면, "기지機智는 영혼의 화약" 운운하는 서문의 글에서 "인류의 대부분은 기지와는 무관한 사람들이다. 마치 인디언들이 화약과는 무관한 것처럼"이라는 구절은 인용할 만한 가치가 있다고 하겠다.

우연히도 그다음 날 저녁 거의 같은 시간에 들판을 지나 산책을 하다가 불에 타버린 브리드의 집 근처를 지나게 되었다. 그곳에서 낮은 신음 소리가 나는 것을 듣고 어둠 속에 다가가보니, 브리드 집안사람 중 유일하게 생존해 있는 그 집 아들이 배를 땅에 깔고 엎드려서는 지하실 벽 너머 저 밑에서 아직도 타고 있는 불의 잔재를 바라보면서 늘 하는 버릇대로 혼자 무어라고 중얼거리고 있는 것이었다. 브리드 집안의 장점과 단점을 모두 물려받은 그는 이번 화재와 이해관계가 있는 유일한 사람이라고 할 수 있었다. 그는 하루 종일 꽤 멀리에 있는 강변의 풀밭에서 일하고 있었는데 자유 시간을 얻자마자 자기 조상들의 집이며 자기가 어린 시절을 보낸 옛집을 찾아온 것이었다.

그는 몸을 움직여가며 사방 여러 각도에서, 그러나 한결같이 바짝 엎드린 자세로 그 지하실을 들여다보고 있었다. 마치 그의 기억에는 돌들 사이에 어떤 보물이 감추어져 있기라도 한 것 같은 모습이었으나 거기에는 벽돌과 잿더미 외에는 아무것도 없었다. 집이 타버리고 없으니 그곳에 남아있는 것이라도 바라보고 있을 수밖에 없었으리라. 그는 내가 거기에 머물러 있음으로써 암시된 동정심에 위안을 받은 듯했으며 어두워서 잘 보이지는 않지만 우물이 가려져 있는 위치를 나에게 가르쳐주었다.

다행히도 우물이라는 것은 결코 불에 탈 수가 없는 것이다. 그는 벽을 더듬어 그의 부친이 나무를 잘라서 만들어놓은 지레식 우물의 지주支柱를 찾아냈다. 그리고 무거운 쪽 끝에 무겟돌을 연결시켜놓은 쇠갈고리를 더듬어 찾아내서는(이 쇠갈고리야말로 이제 그가 매달릴 수 있는 유일한 것이었는데) 그것이 보통의 갈고리가 아니라는 것을 나에게 납득시키려고 했다. 나는 그것을 만져보았다. 지금도 거의 매일 나가는 산보 도중에 그 집터 옆을 지날 때는 그 쇠갈고리를 유심히 바라보곤 한다. 왜냐하면 그것에는 한 집안의 역사가 담겨 있기 때문이다.

거기서 조금 더 가다 왼쪽으로 브리드 집터의 우물과 그 담 옆의 라일락 관목이 보이는 공터에는 예전에 너팅이란 사람과 르 그로스라는 사람의 집이 있었다. 그러면 이제 링컨 마을 쪽으로 돌아가 보자.

앞에 열거한 여러 집들 중 그 어떤 집보다도 숲 속 깊은 곳에, 그리고 길이 호수에 가장 가깝게 지나는 곳에 와이맨이라는 옹기장이가 살았다. 그는 도기 그릇을 만들어 마을 사람들에게 팔았고 자식들에게도 그 직업을 물려주었다. 그들은 물질적으로 풍족하지 못했으며 거주하는 땅도 소유주의 묵인 하에 이용하고 있었다. 간혹 세무 관리가 세금을 걷으러 왔으나 허탕을 치고 갔다. 차압할 만한 것이 아무것도 없었으므로 그는 형식적으로나마 '딱지를 붙였다.'고 세무 보고서에 써넣은 것을 내가 나중에 읽은 적이 있다.

한여름의 어느 날 내가 김을 매고 있노라니 도기 그릇을 수레에 가득 싣고 가던 어떤 사람이 내 밭 옆에 말을 세우고는 젊은 와이맨의 안부를 묻는 것이었다. 그 사람은 오래전에 와이맨으로부터 도기 제조용의 녹로를 샀는데 지금은 그가 어떻게 되었는지 궁금한 모양이었다. 나는 성서에서 도공의 섬토와 녹보에 대해서 읽은 적이 있었다. 그러나 집에서 쓰는 도기 그릇들이 성서 시대부터 대물림해서 내려왔든가 혹은 박처럼 무슨 나무에 열리는 것으로 막연하게 생각하고 있었으며 그렇지 않을 수도 있다는 생각은 한 번도 하지 않았다. 나는 한때나마 우리 마을 근처에서 이런 도기 제조를 생업으로 삼은 사람들이 있었다는 것을 알고 기쁜 마음이 들었다.

나에 앞서 이 숲에 마지막으로 거주한 사람은 아일랜드 사람인 휴 코일이었다. 와이맨의 집을 차지하고 살았던 그를 사람들은 '코일 대령'이라고 불렀다. 소문에 의할 것 같으면 그는 워털루 전투에 군인으로 참전했다는 것이었다. 만약 그가 아직도 살아있다면 그가 참가한 여러 전투 이야기를 해달라고 해서 들을 수 있었을 것이다. 그가 이곳에서 가진 직업은 도랑 파는 일이었다. 나폴레옹은 세인트헬레나 섬으로 쫓겨가고 코일은 월든 숲으로 온 것이다.

내가 그에 대해 알고 있는 것은 모조리 비극적인 것이었다. 그는 세상 경험이 많은 사람답게 예의가 발랐고, 조금 지나치다고 할 정도의 점잖은 언사를 구사할 수도 있었다. 그는 알코올중독에 의한 섬망증譫妄症에 걸려 있었기 때문에 한여름에도 외투를 입고 다녔으며 얼굴은 짙은 붉은색이었다. 그는 내가 숲에 들어온 지 얼마 안 되어 브리스터 언덕 기슭의 길가에서 죽었다. 그래서 이웃으로서의 그에 대한 기억은 별로 없는 편이다.

그를 아는 사람들이 흉가라고 부르며 피하던 그의 집이 헐리기 전에 나는 거기에 가본 일이 있다. 나무 침대 위에는 그의 헌 옷이 마치 그를 대신이라도 하는 것처럼 구겨진 채 놓여 있었다. 성서에서 얘기하듯 주발이 샘가에 깨져 있는 대신 그의 파이프가 벽난로 위에 깨진 채 놓여 있었다. 샘가에 깨져 있는 주발이 그의 죽음의 상징이 될 수는 없었으리라. 왜냐하면 그는 브리스터 샘에 대해 들은 적은 있어도 가본 적은 한 번도 없다고 내게 말했으니 말이다. 마룻바닥에는 다이아몬드와 스페이드와 하트의 킹 등 때 묻은 카드들이 흩어져 있었다.

옆방에는 사후 처리인도 잡을 수 없었던 닭 한 마리가 밤을 나기 위하여 들어와 있었다. 야밤처럼 검은 이 닭은 꼬꼬거리지도 않고 아주 조용히 있었는데 마치 우화 속의 여우라도 기다리는 것 같았다. 집 뒤에는 윤곽이 분명치 않은 채소밭이 하나 있었다. 씨는 뿌려놓았지만 무섭게 떠는 수전증 때문에 집주인은 수확기가 되도록 단 한 번도 김을 맨 적이 없었던 것이 분명했다. 채소밭은 로마쑥과 도깨비바늘풀로 뒤덮여 있었는데 도깨비바늘풀의 씨가 내 옷에 잔뜩 달라붙었다. 집 뒷벽에는 그의 마지막 전투의 전리품인 우드척의 가죽이 펼쳐져 있었다. 그러나 그는 이제 털모자나 벙어리장갑이 필요 없게 되었다.

이들 버려진 집터에는 이제 땅이 파인 자국만이 남아서, 흙 속에 묻혀버린 지하 저장실과 더불어 그곳에 한때 집이 있었음을 표시해주고 있다. 이들 집터의 양지바른 풀밭에는 딸기, 나무딸기, 골무딸기, 개암나무의 관목과 옻나무가 자라고 있다. 굴뚝이 있던 구석에는 리기다소나무나 옹이투성이의 떡갈나무가 자리를 잡고 있으며, 문간의 섬돌이 있던 곳에는 향기로운 검정자작나무가 바람에 흔들리고 있다.

샘물이 흘러나오던 곳에서는 때때로 우물의 흔적이 보이기도 하는데, 이제 거기에는 메마르고 눈물 없는 풀들이 자라고 있을 뿐이다. 그렇지 않으면 집안의 마지막 사람들이 떠나갈 때 훗날에야 발견이 되도록 우물 위에 편평한 돌을 덮고 그 위에 뗏장을 씌워서 깊숙이 감춰놓은 곳도 있다. 우물을 덮는다는 것, 세상에 그처럼 슬픈 행위가 또 있을까? 우물을 덮을 때 아마 그 집 사람들의 눈에서는 눈물의 샘이 터졌으리라.

이 버려진 여우 굴 같은 지하 저장실의 흔적만 남아있는 곳에 한때는 사람들이 시끌벅적하게 떠들며 바쁘게 생활을 했을 것이다. 그리고 이 집안사람들은 '운명'과 '자유의지'와 '절대적인 선견지명'[2]이라는 주제 하나하나에 대하여 어떤 형태로든지 또 어떤 방언으로든지 서로 이야

---

[2] 밀턴의 《실낙원》.

기를 주고받았을 것이다. 그러나 그들이 내린 결론에 대하여 내가 알 수 있는 것은 단지 "카토와 브리스터는 속였다."는 것뿐이다. 그러나 그것은 좀 더 유명한 철학 사상만큼이나 가르쳐주는 바가 크다.

문과 문지방과 상방上枋이 모두 없어지고 나서 한 세대가 지난 후에도 라일락은 활기차게 자라나 봄마다 향기로운 꽃을 피우며, 생각에 잠긴 나그네의 손은 무심히 그것을 꺾고 있다. 라일락은 그 집 아이들이 집 앞의 빈터에 직접 심어서 가꾼 것인데 이제는 외진 풀밭에 덩그렇게 남은 벽 옆에 서 있는 모습이 되었고, 무성하게 자라난 어린나무들에게 자리를 계속 양보하고 있었다. 그 나무는 마지막으로 남은 이 집안의 유일한 생존자인 것이다.

햇빛에 까무잡잡하게 탄 그 집 아이들은 자기들이 집 앞 그늘진 곳에 심어서 매일 물을 준, 눈이 둘밖에 안 달린 라일락의 어린 가지가 강인하게 뿌리를 뻗어서는 자신들과 그늘을 제공한 집과 그 옆의 화단과 과수원보다 더 오래 살아남으리라는 것을 알지 못했을 것이다. 그리고 그 아이들은 자신들이 성장하여 죽은 후 반세기가 지난 다음에도 그 나무가 첫 번째 봄에 못지않게 아름다운 꽃을 피우고 달콤한 향기를 풍기며, 어떤 외로운 방랑자에게 자신들의 이야기를 어렴풋이 들려주리라는 것을 결코 알지 못했을 것이다. 나는 부드럽고 점잖으면서도 명랑한 라일락 꽃의 색깔에 다시 한 번 눈길을 준다.

그런데 콩코드 마을은 그 터전을 굳건히 지키고 있는 데 반해 그 이상의 무엇으로 자라날 소지를 가지고 있던 이 작은 마을은 어찌하여 종말을 맞고 말았을까? 그곳에는 자연이 주는 이점, 특히 물의 이점이 있지 않았던가? 그렇다. 저 깊은 월든 호수와 저 차가운 브리스터의 샘가에서 건강에 좋은 물을 실컷 마실 수 있는 특전을 이 사람들은 최대한으로 활용하지 못하고 기껏 자신들의 술잔을 희석시키는 데나 이용했던 것이다. 그들은 한결같이 술을 너무 좋아했다.

바구니 짜기, 빗자루 만들기, 옥수수 볶기, 리넨 짜기 그리고 도기 제조업 등이 이곳에서 번창하여 이 황야를 장미꽃처럼 활짝 피게 하며, 수많은 자손들이 그들 조상의 땅을 물려받도록 할 수는 없었던 것인가? 땅이 척박하기 때문에 최소한 저지대低地帶에서와 같은 타락이 이곳에서는 발을 붙이지 못했을 것이다. 안타까운 것은 예전에 여기 살던 사람들을 회상하는 일이 이 아름다운 경치에 아무런 보탬이 되지 못한다는 것이다. 아마 자연은 나를 최초의 입주자로, 그리고 지난봄에 세운 나의 집을 최초의 집으로 해서 새로운 작은 마을을 건설하려고 시도하는 것이 아닌지 모르겠다.

내 집이 차지하고 있는 땅에 과거 어느 때에라도 집이 세워진 적이 있는지 여부를 나는 알지 못한다. 그러나 고대의 도시 자리에 다시 세워진 도시에서는 결코 살고 싶지 않다. 그곳에서는 건축 자재란 폐허에서 뜯어오는 것일 터이며 정원은 묘지 자리일 테니까 말이다. 그런 곳은 하얗게 바랜 저주받은 땅이며, 그러한 일이 불가피해지기 전에 지구는 멸망할 것이다. 과거를 회상하면서 나는 다시 숲에 사람들이 들어와 살게 했고 그렇게 나 자신을 달래는 가운데 꿈나라로 빠져들어 갔다.

한겨울에는 찾아오는 사람이 거의 없었다. 눈이 많이 쌓였을 때는 한

두 주일 내내 그 누구도 내 집 근처까지 발걸음을 옮기는 사람이 없었다. 그러나 나는 그곳에서 풀밭의 생쥐처럼 포근하게 살았다. 또는 눈보라에 파묻혀 먹을 것이 없이도 오랫동안 견뎠다는 어느 사람의 소와 닭들처럼 살았다고도 할 수 있겠다. 아니면 서튼 마을의 초기 개척자 가족처럼 살았다고도 할 수도 있으리라. 1717년 큰 눈이 내렸을 때 그 집의 가장은 마침 집을 비우고 있었고 오두막집은 완전히 눈으로 덮여버렸는데, 굴뚝에서 나오는 연기로 인해 생긴 구멍을 보고 어떤 인디언이 가서 그 가족을 구해냈다고 하지 않던가! 그러나 나를 위해서 걱정해주는 친절한 인디언은 없었으며 그럴 필요도 없었던 것이, 이 집의 주인은 항상 집에 있었기 때문이다.

큰 눈. 이 얼마나 유쾌한 말인가! 그때는 농부들이 말을 끌고 숲이나 늪에 갈 수 없으므로 부득이 자기 집 앞의 그늘나무를 베어서 쓰거나, 눈의 표면이 단단해지면 늪의 나무들을 잘라와야 하는데 이듬해 봄 지면이 드러난 후에 보면 지면으로부터 10피트의 높이에서 자른 모습이 된다.

눈이 많이 쌓였을 때 큰길에서 내 집에 이르는 반 마일 정도의 길은 나 자신의 발자국 때문에 사이가 좀 넓은 점들이 무수히 박힌 구불구불한 선으로 표현될 수도 있었을 것이다. 평온한 날씨가 계속되던 어느 일주일 동안 나는 일부러 눈 위에 맨 처음 난 나 자신의 발자국을 그대로 밟아가며 이 길을 오가곤 했다. 컴퍼스와 같은 정확성을 가지고, 똑같은 걸음 수와 보폭으로.(겨울은 사람들로 하여금 이런 단조로운 동작을 반복하게 만든다.) 이 발자국들에는 하늘의 푸른색이 반영되어 가득 비치는 일이 자주 있었다.

어떠한 험한 날씨도 나의 산책을 결정적으로 막지는 못했다. '산책'이라기보다는 '나들이'라고 하는 게 낫겠는데, 나는 어느 너도밤나무나 노랑자작나무 또는 예전부터 잘 알고 지내는 어떤 소나무와의 약속을 지키기 위해 깊은 눈 속을 헤치며 8마일이나 10마일을 걸은 적도 여러 번 있었다. 이런 날에는 얼음과 눈의 무게 때문에 나뭇가지들이 축 늘어지고 그 꼭대기는 날카로운 모습이 되어 소나무가 전나무처럼 보인다. 거의 2피트 깊이로 쌓인 눈을 헤치며 높은 언덕의 꼭대기를 오르노라면 발걸음을 옮길 때마다 머리 위로 쏟아지는 눈보라를 털어내야 했다. 어떤 때는 손과 무릎으로 기어오르다가 눈 속에 나뒹굴기도 했다. 그런 날은 사냥꾼들도 집에 틀어박혀 나올 생각을 하지 않았다.

어느 날 오후에는 줄무늬올빼미 한 마리가 아직 대낮인데도 백송나무 아래쪽 죽은 가지 위에 앉아있는 것을 지켜보며 재미있는 시간을 보내기도 했다. 나는 그때 5미터 내의 가까운 거리에 서 있었다. 내가 발로 눈을 밟아 뽀드득 소리를 내면 올빼미는 그 소리를 듣기는 하지만 나를 보지는 못하는 것이 분명했다. 내가 조금 더 큰 소리를 내자 그는 목을 내뽑으며 털을 곤두세우고는 눈을 크게 떴다. 그러나 곧 눈꺼풀을 내리고 졸기 시작했다.

그가 고양이처럼(올빼미는 고양이의 날개 달린 사촌이라고 할 수 있으리라.) 눈을 반쯤 감고 앉아있는 모습을 한 30분 지켜보고 있노라니 나 자신도 졸음이 왔다. 올빼미는 실눈을 뜨고 있어 나와의 관계를 완전히 차단치 않고 있었다. 그는 이처럼 반쯤 감긴 눈으로 꿈나라에서 밖을 쳐다보면서 그의 환상을 방해하고 있는 희미한 물체인(어쩌면 눈의 티 같기도 한)

나의 정체를 밝히려고 애쓰고 있었다. 내가 좀 더 큰 소리를 내거나 앞으로 더 가까이 가면 그는 불안한 모습을 보이며 앉은 자리에서 천천히 몸을 뒤척였다. 마치 꿈을 꾸는 데 방해받는 것이 싫다는 듯했다.

마침내 올빼미는 몸을 날려 소나무들 사이로 날아올랐다. 그 활짝 편 날개의 넓이는 예상을 초월하는 것이었고 날개 치는 동작에서는 아무런 소리를 들을 수 없었다. 보이지 않는 시력 대신 미묘한 감각의 인도를 받으며, 그 예민한 날개로 황혼의 길을 더듬어 올빼미는 소나무 가지에 새로이 앉을 자리를 찾아냈다. 그곳에서 그는 어느 누구로부터도 방해를 받지 않고 자신의 날이 밝아오기를 기다리려는 것이었다.

넓은 풀밭을 가로질러 뻗어있는 철로 옆의 긴 둑길을 걸어서 마을에 가노라면 살을 에는 듯한 찬바람을 만나기가 일쑤였다. 이곳에는 바람을 막아줄 것이라고는 전혀 없기 때문이다. 냉기가 내 한쪽 뺨을 때리면 나는 기독교 신자는 아니지만 다른 쪽 뺨도 내밀었다. 그러나 브리스터 언덕 옆으로 난 마찻길로 가더라도 사정은 별로 나아지지 않았다. 넓은 들판의 눈이 월든 길의 담 사이에 죄다 쌓이고 앞에 지나간 사람의 발자국이 반 시간 만에 지워지는 그런 날에도 나는 우호적인 인디언처럼 마을로 내려갔다.

돌아오는 길에는 북서풍이 길가의 모서리 진 곳에 가루눈을 휘몰아쳐 놓아 새로운 눈 더미들이 생겨나 있었으므로 그것을 헤치면서 앞으로 나가려면 애깨나 먹는 것이었다. 사방 어디를 둘러보아도 산토끼의 발자국이나 조금 더 작은 활자로 나 있는 들쥐의 발자국도 찾아볼 수가 없었다. 그러나 한겨울에도 따뜻한 샘물이 나오는 늪 한쪽에는 앉은부

채나 그 밖의 다른 풀들이 파릇파릇하게 자라는 것을 거의 언제나 볼 수 있었다. 어떤 때는 그 풀들 옆에 강인한 새 한 마리가 봄이 오기를 기다리는 모습을 보는 적도 있었다.

눈이 온 날, 때로 외출을 나갔다가 저녁때 집에 돌아오노라면 내 집 문 앞에서부터 시작된 나무꾼의 깊은 발자국을 만나는 적이 있다. 집 안에 들어가 보면 벽난로 옆에는 그가 나무로 깎아 무엇을 만들다 생긴 부스러기가 수북이 쌓여 있고 집 안이 그의 파이프 담배 냄새로 가득 찬 것을 발견한다.

어느 일요일 오후에 마침 집에 있노라니 두뇌가 명석한 농부 한 사람이 눈을 밟으며 찾아오는 소리가 들렸다. 그는 멀리서 숲을 지나 사교적인 잡담을 하기 위해 내 집을 찾아온 것인데 농부들 중에서는 드물게 '자립적인 위치'에 있는 사람이었다. 교수의 가운 대신 노동복을 입은 그는 뒷마당에서 한 짐의 퇴비를 끌어내는 데 능숙할 뿐만 아니라 교회나 국가에서 교훈을 끌어내는 데도 능숙하였다. 우리들은 추워서 정신이 번쩍 드는 날씨에 사람들이 밖에 큰 불을 피워놓고 맑은 정신으로 둘러앉아 있던 더 소박하고 단순했던 시절에 대해 이야기했다. 다과가 떨어지면 우리는 영리한 다람쥐들이 오래전에 포기한 호두를 여러 개 깨물어 보았다. 그러나 껍데기가 두꺼운 호두는 대개 속이 비어있는 법이었다.

가장 험한 눈보라를 무릅쓰고 가장 멀리서 내 집을 찾아온 사람은 한 시인[3]이었다. 이런 날에는 농부, 사냥꾼, 군인, 신문기자, 심지어는 철학

---

3) 친구인 월리엄 채닝을 가리킨다.

자마저 몸을 사리려들겠지만 시인을 막을 수 있는 것은 아무것도 없다. 왜냐하면 그의 행동의 동기는 순수한 사랑이기 때문이다. 그가 오고 가는 것을 누가 예측할 수 있겠는가? 시인은 그 고유한 업무 때문에 종잡을 수 없는 시간에 밖으로 불려나가며 심지어는 의사들이 잠을 자는 시간에도 그러한 것이다.

우리는 이 작은 집을 떠들썩한 웃음소리로 쩡쩡 울리게 하기도 하고 장시간의 진지한 이야기로 집 안을 가득 차게 해서 월든 골짜기에 깃들여온 오랜 침묵에 대한 보상을 했다. 내 집의 분위기에 비하면 브로드웨이 거리는 차라리 조용하고 적적하다고 할 수 있었으리라. 적당한 간격을 두고 규칙적으로 우리는 웃음의 예포를 터뜨렸는데 그 웃음이 바로 전에 한 농담에 대한 것이든 또는 앞으로 나올 농담에 대한 것이든 상관이 없었다. 우리는 묽은 죽 한 그릇을 나누어 먹으면서 인생에 대한 '아주 새로운' 이론을 수없이 만들어냈다. 죽을 나누어 먹는 행위는 우정 어린 분위기와 더불어 철학이 요구하는 맑은 정신을 제공한다는 두 가지 장점을 겸비하고 있다.

내가 호숫가에서 보낸 마지막 겨울에 또 한 사람의 반가운 방문객[4]이 있었던 것을 잊어서는 안 되겠다. 그는 마을을 지나 눈과 비와 어둠을 무릅쓰고 나무들 사이에 비치는 내 집의 등불을 볼 때까지 숲을 걸어와

---

4) 소로우가 극찬한 방문객의 이름은 애모스 브론슨 올컷(1799~1888)으로서 초절론자超絶論者인 동시에 교육과 사회의 혁신 운동가였다. 《작은 아씨들》을 쓴 루이자 메이 올컷은 그의 딸이다.

서는 긴긴 겨울 저녁을 여러 번 나와 함께 보내곤 했다.

그는 마지막 남은 철학자 중의 한 사람이며, 그의 출생지인 코네티컷 주가 이 세상에 보낸 선물과도 같은 인물이었다. 사실 그의 말에 의하면 처음에 그는 코네티컷 주의 생산품을 다른 주에 파는 사업을 했고, 다음에는 자신의 두뇌를 파는 사업을 해왔다고 한다. 지금도 그는 신을 자극하고 인간에게 수치심을 느끼게 하며 이 사업을 계속하고 있지만 그 결실로 자신의 두뇌만을 맺고 있을 뿐이다. 마치 호두가 그 속 알맹이를 자신의 결실로 맺듯 말이다.

나는 그가 이 세상에 사는 사람들 중 가장 굳은 신념을 갖고 있는 사람이 아닌가 생각한다. 그의 말과 태도는 다른 사람이 알고 있는 것보다 더 나은 사태를 항상 가정하고 있다. 그는 세상 사태가 돌아가는 것 때문에 실망하는 일이 결코 없다. 그의 관심은 지금 당장의 현재에 있지 않다. 지금 그는 비교적 무시되고 있으나 그의 때가 오면 사람들이 현재 생각지도 못하는 법령들이 제정되어 실시될 것이며, 집안의 가장들과 국가의 지도자들이 그에게 와서 조언을 구할 것이다.

"평온을 보지 못하는 자는 눈이 멀었나니."

그는 인간의 진실한 친구이며, 인간 발전의 거의 유일한 친구이기도 하다. 그는 낡은 비석을 손보며 닦아주고 다니던 옛 소설에 나오는 사람과도 같다. 왜냐하면 그 역시 인간의 몸에 새겨진 신의 마모된 영상을 불굴의 신념과 끈기를 가지고 꾸준히 닦아왔기 때문이다. 그는 친절한 지성으로 아이들과 거지, 미친 사람과 학자 들을 포용하며, 모든 사상을 받아들이고 거기에 폭과 정확성을 덧붙인다. 나는 그가 세계의 큰길에 모든 나라의 철학자들이 머물 수 있는 큰 여관을 경영했으면 하고 바라고 있다. 입구의 간판에는 "인간을 환영함. 단 짐승 동반은 사절. 여유 있는 평온한 마음으로 바른길을 진지하게 찾는 사람들은 들어오시오." 라고 쓰는 것이 좋을 것이다.

그는 내가 아는 사람 중 가장 온전한 정신을 가지고 있으며, 가장 변덕이 적은 사람일 것이다. 어제나 오늘이나 그는 한결같으며 내일도 그러할 것이다. 그와 함께 거닐면서 이야기를 나누다 보면 속세를 완전히 벗어난 기분이 들 때가 많았다. 왜냐하면 그는 어떤 제도에도 구속받지 않는 자유인이었기 때문이다. 우리가 어느 쪽으로 걸음을 옮기든 하늘과 땅은 서로 만나는 깃겉이 보였다. 그만큼 그는 자연의 경관에 아름다움을 더해주었던 것이다. 이 푸른 옷을 입은 사람에게는 그의 평온함을 반영하는 하늘만이 가장 알맞은 지붕이 될 수 있으리라. 나는 그가 죽는다는 것을 생각할 수가 없다. 왜냐하면 자연은 그 없이는 견딜 수가 없을 것이기 때문이다.

우리는 사상의 널빤지들을 잘 말려서는 그것을 깎으면서 우리의 칼을 시험했으며, 호박소나무의 흠 없는 노란색 결에 감탄하기도 했다. 우리는 조심스럽게 물속을 디디면서 솜씨 있게 낚싯줄을 당겼기 때문에 사상의 고기들은 개울에서 놀라서 달아나거나 둑의 낚시꾼을 두려워하지 않았다. 그 고기들은 서쪽 하늘에 떠다니는 구름처럼 또는 때때로 그곳에 형성되었다가 흩어지는 자개구름의 떼처럼 유유자적하며 오가곤 했다. 우리는 신화를 수정하기도 하고 우화를 여기저기 다듬기도 했으며, 지상에 그에 걸맞은 토대를 마련할 수 없는 성들을 공중에다 지었다.

그는 위대한 관찰자이며 위대한 예견자였다. 그와 이야기를 나누는 것은 《천일야화》에 필적하는 뉴잉글랜드의 야화라고 할 수 있었다. 아아, 얼마나 많은 이야기를 우리는 나누었던가! 은자와 철학자와 그전에 말한 적이 있는 옛 개척자, 이렇게 세 사람이 나누는 이야기로 나의 자그만 집은 부풀어서 판자가 휠 정도였다. 기압 이외에 몇 파운드의 압력이 있었는지 밝힐 수는 없지만 집의 틈새가 너무 벌어졌기 때문에 물이 새지 않도록 그 후 많은 권태감을 느끼며 메우는 작업을 해야만 했다. 그러나 그 일을 하는 데 필요한 뱃밥은 이미 충분히 마련해놓고 있었다.

오래 기억할 만한 충실한 내용의 대화를 나눈 또 한 사람[5]이 있다. 내가 주로 마을에 있는 그의 집을 찾아갔지만 그도 간혹 내 집을 찾아왔다. 이상이 내가 호반의 집에서 가졌던 교우 관계의 전부이다.

어디서나 마찬가지지만 그곳에서 나는 결코 오지 않는 어떤 방문객을 기다리는 때가 있었다. 인도의 성전 《비슈누 푸라나》에서는 이렇게 말하고 있다.

"집주인은 저녁때엔 자기 집 뜰에 머물면서 암소의 젖을 짜는 동안이나 그보다 더 오랫동안 손님의 도착을 기다려야 한다."

---

5) 랠프 월도 에머슨(1803~1882)을 가리킨다. 시인이며 초절론의 대표적 사상가였던 그는 콩코드에 살면서 초기의 소로우에게 깊은 영향을 끼쳤다

나는 때때로 이 손님 접대의 의무를 수행하기 위해 한 마리가 아니라 한 떼의 소젖을 넉넉히 짤 만한 시간을 기다렸으나 마을 쪽에서 가까이 다가오는 사람은 아무도 없었다.

15
겨울의 동물들

 호수들이 완전히 얼어붙자 호숫가의 여러 지점에 이르는 새로운 지름길이 생겼다. 그뿐 아니라 호수 주위의 낯익은 경치도 얼음 위에서 보면 새롭게만 보이는 것이었다. 플린트 호수는 내가 자주 배를 젓고 스케이트를 탄 곳이다. 하지만 눈으로 덮였을 때 그곳을 가로질러 걷노라니 너무 넓고 낯선 느낌이 들어 북극해의 광활한 배핀 만灣만이 연상될 뿐이었다. 이 눈 덮인 평원의 끝에는 링컨 마을 주위의 산들이 솟아있는 모습이 보였는데 내가 과연 전에 이 지점에 선 일이 있었던가 하는 생각이 들었다.
 얼음 위라서 거리를 제대로 측정하기 힘든 위치에 있는 낚시꾼들은 늑대처럼 생긴 개들을 데리고 어슬렁거리며 돌아다니고 있었다. 그 모습이 물개 사냥꾼이나 에스키모같이 보였으며, 안개라도 조금 낀 날에는 무슨 옛이야기에 나오는 이상한 사람들처럼 보였는데, 그들이 거인인지 난쟁이인지는 구별할 길이 없었다.
 밤에 링컨 마을에 강연이라도 할 일이 있을 때는 플린트 호수를 가로질러서 갔는데, 내 오두막에서 마을 회관까지 어떤 길이나 집을 지나지 않고도 오갈 수 있었다. 그 마을에 가는 도중에 있는 구우스 호수에는 한 떼의 사향쥐들이 살고 있었다. 그들은 얼음 위에 집을 지어놓고 살았는데 내가 지나갈 때 밖에 나와 있는 놈은 하나도 없었다.

월든 호수는 다른 호수와 마찬가지로 눈이 와도 대체로 잘 쌓이지 않거나 얇은 눈이 산발적으로 쌓이기 때문에 내게는 앞마당과도 같았다. 사방 천지에 2피트 정도의 눈이 쌓여 있고 마을 사람들도 길만을 겨우 이용하고 있을 때 나는 호수 위를 마음대로 돌아다닐 수 있었다. 마을의 거리에서 멀리 떨어지고 눈썰매의 방울 소리도 어쩌다가 들리는 이 호수 위에서 나는 썰매를 타거나 스케이트를 탔는데, 호수의 주변에는 눈의 무게로 휘거나 고드름이 잔뜩 매달린 떡갈나무들과 근엄한 소나무들의 가지들이 뻗어나 있어 마치 사슴들이 눈을 잘 밟아 만들어놓은 거대한 '사슴 운동장'에 와 있는 기분이었다.

겨울에는 밤은 물론이고 때로는 낮에도 거리를 가늠할 수 없는 곳에서 우는 올빼미의 외로우면서도 구성진 울음소리를 들을 수 있었다. 올빼미 우는 소리는 꽁꽁 얼어붙은 지구를 악기 삼아 적당한 활로 연주하면 날 것 같은 소리인데 월든 숲의 토속어라고도 할 수 있다. 이제는 귀에 익은 소리이지만 올빼미가 우는 현장을 목격한 적은 없다. 겨울 저녁에는 문을 열기만 하면 거의 언제나 그 낭랑한 울음소리를 들을 수 있었다. 그런데 그 소리가 어떤 때는 "안녕 우엉, 안녕 우엉" 하며 인사라도 건네는 것처럼 들리기도 하고 다른 때는 그냥 "우엉 우엉" 하는 것으로 들리기도 한다.

겨울이 시작될 무렵으로 호수가 완전히 얼기 전이었던 어느 날 밤 9시 경, 나는 기러기 한 마리의 커다란 울음소리에 깜짝 놀라 문간으로 달려갔다. 수많은 기러기들이 숲에 몰아닥친 폭풍우와도 같은 날갯소리를 내면서 내 집 위를 낮게 나는 소리가 들려왔다. 그들은 호수 너머 페어헤이번 쪽으로 향하고 있었는데, 내 집에서 비치는 불빛 때문에 월든 호수에 내려앉으려던 생각을 버린 것 같았다. 그러는 동안 내내 대장 기러기는 규칙적으로 끼룩 소리를 내서 기러기 떼의 움직임을 지휘했다. 그런데 그때 갑자기 내 집에서 아주 가까운 곳에서 올빼미 한 마리가 내가 들어본 이 숲에 사는 새들의 울음소리 중 가장 크고 날카로운 소리로 대장 기러기의 울음소리에 규칙적인 간격으로 응답하는 것이 아닌가!

그것은 마치 허드슨 만으로부터 날아온 이 침입자에게, 토착민의 울음소리가 더 넓은 음역과 더 큰 성량을 가지고 있다는 것을 알려 창피를 주어서 콩코드 경계 밖으로 쫓아내려고 하는 것 같았다. 우리 올빼미에게 바쳐진 이 신성한 밤 시간에 너희 놈들이 왜 숲을 시끄럽게 한단 말이냐? 내가 이런 시간에 잠이나 자고 있을 것 같으며 내 목청이 너보다 못할 것 같으냐? 꺼져라 우엉! 사라져라 우엉! 우엉 우엉! 그 울음소리는 내가 그때까지 들어본 중 가장 오싹하는 불협화음이었다. 그러나 분별력 있는 귀로 잘 들어보면 그 속에는 이 근처에서 보고 듣지 못하던 화음의 요소들이 들어있음을 알 수 있었다.

나는 또 이 근처에서 나와 절친한 밤 친구인 호수의 얼음이 우는 소리를 들었다. 얼음은 잠자리에 들었지만 편히 잠들지 못하고 몸을 뒤척이는 것이 속이 좋지 않거나 나쁜 꿈이라도 꾸는 모양이었다. 어떤 때는 얼어붙은 땅이 갈라지는 소리에 잠을 깼는데, 그 소리는 누가 소 떼를 몰아 내 집을 부수려고 하는 것만 같았다. 아침에 나가보면 길이 4분의 1마일 폭 3분의 1인치 정도로 땅이 갈라져 있는 것을 볼 수 있었다.

또 여우들이 달 밝은 밤에 들꿩이나 다른 야생동물을 찾아 눈 덮인 땅을 돌아다니며, 숲 속의 개라도 된 양 악마처럼 흉하게 짖는 소리를 들었다. 여우들의 그런 모습은 무슨 불안감에 쫓기거나 표현하고 싶은 것이 있는 것 같았다. 그들은 빛을 찾아 헤매며, 차라리 개가 되어 길거리를 마음대로 달리고 싶어 하는 것 같았다. 사실 우리가 긴 세월을 놓고 보면 인간들 사이에서 그러하듯 짐승들 사이에서도 어떤 문명의 진화 과정이 진행되고 있는 것이 아니겠는가! 나는 여우들이 방어의 자세로 굴속에 살면서 인간으로의 변신을 기다리는 원초적인 인간들처럼 여겨졌다. 이따금 여우 한 마리가 내 집의 불에 이끌려 창문 앞까지 왔다가 나를 보고 깽깽 짖고 숲 속으로 사라지는 때도 있었다.

대개 나는 이른 아침에 붉은다람쥐들 때문에 잠을 깼다. 이놈들은 지붕 위와 벽 위아래를 달음질치며 돌아다녔는데, 나를 깨우려고 일부러 누가 숲 속에서 보낸 것만 같았다. 겨울에 나는 종종 문 밖의 눈 위에 덜 여문 채로 거두어들인 옥수수를 반 부셸쯤 던져놓고 그것에 유혹되어 다가오는 여러 동물들의 동작을 지켜보며 재미있는 한때를 보냈다. 해 질 무렵과 밤에는 토끼들이 항상 와서 옥수수를 배불리 먹고 갔다. 붉은다람쥐들은 하루 종일 오가며 매우 흥미 있는 수법으로 옥수수를 공략했다.

처음에 다람쥐는 떡갈나무 관목들이 있는 데로부터 조심스럽게 접근해오다가 옥수수들이 놓여 있는 눈 근처에 와서는 바람에 날리는 나뭇

겨울의 동물들 411

잎처럼 팔짝팔짝 뛰어오는데 이쪽으로 몇 걸음 저쪽으로 몇 걸음 마치 내기라도 건 듯 놀라울 정도로 빨리 뒷다리를 움직여 달리지만 한꺼번에 2미터 이상 앞으로 나아가지 않는다. 그러다가는 갑자기 우스꽝스러운 표정을 지으며 이유 없는 재주넘기를 한번 하면서 그 자리에 딱 멈추는데 마치 온 세상의 눈이 자기에게 집중되어 있다고 생각하는 것 같았다.(사실 가장 깊은 산속에서도 다람쥐의 동작은 어떤 무희의 동작만큼이나 관객을 의식하는 것처럼 보인다.)

이처럼 그 거리 전체를 걷는 데(다람쥐가 걷는 것을 본 적은 없지만) 드는 시간보다 머뭇거리고 경계하는 데 보내는 시간이 더 긴 것이다. 그러다가 다람쥐는 눈 깜짝할 사이에 어린 리기다소나무의 꼭대기로 올라가서는 시계태엽을 감는 듯한 소리를 내면서 모든 가상의 관중들을 꾸짖기 시작했다. 그는 혼잣말을 하기도 하고 온 세상을 상대로 말하기도 하면서 꾸지람을 했지만 그래야만 할 특별한 이유는 없었다.

마침내 다람쥐는 옥수수가 있는 데로 가서 알맞은 옥수수 하나를 골랐다. 그리고는 아까와 같이 사람을 헷갈리게 하는 삼각 전진 방법으로 왔다 갔다 하더니 창문 앞에 있는 나뭇단의 꼭대기로 올라갔다. 녀석은 창문을 통해서 나를 한번 힐끔 쳐다보더니 그 자리에 앉아서 몇 시간 동안 옥수수를 먹기 시작했다. 때때로 새 옥수수를 가져왔는데 처음에는 열심히 먹지만 반쯤 남으면 그냥 버리는 것이었다. 나중에는 입맛이 까다로워졌는지 속 알갱이만 파먹기도 하고 옥수수를 가지고 장난을 치기도 했다.

그런데 나뭇조각 위에 올려놓고 한 발로 균형을 잡고 있던 옥수수가 방심하는 바람에 빠져나가면서 땅으로 떨어져버렸다. 그러자 이 녀석은 뭐가 뭔지 모르겠다는 우스꽝스러운 표정을 지으며 그 떨어진 옥수수를 쳐다보았는데 그것이 혹시 살아있는 것이 아닌지 의심하는 것 같았다. 녀석은 내려가서 그것을 다시 집어올 것인지, 아니면 새 옥수수를 다시 하나 가져올 것인지, 아니면 아예 집으로 돌아갈 것인지 결심을 못하고 있는 것 같았다. 그는 한순간에는 옥수수를 생각하다가도 또 다음 순간에는 바람결에 어떤 풍문이 들려오는지 귀를 쫑긋하고 들으려 했다. 이런 식으로 이 건방진 꼬마는 오후 한때에 수많은 옥수수를 낭비하는 것이었다.

　마침내 그는 자기 몸보다 큰 길고 통통한 옥수수 하나를 골라 능숙한 솜씨로 균형을 잡고는 숲 속으로 운반하기 시작했다. 마치 들소를 채가는 호랑이처럼 지그재그형으로 가다가 자주 쉬기도 했다. 녀석은 옥수수가 너무 무거운 듯 간신히 끌고갔는데 수직이나 수평이 아닌 그 중간 대각선의 모양으로 옥수수를 세워 땅에 끌고갔다. 여러 번 넘어지기도 했지만 악착같이 그것을 끌고가는 것이었다. 정말 변덕스럽고 종잡을 수 없는 녀석이었다. 결국 녀석은 그 옥수수를 200~300미터나 떨어진 숲 속의 나무 꼭대기에 있는 제집까지 끌고간 모양이었다. 나중에 나는 숲 속 여러 군데에 옥수수 속대가 흩어져 있는 것을 발견했다.

　드디어 어치들이 도착했다. 이 새들의 귀에 거슬리는 울음소리는 아까부터 들려왔는데 그들은 8분의 1마일 밖에서부터 조심스럽게 다가오고 있었던 것이다. 어치들은 남의 눈을 피하듯 이 나무에서 저 나무로 옮겨 날며 살그머니 다가와서는 다람쥐들이 떨어뜨린 옥수수 알갱이들을 채간다. 그러고는 리기다소나무의 가지에 앉아서 옥수수 알갱이를 통째로 급히 삼키려고 하지만 너무 커서 목구멍에 그만 걸리고 만다. 온갖 고생 끝에 알갱이를 목구멍에서 빼낸 어치는 한 시간쯤 주둥이로 그것을 쪼아서 잘게 부순다. 어치들은 분명히 도둑 새들이므로 나는 이들에게 별로 호감이 가지 않는다. 그러나 다람쥐들은 처음에는 수줍어하지만 곧 옥수수가 자기네 것인 양 거리낌 없이 행동하는 것이다.

한편 박새들도 떼를 지어 날아와서는 다람쥐들이 떨어뜨린 알갱이들을 물고는 가까운 나뭇가지 위로 날아가 자리를 잡았다. 알갱이를 발톱으로 꽉 잡고 그것이 마치 나무껍질 속에 든 벌레인 양 주둥이로 쪼아대서는 그들의 작은 목구멍에 들어갈 만큼 잘게 부순다. 박새는 매일 몇 마리씩 날아와서는 나뭇단을 쌓아놓은 데서 먹을 것을 찾거나 문간에서 부스러기를 주워먹었다. 박새의 울음소리는 풀숲에 맺힌 고드름들이 서로 부딪힐 때 나는 희미한 짤랑 소리 같다. 그러나 어떤 때는 기운차게 "데 데 데" 하고 울기도 하고, 날씨가 봄날처럼 따뜻할 때는 여름에 그렇듯이 "피피 피피" 하고 우는 소리가 숲 근처에서 들려오기도 했다.

낮이 제법 익자 드디어 어느 날에는 박새 한 마리가 내가 손에 한 아름 안고 가던 장작 위에 겁 없이 내려앉아 나뭇조각을 쪼기까지 했다. 예전에도 내가 마을의 채소밭에서 김을 매고 있을 때 참새 한 마리가 내 어깨에 잠시 내려앉은 일이 있었는데 그것이 나에게는 그 어떤 훈장보다도 영광스럽게 느껴졌다. 다람쥐들 역시 나중에는 친숙해져서 앞으로 나아갈 때 내 발이 막고 있으면 돌아가지 않고 내 구두를 밟고 그 위로 넘어가곤 했다.

눈이 아직 많이 내리지 않은 초겨울에 그리고 겨울 막바지에 내 집 근처의 남쪽 언덕 비탈과 나뭇단 주위의 얼음이 녹으면 들꿩들이 숲에서 나와 거기서 먹이를 찾았다. 숲 속을 거닐다 보면 갑자기 들꿩이 날개를 급히 치며 도망치는 경우가 흔히 있는데 그때 주위의 나뭇가지와 잎사귀에 쌓인 눈이 마치 체로 쳐낸 황금 가루처럼 햇빛 속에 쏟아져 내렸다. 이 용감한 새는 겨울을 무서워하지 않는 것 같다. 들꿩은 가끔 스스로 눈에 묻히기도 하고 "어떤 때는 깊숙이 쌓인 부드러운 눈 속에 내려앉아 그 속에서 하루 이틀을 숨어 지내기도 한다."고 한다.

나는 해 질 무렵 숲 속에서 나와 들판에 있는 야생사과나무의 순을 따 먹으려고 하는 들꿩을 놀라게 한 적이 여러 번 있다. 교활한 사냥꾼들은 대개 이런 데서 들꿩을 잡으려고 기다린다. 숲 근처에 있는 과수원들은 들꿩의 피해가 적지 않다고 한다. 그러니 너는 그렇게 헤서리도 이 세기 먹을 것을 구할 수 있는 것을 다행으로 여긴다. 왜냐하면 새순과 맑은 물을 먹고 사는 들꿩은 자연의 여신의 귀염둥이 새이기 때문이다.

어두운 겨울날 아침에 또는 해가 짧은 겨울날 오후에 때때로 나는 한 떼의 사냥개들이 본능을 억제하지 못하는 듯 요란스럽게 짖어대며 온 숲을 누비는 소리를 듣곤 했다. 사람이 그 뒤를 따르는 듯 적당한 간격마다 사냥 나팔 부는 소리가 들려왔다. 숲이 다시 울리지만 호숫가의 공터에는 여우도, 악타이온[1]을 뒤쫓는 한 떼의 사냥개들도 뛰쳐나오지 않

---

1) 악타이온 _ 그리스 신화에 나오는 사냥꾼. 아르테미스 여신이 목욕하는 장면을 훔쳐보았기 때문에 그녀에 의해 사슴으로 변하여 자신의 사냥개들에게 물려죽었다.

았다. 그러나 저녁때쯤에는 사냥꾼들이 여우 꼬리 한 개를 전리품으로 썰매에 매달고 여관으로 돌아가는 것을 보게 된다.

그들은 나에게 말하기를, 만약 여우가 눈 속에 그냥 숨어있었다면 별일이 없었을 것이며, 그러지 않고 일직선으로만 계속 달아났더라도 사냥개들이 도저히 따라잡을 수 없었을 것이라고 했다. 그러나 추적자들을 멀리 따돌린 여우는 걸음을 멈추고 쉬면서 귀를 기울이는데, 사냥개들이 따라잡으면 이번에는 방향을 반대로 바꾸어 보금자리가 있는 쪽으로 달린다. 하지만 그곳에는 사냥꾼들이 대기하고 있는 것이다.

여우는 어떤 때는 상당히 긴 담 위에 올라가 그 위를 달리다가 멀리 뛰어내려 추격을 피한다. 또 물속에 들어가면 사냥개들이 자기의 냄새를 추적할 수 없다는 것을 아는 듯하다. 어떤 사냥꾼은 나에게 다음과 같은 얘기를 들려준 적이 있다. 즉 언젠가 그는 사냥개들에게 쫓기는 여우 한 마리가 월든 호수로 뛰어드는 것을 본 적이 있는데, 그때 호수는 얼음이 녹기 시작할 때라 물이 군데군데 고여 있었다고 한다. 여우는 호수를 조금 건너가다가 다시 같은 쪽의 호숫가로 되돌아왔다. 얼마 후에 사냥개들이 몰려왔으나 개들은 그곳에서 여우의 냄새를 잃어버리고는 더 이상 추적을 못 하더라는 것이었다.

어떤 때인가는 사람들 없이 자기들끼리 사냥에 나선 한 떼의 사냥개들이 내 집 문간까지 와서는 내 집을 돌면서 미친 듯이 짖어댔는데 나를 전혀 안중에 두지 않는 것이었다. 그 개들은 일종의 광기에 사로잡힌 것 같았으며 그 어떤 것도 이들의 추적을 멈추게 할 수 없을 것 같았다. 사냥개들은 여우의 냄새를 다시 찾아낼 때까지 계속 한 지점을 빙빙 도는

데 영리한 사냥개는 여기에 자신의 모든 관심을 집중하는 것이다.

어느 날 렉싱턴에 사는 어떤 사람이 자기 사냥개의 행방을 찾기 위해 내 집에 찾아온 적이 있다. 그 개는 일주일 전에 집을 나가 혼자서 사냥을 다니고 있는데 사방에 그 발자국이 나 있다는 것이었다. 그러나 내가 그 개의 행방을 말해주었어도 그에게는 별로 도움이 되지 않았을 것이, 그의 질문에 대답하려고 할 때마다 그는 내 말문을 막고, "댁은 여기서 뭘 하쇼?" 하고 물어보는 것이었다. 그는 개 한 마리를 잃었으나 사람 하나를 찾아냈던 것이다.

호수의 물이 제일 따뜻할 때쯤 해서 1년에 한 번 월든 호수로 목욕을 오는 신랄한 말투의 늙은 사냥꾼이 있었다. 그때마다 그는 나를 찾아보는데 내게 다음과 같은 이야기를 들려준 적이 있다. 오래전의 어느 오후 그는 엽총을 가지고 월든 숲으로 사냥을 나갔다. 그가 웨일랜드 마을로 가는 길을 걷고 있노라니 사냥개들이 짖는 소리가 들리면서 점점 그 소리가 가까워졌다. 잠시 후 여우 한 마리가 담을 뛰어넘어 길로 뛰어들었다. 그는 급히 총을 겨누어 쏘았으나 여우는 눈 깜짝할 사이에 맞은편 담을 넘어 숲 속으로 사라졌다. 잠시 후에 어미 사냥개 한 마리가 새끼 셋을 데리고 뒤쫓아왔다. 그들은 주인의 지시 없이 자기들끼리 사냥에 나섰던 것이었는데 곧 다시 숲 속으로 사라졌다.

그날 오후 늦게 그가 월든 호수 남쪽 숲이 무성한 곳에서 쉬고 있노라니 멀리 페어헤이븐 호수 쪽에서 사냥개들이 짖는 소리가 들려왔다. 그 개들은 아직도 그 여우를 쫓고 있는 모양이었다. 개 짖는 소리는 온 숲을 진동하면서 점점 더 가까이 왔는데 어떤 때는 웰메도 쪽에서, 어떤 때는 베이커 농장 쪽에서 들리는 것이었다. 한참 동안을 그는 가만히 서서 사냥개 짖는 소리에 귀를 기울이고 있었다. 그 소리만큼 사냥꾼의 귀에 아름답게 들리는 소리는 없었던 것이다. 그런데 갑자기 풀숲을 가볍게 헤치고 여우가 나타났다. 나뭇잎들의 동정적인 살랑거림이 여우가 풀을 헤치며 달리는 소리를 감추어주었던 것이다. 조용히 그리고 재빠르게 도망쳐와 이제 추적자들을 꽤 멀리 떼어놓은 것이다.

여우는 나무 사이에 있는 바위로 뛰어오르더니 가만히 서서는 열심히 귀를 기울였다. 바로 뒤에 사냥꾼이 있다는 것을 알지 못하고 말이다. 잠시 연민의 감정이 사냥꾼의 팔목을 붙들었다. 그러나 그것은 한 순간의 기분이었으며 그는 재빨리 엽총을 들어 겨냥을 했다. 빵! 소리와 함께 여우는 바위 옆의 땅에 나둥그러지며 죽어버렸다. 사냥꾼은 그 자리에 계속 서서 사냥개들의 소리에 귀를 기울였다. 그 소리는 점점 가까이 들려왔으며 이제 주위의 숲은 그들이 악마같이 짖는 소리로 진동하고 있었다.

드디어 어미 사냥개가 코로 땅의 냄새를 맡기도 하고 마귀에 쒸운 듯 허공을 물어뜯기도 하며 달려오는 모습이 보였다. 그 개는 곧바로 바위 쪽으로 달려갔다. 그러나 여우가 죽은 것을 보자 갑자기 모든 사냥동작을 멈추었는데 너무나도 놀라 벙어리라도 된 것 같았다. 사냥개는 침묵 속에 여우의 주위를 몇 번이나 돌았다. 그러는 동안 새끼들도 차례차례 도착했는데 어미나 마찬가지로 이 알 수 없는 일에 충격을 받은 듯 침묵을 지키는 것이었다. 사냥꾼은 앞으로 나아가 사냥개들 사이에 섰다. 수수께끼는 이제 풀렸다. 그가 여우의 껍질을 벗기는 동안 개들은 조용히 옆에 앉아있었다. 그가 마을로 발걸음을 옮기자 그들은 잠시 동안 그의 뒤를 따르더니 숲 속으로 다시 사라져버렸다.

그날 저녁 웨스턴 마을의 유지 한 사람이 이 콩코드 사냥꾼의 집에 찾아와서는 자기 사냥개들의 행방을 혹시 아느냐고 물었다. 그 개들은 웨스턴 근처의 숲에서 시작하여 벌써 일주일째 자기들끼리 사냥을 하는 중이라는 것이었다. 콩코드의 사냥꾼은 자기가 아는 바를 이야기해주고 여우 가죽을 그 유지가 갖는 게 어떻겠느냐고 말했다. 그러나 그는 그 제의를 사양하고 사냥꾼의 집을 떠났다. 그는 그날 저녁 자기 사냥개들을 찾지는 못했지만 다음 날에는 그들의 소식을 들을 수 있었다. 즉 그 개들은 전날 콩코드 강을 건너서 어느 농가에 들러 먹을 것을 배불리 얻어먹고는 다음 날 아침 일찍이 그 집을 떠났다는 것이었다.

앞의 이야기를 나에게 해준 사냥꾼은 샘 너팅이라는 사람을 알고 있었다. 너팅은 페어헤이번 산에서 곰을 사냥해서는 그 가죽을 콩코드 마을에서 럼주와 바꾸기도 했는데 그 산에서 무스 사슴을 본 적이 있다고 그에게 말했다는 것이다. 너팅은 버고인이라는 이름을 가진 유명한 여우 사냥개를 한 마리 가지고 있었으며 내가 아는 그 사냥꾼에게도 이 개를 때때로 빌려주곤 했다고 한다.

예전에 이 마을에는 모피 상인이 한 사람 살았다. 그는 전직 군인으로 대위였으며 마을의 서기 및 법정대리인을 겸하고 있었다. 그의 장부를 들춰보면 다음과 같은 기록이 있다. 1742~1743년 1월 18일, "존 멜빈, 회색 여우 한 마리, 2실링 3펜스." 회색 여우는 이제 이 지방에서는 구경할 수가 없다. 1743년 2월 7일자의 장부에는 헤스키야 스트래튼으로부

겨울의 동물들 419

터 "고양이 가죽, 1실링 4 1/2펜스" 어치를 사들였다고 했다. 여기서 고양이는 들고양이를 말하는 것이리라. 왜냐하면 스트래튼은 영국과 프랑스의 전쟁에 중사로 참전했던 사람인데 고양이 따위를 잡아서 팔았을 리가 없기 때문이다. 또 사슴 가죽을 사들였다는 기록도 있는데 그 당시에는 거의 매일 사슴 가죽을 사고팔았다고 한다.

 마을의 어떤 사람은 이 지방에서 마지막으로 잡힌 사슴의 뿔을 아직도 보관하고 있다. 또 한 사람은 그 마지막 사슴 사냥에 자기 아저씨도 끼었다고 하며 그 사냥에 대한 자세한 얘기를 나에게 들려주었다. 예전에 이 지방의 사냥꾼들은 그 수도 많았을 뿐만 아니라 무척 재미있는 부류였다. 아직도 나는 몸이 유난히 말랐던 한 사냥꾼을 기억하고 있다. 그는 길가의 나뭇잎을 따서 그것으로 곧잘 피리를 불곤 했는데 그 소리는 그 어떤 사냥 나팔보다도 구성지고 흥겨웠던 것으로 기억된다.
 때때로 달이 뜬 한밤중에 숲을 걷다 보면 돌아다니는 사냥개들을 만나기도 한다. 이들은 마치 내가 두려운 듯이 길옆으로 비켜나, 내가 지

나갈 때까지 수풀 속에 조용히 서 있는 것이었다.

다람쥐와 야생의 생쥐 들은 내가 보관해둔 호두를 서로 먹으려고 다투었다. 내 집 주위에는 지름이 1인치에서 4인치까지의 리기다소나무들이 20여 그루 서 있는데 지난겨울에 생쥐들이 그 나무를 상당히 많이 갉아먹었다. 지난겨울에는 눈이 많이 내린 데다가 오랫동안 녹지 않고 쌓여 있어서 노르웨이의 겨울만큼이나 이들에게는 힘든 때였던 것 같다. 그래서 생쥐들은 소나무 껍질이라도 많이 갉아먹어 다른 식량을 보충해야만 했으리라.

이 리기다소나무들은 밑동 근처의 껍질을 빙 둘러가며 갉아먹혔지만 한여름까지만 하더라도 성성했고 그들 중 대부분은 1피트 정도나 더 키가 자랐다. 그러나 이번 겨울에 또 한 번 그런 일을 당한 나무들은 열이면 열 다 죽고 말았다. 조그만 생쥐 한마리가 커다란 소나무를 위아래로 갉아먹지 않고 한 곳을 빙 둘러 갉아먹어 쓰러뜨리도록 자연이 허용한다는 것은 놀라운 일이다. 그러나 리기다소나무의 강한 번식력을 이런 식으로라도 제어하여 솎아주는 일이 필요할지도 모르겠다.

산토끼들도 이제는 매우 낯이 익었다. 한 녀석은 내 집의 마루 밑에 집을 지어 겨울 내내 살고 있었다. 내가 매일 아침 일어나 움직이기 시작하면 그 토끼는 급히 밖으로 나가려다 머리를 마루의 판자에 쾅쾅 찧는 바람에 나를 깜짝 놀라게 하곤 했다.

어둑어둑해지면 산토끼들은 내가 버린 감자 껍질을 먹으려고 내 집 문 앞으로 모여들었다. 이들은 색깔이 땅 색깔과 너무 흡사해서 가만히 있으면 거의 구분을 할 수 없었다. 황혼 무렵의 어떤 때에 내 창 밑에 움직이지 않고 앉아있는 토끼 한 마리를 보고 있노라면 한순간에는 보이다가 다음 순간에는 보이지 않곤 했다. 저녁에 내가 문을 열고 밖으로 나가면 끽끽 소리를 내며 튀어 달아났다. 토끼를 가까이서 보면 오직 연민의 감정만 들었다.

어느 날 저녁 내가 문 밖으로 나갔을 때 토끼 한 마리가 미처 달아나지 못하고 내 바로 앞에서 무서움에 떨면서 움직이지 못하고 있는 것이 아닌가? 이 가련하기 짝이 없는 작은 동물은 깡마른 몸집에 기다란 귀와 뾰족한 코, 짧은 꼬리에 가느다란 앞발을 가지고 있었다. 이제 자연은 보다 고귀하고 우람한 동물들을 다 잃어버리고 갈 데까지 간 것이 아닌가 하는 생각이 들었다. 산토끼의 커다란 두 눈은 어리디어리게 보였으며 수종水腫에라도 걸린 것 같은 병약한 인상을 주었다.

그러나 내가 앞으로 한 걸음 나아가자 산토끼는 용수철처럼 튀어 몸을 우아하게 쭉 뻗어 눈 더미를 넘어서는 숲 속으로 사라져버렸다. 자유로운 야생동물이 자신의 힘과 자연의 품위를 과시하는 순간이었다. 산토끼의 몸매가 날씬한 것은 다 이유가 있었던 것이다. 경쾌함이 그의 천성인 것이다.(토끼는 라틴어로 '레푸스'인데 그 어원이 '경쾌한 발'에서 유래한다고 생각하는 학자들이 있다.)

산토끼나 들꿩이 없는 시골도 시골이라고 할 수 있을까? 이 둘은 가장 순박하고 토속적인 동물들이라고 할 수 있다. 그들은 예나 지금이나 잘 알려진 오래되고 존경받는 동물 가계家系에 속한다. 산토끼와 들꿩은 자연 자체의 색깔과 천성을 가지고 있으며 나뭇잎이나 땅하고 가장 가까운 유대 관계를 갖고 있다. 그들은 또 서로 간에도 유대 관계를 갖고 있는데, 단지 하나는 날개가 달리고 다른 하나는 네 다리를 가진 것이 다를 뿐이다.

숲길을 가다 보면 산토끼나 들꿩이 갑자기 달아날 때가 있다. 그때 당신은 어떤 야생동물을 본 것이 아니라 살랑거리는 나뭇잎과 같이 당연히 있음 직한 가장 자연스러운 동물을 본 것뿐이다. 지구상에 어떤 변동이 오더라도 땅의 진정한 토박이로서 들꿩과 산토끼는 틀림없이 살아남아 번성할 것이다. 숲이 잘려나가더라도 그곳에 움트는 싹들과 수풀은 이들을 감추어줄 것이며 이들은 더욱더 그 수가 증가할 것이다.

산토끼 한 마리 먹여살리지 못하는 들판은 정말 척박한 땅일 것이다. 소몰이 아이들이 설치한 덫과 함정 들이 도사리고 있지만 숲에는 산토끼와 들꿩 들이 번성하고 있으며, 어느 늪에나 들꿩과 산토끼가 평화롭게 노니는 모습을 볼 수가 있다.

16
겨울의 호수

고요한 겨울밤이 지나고 아침에 깨었을 때 나는 잠 속에서 어떤 질문을 받고 그에 대한 대답을 하려고 헛되이 애쓰고 있었다는 생각이 들었다. 그 질문은 무엇이―어떻게―언제―어디서와 같은 질문이었다. 그러나 이제 모든 생물의 보금자리인 대자연이 동트고 있었으며 그녀는 조용하고 만족스러운 얼굴로 나의 넓은 창문을 들여다보고 있었다. 그녀의 입술에는 아무런 질문도 나타나 있지 않았다. 질문은 이미 해답을 찾고서는 대자연과 햇빛과 더불어, 잠에서 깬 나를 맞았다.

한창때의 소나무들이 여기저기 자라고 있는 땅 위에 깊이 쌓인 눈과 내 집이 자리 잡고 있는 언덕 비탈은 '자, 앞으로 나가시오!' 하고 나를 부추기는 것 같았다. 자연은 아무런 질문을 하지 않으며 우리 인간이 묻는 질문에도 대답을 하지 않는다. 자연은 이미 오래전에 그렇게 하기로 결심을 했던 것이다.

"오, 군주여! 우리의 눈은 이 우주의 놀라운 여러 가지 광경을 탄복하여 바라보며 영혼에 전달합니다. 밤은 물론 이 영광스러운 창조물의 일부를 장막으로 가립니다. 그러나 낮이 와서 지구로부터 하늘의 들판에 이르는 이 위대한 작품을 우리에게 드러내 보입니다."[1]

이제 나는 아침 일에 착수했다. 먼저 도끼와 물통을 들고 물을 찾아 나섰다. 물을 찾는 게 꿈이 아니라면 말이다. 눈이 내린 추운 밤의 다음 날에는 물을 찾으려면 탐지 막대라도 있어야 했다. 공기의 작은 움직임에 그처럼 민감하고 모든 빛과 그늘을 반영하던 호수의 유동적流動的인 수면은 겨울만 되면 1피트 내지 1피트 반의 두께로 얼어서 우람한 소 몇 마리쯤의 무게로는 끄떡도 하지 않는다. 게다가 눈이 얼음 두께 정도로 내려 쌓이기라도 하면 호수는 다른 들판과 구별할 길이 없다. 주위의 산에 사는 우느적저넘 호수는 그 눈꺼풀을 내리고 3개월 또는 그 이상을 동면에 들어간다. 이 눈 덮인 들판에 서니 마치 언덕으로 둘러싸인 초원에라도 선 기분이 든다.

　나는 먼저 1피트 깊이의 눈을 치운 다음 다시 1피트 두께의 얼음을 깨서 발아래 호수의 창문을 연다. 그러고는 무릎을 꿇고 물을 마시며 물고기들의 조용한 거실을 내려다본다. 호수 속은 마치 불투명한 유리창을 통해 들어온 것 같은 부드러운 광선이 사방에 퍼져 있으며, 바닥에는 여름이나 마찬가지로 밝은 모래가 깔려 있다. 호박색의 저녁노을이 질 때와 같은 영원한 물결 없는 고요가 이곳을 다스리고 있다. 그 고요는 이

---

[1] 고대 인도의 시집 《하리반사》 중에서.

곳에 사는 거주자들의 침착하고 평온한 기질에도 상응하는 것이리라. 천국은 머리 위에만 있는 것이 아니라 발밑에도 있다.

아침 일찍 온 세상이 강추위로 뻣뻣해 있을 때 낚싯대와 간단한 점심을 들고 호수를 찾는 사람들이 있다. 그들은 눈 덮인 호수 위에 자리 잡고 앉아 가느다란 줄을 내려뜨려 강꼬치고기와 퍼치를 낚으려고 한다. 그들은 본능적으로 마을 사람들과는 다른 유행을 쫓으며 그들과는 다른 권위를 신봉하는 야성의 인간들이다. 어쩌면 끊어져버릴 수도 있는 여러 마을 간의 유대가 이들이 오고 감으로써 어느 정도 이어지고 있다.

그들은 두꺼운 모직 외투를 걸치고 호숫가의 마른 떡갈나무 잎 위에 앉아 점심을 먹는다. 마을 사람들이 인위적 지식에 밝다면 그들은 자연의 지식에 밝다. 그들은 결코 책에 의존하지 않으며 자신들이 알거나 표현할 수 있는 것보다 훨씬 많은 일을 해낸다. 그들이 하는 일 중에는 마을 사람들이 전혀 생각하지 못하는 일들도 있다. 여기에 다 자란 퍼치를 미끼로 강꼬치고기를 낚고 있는 사람이 있다. 우리는 그의 통을 들여다보고 마치 여름 호수를 들여다본 듯 경탄을 금치 못한다. 마치 그가 여름을 자기 집에 가두어두었거나 여름이 물러가 있는 곳을 아는 것 같기만 하다.

아니, 한겨울에 이런 물고기들을 어떻게 잡았을까? 그야 땅이 얼어붙었으니 썩은 통나무 속의 벌레를 잡아 그것을 미끼로 이 물고기들을 잡은 것이다. 그는 생활 자체가 박물학자의 연구보다도 더 깊이 자연 속으로 뚫고 들어가 있다. 그 자신이 박물학자의 연구 대상이 될 만도 하다. 박물학자는 주머니칼로 이끼와 나무껍질을 가만히 추켜올려 벌레를 찾는다. 그러나 낚시꾼은 도끼로 통나무를 그 속까지 찍어 이끼와 나무껍질을 사방으로 튀게 만든다. 그는 나무껍질을 벗겨 생계를 꾸린다. 그런 사람은 물고기를 잡을 권리를 어느 정도 가지고 있다고 하겠다. 그를 통해서 자연의 섭리가 이루어지는 것을 보는 일도 나쁘지 않다. 퍼치는 유충을 삼키고, 강꼬치고기는 퍼치를 삼키며, 낚시꾼은 강꼬치고기를 삼킨다. 이리하여 존재의 각 단계 사이에 있는 틈이 메워지는 것이다.

안개 낀 날 호수 주위를 거닐다가 일부 소박한 낚시꾼들이 쓰고 있는 원시적인 낚시 방법을 보면 재미있다는 생각이 든다. 낚시꾼은 얼음에 구멍을 뚫고 그 위에 구멍보다 큰 오리나무 가지를 걸쳐 두는데, 낚싯줄이 끌려 달아나지 않도록 줄 끝을 막대기에 묶고는 낚싯줄의 느슨한 부분을 얼음 위 1피트쯤의 높이에 있는 오리나무의 작은 가지 위로 넘겨 걸쳐놓는다. 줄에 마른 떡갈나무 잎을 하나 매달아놓았으므로 그것이 아래로 끌려가면 고기가 걸렸다는 것을 알게 된다. 이런 낚시 구멍들은 호숫가로부터 20~30미터에서 시작하여 연달아 있었는데 그 간격 역시 20~30미터 정도였다. 그래서 호수 주위를 반 바퀴 정도 돌다 보면 안개 속에 오리나무 가지들이 일정한 간격으로 놓여 있는 모습을 어렴풋이 볼 수 있었다.

아, 월든의 강꼬치고기들! 이 강꼬치고기들이 얼음 위에 누워 있거나, 낚시꾼들이 얼음 위에 작은 웅덩이를 파서 물을 담아놓은 곳에 들어있는 모습을 보면 그 보기 드문 아름다움에 나는 항상 감탄을 금치 못한다. 그들은 마치 전설에나 나오는 고기들 같다. 마치 아라비아가 콩코드에서 먼 이국이듯 강꼬치고기들은 거리로부터, 아니 심지어 숲으로부터도 멀리 떨어진 이국적인 인상을 주는 고기들이다. 그들은 너무나 눈부신 초월적인 아름다움을 지니고 있어 길거리에서 장사꾼이 떠들며 파는, 시체나 진배없는 대구나 볼락과는 차원이 다른 것이다.

강꼬치고기의 색깔은 소나무처럼 녹색도 아니고 돌처럼 회색도 아니며 하늘처럼 청색도 아니다. 내 눈에 이 물고기의 색깔은 이런 색들보다 훨씬 진귀하게 보이는 것이 꽃이나 보석과 같다고나 해야겠다. 그들은 월든 호수의 진주, 다시 말해서 월든 호수의 동물화된 핵심이며 결정結晶이라고 할 수 있다. 그들은 물론 안팎으로 철저하게 월든 체질이다. 이 고기는 동물의 왕국에서의 작은 월든 호수이며 '월덴시즈'[2]인 것이다. 그런 물고기가 여기서 잡힌다는 것이 놀라울 뿐이다. 마차와 가축들이 덜거덕거리며 지나고 썰매가 딸랑대며 지나는 월든 길 옆의 깊고도 넓은 샘물 속에 이 커다란 황금색과 에메랄드 색의 고기들이 헤엄친다는 것이 놀라운 일이다. 나는 시장에서 강꼬치고기 종류를 본 적이 없다. 만약 시장에 팔려 나왔더라면 모든 사람의 찬탄의 대상이 되었을 것이다. 물 밖으로 잡혀 나온 강꼬치고기는 마치 천명을 다하지 못하고 하늘의 엷은 공기로 옮겨가는 인간처럼 몇 번 몸부림치고는 물속에서의 삶을 단념해버린다.

---

2) 월덴시즈Waldenses _ '월도파派 신자'를 의미한다. 이들은 12세기 남南프랑스에서 발생한 기독교의 한 종파로, 부패한 가톨릭교회의 관행에 반대하여 초기 기독교도와 같은 순결과 영성적靈性的 생활을 주창했다. 여기서는 강꼬치고기의 깨끗함과 이 고기가 월든 호수를 상징하는 것을 동시에 표현한 것이다.

오랫동안 잃어버린 채로 있는 월든 호수의 바닥을 되찾을 생각을 갖고 있던 나는 1846년 초 얼음이 녹기 전에 나침반과 쇠사슬과 측심줄을 가지고 호수 바닥을 면밀하게 측정했다. 월든 호수에 대하여 바닥이 있느니 없느니 여러 가지 이야기들이 전해져 왔으나 거기에 대한 믿을 만한 근거는 없었다. 사람들이 바닥을 재는 수고를 해보지도 않고 어떤 호수가 바닥이 없다고 오랫동안 믿는 것을 보면 그저 놀라울 뿐이다. 나는 콩코드 주변으로 한나절 산책을 나갔다가 바닥이 없다는 호수를 두 군데나 들르고 온 적이 있다.

많은 사람들이 월든 호수가 지구 반대편으로 뚫려 있다고 믿어왔다. 어떤 사람들은 호수의 얼음 위에 오랫동안 엎드려 이 착각을 일으키는 매체를 통하여 물기 어린 눈으로 내려다보았는데, 감기라도 들면 어쩌나 하는 조바심 속에 결론을 서두르던 이들의 눈에 "한 수레분의 건초라도 넣을 수 있는"(만약 그것을 넣을 수 있는 사람이 있다면 말이다.) 거대한 구멍들이 보였던 것이다. 그런데 이 구멍들이야말로 바로 저승의 강인 스틱스의 원천이며 이 근처에서 황천으로 직행하는 길 입구였던 것이다.

다른 사람들은 마을에서 '56파운드 추'와 지름 1인치의 줄을 한 수레분이나 가지고 갔으나 호수 바닥을 찾는 데는 역시 실패했다. 왜냐하면 '56파운드 추'가 이미 바닥에 닿아있는데도 그들은 쓸데없이 줄을 풀어 넣으면서 경이로운 것을 무한정으로 받아들이는 자신들의 능력을 재고 있었던 것이다. 그러나 월든 호수는 깊이가 대단하기는 하지만 터무니없는 것은 아니며 또 비교적 단단한 바닥을 가지고 있다는 것을 나는 독자들에게 확언하는 바이다.

　나는 대구잡이 낚싯줄과 1파운드 반 정도의 돌을 사용하여 호수 바닥을 어렵지 않게 측정했다. 일단 바닥에 닿아있던 돌을 다시 끌어올릴 때, 돌이 바닥에서 떨어지면서 부력이 돌 밑에 작용하기 시작하는 순간에는 훨씬 세게 당겨야 하기 때문에 그 순간을 정확하게 알 수 있었다. 가장 깊은 곳은 꼭 102피트였다. 그 후 물이 5피트 불었으니 그곳의 깊이는 107피트가 될 것이다. 면적이 이처럼 작은 곳에서는 놀라운 깊이인 것이다. 하지만 어떤 상상에 의하여 단 1인치라도 에누리할 수는 없다.

　만약 모든 호수의 수심이 얕다면 어떻게 할 것인가? 그것이 사람의 마음에 어떤 영향을 끼치지는 않을 것인가? 월든 호수가 깊고 맑게 만들어져서 하나의 상징을 이루고 있는 것이 고마울 뿐이다. 인간이 무한을 믿고 있는 한, 바닥이 없는 호수들은 계속 존재할 것이다.

　어떤 공장 주인은 내가 잰 호수 깊이에 대해 한 얘기를 듣고는 그럴 리가 없다고 했다. 즉 자기가 댐에 대하여 아는 지식으로 판단한다면 모래가 그처럼 가파른 각도로 놓일 수는 없다는 것이었다. 그러나 가장 깊은 호수들도 면적에 비하면 흔히 생각하는 것만큼 깊지는 않으며, 만약 물을 다 퍼낸다면 대단한 골짜기가 드러나지는 않을 것이다. 이 호수들은 산과 산 사이에 낀 잔 같은 모습은 아니다. 그 면적에 비해 보통 이상으로 깊은 이 호수도 그 중심을 통하는 수직 단면으로 보면 얕은 접시 모양과 흡사할 것이며 그보다 더 깊지는 않을 것이다. 대부분의 호수들은 물을 다 퍼내면 우리가 흔히 보는 초지草地보다 더 움푹 패어있지는 않을 것이다.

풍경의 묘사에서 유려하면서도, 대부분의 경우 매우 정확한 글을 쓴 윌리엄 길핀은 스코틀랜드의 '파인 협만狹灣'[3]에 대해 "깊이가 60 내지 70길, 폭이 4마일, 길이가 약 50마일로 산으로 둘러싸인, 염수鹽水로 된 협만"이라고 하면서 그 협만의 유입구에 섰을 때에 느낀 바를 다음과 같이 말하고 있다.

"만약 홍적기洪積期의 지층 함몰 직후나 그것을 초래케 한 자연의 변동 직후에, 그리고 물이 그 안으로 쏟아져 들어오기 전에 볼 수 있었다면 그것은 얼마나 무서운 협곡으로 보였을 것인가!
돌출한 산들이 높이 솟아있듯이
공허한 바닥은 넓고도 깊게 푹 꺼져 있다.
광활한 물바다를 이루면서."

그러나 파인 협만의 가장 짧은 지름을 기준으로, 앞에 언급된 이 협만의 치수를 월든 호수에 비교 적용해보면, 우리가 이미 아는 바와 같이 수직 단면이 얕은 접시 같은 월든 호수에 비해 파인 협만의 깊이는 그 4분의 1 정도임이 드러날 것이다. 파인 협만의 물이 다 빠졌을 때에 드러날

---

[3] 파인 협만Loch Fyne _ 스코틀랜드에 있는 협만. 스코틀랜드 말인 '로크loch'는 폭이 좁고 긴 호수 또는 협만을 뜻하는데 바다와 연결되어 있을 경우 협만이고 그렇지 않을 경우 호수가 된다. 괴물로 유명한 네스 호Loch Ness는 호수이며 여기에 나온 로크 파인은 협만이다.

그 무서운 협곡에 대해서는 이쯤 해두는 것이 좋겠다. 훤하게 트인 수많은 골짜기와 그 사이에 펼쳐져 있는 옥수수 밭들이 바로 물이 빠져나간 '무서운 협곡'과 다를 리가 없건만 생각이 짧은 주민들에게 이 사실을 납득시키려면 지질학자다운 통찰력과 원대한 시계視界가 필요한 것이다.

탐구적 자세로 관찰하면 낮은 지평선의 언덕에서 이따금 원시시대의 호숫가 흔적을 발견하기도 하는데, 호수의 바닥인 들판이 그 후에 융기되는 일이 없었더라도 호수의 내력은 쉽사리 감춰져 왔던 것이다. 그러나 큰길에서 도로 작업을 하는 사람들이 잘 알듯이 소나기가 온 뒤에 생긴 물웅덩이를 보고서 땅이 패어 들어간 곳을 찾기가 제일 쉬운 것이다. 내 말의 요지는, 상상력은 조그만 틈을 주어도 자연보다 깊이 잠수하고 자연보다 더 높이 난다는 점이다. 아마 대양의 수심도 그 넓이에 비하면 대단치 않다는 사실이 드러나리라고 생각한다.

나는 얼음을 뚫고 호수의 수심을 쟀으므로 얼지 않는 항구를 측량할 때보다 훨씬 정확하게 그 바닥의 형태를 파악할 수 있었다. 놀라운 것은, 바닥이 보편적으로 어떤 일관성을 지녔다는 점이었다. 가장 깊은 곳에서는 수 에이커에 달하는 면적이, 태양과 바람과 쟁기의 영향을 받게 마련인 대부분의 밭보다 더 평평한 것이다. 한 예를 들면, 임의로 선택한 어느 선 위의 여러 지점의 수심을 재보았는데 150미터 이내에서는 1피트 이상의 차이가 없었다. 대체로 호수의 중심 근처에서는 어느 방향으로나 매 100피트에 대해 3, 4인치 이내에서 그 수심의 변화를 예측할 수 있었다.

어떤 사람들은 이처럼 모래 바닥으로 된 고요한 호수에서도 깊고 위험한 소沼가 있다고 흔히 얘기하지만 이런 사정 아래에서는 물의 작용으로 인해 온갖 기복이 평평해지는 것이다. 호수 바닥은 대단히 고르며 또 그 바닥의 형태가 호숫가와 그 근처 산 형세와 완전하게 일치하기 때문에 먼 갑岬은 맞은편 호숫가의 깊이에 영향을 주며, 그 방향도 대안對岸을 관찰함으로써 측정할 수 있었다. 갑은 모래톱이 되고 평원은 사주沙洲가 되며, 계곡과 협곡은 해연海淵과 해협이 된다.

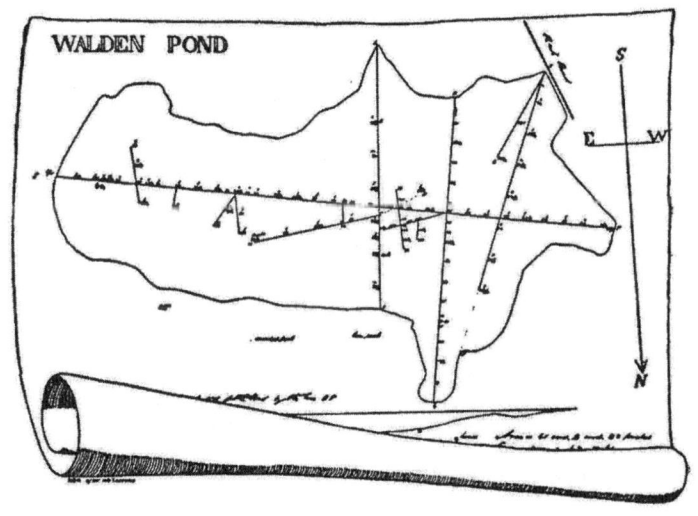

나는 50미터를 1인치로 축소하여 호수의 지도를 작성하고 백 군데 이상 되는 곳의 깊이를 재 모두 기입해 넣었다. 그러자 다음과 같은 놀라운 일치를 발견하게 되었다. 즉 가장 깊은 곳을 가리키는 숫자가 분명히

지도의 한가운데에 있는 것을 보고는 지도 위에 자를 처음에는 세로로, 다음에는 가로로 놓아보았는데, 놀랍게도 가장 긴 가로선과 가장 긴 세로선이 가장 깊은 지점에서 정확히 서로 교차하는 것이었다. 호수의 중심부는 바닥이 거의 평평하고, 호수의 윤곽은 상당히 불규칙적이며, 가장 긴 가로선과 세로선은 작은 만의 속까지 잰 것인데도 말이다. 그래서 나는 이렇게 혼잣말로 중얼거렸다. 즉 이것이 암시하는 바를 따르면 호수나 못은 물론 대양의 가장 깊은 곳도 찾아낼 수 있지 않겠는가? 이것은 계곡의 반대라고 할 수 있는 산악의 높이에도 통하는 규칙이 아니겠는가? 우리가 알다시피 어떤 산의 가장 높은 곳은 산기슭의 폭이 가장 좁은 곳에 있지는 않은 것이다.

다섯 개의 작은 만 중 세 개는 내가 그 깊이를 측정해보았는데, 그 입구를 가로질러 안쪽으로 모래톱이 있었으며 그 안의 물은 더 깊다는 것을 관찰로써 알 수 있었다. 그리하여 작은 만은 수평뿐만 아니라 수직으로도 육지 내부로 뻗은 물의 연장이라고 할 수 있었다. 그것은 일종의 내포內浦나 독립적인 호수를 이루는 경향이 있었으며 두 갑의 방향은 모래톱의 뻗은 방향을 나타내고 있었다. 해안가에 있는 모든 항만도 그 입구에는 모래톱이 있다. 작은 만의 입구가 그 길이에 비해 넓으면 넓은 만큼 모래톱 밖의 물은 내포의 물보다 더 깊었다. 작은 만의 길이와 넓이 그리고 그 주위 호숫가의 특징을 알게 되면 어떠한 경우에 대해서나 하나의 공식을 세울 만한 거의 모든 요소를 갖추게 되는 것이다.

나는 월든 호수에서의 이러한 경험을 살려서 어떤 호수의 수면의 윤곽과 그 호숫가의 특징을 관찰한 것만 가지고도 그 호수의 가장 깊은 곳을 얼마나 정확하게 맞힐 수 있는지를 알아보기 위해 화이트 호수의 도면을 만들어보았다. 이 호수의 면적은 약 41에이커에 달하는데, 월든 호수와 마찬가지로 그 안에는 섬이 없으며, 눈에 보이는 어떠한 유입구나 유출구가 없다. 그런데 가장 긴 세로선은 두 개의 마주 보는 갑이 서로 접근하고, 두 개의 마주 보는 만이 쑥 들어가 있는 곳에서 가장 짧은 세로선에 가까이 지나기 때문에, 나는 짧은 세로선에서 조금 떨어진 데를 가장 긴 가로선상에서 가장 깊은 곳이라고 대담하게 표시해보았다. 나중에 조사해보니 가장 깊은 곳은 내가 표시한 곳에서 100피트 이내에 있는 것이 판명되었다. 그것도 내가 애초에 마음이 쏠렸던 방향이었으며, 깊이도 1피트밖에 더 깊지 않은 60피트였다. 물론 물속에 조류가 흐른다든지 호수 안에 섬이 있다면 문제는 훨씬 복잡해질 것이다.

우리가 자연의 법칙을 모두 다 안다면, 단 하나의 사실이나 혹은 단 하나의 실제적 현상의 기술記述만 있으면 그 시점에서의 모든 구체적인 결과를 추리할 수 있을 것이다. 현재 우리는 단지 몇 가지의 법칙만을 알고 있을 뿐이다. 그래서 우리가 추리해낸 결과는 무효가 되는데, 그것은 자연의 어떤 혼란이나 변칙 때문이 아니라 계산하는 데 꼭 필요한 요소를 우리가 모르기 때문이다. 법칙과 조화에 대한 우리의 개념은 대개 우리가 탐지해낸 경우들로 한정되어 있다.

그러나 우리가 탐지해내지 못했으며 그래서 보기에는 모순된 것 같으나 실제로는 합치되는 무수히 많은 법칙들로부터 유래하고 있는 조화는 참으로 멋진 것이다. 개개의 법칙은 우리가 사물을 보는 시각과도 같다고 하겠다. 즉 길 가는 나그네가 한 걸음 한 걸음 전진할 때마다 산의 모습이 달라지듯이 그것은 절대적으로 하나의 형태만을 가지고 있으면서도 무한한 측면을 지니고 있는 것이다. 산은 쪼개거나 구멍을 뚫어보더라도 그 전체가 파악되지는 않는다.

　내가 호수에 관하여 관찰한 것은 인간의 심성에도 똑같이 통용된다고 하겠다. 그것은 평균의 법칙인 것이다. 두 개의 지름을 이용한 그러한 규칙은 우리를 태양계 안의 태양으로 인도하고 사람 몸 안의 심장으로 인도해줄 것이다. 그뿐 아니라 그것은 한 사람의 매일매일의 모든 행동과 그의 삶의 물결을 뚫고 그의 작은 만과 내포에 이르는 데까지 종횡으로 선을 그을 것이며, 두 선이 만나는 곳에 그의 심성의 가장 높은 부분과 깊은 부분이 자리 잡고 있을 것이다.

　어쩌면 우리는 그의 마음의 깊이와 감추어진 바닥을 알기 위해서는 그의 마음의 호수가 어떻게 기울고 있으며, 그 인접 지역이나 환경이 어떠한지를 알기만 해도 될 것이다. 만약 그의 호수가 고산 준봉과 아킬레우스의 고향처럼 험준한 기슭에 둘러싸여 있으며, 그 산봉우리들이 그의 가슴 위에 우뚝 서서 그의 가슴에 모습을 비추고 있다면, 그것은 그의 내부에도 이에 상응하는 깊이가 있음을 암시하는 것이리라. 그러나 낮고 평평한 기슭은 그가 그 면에서 깊지 않음을 나타낸다고 하겠다. 우리의 신체에서도 대담하게 불쑥 나온 이마는 그것에 상응하는 생각의 깊이를 표시한다. 우리 내부에 있는 각기의 작은 만들, 즉 각개의 성향性向의 입구에는 모래톱이 하나씩 있다. 그 모래톱은 어느 기간 동안에는 우리의 항구 역할을 하며, 우리는 그 속에 갇히게 되고 부분적으로 물과 차단이 된다.

이런 성향은 대체로 어떤 변덕에 의해 형성된 것이 아니고 그 형태와 크기와 방향은 고대로부터의 융기의 축인 갑에 의하여 결정된다. 이 모래톱이 폭풍과 조류와 해류에 의해서 점차로 크기가 커지거나 혹은 물이 줄어들어 모래톱이 물의 표면에 닿게 되면, 하나의 사상이 정박하고 있던 기슭의 성향에 지나지 않던 것이 이제는 독립된 호수가 된다. 이 호수는 바다와 단절되며, 그 안에서 사상은 독자성을 확보하게 된다. 그것은 염수에서 담수로 바뀔 수도 있다. 그것은 물맛이 좋은 담수해가 되는가 하면 사해나 늪이 되기도 한다.

각 개인이 성인이 되어 세상에 나갈 무렵이면 그러한 모래톱이 어디선가 수면에 도달했을 것이라고 상상할 수 있지 않겠는가? 사실이지 우리의 항해 기술은 서툴기 짝이 없기 때문에 우리의 사상은 흔히 항구가 없는 해안가에서 방황하거나 시詩라는 이름의 얕은 만에서 배회하기가 일쑤인 것이다. 그렇지 않으면 모든 사람들에게 개방된 항구로 입항해서는 과학이라는 이름의 건선거乾船渠에 들어가 세속에 맞도록 배를 다시 고치고 마는데, 그곳에는 그들을 개성화할 수 있도록 도와줄 자연의 조류는 존재하지 않는 것이다.

월든 호수의 유입구와 유출구로 나는 비와 눈과 증발 이외에는 아무것도 발견하지 못하였다. 그러나 온도계와 낚싯줄만 가지고도 그러한 장소를 찾아낼 수 있을 것 같다. 왜냐하면 물이 호수로 흘러드는 곳은 여름에는 가장 차며 겨울에는 가장 따뜻할 것이기 때문이다. 얼음을 잘라내는 인부들이 이곳에서 작업을 하던 1846~1847년의 겨울 어느 날, 호숫가로 운반된 얼음덩이들의 일부가 두께가 얇기 때문에 다른 얼음들과 함께 놓을 수 없다는 이유로 그곳에서 얼음을 쌓는 작업을 하던 사람들에 의해서 불량품 처리가 된 적이 있다. 그리하여 채빙 인부들은 호수의 어느 조그만 지역의 얼음은 다른 데의 얼음보다 2, 3인치가 더 얇다는 것을 알게 되었는데 그들은 그곳에 유입구가 있을 것이라고 생각했다.

그들은 나를 얼음 덩어리에 태워서는 호숫물이 '새어나가는 구멍'이라고 생각되는 또 다른 곳을 나에게 보여주었다. 그들은 호숫물이 이 구멍으로 스며들어 언덕 밑으로 해서 근처에 있는 저습지로 빠져나간다는 것이었다. 그것은 수면 아래 약 10피트에 있는 작은 구멍이었다. 그러나 장담하는 바이지만 이보다 더 심하게 새는 구멍이 발견되지 않는 한 이 호수를 땜질할 필요는 없을 것이다. 어떤 사람은 그런 '새는 구멍'이 발견되면 그곳이 저습지와 연결되어 있음을 증명할 수 있는 방법을 제시하기도 했다. 즉 그 구멍의 입구에다 색깔이 있는 가루나 톱밥을 넣은 다음 저습지에 있는 샘물에 체를 설치해 두면 물줄기를 타고 운반되어 온 가루가 그 체에 걸리게 된다는 것이었다.

내가 호수에서 측량하고 있노라면 두께가 16인치나 되는 얼음이 사소한 바람에도 물결처럼 파동을 일으켰다. 잘 알다시피 수준기水準器는 얼음 위에서는 사용할 수 없다. 호숫가에서 5미터 떨어진 지점에 있는 얼음의 최대 부동浮動 수치는 육지에 장치한 수준기를 얼음 위에 세워둔 눈금을 매긴 막대기 쪽으로 향하게 해서 측량을 해보니 4분의 3인치였다. 얼음이 호숫가에 단단하게 붙어있는 것같이 보였는데도 그런 수치가 나왔다. 아마 호수의 중심 부분은 부동이 더 심했을 것이다. 만약 우리의 측정 기구가 보다 정밀하다면 지각地殼의 부동도 탐지해낼 수 있을지 누가 알겠는가? 수준기의 두 다리를 물가에 두고 세 번째 다리를 얼음 위에 두고서 수준기의 가늠자를 그 다리 쪽으로 향하게 하여 관측해보니 얼음의 극히 미세한 상하 부동이 호수 건너편의 나무에는 수 미터의 차이를 나타내는 것이었다.

내가 호수의 깊이를 재기 위하여 얼음에 구멍을 뚫기 시작했을 때 얼음을 덮고 있던 두터운 눈 밑에는 3, 4인치 깊이의 물이 고여 있었다. 이 물은 내가 판 구멍들 속으로 즉시 흘러들어 가기 시작했으며, 깊은 수로가 되어 이틀 동안이나 계속 흘렀다. 이것은 사방의 얼음을 갉아먹는 작용을 했으며 호수의 표면을 말리는 데 실질적인 이바지를 했다. 왜냐하면 물이 호수로 흘러들어 가서 얼음을 올려 뜨게 했기 때문이다. 이것은 물을 빼내기 위하여 배 밑에 구멍을 뚫는 것과 같은 이치라고 할 수 있나.

이런 구멍들이 다시 얼고 이어서 비가 온 다음, 마지막으로 새로운 얼음이 전체를 매끈하게 덮으면 그 속에는 아름다운 검은 무늬들이 생긴다. 그 모양은 거미줄과 다소 비슷하며 얼음의 장미꽃 무늬라고도 할 수 있으리라. 이것은 사방에서 하나의 중심으로 흘러들어 가는 물로 인하여 팬 수로들 때문에 생긴 것이다. 얼음 위에 얕은 물웅덩이들이 있을 때 때로는 나 자신의 그림자가 이중으로 비치는 것을 볼 수 있었다. 그림자 하나는 다른 그림자의 머리 위에 서 있었는데 첫 번째 그림자는 얼음 위에, 두 번째 것은 나무 위나 산비탈에 서 있는 모습이었다.

아직 추운 정월이고 눈과 얼음이 두껍고 단단한데, 알뜰한 지주地主

는 여름철에 음료를 식히는 데 쓸 얼음을 채취하기 위해 마을에서 온다. 지금은 정월인데 7월에 있을 더위와 갈증을 내다보고서 두꺼운 외투와 장갑을 끼고 대비책을 강구하다니! 그 현명함에 깊은 인상을 받으면서도 한편으로 측은하다는 생각을 떨칠 수가 없다. 미래를 위해 준비되지 못한 것들이 얼마나 많은가! 아마도 그는 내세에서 마실 여름 음료를 식혀줄 보물을 현세에서 쌓아 두지는 못하고 있을 것이다.

그는 고체가 된 호수를 자르고 톱질하여 고기들의 집 지붕을 들어낸다. 물고기들의 활동 영역이며 숨 쉬는 공기를 마치 장작이라도 되는 것처럼 쇠사슬과 말뚝으로 묶어 마차에 실은 다음, 흔쾌한 겨울 공기 속을 지나 겨울의 지하실로 운반해서는 그곳에서 여름을 나게 하려는 것이다. 호수의 얼음이 마을의 길 위에 운반되는 것을 멀리서 보면 마치 고체가 된 하늘빛을 보는 것 같다. 지주를 위해 얼음을 자르는 인부들은 쾌활한 사람들로 농담 잘하고 놀기 좋아하는 부류이다. 내가 가까이 다가가면 그들은 곧잘 나더러 밑에 서라고 하고는 '구멍식 톱질'에 한몫 끼게 하는 것이었다.

1846~1847년의 겨울 어느 날 아침, 북극 지방 출신의 남자 100명이 갑자기 월든 호수에 나타났다. 그들은 보기 흉한 농가구들과 썰매, 쟁기, 씨앗 뿌리는 수레, 잔디 깎는 칼, 삽, 톱, 갈퀴 등을 여러 대의 수레에 잔뜩 싣고 왔다. 각 사람은 내가 〈뉴잉글랜드 농민〉이나 〈경작인〉 같은 잡지에서도 본 적이 없는 두 개의 뾰족한 끝이 달린 작대기로 무장하고 있었다. 그들이 겨울 호밀의 씨를 뿌리러 왔는지 또는 최근에 아이슬란드에서 도입한 어떤 다른 종류의 곡물의 씨앗을 뿌리러 왔는지 나는 알

지 못했다. 비료가 눈에 띄지 않았으므로 나는, 그들이 땅이 걸고 오래 묵혀두었다고 생각하여 나처럼 지력地力을 이용하여 농사를 지으려나 보다고 짐작했다.

인부들의 말에 의하면 이 사업의 실질적인 책임자는 이미 50만 달러 가량의 재산을 가지고 있는 신사 농업가인데, 그는 이 사업을 통해 자기 재산을 두 배로 늘릴 계획을 하고 있다는 것이었다. 달러 한 장마다 또 다른 한 장으로 이불을 만들어주기 위해 그는 이 추운 겨울에 월든 호수의 유일한 외투, 아니 피부 그 자체를 벗기고 있는 것이었다. 인부들은 마치 이 호수를 모범 농장으로 만들려는 것처럼 일에 착수하였으며 놀랄 만큼 질서 정연하게 쟁기질과 써레질을 하여 고랑을 파는 것이었다.

그들이 어떤 종류의 씨앗을 고랑에 뿌릴 것인지 주의 깊게 보고 있었는데, 내 바로 옆에 있던 한 패의 인부들이 갑자기 갈고리를 특유의 동작으로 모래 속, 아니 물속까지 푹 집어넣어 그 처녀 토양을, 그 단단한 땅 전부를 끌어올려 썰매에 실어 나르기 시작했다. 그래서 나는 그들이 늪에서 이탄泥炭을 캐는가 보다고 생각했다. 이들 인부들은 기관차의 특이한 기적 소리와 더불어 한 떼의 흰멧새들처럼 북극의 어느 지점이라고 생각되는 곳으로부터 이곳 월든 호수까지 매일 왔다 갔다 하는 것이었다.

그러나 때때로 전설에 나오는 인디언 노파 월든이 복수를 하는 때도 있었다. 어느 날 인부 한 사람이 말수레 뒤를 따라가다가 땅의 틈바구니에 빠져 황천으로 떨어질 뻔한 적이 있었다. 그때까지만 해도 용감하기 짝이 없던 이 사람은 갑자기 9분의 1 정도의 남자로 줄어버렸다. 자신의 동물적 열기를 거의 잃은 그 사람은 내 집에 피신하게 된 것을 기뻐했을 뿐만 아니라 난로에도 장점이 있다는 것을 인정하기까지 했다. 어떤 때는 얼어붙은 땅에 쟁기 끝의 쇳조각이 부러지기도 하고 또는 쟁기가 고랑에 박혀 파내지 않으면 안 되는 적도 있었다.

앞의 이야기를 좀 더 평이하게 말한다면, 100명의 아일랜드 사람들이 미국인의 감독관들과 함께 얼음을 채취하러 매일 케임브리지에서 왔다. 그들은 설명이 필요 없을 만큼 잘 알려진 방법으로 얼음을 여러 덩어리로 잘라서는 썰매에 실어 물가로 운반했다. 그러고는 재빠르게 얼음 저장 축대로 운반해서는 말의 힘으로 움직이는 쇠갈고리와 도르래 장치를 써서 마치 밀가루 통이라도 되는 것처럼 나란히 그리고 층층으로 차근차근 쌓았다. 그 모습은 구름을 뚫고 솟아오를 방첨탑方尖塔의 견고한 토대처럼 보이기도 했다.

그들은 내게 말하기를 순조로운 날에는 1천 톤의 얼음을 캘 수 있다고 했는데 그것은 약 1에이커의 면적에서 나오는 양이었다. 썰매들이 이미 자국이 난 데를 계속 통과하기 때문에 마치 육지에서처럼 얼음 위에 깊은 바퀴 자국이 났다. 말들은 한결같이 얼음덩이에 물통처럼 구멍을 파놓은 데에 담긴 귀리를 먹었다. 인부들은 야외 공터에 밑면 한 변의 길이가 30미터 내지 35미터, 높이가 35피트가 되도록 얼음을 쌓았다. 그리고 맨 바깥쪽에 쌓은 얼음의 층 사이에는 공기를 차단하기 위하여 건초를 끼워놓았다. 그것은 미지근한 바람이 통로를 발견하게 되면 얼음 사이에 큰 구멍들을 만들어 여기저기에 약한 기둥들을 남겨놓게 되며, 결국에는 쌓아놓은 얼음을 쓰러뜨릴 것이기 때문이다.

처음에 그것은 거대한 푸른 요새나 '발할라의 전당'처럼 보인다. 그러나 인부들이 얼음 사이에 초원에서 베어온 마른풀을 끼우기 시작하고 이 풀이 서리와 고드름으로 뒤덮이면 고색창연하고도 숭엄한 유적의 모습을 띠는데, 원래는 하늘빛 대리석으로 지었던 건물이 세월이 지나면서 이끼가 낀 것 같았다. 그것은 달력에서 보는 '겨울 영감冬將軍'의 처소 같았으며 그 영감이 우리와 함께 여름을 보내려고 지은 오막살이와도같이 보였다.

사람들은 이 얼음 중의 25퍼센트도 목적지에 도달하지 못할 것이며 1~3퍼센트는 열차 속에서 소실될 것이라고 계산하고 있었다. 그러나 이 얼음 더미의 훨씬 많은 부분이 처음 의도와는 다른 운명을 맞았다. 그것은 이 얼음이 보통 때보다 더 많은 공기가 들어갔든지 아니면 무슨 다른 이유 때문에, 기대했던 만큼 잘 보손이 되지 않아 끝내 팔려나가지 못했기 때문이다. 1846~1847년의 겨울에 쌓아놓은 이 얼음 더미는 약 1만 톤가량으로 추정되고 있었는데 결국에는 건초와 판자로 덮이게 되었다. 그해 7월에 지붕을 걷고 그 일부를 운반해 갔지만 나머지는 태양에 그 모습을 드러낸 채로 그해 여름과 다음 겨울을 견뎌냈다. 1848년 9월이 되어서야 얼음은 완전히 녹아버렸다. 이리하여 호수는 잃었던 물의 대부분을 되찾게 되었다.

월든 호수의 물처럼 월든의 얼음도 가까이에서 보면 녹색 빛을 띠지만 멀리서 보면 아름다운 청색이다. 그래서 4분의 1마일 정도의 거리에서 보더라도 콩코드 강의 하얀 얼음이나 다른 호수들의 단순한 초록색 얼음과는 쉽게 구별이 된다. 채빙 인부들의 썰매가 마을의 거리를 지날 때 때때로 커다란 얼음덩이 하나가 미끄러져 떨어져서는 일주일 동안이나 녹지 않고 그 자리에 놓여 있는 일이 발생하는데, 그 모습이 커다란 에메랄드와도 같아서 지나가는 모든 사람들의 흥밋거리가 되기도 했다.

내가 살펴본 바에 의하면, 월든 호수의 일부분은 액체일 때에는 녹색이지만 일단 얼면 같은 지점에서 보아도 흔히 청색으로 보이는 것이었다. 그래서 겨울의 어떤 때에는 호수 근처의 움푹 팬 곳들에 호숫물과 같은 초록빛 물이 고여 있다가도 다음 날에는 청색으로 얼어있는 것을 보게 된다. 아마도 물과 얼음의 청색은 그 안에 품고 있는 빛과 공기 때문이겠는데 가장 투명한 것이 가장 짙은 청색을 띠고 있다.

얼음은 흥미로운 명상의 대상이다. 사람들의 말에 의하면 프레시 호수 옆의 얼음 창고에는 5년이나 된 얼음이 있었다고 하는데 갓 잘라냈을 때와 조금도 다름이 없었다는 것이었다. 어찌하여 한 통의 물은 금세 물맛이 변하는데 일단 얼면 언제까지나 싱싱한 것일까? 흔히 하는 말에 따르면 이것이 바로 애정과 지성의 차이점이라고 한다.

이처럼 나는 16일 동안이나 내 집의 창문가에 서서 100명의 인부들이 바쁜 농사꾼들처럼 말과 수레와 기타 온갖 농기구를 써가면서 일하는 것을 지켜보았다. 그것은 달력의 첫 장에서 보는 것 같은 한 폭의 그림이었다. 밖을 내다볼 때마다 나는 종달새와 추수하는 사람의 우화와 씨앗 뿌리는 사람의 이야기가 생각났다.

이제 그 사람들은 모두 가버렸고 30일만 더 지나면 바로 이 창문에서 바다처럼 초록빛을 띤 깨끗한 월든 호수를 바라보게 되리라. 수면에는 구름과 나무 들의 그림자가 드리워져 있을 것이며, 호수는 고독한

가운데 수증기를 하늘로 올려보낼 것이다. 그러나 사람이 호수 위에 서 있었다는 흔적은 하나도 볼 수 없을 것이다. 얼마 전까지만 해도 100명의 사람이 두려움 없이 일하던 바로 그곳에서 되강오리 한 마리가 물속에 들어가 깃털을 가다듬으며 웃음을 터뜨리는 소리를 듣게 되리라. 혹은 그곳에서 외로운 낚시꾼이 떠다니는 나뭇잎과도 같은 배에 몸을 싣고는 잔물결 속에 자신의 모습이 비치는 것을 바라보는 광경을 보게 되리라.

이리하여 찰스턴과 뉴올리언스 그리고 마드라스와 봄베이와 캘커타의 더위에 고생하는 시민들이 내 우물에서 길어간 물을 마시게 될 가능성이 생겼다. 아침마다 나는 《바가바드기타》의 경이로운 우주 생성 철학에 나의 지성을 목욕시킨다. 이 책이 쓰인 후 신들의 시대는 갔으며, 이것에 비하면 우리의 현대 세계와 그 문학은 왜소하고 보잘것없다. 그 철학의 숭고함이 우리의 개념과는 너무나도 멀기 때문에 나는 그것이 우리의 전생에 관한 것이 아닌가 하는 생각이 들기도 한다. 나는 책을 내려놓고 우물로 물을 길러 간다. 아니 그런데 그곳에서 내가 만난 사람이 있었으니, 다른 사람 아닌 바라문의 하인이다. 브라흐마와 비슈누와 인드라 신神[4]의 승려인 바라문은 아직도 갠지스 강변에 있는 자신의 사원에 앉아 베다 경전을 읽고 있거나 빵 껍질과 물병만을 가지고 나무 밑에 살고 있다. 나는 그의 하인이 자신의 상전을 위해 물을 길러 온 것을 만났으며, 우리의 물통은 같은 우물 안에서 숙명적으로 부딪친 것이다.

---

4) 브라흐마, 비슈누, 인드라는 바라문교 최고의 신이다.

월든 호수의 맑은 물은 이제 갠지스 강의 성스러운 물과 섞이게 되었다. 월든 호수의 물은 순풍을 만나면 전설적인 아틀란티스 섬[5]과 헤스페리데스 섬[6]을 지나 대항해가 한노가 들렀던 바다를 다시 돌 것이다. 그리고는 테르나테 섬과 티도레 섬[7]과 페르시아 만 입구를 지나 인도양의 열대 강풍에 녹을 것이며, 알렉산더 대왕도 이름만 들어본 항구들에 도달할 것이다.

---

5) 아틀란티스 섬 _ 대서양 해저로 침몰했다고 플라톤이 말한 전설상의 섬.
6) 헤스페리데스 섬 _ 세계의 서쪽 끝에 있다는 전설상의 섬.
7) 테르나테 섬과 티도레 섬 _ 태평양의 멜라네시아에 있는 두 섬으로 밀턴의 《실낙원》에서도 언급되어 있다.

17
봄

 채빙 인부들이 넓은 면적의 얼음을 잘라내면 호수는 대체로 예년보다 빨리 얼음이 녹는다. 왜냐하면 추운 날에도 호숫물은 바람 때문에 출렁거리며 주위의 얼음을 갉아먹기 때문이다. 그러나 그해 월든 호수에는 이런 현상이 일어나지 않았다. 낡은 외투 대신 새 외투를 입듯 호수에는 곧 두꺼운 얼음이 새롭게 얼었던 것이다.
 이 호수는 깊은 데다 얼음을 녹이거나 갉아먹는 물의 흐름이 없기 때문에 근처의 다른 호수들처럼 빨리 얼음이 녹지 않는다. 내가 알기로 월든 호수는 겨울 중에 녹은 적이 한 번도 없었으며, 그것은 여러 호수들에 그처럼 심한 시련을 준 1852~1853년의 겨울도 예외는 아니었다.
 월든 호수는 대개 플린트 호수나 페어헤이번 호수보다 일주일이나 열흘쯤 늦은 4월 초하루 경에 녹기 시작하며, 얼음이 맨 처음 얼었던 북쪽 물가와 얕은 곳부터 해빙이 시작된다. 이 호수는 기온의 일시적 변화에 영향을 적게 받기 때문에 이 근처의 어느 호수나 강보다 계절의 절대적인 진행을 잘 나타낸다. 3월에 들어 심한 추위가 2, 3일만 계속되어도 다른 호수들의 해빙은 심히 늦어지게 마련이지만 월든 호수의 수온은 지속적으로 상승한다.

1847년 3월 6일에 월든 호수의 한가운데에 집어넣은 온도계는 화씨 32도, 즉 빙점을 가리켰다. 물가 근처에서는 33도였다. 같은 날 플린트 호수의 한가운데는 32.5도였으며, 물가에서 60미터 안쪽으로 1피트 두께의 얼음 밑 얕은 물속의 온도는 36도였다. 플린트 호수의 깊은 곳과 얕은 곳의 온도 차가 이처럼 3.5도나 되는 점 그리고 그 호수의 대부분이 비교적 얕다는 사실이 그 호수가 월든 호수보다 훨씬 빨리 해빙되는 이유를 제시해준다. 이 무렵 가장 얕은 곳의 얼음은 호수 가운데보다 몇 인치가 얇았다.

그러나 한겨울에는 한가운데가 가장 온도가 높았고 그곳의 얼음이 가장 얇았다. 여름에 호숫가 근처의 물속에 들어가본 사람이면 누구나 알다시피 3, 4인치 깊이밖에 안 되는 물가 근처의 물의 온도는 그보다 조금 안쪽의 물의 온도보다 훨씬 높으며, 깊은 곳에서는 수면이 호수 바닥보다 온도가 훨씬 더 높다. 봄에는 태양이 공기와 대지의 온도를 높여 영향을 끼칠 뿐만 아니라 태양의 열은 1피트 혹은 그 이상 두께의 얼음을 통과해서 얕은 곳에서는 바닥으로부터 반사되어 물을 덥게 하고 얼음의 아래쪽을 녹인다. 그와 동시에 태양의 열은 얼음을 위에서 직접 녹여 얼음을 울퉁불퉁하게 만들며, 얼음 속에 들어있는 공기 방울을 위아래로 팽창시켜서 얼음을 벌집 모양으로 만든다. 그 위에 봄비가 단 한 번만 내려도 얼음은 갑자기 사라져버린다.

얼음에도 나무처럼 결이 있어서 얼음덩이가 허물어지거나 벌집 모양이 되기 시작하면, 그 위치가 어떠하건 그 안의 기포들은 수면이었던 부분하고 직각을 이룬다. 바위나 통나무가 수면 가까이 올라와 있는 곳에서는 그 위의 얼음은 훨씬 얇으며, 반사된 열에 의하여 거의 녹아버리다시피 하는 경우가 자주 있다. 내가 들은 바에 의하면 케임브리지에서는 나무로 된 얕은 연못에서 물을 얼리려는 실험을 했다고 한다. 그런데 찬 공기를 물 밑에 순환시켰으므로 위아래로 찬 공기와 접촉이 있었음에도 불구하고 바닥으로부터 반사된 태양열은 이 이점利點을 상쇄하고도 남았다고 한다.

한겨울에 내린 따뜻한 비가 월든 호수의 눈과 얼음을 녹이고 호수 가운데에 검은색 아니면 투명한 단단한 얼음을 남겨놓을 때, 호숫가에 있는 5미터 내지 그 넓이 이상의 흰색 얼음은 이 반사열 때문에 비교적 두꺼우면서도 잘 부서지는 상태가 된다. 그리고 내가 그전에도 얘기했듯이 얼음 속에 들어있는 공기 방울들은 집열 렌즈처럼 밑에 있는 얼음을 녹이는 작용을 하는 것이다.

1년 중에 발생하는 여러 가지 현상들이 매일 작은 규모로 호수 안에서 일어난다. 대체로 얕은 곳의 물은 아침에는 깊은 곳의 물보다 빠른 속도로 온도가 올라가기 시작하며, 저녁부터 다음 날 아침까지는 역시 빠른 속도로 온도가 내려간다. 하루는 1년의 축소판이다. 밤은 겨울이며, 아침과 저녁은 봄과 가을이며, 낮은 여름이다. 얼음이 울리거나 깨지는 듯한 소리를 내는 것은 온도의 변화를 나타낸다.

1850년 2월 4일, 추운 밤을 보내고 상쾌한 아침을 맞은 나는 플린트 호수에서 하루를 보내기 위하여 그곳으로 갔다. 그런데 내가 도끼머리로 얼음을 치자 마치 징이라도 친 것처럼 혹은 팽팽한 북을 친 것처럼 사방 몇 십 미터에 소리가 울려퍼져서 나를 놀라게 했다. 해가 뜬 지 한 시간 후 언덕 너머로 비스듬히 비치는 태양 광선의 영향을 받으면서 호수는 울리는 소리를 내기 시작했다. 호수는 마치 잠을 깬 사람처럼 기지개를 켜고 하품을 하면서 점점 더 시끄러운 소리를 냈으며 이런 상태가 서너 시간이나 계속되었다.

그러나 정오 무렵에는 낮잠이라도 자는 듯 잠시 조용해졌다가 태양이 그 영향력을 거두어들이는 저녁 무렵에 다시금 울리는 소리를 냈다. 기후가 알맞을 때 호수는 아주 규칙적으로 저녁 예포를 쏘곤 한다. 그러나 대낮에는 깨지는 듯한 소리로 시끄러운 데다 공기 또한 탄력이 적기 때문에 호수는 완전히 그 울림을 잃고 만다. 그러므로 아마 얼음 위를 치더라도 물고기와 사향쥐 들이 그 진동 소리에 의해 정신을 잃을 정도로 놀라는 일은 없을 것이다.

낚시꾼들의 말에 의하면 '호수의 천둥소리'에 물고기들이 놀라서 미끼를 물지 않는다고 한다. 호수가 저녁마다 천둥소리를 내는 것은 아니다. 또 언제 그 소리를 낼지 예측할 수도 없다. 그러나 날씨에 특별한 변화가 없는데도 호수는 돌연 천둥소리를 낸다. 이처럼 덩치가 크고 차가우며 두꺼운 피부를 가진 것이 그토록 민감하리라고 누가 상상이나 하겠는가? 그러나 봄이 오면 반드시 새싹이 트듯 이 호수는 그 자신의 어떤 법칙에 순종하여 천둥소리를 내야 할 시점엔 반드시 그렇게 하는 것이다. 대지는 살아있으며 예민한 돌기로 덮여 있다. 아무리 큰 호수라도 대기의 변화에 대해서는 시험관 속의 수은처럼 민감한 것이다.

숲에 들어와 사는 생활의 한 가지 큰 매력은 봄이 오는 것을 지켜볼 수 있는 여유와 기회를 갖게 된 점이었다. 호수의 얼음은 마침내 벌집 모양이 되기 시작했으며, 그 위를 걷노라면 구두 굽의 자국이 생겼다. 안개와 비와 따뜻해져가는 태양이 눈을 계속 녹이고 있다. 낮이 피부로 느낄 만큼 매일매일 길어지고 있다. 나무를 더 해오지 않더라도 겨울을 날 수 있을 것 같다. 이제 큰 불은 피우지 않아도 되니 말이다. 봄이 오는 첫 징조를 나는 주의 깊게 살펴본다. 혹시 다시 돌아온 어느 새의 노랫소리나 줄무늬다람쥐의 찍찍거리는 소리라도 들려오지 않나 귀를 기울여본다. 다람쥐도 지금쯤은 겨울 식량이 다 떨어졌으리라. 우드척도 겨울의 보금자리에서 나올 때가 되었다.

3월 13일, 이미 유리울새와 노래참새와 티티새의 울음소리를 들었음에도 불구하고 호수의 얼음은 아직도 거의 1피트 두께를 유지하고 있었다. 날씨가 계속 따뜻해지고 있어도 얼음은 눈에 띄게 물에 녹거나 강에서처럼 쪼개져서 떠내려가거나 하지 않았다. 호숫가의 얼음은 2, 3미터의 폭으로 완전히 녹아있었지만 가운데의 얼음은 단지 벌집 모양으로 되어 물이 질퍽할 뿐이었다. 6피트 정도의 두께로 발을 디디면 쑥쑥 들어갔다.

그러나 따뜻한 비가 내린 다음 안개라도 낀다면 얼음은 다음 날 저녁까지는 완전히 종적을 감출 것이다. 안개와 더불어 마치 귀신에 홀려가기라도 한 듯이 말이다. 어느 해던가 나는 얼음이 완전히 녹기 불과 5일 전에 호수 중심부의 얼음을 건너간 적이 있었다. 1845년 월든 호수는 4월 1일에 완전히 해빙이 되었다. 1846년은 3월 25일에, 1847년은 4월 8일에, 1851년은 3월 28일에, 1852년은 4월 18일에, 1853년은 3월 23일에 그리고 1854년은 4월 7일에 얼음이 완전히 녹았다.

 강과 호수의 얼음이 녹는 것이나 날씨가 따뜻해지는 것과 관계된 모든 작은 사건들은 계절의 차이가 심한 곳에 사는 우리에게는 깊은 관심의 대상이 된다. 따뜻한 봄날이 다가오면서 강가에 사는 사람들은 한밤중에 얼음이 대포 소리와도 같이 깜짝 놀랄 만큼의 큰 소리를 내며 깨지는 소리를 듣는다. 마치 강을 얽어매고 있던 얼음의 쇠사슬이 산산조각 나는 것 같다. 그 후 며칠 안에 얼음은 빠른 속도로 녹아버린다. 이와 마찬가지로 악어도 대지의 진동과 함께 진흙 속으로부터 그 모습을 드러낸다.

 노인 한 사람이 있었는데, 그는 평생 자연을 면밀히 관찰해왔고 자연의 모든 활동에 대해 너무나도 잘 알기 때문에 혹시 소년 시절에 자연이라는 배가 건조될 때 그 용골龍骨을 놓는 데 조수 노릇을 하지 않았을까 하는 생각이 드는 그런 사람이었다. 그는 이미 나이가 지긋했으며 설혹 므두셀라[1]만큼 장수하더라도 자연에 관한 지식을 그 이상 얻을 수 있으리라고는 생각되지 않았다. 그러한 그가 자연의 활동에 대하여 경이로움을 표시할 때 나는 놀라움을 금할 수 없었다. 왜냐하면 그 노인과 자연 사이에는 아무런 비밀이 없으려니 생각했기 때문이다. 그 노인은 나에게 다음과 같은 이야기를 들려준 적이 있다.

 어느 봄날 그는 엽총과 보트를 갖고 오리 사냥이나 해보리라고 생각했다. 강 옆의 저습지에는 아직 얼음이 남아있었으나 강의 얼음은 다 녹

---

1) 므두셀라 _ 성경에 나오는 인물로 969세까지 살았다고 한다.

았기 때문에 그는 자신이 사는 서드베리에서 페어헤이번 호수[2]까지 아무런 방해를 받지 않고 강물을 타고 내려갈 수 있었다. 그러나 뜻밖에도 페어헤이번 호수는 대부분이 단단한 얼음판으로 덮여 있었다. 그날은 따뜻한 날이었기 때문에 그처럼 큰 얼음덩이가 남아있는 것을 보고 그는 놀라지 않을 수 없었다.

오리가 보이지 않았으므로 그는 보트를 호수 안에 있는 섬의 뒤쪽, 즉 북쪽에 감추어놓고 자신은 섬 남쪽 덤불 속에 몸을 숨기고 오리들이 나타나기를 기다렸다. 섬 주위는 얼음이 15미터 내지 20미터가량의 폭으로 녹아있어서 따뜻하고 잔잔한 물이 보였으며 물 밑바닥은 진흙이었다. 이러한 것들은 바로 오리들이 좋아하는 바였기 때문에 그는 이제 곧 오리들이 날아오려니 생각했다.

그곳에 힌 시간쯤 엎드려 있을 때 그는 밀리서 들려오는 것 같은 낮은 소리를 들었다. 그가 여태껏 들어본 적이 없는 이상스럽게도 장엄하고 인상적인 소리였다. 그 소리는 마치 기억에 남을 만한 어떤 굉장한 끝맺음을 갖게 될 것처럼 점점 부풀고 커져갔다. 무엇이 몰려오는 듯한 그 요란한 소리는 순간적으로 그에게는 엄청난 새 떼가 내려앉는 소리처럼 들렸다. 그는 흥분한 나머지 급히 총을 들고 일어섰다.

그러나 놀랍게도 그가 거기에 엎드려 있는 동안 호수의 큰 얼음덩이가 움직이기 시작하여 섬의 기슭으로 밀려왔으며, 그가 들은 소리는 얼음덩이의 끝 부분이 기슭에 부딪혀 긁히는 소리였다는 것을 그는 알게

---

[2] 페어헤이번 호수는 실은 호수가 아니고, 콩코드 강이 갑자기 넓어져 호수처럼 된 곳이다.

봄 453

되었다. 처음에는 가만가만히 부서져 떨어져나갔으나 나중에는 강하게 밀려 상당한 높이까지 올라와서 섬 주위에 부스러기를 떨어뜨리고는 멎었던 것이다.

마침내 햇살은 직각을 이루고 따뜻한 바람은 안개와 비를 몰고와서 눈 덮인 둑을 녹인다. 안개를 흩어버리는 태양은, 향을 피우듯이 김이 모락모락 오른 적갈색과 흰색이 교차된 풍경 위에서 미소 짓고 있다. 졸졸 흐르는 수많은 실개천과 개울의 음악에 흥이 겨운 나그네는 이 섬에서 저 섬으로 뛰어 건너며 이 풍경 속의 길을 간다. 개울들의 혈관에는 겨울의 피가 가득 차서 떠내려가고 있다.

내가 마을에 가려면 철로를 놓기 위해 산허리를 깊이 깎아놓은 곳을 지나게 된다. 그런데 봄이 되면 얼었던 모래와 진흙이 녹으면서 그 깎은 곳의 양쪽으로 흘러내리는데, 그때 나타나는 여러 가지 형태보다 더 관찰하기에 흥미로운 현상도 없을 것이다. 적당한 재질로 이루어진, 생생하게 노출된 둑의 수효는 철도가 발명되고 나서 엄청나게 증가했지만 이처럼 큰 규모의 현상은 그리 많지 않을 것이다.

둑을 이루고 있는 재질은 그 굵기와 색깔이 다양한 온갖 종류의 모래이며 대개는 약간의 진흙이 섞여 있다. 봄에 언 땅이 녹을 때나 심지어 겨울에도 몹시 따뜻한 날에는, 모래가 용암처럼 비탈을 흘러내리기 시작하며 때로는 눈을 뚫고 쏟아져 나와 전에 모래가 보이지 않았던 곳이 온통 모래 천지가 되기도 한다. 무수한 작은 흐름이 서로 겹치고 뒤엉켜 일종의 혼성물의 양상을 띠는데, 이것은 반은 흐름의 법칙을 따르고 반은 식물의 법칙을 따른다. 그것은 흘러내리면서 수분이 많은 잎이나 덩굴의 형태를 취하며, 1피트 내지 그 이상 깊이의 펄프처럼 걸쭉한 가지들의 더미를 이룬다. 이것을 위에서 내려다보면 무슨 나무 이끼의 톱니 모양이나 열편裂片 모양 또는 비늘 모양의 엽상체葉狀體처럼 보이기도 한다. 혹은 산호나 표범의 발톱, 새의 발, 뇌나 폐나 내장 또는 각종 배설물을 연상시키기도 한다. 그것은 참으로 기괴한 식물로 그 형태나 색깔이 청동의 주조물 속에 모방된 것을 우리는 볼 수가 있다. 그것은 건축상의 장식에 흔히 이용되는 아칸서스 잎이나 꽃상추, 포도나무나 담쟁이덩굴, 기타 어떤 식물의 잎보다도 오랜 역사를 가진 전형적인 건축용 잎사귀인 것이다. 그것은 사정에 따라서는 미래의 지질학자들에게 수수께끼가 될 수도 있는 운명을 지녔다고 하겠다.

 산허리를 깊이 깎아낸 이곳은 마치 어떤 종유석의 동굴을 햇빛에 통째로 드러내놓은 것 같은 인상을 주었다. 여러 가지 색깔의 노래는 독특하고 보기 좋은 윤기를 가지고 있었으며, 갈색, 회색, 누런색과 불그스름한 색 등 여러 가지 철분의 색깔을 함유하고 있었다. 흘러내리는 덩어리가 둑 기슭의 고랑에 도달하면 그것은 좀 더 납작한 몇 개의 가닥으로 퍼져나간다. 각기의 흐름은 반원통형의 모습을 잃고 점점 납작하고 넓어지며, 수분이 많아짐에 따라 함께 흘러내려서 거의 평평한 모래처럼 되어버린다. 그러나 그것은 아직도 여러 가지 아름다운 색깔을 지니고 있으며, 그 속에 본래 식물의 모습을 찾아볼 수 있다. 그러나 드디어 도랑의 물속에 들어가게 되면 마치 강어귀에 형성되는 것과 같은 모래톱이 되며, 식물의 형상은 바닥에 생기는 물결무늬 자국 속에 없어지고 만다.

20피트 내지 40피트 높이의 둑 전체가 때때로 봄날 단 하루의 생산물인 이런 잎사귀 무늬의 모래 분출로 뒤덮이는데, 이 현상은 한쪽 또는 양쪽 둑을 따라 4분의 1마일까지 펼쳐진다. 무엇보다 신기한 것은 이 잎사귀 무늬의 모래 덩어리가 어느 날 갑자기 터져나온다는 점이다. 한쪽 둑은 아무렇지 않은데 맞은편 둑은 단 한 시간 만에 그처럼 잎들이 무성한 것을 보면(왜냐하면 태양은 한쪽 둑에 먼저 작용하니까.) 나는 세계와 나를 창조한 그 위대한 예술가의 작업실에 서 있는 것이 아닌가 하는 느낌을 갖는다. 즉 그 예술가가 아직도 작업을 계속하고 있으며 이 둑에 장난을 치기도 하면서 남아돌아가는 정력으로 새로운 디자인을 사방에 뿌리고 다니는 현장에 와 있는 것 같은 기분이 드는 것이다. 또 지구의 내장에 상당히 가까이 있다는 느낌도 든다. 왜냐하면 이 모래의 흘러넘침은 동물의 내장과도 같은 잎사귀 형상의 덩어리이기 때문이다. 우리는 이런 모래 속에서도 식물의 잎에 대하여 우리가 느끼는 것과 같은 기대감을 발견한다.

　대지가 그 자신을 외부에 표현할 때 나뭇잎으로 나타내는 것은 이상한 일이 아니다. 왜냐하면 대지는 내부적으로 그러한 관념을 품고 진통을 하기 때문이다. 원자들은 이미 이 법칙을 배웠으며 그 법칙에 의해 수태를 했다. 우리 머리 위에 매달려 있는 나뭇잎은 바로 여기에 그 원형이 있다. 그 잎이 지구의 내부이든 동물의 몸속이든, 내부에 있을 때 그것은 수분이 많은 두꺼운 잎lobe이며, 이 말은 특히 간, 폐 그리고 지방엽脂肪葉에 적용할 수 있다. 이 잎의 어원인 그리스어 lobe는 아래로 흘러내리거나 미끄러져 내리는 것을 의미하며 거기서 파생된 말에는

lobe(잎), globe(지구), lap(싸다, 겹치다), flap(나부끼다)과 같은 많은 단어들이 있다.

외부적인 의미에서 그것은 마르고 얇은 잎leaf인데, 'f'와 'v'는 'b'가 압축되고 마른 것이다. lobe의 어근은 'lb'인데, 뒤에 있는 'l' 음이 부드러운 'b' 음을 앞으로 밀어내고 있다. globe의 경우 어근은 'glb'인데, 후음喉音인 'g'가 단어의 의미에 목구멍의 능력을 보태고 있다.

새의 깃털과 날개는 한층 더 마르고 얇은 잎이다. 이렇게 해서 땅속에 있는 통통한 유충은 공중을 훨훨 나는 나비로 변신한다. 지구 자체도 끊임없이 자신을 초월하고 변화시켜 자기의 궤도를 날고 있다. 얼음조차도 섬세한 수정과 같은 잎으로 시작한다. 얼음은 마치 수초의 잎이 물의 거울 위에 눌려 만들어진 틀 속에 들어갔다 나오기라도 한 것 같지 않은가? 나무도 그 전체가 하나의 잎에 지나지 않는다. 하천은 좀 더 커다란 잎으로 그 육질 부분은 사이에 끼어든 육지이며, 마을과 도시 들은 잎겨드랑이에 자리 잡은 곤충의 알인 것이다.

해가 지면 모래도 흐름을 멈춘다. 그러나 아침이 되면 흐름은 다시 시작되며, 갈라지고 또 갈라져 수많은 흐름으로 나뉜다. 혈관의 형성 과정도 아마 이와 비슷한 것이리라. 조금 더 자세히 관찰해보면 얼었던 거대한 모래 덩어리가 녹으면서 물방울과 같은 끝을 가진 부드러운 모래의 흐름이 마치 손가락 끝으로 밀듯 앞을 밀어내면서 천천히 그리고 맹목적으로 길을 더듬어 아래로 내려오는 것을 볼 수 있다. 해가 더 높이 올라감에 따라 열과 수분이 증가하면 가장 유동적인 부분은 자연의 법칙에 따라 가장 완만한 부분과 갈라져서 그 내부에 꾸불꾸불한 수로 내지는 동맥을 형성한다. 그 안에는 작은 은빛 흐름이, 육질이 많은 잎이나 가지의 단계에서 다음 단계로 번개처럼 흘러가다가 이따금씩 모래 속에 파묻혀 버리는 것을 볼 수가 있다. 모래가 그 수로의 날카로운 끝 부분을 형성하기 위하여 자체에서 구할 수 있는 가장 좋은 재료를 사용하면서 얼마나 빨리 그리고 완벽하게 자신의 흐름을 정비하는가 하는 것은 놀라운 일이다. 강의 근원도 바로 그러한 것이리라. 물속에 가라앉은 규산질의 물질 속에 아마 골격 조직이 있을 것이며, 보다 섬세한 토양과 유기물질 속에 육질 섬유와 세포조직이 있을 것이다.

인간이란 것이 얼었다가 녹고 있는 진흙의 덩어리가 아니라면 무엇이겠는가? 사람의 손가락 끝은 진흙의 방울이 응결된 것에 지나지 않는다. 얼었다가 녹고 있는 육신의 덩치에서 그 한계점까지 흘러나간 것이 바로 손가락과 발가락이다. 보다 온화한 환경 아래에서는 인간의 육체가 어디까지 확장되어 흘러갈지 그 누가 알겠는가? 손은 열편과 엽맥葉脈을 가진 종려나무 잎이 아닌가? 귀는 상상의 날개를 편다면 귓불 또는 방울을 가지고 있으면서 머리 옆에 붙어있는 나무 이끼라고 할 수 있으리라. 입술은 동굴 같은 입의 위아래로 비어져나와 처져 있다.

코는 분명히 응결된 진흙의 방울이나 종유석이다. 턱은 좀 더 커다란 진흙의 방울이며, 얼굴 전체에서 흘러내린 것이 만난 곳이다. 뺨은 이마에서 얼굴의 골짜기로 미끄러져 내려오다 광대뼈에 부딪혀 퍼진 것이다. 나뭇잎이나 풀잎의 둥그런 열편도 크든 작든 잠시 망설이고 있는 두툼한 방울들이라고 할 수 있다. 이 열편들은 잎의 손가락들이다. 열편의 수효만큼 잎은 여러 방향으로 흐르려는 경향을 가지고 있다. 온도가 더 높았거나 보다 쾌적한 환경이었다면 잎은 더 멀리 뻗어나갔으리라.

이리하여 이 언덕 비탈 하나가 대자연의 모든 움직임의 원칙을 보여주는 것 같은 생각이 들었다. 이 지구의 창조자는 단지 잎사귀 하나에 대한 특허권을 따놓았을 뿐이다. 어떤 샹폴리옹[3] 같은 사람이 다시 나와 이 상형문자를 해독해서는 드디어 우리로 하여금 새로운 잎, 새로운 장章을 열게 할 것인가? 이 언덕 비탈에서 벌어지는 현상은 우거진 포도농원의 풍요보다도 더 나를 들뜨게 하고 있다.

사실, 그것은 배설물 같은 성격을 약간 가지고 있으며, 지구의 안팎을 뒤집어놓은 것처럼 간과 폐와 내장이 무더기로 쌓여 있기는 하다. 그러나 이것은 대자연이 내장을 가지고 있음을 그리고 결국 대자연이 우리 인류의 어머니임을 암시하는 것이 아니겠는가? 이것은 땅속에 웅크리고 있던 얼음이 빠져나오는 것이다. 이것이 바로 봄이다. 이것이 있은 다음에야 꽃피는 푸른 봄이 뒤따르게 된다. 마치 신화가 있은 다음에 순수한 시가 뒤따르듯이. 겨울의 노기怒氣와 소화불량을 씻어내는 데 이것보다 더 나은 것이 있을 성싶지 않다.

이것은 대지가 아직도 기저귀를 차고 있으며 갓난아기의 손가락을 사방에 뻗치고 있다는 생각을 나로 하여금 갖게 한다. 민둥민둥한 이마에서 신선한 고수머리가 자라나는 모습과도 같다고 할까. 거기에 무기물적인 요소는 전혀 없다. 이 잎사귀 같은 더미들은 용광로의 쇠 찌꺼기

---

[3] 장 프랑수아 샹폴리옹(1790~1832) _ 프랑스의 이집트학 학자. 로제타돌의 비명을 처음으로 해독하여 고대 이집트의 상형문자를 이해하는 길을 텄다.

처럼 둑 위에 놓여서는 자연이 대지의 내부에서 한창 불을 때고 있음을 알려주고 있다. 지구는 책장처럼 차곡차곡 층층으로 쌓여 주로 지질학자와 고고학자 들의 연구 대상이나 되는 단순한 죽은 역사의 조각이 아니다. 그것은 살아있는 시이며 꽃과 열매에 앞서 피어나는 나무의 잎 같은 것이다.

지구는 화석의 대지가 아니고 살아있는 대지이다. 지구 내부의 위대한 생명에 비하면 온갖 동식물의 생명은 단지 기생적인 것일 뿐이다. 대지가 진통을 하면 인간이 벗어놓은 껍질들은 그 무덤으로부터 팽개쳐질 것이다. 우리는 우리의 금과 은을 녹인 다음 가장 아름다운 틀에 부어넣어 아름답기 그지없는 물건을 만들어낼 수도 있을 것이다. 그러나 그것은 대지가 녹아서 흘러나와 만든 이 형태만큼 나를 흥분시키지는 못할 것이다. 대지뿐만 아니라 지구상의 어떠한 제도들도 도공陶工의 손에 놓인 진흙처럼 그 형태가 항구적인 것은 아니다.

머지않아 이 둑뿐만 아니라 모든 언덕과 들판 그리고 모든 구멍 속에 웅크리고 있던 얼음은 마치 굴속에서 겨울잠을 자던 짐승처럼 땅속에서 기어 나와서는 졸졸거리는 노랫소리와 함께 바다를 찾아가거나 구름이 되어 다른 지방으로 간다. 부드러운 설득력을 가진 '해동解凍'이 망치를 든 '우레의 신' 토르보다 힘이 더 세다. 전자는 살살 녹이지만 후자는 산산조각으로 부숴버릴 뿐이다.

땅 위를 덮었던 눈이 부분적으로 녹고 며칠간의 따뜻한 날씨가 땅 표면의 물기를 훔치면, 새로운 해가 시작되었다는 최초의 부드러운 징조인 새싹들이 살그머니 그 모습을 나타낸다. 이 어린 새싹들과 즐거운 비교가 되는 것들은 겨울을 견뎌내느라고 초췌해지긴 했지만 자신의 당당한 아름다움을 잃지 않고 있는 몇몇 잡초들이었다. 보릿대국화, 미역취 그리고 쥐손이풀 같은 우아한 야생의 풀들은 지난여름보다 더 눈에 잘 띄고 보는 이의 관심을 끈다. 마치 그때는 아직 그들의 아름다움이 채 무르익지 않았던 것처럼. 그 밖에도 황새풀, 부들, 우단현삼, 물레나물, 조팝나무 그리고 터리풀 같은 강인한 식물들의 모습도 눈에 띄는데, 이들은 봄이 채 되기도 전에 이곳을 찾은 새들에게 아직도 여분이 남아 있는 자연의 곡물 창고인 셈이다. 과부가 된 자연의 여신은 이 식물들을 우아한 상복喪服이라도 되는 것처럼 몸에 걸치고 있다.

　무엇보다도 내 마음을 사로잡은 것은 윗대가 다발처럼 되어있고 줄기가 휘어져 있는 등심초의 모습이었다. 겨울을 나는 우리들에게 여름의 추억을 불러일으키는 이 풀은 예술가가 즐겨 모방하는 형상 중 하나이기도 하다. 별자리가 인간의 마음속에 이미 자리 잡고 있는 어떤 유형들과 밀접한 관계를 가지고 있다면, 그와 같은 관계를 식물의 세계에서 누리고 있는 것이 바로 등심초이다. 이 풀의 유형은 그리스나 이집트의 유형보다 더 역사가 깊다. 겨울에 벌어지는 여러 가지 현상들은 동장군에게도 형언할 수 없는 부드러움과 깨지기 쉬운 섬세한 측면이 있다는 것을 암시하고 있다. 흔히 사람들은 그를 난폭하고 시끄러운 폭군으로 묘사하고 있으나 그는 연인과도 같이 다정하게 여름 아가씨의 머리털을 치장해준다.

　봄이 다가오면서 붉은다람쥐 두 마리가 한꺼번에 내 집 마루 밑으로

봄　461

들어왔다. 내가 책을 읽거나 글을 쓰고 있노라면 이놈들은 내 바로 밑에서 이때까지 들어본 것 중 가장 이상한 낄낄거리는 소리와 쨱쨱거리는 소리 그리고 혀를 급회전하는 듯한 소리와 꾸르르 하고 목 울리는 소리를 내곤 했다. 내가 발로 마룻장을 쾅쾅 구르면 그들은 오히려 더 큰 소리로 쨱쨱대는 것이었다. 다람쥐들은 장난의 재미에 빠져 인간에 대한 두려움과 존경심을 완전히 잃어버린 듯 나에게 도전해왔다. 해볼 테면 해봅시다, 찍찍쨱쨱, 찍찍쨱쨱. 그들은 조용히 하라는 나의 요구가 전혀 귀에 들리지 않거나 그 속에 담긴 힘을 깨닫지 못하는 듯 나에게 욕설만을 퍼부어댔다.

봄의 첫 참새! 그 어느 해보다 파릇파릇한 희망을 가지고 시작하는 새로운 해! 반쯤 헐벗은 축축한 들판에 어렴풋이 들리는 유리울새와 노래참새와 티티새의 은방울 같은 노랫소리는 겨울의 마지막 눈송이들이 떨어지면서 내는 짤랑거리는 소리 같기만 하다. 이런 때에 역사와 연대기, 전통과 모든 기록된 계시 같은 것이 무슨 의미가 있을까? 냇물은 흐르면서 기쁨의 찬가를 봄에 바친다. 어느새인가 강 옆의 풀밭 위를 빙빙 도는 개구리매는 겨울잠에서 깨어 나오는 첫 개구리를 찾고 있다. 모든 계곡에서 눈이 녹아 흘러내리는 소리가 들리고, 여러 호수의 얼음도 하루가 다르게 빨리 녹고 있다.

"봄비의 부름을 받고 풀들은 처음으로 싹튼다." 하고 어느 옛사람은 말했지만, 언덕마다 풀들이 봄 불처럼 타오르는 모습이 마치 대지가 돌아오는 태양을 맞기 위해 내부의 열을 발산하는 것만 같다. 그 불길의 색깔은 붉은색이 아니고 초록색이다. 영원한 청춘의 상징인 풀잎은 흙에서 솟아올라 기다란 푸른 리본처럼 여름 속으로 환히 피어나지만 겨울 추위의 제지를 받고는 시들어버린다. 그러나 봄이 다시 오면 뿌리 속에 간직한 싱싱한 생명의 힘으로 지난해의 마른 잎의 끝을 치켜들며 또다시 뻗어오르는 것이다.

땅속에서 스며나와 흐르는 시냇물처럼 풀잎은 차분하게 자란다. 사실 풀잎과 시냇물은 거의 같은 것이라고 할 수 있다. 왜냐하면 6월의 한창때에 시냇물이 마르면 풀잎이 물을 공급하는 수로가 되기 때문이다. 그리하여 가축들은 이 영원한 푸른 시내에서 물을 마시며, 풀 베는 사람들은 여기서 일찌감치 그들의 겨울 채비를 해놓는다. 사람의 생명도 풀잎과 다름없다. 목숨 자체는 시들어버리지만 뿌리는 살아남아 영원을 향하여 그 푸른 잎을 내뻗는 것이다.

월든은 이제 빨리 녹고 있다. 북쪽과 서쪽 물가는 10미터 폭으로 얼음이 녹아 운하가 생겼으며, 동쪽 물가는 그보다도 더 넓게 얼음이 녹았다. 그리고 운동장만 한 얼음이 본체로부터 갈라져나가 있었다. 호숫가의 덤불 속에서 노래참새가 지저귀는 소리가 들린다. 올릿 올릿 올릿, 칩 칩 칩, 윗 윗 윗. 노래참새도 얼음을 깨는 데 한몫을 거들고 있다.

얼음 가장자리를 따라 굽이치는 저 크고 시원한 곡선은 얼마나 보기 좋은가! 호숫가의 선을 어느 정도 따르면서 그보다 더 매끄럽게 굽이치는 모습이다. 호수의 얼음은 최근에 몰아닥친 때아닌 강추위로 인하여 몹시도 단단하다. 물에 촉촉이 젖어있거나 궁전의 바닥처럼 물결무늬를 띠고 있다. 그 불투명한 표면 위로 동풍이 불어 지나가지만 얼음은 아무런 반응이 없다. 그러나 그 너머는 살아 움직이는 표면이다. 이 리본처럼 길게 뻗어있는 호숫물이 햇빛 속에서 반짝이는 모습은 눈이 부실 정도로 아름답다.

베일을 벗은 호수의 얼굴은 기쁨과 젊음에 가득 차 있으며, 마치 그 속에 사는 물고기들과 호숫가의 모래들의 기쁨을 노래하는 것 같다. 잉어의 비늘처럼 은빛으로 번뜩이는 모습이 한 마리의 커다란 물고기가 살아서 움직이고 있는 것만 같다. 겨울과 봄은 이처럼 엄청난 차이가 있다. 죽었던 월든 호수가 이제 다시 소생하고 있다. 그러나 아까도 얘기했지만 이번 봄에는 해빙하는 데 다소 시간이 걸리고 있다.

눈보라치는 겨울날이 화창한 봄날로 바뀌며 음침하고 무기력했던 시간이 밝고 탄력 있는 시간들로 바뀌는 과정은 산천초목이 그 변화를 선언하는 중대한 전기이다. 그러나 변화는 일순간에 일어난 것처럼 느껴졌다. 그때는 초저녁에 가까운 시간이었다. 하늘에는 아직도 겨울 구름이 끼어있었고 처마에서는 진눈깨비가 섞인 빗물이 뚝뚝 떨어지고 있었는데 갑자기 밖에서 들어온 빛으로 집 안이 꽉 채워지는 것이었다. 나는 창문 밖을 내다보았다. 아아, 어제까지만 해도 차가운 회색 얼음이 있던 곳에 투명한 호수가 여름 저녁처럼 평온하고 희망에 가득 찬 모습을 보여주고 있지 않은가! 하늘에 여름의 모습이란 흔적도 없는데 호수의 가슴에 여름의 저녁 하늘을 비추고 있는 것이 먼 지평선과 교신이라도 하고 있었던 것 같았다.

멀리서 개똥지빠귀의 노랫소리가 들려왔다. 예나 다름없이 아름답고 힘찬 그 노랫소리가 몇 천 년 만에 처음으로 듣는 것처럼 느껴졌다. 그리고 앞으로 몇 천 년이 지나더라도 그 노랫소리를 잊을 수 없을 것 같았다. 뉴잉글랜드의 여름날이 저물 무렵의 개똥지빠귀! 그 새가 앉아있는 나뭇가지를 찾아낼 수만 있다면 얼마나 좋을까! 내 말은 개똥지빠귀를 말이다. 아니, 그 나뭇가지를 말이다.

오랫동안 축 늘어져있는 내 집 주위의 리기다소나무들과 떡갈나무 관목들이 갑자기 본래의 특성을 되찾은 듯 빛깔이 보다 선명해지고 푸르러졌으며, 보다 꼿꼿해지고 생기가 흘러넘쳤다. 마치 비에 씻겨 건강을 되찾은 것 같았다. 이제 비는 더 이상 내리지 않을 것임을 나는 깨달았다. 숲 속의 나뭇가지 하나를 보아도, 아니 집 옆의 장작더미를 보기만 해도 겨울이 지난 것인지 아닌지 바로 알 수가 있다.

사방이 어두워졌을 때 나는 숲 위를 나지막이 나는 기러기들의 울음소리에 깜짝 놀랐다. 늦은 시각에 먼 남쪽 호수로부터 피곤한 나그네의 모습으로 날아든 이들 기러기들은 이제는 마음 놓고 불평을 터뜨리는가 하면 서로를 위안해주기도 했다. 문 앞에 서 있던 나는 이들의 날갯소리까지 들을 수 있었다. 기러기들은 내 집 가까이까지 날아오다가 갑자기 불빛을 보고는 시끄러운 울음소리를 낮추더니 방향을 바꾸어서 호수에

내려앉았다. 나도 집 안으로 들어가 문을 닫았다. 그러고는 숲 속에서 최초의 봄날 밤을 보냈다.

다음 날 아침 나는 문간에 서서 엷은 안개 너머로 기러기들을 지켜보았다. 그들은 250미터쯤 떨어진 호수 한가운데에서 헤엄을 치고 있었는데 그 수가 무척 많은 데다 시끌벅적했기 때문에 마치 월든 호수가 기러기들의 놀이터로 만들어진 인공 호수라도 되는 듯싶었다. 그러나 내가 호숫가로 다가가자 이들은 대장 기러기의 신호에 따라 커다란 날갯소리를 내며 일제히 날아올랐다. 대열을 정비하자 이들은 내 머리 위를 한 바퀴 돌았는데, 수를 세어보니 모두 스물아홉 마리였다. 그들은 대장 기러기가 일정한 간격으로 내는 울음소리를 따라 캐나다 쪽을 향하여 똑바로 날아갔다. 아침 식사는 이 호수보다 흐린 어떤 연못에서 할 생각인 것 같았다. 바로 그때 호수에 있던 물오리 떼가 날아올랐다. 이들도 시끄러운 사촌들의 뒤를 따라 북쪽을 향해 날아가 버렸다.

한 주일 동안 나는 어떤 외로운 기러기가 아침 안개 속을 빙빙 돌면서 자기 짝을 찾아 헤매며 우는 소리를 들었다. 그는 숲이 감당하기 힘든 커다란 생명의 소리로 숲을 가득 채웠다. 4월에는 작은 떼를 지어 급히 날아가는 산비둘기들을 다시 볼 수 있었다. 그리고 머지않아 제비들이 내 개간지 위를 날며 지저귀는 소리를 들었다. 나에게까지 차례가 돌아올 정도로 마을에 제비들이 많은 것 같지는 않았는데 말이다. 그래서 이들은 아마 백인이 이 땅에 오기 전에 속이 빈 나무 속에 살던 옛 종족에 속하는 제비일지 모른다는 생각이 들었다. 거의 모든 나라에서 거북이와 개구리는 봄의 선구자이며 전령이다. 새들이 노래하면서 날개를 번득이며 날고, 초목이 싹트고 꽃이 피며, 바람이 부는 것은 지구 양극兩極의 미미한 진동을 바로잡아 자연의 균형을 유지하기 위함이다.

각 계절은 그때마다 우리에게 가장 좋은 계절이라는 생각을 갖게 한다. 그리하여 봄이 온 것이 마치 혼돈에서 우주가 창조되고 황금시대가 실현된 것 같은 느낌을 갖게 했다.

"동풍은 물러섰다, 오로라와 나바대 왕국과
페르시아로, 그리고 아침 빛 받는 산등성이로.
……(중략)……
인간이 탄생했다. 보다 나은 세계의 근원인
조물주가 그를 신의 종자로 만들었는지,
또는 드높은 창공에서 최근에 길라져 나온 내시가
동족인 하늘의 종자를 간직했는지."[4]

부드러운 이슬비가 한번 내리면 풀밭은 한층 더 푸르러진다. 우리 역시 보다 훌륭한 생각을 받아들이면 우리의 전망도 훨씬 밝아지리라. 우리가 항상 현재에서 살면서 자신의 몸 위에 떨어진 한 방울의 작은 이슬도 놓치지 않고 받아들여 커가는 풀잎처럼 우리에게 생기는 모든 일을 최대한으로 이용할 수 있다면, 그리하여 과거에 놓쳐버린 기회에 대해 속죄하는 것으로(그것을 우리는 의무의 수행이라고 하는데) 시간을 보내지

---

4) 고대 로마의 시인 오비디우스의 〈변신 이야기〉 중에서.

않는다면 우리는 정말 복 받은 존재가 될 것이다.

저 밖에는 봄이 와 있는데 우리는 겨울 안에서 머무적거리고 있다. 흔쾌한 봄날 아침 인간의 모든 죄는 용서를 받는다. 그런 날은 모든 악덕에 대한 일시 휴전의 날이다. 그러한 태양이 내리비치는 동안은 가장 사악한 죄인도 다시 돌아올 수 있을 것이다. 우리가 우리 자신의 순수함을 되찾는다면 우리 이웃 안에도 순수함이 있음을 발견하게 된다.

어제까지만 해도 당신은 이웃 사람 하나를 도둑, 주정뱅이 또는 오입쟁이로 알고 있었으며, 그 사람을 동정하거나 경멸하면서 세상 사태를 개탄했을지 모른다. 그러나 햇빛이 화사하게 내리쬐어 만물을 회생시키는 이 최초의 봄날 아침 당신은 그가 차분하게 어떤 일을 하고 있는 현장에 마주친다. 그리고 그의 방탕에 지친 핏줄이 고요한 기쁨으로 부풀어오르고, 그가 새로운 날을 축복하여 어린아이의 순수함으로 봄기운을 받아들이는 것을 볼 때 그의 모든 허물은 잊히고 마는 것이다.

그의 몸 주위에는 선의의 분위기가 감돌고 있을 뿐만 아니라 이제 갓 태어난 본능과도 같이, 맹목적이고 비효과적인 방법으로나마 어떤 성스러운 기미마저 표출되려고 하고 있다. 그리하여 잠시 동안 이 남쪽 언덕 비탈에서 천박한 농담은 자취를 감추고 만다. 그의 옹이투성이의 껍질에서는 깨끗하고 순수한 싹들이 터져나와 마치 어린나무처럼 여리고 신선한 모습으로 새로운 해의 삶을 시도하는 것을 엿볼 수 있다.

이제 그와 같은 사람마저도 자신의 주主의 기쁨에 참여하게 된 것이다. 어찌하여 교도소장은 감옥의 문을 열어놓지 않으며, 판사는 그가 맡은 사건을 기각하지 않으며, 목사는 그의 회중을 집으로 돌려보내지 않는가? 그것은, 이들이 신이 내리는 계시를 듣지 않고 그가 만인에게 아낌없이 베푸는 용서를 받아들이지 않기 때문이다.

"날마다 고요하고 자비로운 아침 공기 속에서 피어난 선으로 복귀하고 싶은 마음은, 사람으로 하여금 덕을 사랑하고 악을 미워하는 점에서 인간의 본성에 보다 가까워지게 한다. 그것은 잘라낸 숲에서 어린 싹이 터서 자라는 것과 같다. 이와 마찬가지로 사람이 하루 동안에 자행한 악은 다시 싹트기 시작한 덕의 배아를 자라나지 못하게 하며 이를 망치게 한다.

이와 같이 덕의 배아가 여러 차례 발육하지 못하도록 방해를 받으면, 저녁의 자비로운 공기도 그 배아를 보존하시 못한다. 밤의 공기가 그것을 더 이상 보존하지 못하게 되면, 사람의 본성은 금수의 본성과 다를 바 없게 된다. 사람들은 이 사람의 본성이 짐승의 본성과 같은 것을 보고 그가 인간 고유의 이성 기능을 소유한 적이 없다고 여기나, 과연 그것이 어찌 사람의 본래 성정이겠는가?[5]"

"황금시대가 처음 이루어졌을 때 응징자가 없었고,
　법이 없었지만 성실과 공정公正을 소중히 여겼다.
　형벌과 두려움이 없었고 위협적인 말이, 매달린

---

[5] 《맹자》고자편告子篇 고자장구상告子章句上 제8장.

봄　469

놋쇠 위에 읽혀지지도 않았다. 애원하는 군중이
법관의 말을 두려워하지도 않았으며, 응징자 없이도 태평했다.
산에서 잘린 소나무가 바다 물결에 굴러떨어져
낯선 세상을 보는 일도 없었고,
사람들은 제 나라 해안밖에 몰랐다.
……(중략)……
거기에는 영원한 봄이 있었고, 부드러운 미풍은
따스히 불어서 씨 없이 태어난 꽃들을 달랬다."[6]

4월 29일 나는 '나인 에이커 코너'의 다리 근처 강둑에서 낚시를 하고 있었다. 내가 서 있던 곳은 은방울꽃들이 자라고 버드나무의 뿌리가 드러나 있는 곳으로 근처에는 사향쥐들이 서식하고 있었다. 갑자기 나는 이상한 달그락거리는 소리를 들었다. 그것은 아이들이 손가락으로 가지고 노는 나뭇조각 장난감에서 나는 소리와 비슷했다. 고개를 들어 하늘을 쳐다보니 몸집이 작고 우아한 매 한 마리가 밤매가 흔히 그러듯이 물결처럼 하늘로 치솟았다가는 5미터 내지 10미터를 일직선으로 떨어져 내려왔으며, 그 동작을 여러 차례 반복하는 것이었다. 이렇게 나는 과정에서 매의 날개 속이 드러나 공단 리본처럼, 아니 조개 속에 든 진주처럼 햇빛 속에 번득였다.

그 모습을 보고 있노라니 매사냥이 생각났으며, 왜 매사냥을 고귀하

---

6) 오비디우스의 〈변신 이야기〉 중에서.

고 시적인 운동이라고 하는지 이해할 것 같았다. 나는 이 새가 쇠황조롱이라고 부르는 매의 일종일 것이라고 생각했다. 그러나 이름 같은 것은 아무래도 좋았다. 그것은 내가 그때까지 본 중 가장 영묘한 비상이었다. 이 새는 나비처럼 단순히 훨훨 날지도 않았고, 좀 더 큰 매처럼 공중을 솟구치지도 않았다. 그는 공기의 흐름에 자만스럽게 몸을 맡기고는 그 이상스러운 울음소리와 함께 하늘로 올라가서는 자유롭고 아름답게 떨어져 내려왔는데 그러는 도중 연처럼 몸을 여러 차례 회전시키는 것이었다. 그는 상당한 거리를 떨어져 내려오다가는 방향을 바꾸곤 했는데 마치 지상에는 한 번도 내려앉은 적이 없는 것 같았다.

하늘에서 그처럼 홀로 노는 모습을 보면 이 새는 천지간에 벗이라곤 없는 것 같았고, 또 자신이 날고 있는 창공과 아침 공기를 제외하고는 아무런 벗이 필요 없는 듯했다. 그는 외로운 것 같지 않았으며 오히려 자기 아래 땅 위에 있는 모든 것이 외롭게 보이도록 만들었다. 그를 낳아준 부모와 형제는 하늘 어디에 있단 말인가? 하늘의 거주자인 이 새는 그 언젠가 험한 바위틈에서 알에서 깼다는 것 말고는 지구와 인연이 없는 것 같았다. 그렇지 않으면 그가 태어난 둥지마저 구름의 한구석에 있었으며, 그 둥지는 무지개의 부스러기와 저녁노을로 엮어 한여름의 부드러운 아지랑이로 단을 댄 것이었단 말인가? 이제 그가 사는 곳은 낭떠러지 같은 어떤 구름이란 말인가?

매 구경을 하는 것 말고도 나는 금색과 은색과 빛나는 구리 색의 귀한 물고기를 한 줄이나 낚았다. 이 고기들은 마치 보석들을 줄에 꿰어놓은 것 같았다. 얼마나 많은 첫 봄날 아침에 나는 강변에 가서 풀덤불에서 풀덤불로, 버드나무 뿌리에서 버드나무 뿌리로 뛰어 건너곤 했던가! 그 때 야성의 강 계곡과 숲은 너무나도 깨끗하고 밝은 빛에 충만해 있었기 때문에 죽은 사람들이라도 깨어날 것 같았다. 일부 사람들이 생각하듯 죽은 사람들이 정말 죽은 것이 아니고 단지 무덤에서 잠자고 있는 것이라면 말이다. 그러나 인간의 불멸성에 대하여 이런 빛 이상의 다른 증거는 필요하지 않을 것이다. 만물이 모두 그런 빛 속에서 살 수만 있다면! 오 죽음이여, 그대의 가시가 어디에 있었으며, 오 무덤이여, 그대의 승리가 어디에 있었는가?

만약 우리의 마을을 둘러싸고 있는 인적 드문 숲과 강변이 없다면 우리의 삶은 지극히 단조로울 것이다. 우리는 야성의 강장제를 필요로 한다. 때때로 우리는 뜸부기와 해오라기가 숨어 사는 늪 속을 무릎까지 빠지며 건너보거나 도요새의 날갯짓 소리에 귀를 기울일 필요가 있다. 그리고 야성의 외톨이 새만이 둥지를 틀며 족제비가 배를 땅 가까이에 대고 기어가는 곳에 가서 바람에 흔들리고 있는 골풀의 냄새를 맡을 필요가 있다.

우리는 한편으로 모든 것을 알아내고 탐색하려는 욕망을 가지고 있지만 다른 한편으로는 모든 것이 신비에 싸인 채 탐색되지 않기를 바라며, 육지와 바다가 무한의 야성을 지니고 미개척으로 남아있기를 바라는 마음도 있다. 우리가 자연을 아무리 받아들이더라도 결코 그 도가 지나치는 법은 없을 것이다. 우리는 자연의 무진장한 힘, 웅대한 지세, 난파선의 잔해가 깔린 해안, 살아있는 나무와 썩어가고 있는 나무들이 뒤엉킨 황무지, 천둥을 품은 구름, 3주간이나 계속되어 홍수를 낸 폭우 등을 목격할 때마다 자연에 대한 안목을 새롭게 해야 할 것이다. 우리는 우리의 경계境界가 무너지는 것을 목격하며, 우리가 결코 가지 않는 곳에 어떤 생명이 자유로이 풀을 뜯는 것을 목격할 필요가 있다.

우리는 동물이 죽어 썩어가는 것을 보면 메스껍고 언짢아하지만, 독수리가 그 시체를 뜯어먹으며 힘을 얻는 것을 보면 차라리 잘되었다는 생각을 한다. 내 집에 이르는 길 옆의 팬 곳에는 말 한 마리가 죽어 넘어져 있었는데, 이 때문에 나는 때때로 길을 돌아가야만 했고 밤이 되어 냄새가 심하게 풍길 때는 더욱 그러했다. 그러나 그것은 대자연의 왕성한 식욕과 침범할 수 없는 건강을 나에게 확인시켰고 나는 그로부터 어떤 위안을 받았다. 대자연이 생명으로 가득 차 있기 때문에 상당수가 희생되거나 서로를 잡아먹을 수 있는 여유가 있는 것이 차라리 다행스럽게 여겨신다.

연약한 생명체가 펄프처럼 짓눌려 없어지더라도, 예를 들면 왜가리가 올챙이를 통째로 삼킨다든지, 길 위에 거북이와 두꺼비 들이 마차에 치여 때론 즐비하게 죽어 넘어지더라도, 자연은 그것을 허용할 여유가 있는 것이다. 우리는 항상 사고를 당할 위험을 안고 있지만 거기에 대한 해명은 불충분하다는 것을 깨닫지 않으면 안 된다. 현명한 사람이 여기서 받는 인상은 보편적인 결백이다. 독이란 것도 알고 보면 위험한 것이 아니며, 어떤 상처도 치명적인 것은 없다. 연민이란 지지할 수 없는 감정이다. 그것은 임시변통적인 감정임이 틀림없다. 그에 대한 변명을 고정관념화 할 수는 없을 것이다.

5월 초가 되자 호수 주위의 소나무들 사이에 끼어있던 떡갈나무, 호두나무, 단풍나무와 그 밖의 나무들이 새싹을 냈다. 이 새싹들은 주위의 경치에 햇빛과도 같은 밝음을 가져다주었는데 특히 구름이라도 낀 날에는 더욱 그러했다. 마치 태양이 안개를 뚫고 여기저기 산허리를 아련하게 비치기라도 하는 것 같았다. 5월 3일인가 4일에는 호수에서 되강오리 한 마리를 보았으며, 그 달 첫 주일 동안에 쏙독새, 지빠귀, 갈색지빠귀, 딱새, 되새와 다른 여러 새들의 울음소리를 들었다. 숲개똥지빠귀의 울음소리를 들은 것은 그보다도 한참 전이었다.

피비새도 어느새 다시 찾아와 앞문과 창문으로 집 안을 들여다보며 과연 들어가 살 만한 곳인지를 확인하고 있었다. 피비새는 마치 공기를 움켜잡고 매달려 있듯, 발톱을 웅크리고 날개를 쳐서 몸무게를 유지하면서 내 집 일대를 조사하고 있었다. 머지않아 리기다소나무의 유황과 같은 꽃가루가 호수와 그 주위의 돌들과 썩은 나무들 위를 누렇게 덮었다. 쓸어 담으면 한 통쯤은 쉽게 담을 수 있을 것 같았다. 이것이 흔히 말하는 '유황 소나기'인 것이다. 인도의 시인 칼리다사가 지은 희곡《샤쿤탈라》에도 "연꽃의 황금색 꽃가루로 인해 노랗게 물든 시냇물"이라는 구절이 있다. 이리하여 점점 키가 커지는 풀 속을 거니는 동안 계절은 여름으로 접어들어 갔다.

이렇게 해서 내 숲 생활의 첫 번째 해는 끝이 났다. 그다음 해도 첫해와 큰 차이는 없었다. 1847년 9월 6일 나는 드디어 월든을 떠났다.

18
맺는말

　아픈 사람에게 의사는 현명하게도 공기와 장소를 바꾸어볼 것을 권한다. 여기 이곳만이 세상의 전부가 아니니 천만다행한 일이 아닌가? 칠엽수七葉樹는 뉴잉글랜드에서는 자라지 않고 흉내지빠귀의 울음소리를 이곳에서는 거의 들을 수 없다. 기러기는 인간들보다 더 세계인에 가깝다. 그는 캐나다에서 아침 식사를 하고 점심은 오하이오 강에서 먹으며, 밤에는 남부 지방의 늪에서 날개를 가다듬고 잠자리에 든다. 들소마저도 어느 정도는 계절과 보조를 맞추고 있다. 그가 콜로라도 강변의 초원에서 풀을 뜯는 것은 옐로스톤 강변의 풀이 좀 더 푸르러지고 먹음직스럽게 되어 그를 기다릴 때까지만인 것이다.
　그러나 우리는 농장의 나무 울타리를 헐고 돌담이라도 쌓으면 그 후로는 우리의 인생에 한계가 그어지고 운명이 결정된 것으로 생각한다. 만약 당신이 읍의 서기로 선출이라도 된다면 당신은 이번 여름에 티에라델푸에고[1]에 가는 일은 불가능할 것으로 단정해버린다. 하지만 그럼에도 불구하고 당신은 지옥의 불의 나라에는 가게 될는지 모른다. 우주는 우리들이 보기보다는 광대한 것이다.

우리는 호기심 많은 선객처럼 우리가 탄 배의 난간 너머로 자주 밖을 내다보아야 할 것이며, 뱃밥이나 만들고 있는 우둔한 선원처럼 항해를 해서는 안 될 것이다. 지구의 반대편은 우리가 서신을 주고받는 사람의 고향일 뿐이다. 우리의 항해는 단지 대권항해大圈航海[2]에 지나지 않으며, 의사는 단지 피부병에 대한 약 처방을 해줄 뿐이다. 어떤 사람은 기린을 사냥하러 남아프리카로 달려가지만, 분명 그것이 그가 쫓아야 할 사냥감은 아닌 것이다. 정말이지 그렇게 할 수 있다 하더라도 얼마 동안이나 기린을 쫓아다닐 것인가? 꺅도요나 멧도요도 좋은 사냥거리이긴 하겠지만 자기 자신을 사냥의 대상으로 삼는 것이 좀 더 고귀한 스포츠가 아니겠는가?

"그대의 눈을 안으로 돌려보라, 그러면 그대의 마음속에
여태껏 발견 못 하던 천 개의 지역을 찾아내리라.
그곳을 답사하라. 그리고
자기 자신이라는 우주학의 전문가가 되라."

아프리카는 그리고 서부는 무엇을 의미하는가? 우리들 자신의 내부

---

1) 티에라델푸에고 섬 _ 스페인어로 '불의 땅'이란 뜻을 가지고 있다.
2) 대권항해 _ 지구의 중심점을 통과하는 원을 이용하는 항해법으로 출발점과 도착점 사이의 최단거리를 항해한다

는 해도海圖 위에 하얀 공백으로 남아있지 않는가? 하기야 우리의 내부도 발견하고 나면 해안 지방처럼 까맣다는 것이 드러날지 모르지만. 우리가 발견하려고 하는 것이 단지 나일 강과 니제르 강과 미시시피 강의 수원水源이거나 미국 대륙의 서북 항로란 말인가?[3] 이런 것이 인류에게 가장 중대한 문제란 말인가? 행방불명이 되어 아내가 애타게 찾고 있는 것이 과연 프랭클린[4] 한 사람뿐인가? 그린넬[5] 씨는 지금 자기 자신이 어디에 있는지를 알고 있는가?

차라리 당신 내부에 있는 강과 대양을 탐색하는 멍고 파크, 루이스와 클라크 또는 프로비셔[6] 같은 사람이 되도록 하라. 당신 내부에 있는 보다 위도가 높은 지역을 탐험하도록 하라. 필요하다면 식량으로 고기 통조림을 배에 가득 싣고 가도록 하며, 빈 깡통은 표지용으로 높이 쌓아 올리도록 하라. 고기 통조림이 단지 고기를 보존하기 위하여 발명된 것인가?

진실로 바라건대 당신 내부에 있는 신대륙과 신세계를 발견하는 콜럼버스가 되라. 그리하여 무역을 위해서가 아니라 사상을 위한 새로운 항로를 개척하라. 각자는 하나의 왕국의 주인이며, 그에 비하면 러시아 황제의 대제국은 보잘것없는 작은 나라, 얼음에 의해 남겨진 풀 더미에

---

3) 소로우가 살았던 19세기는 온갖 종류의 탐험 활동이 왕성했던 시기였다.
4) 프랭클린(1786~1847) _ 영국의 탐험가로 북극에서 행방불명되었다.
5) 헨리 그린넬 _ 프랭클린을 찾기 위하여 수색대를 보냈던 미국인.
6) 멍고 파크, 메리웨더 루이스와 윌리엄 클라크 그리고 마틴 프로비셔는 각각 서아프리카의 니제르 강 탐사, 미국의 서부 개척, 북미 대륙의 서북 항로 개척으로 유명한 탐험가들이다.

불과하다. 그러나 자기 자신에 대하여 아무런 존경심을 갖지 않는 사람이 애국심에는 불타서 소小를 위해 대大를 희생시키는 일이 있다. 그들은 자기의 무덤이 될 땅은 사랑하지만, 지금 당장 자신의 육신에 활력을 줄 정신에 대해서는 아무런 공감을 느끼지 못하고 있다. 이런 사람들에게 애국심은 그들의 머리를 파먹고 있는 구더기라고 할 수 있으리라.

화려한 시가행진을 벌이고 많은 비용을 들여 떠나보낸 저 남해 탐험대[7]가 의미하는 바는 무엇인가? 그것은 정신세계에도 대륙들과 바다들이 있으며 각 개인은 여기에 연결된 지협地峽이자 작은 만이지만 아직 자신에 의해 탐색되지 않고 있다는 사실과, 그리고 각 개인의 바다, 각자의 내부에 있는 대서양과 태평양을 탐험하는 것보다는 정부가 제공한 배를 타고 500명의 대원들을 지휘하면서 추위와 폭풍우와 식인종과 싸우며 수천 마일을 항해하는 편이 더 쉽다는 사실을 간접적으로나마 시인하는 것이다.

"그들이 떠돌아다니다 저 이국적인 호주인을
구경하고 싶으면 하라고 내버려두라.
나는 신神에 속한 것을 더 많이 가지고 있고
그들은 길路에 속한 것을 더 많이 가지고 있으니."

---

7) 남해 탐험대 _ 미국의 해군 장교 윌크스의 지휘 아래 1838~1842년에 남태평양과 남극 대륙을 탐색했던 탐험대.

아프리카의 잔지바르 섬의 고양이 수를 세기 위하여 세계 일주를 할 필요는 없다. 그러나 달리 더 좋은 일이 생길 때까지는 그것이라도 하는 편이 나으며, 그러는 도중 당신은 마침내 지구의 내부로 통하는 '심스의 구멍'[8]을 발견할는지도 모른다. 영국과 프랑스, 스페인과 포르투갈, 황금해안과 노예해안은 모두 이 개인의 바다에 접해 있다. 그러나 그 어떤 배도 감히 이 개인의 바다를 향하여 육지가 보이지 않을 때까지 항해한 적이 없다. 분명히 그것이 인도로 직접 통하는 길인데도 말이다.

만약 당신이 모든 나라의 말을 하고 모든 나라의 습관을 배우고자 한다면, 그리고 그 어떤 여행가보다 더 멀리 여행하고 모든 풍토에 익숙해지며, 스핑크스[9]의 수수께끼를 풀어서 그로 하여금 자신의 머리를 바위에 부딪쳐 죽게 만들려고 한다면 옛 철인의 가르침을 받아들여 당신 자신을 담험하라. 여기에는 맑은 눈과 굳건한 용기가 필요하다. 패배한 자, 자신의 의무를 버리는 자들만이 전쟁터에 간다. 그들은 도망쳐서 군대에 몸을 맡기는 겁쟁이들이다.

지금 당장 가장 먼 서쪽 길을 향해 떠나라. 그 길은 미시시피 강이나 태평양 해안에서 멈추지 않으며, 케케묵은 중국이나 일본에 가는 것도 아니며, 당신의 세계와 직접적인 접선接線을 이루며 당신을 그리로 인

---

8) 심스의 구멍 _ 19세기 초에 미국인 존 심스는 지구의 내부가 비었으며 그리로 통하는 구멍이 양극에 있다는 설을 주장했다.
9) 스핑크스 _ 고대 그리스 신화에 나오는 괴물로서 여행자에게 수수께끼를 내서 맞히지 못하면 목을 졸라 죽였다. 오이디푸스가 수수께끼를 풀자 스핑크스는 바위에 머리를 부딪쳐 죽었다.

도해줄 것이다. 여름에도 겨울에도, 낮에도 밤에도, 해가 지고 달이 지고 마침내 지구마저 지더라도 말이다.

미라보[10]는 "사회의 가장 신성한 규범에 공공연히 대적하는 일에 가담하려면 어느 정도의 결의가 필요한지를 확인하기 위하여" 노상에서 강도질을 했다고 한다. 그는 "대열 속에서 싸우는 병사는 노상강도의 반만큼의 용기도 필요 없다."고 단언했다. 그는 또 "충분히 생각해본 끝에 어떤 굳은 결심을 하게 되면 명예나 종교의 구애를 받지 않고 그 일을 해낼 수 있다."고 말했다.

세속적인 견지에서 보면 그의 말은 남자다운 데가 있다. 그러나 그것은 자포자기는 아닐지라도 한가롭기 짝이 없는 말이다. 생각이 제대로 박힌 사람은 보다 신성한 법칙을 따르는 과정에, 소위 "사회의 가장 신성한 규범"에 "공공연히 저항하는" 위치에 놓인 자신의 모습을 발견하는 적이 한두 번이 아닐 것이다. 그리하여 그는 미라보처럼 탈선적인 행동을 하지 않더라도 자신의 결의를 시험할 기회를 얻게 되는 것이다.

사회에 대해 무조건 저항적인 태도를 취하는 것이 한 인간의 의무는 아니다. 자기 내부의 법칙을 따르는 과정에서 자신이 취하게 되는 태도를, 그것이 어떠한 것이건 간에 견지하는 것이 그의 의무이다. 그리고 그 자세는 올바른 정부(만약 그러한 정부가 있다면)에 대해서는 결코 반항적인 자세가 아닐 것이다.

---

10) 오노레 미라보(1749~1791) _ 프랑스의 정치가. 모험과 방탕의 젊은 시절을 보낸 뒤 프랑스 혁명 중 정치가로서의 중요한 역할을 했다.

나는 숲에 들어갈 때나 마찬가지로 어떤 중요한 이유 때문에 숲을 떠났다. 내게는 살아야 할 또 다른 몇 개의 인생이 남아있는 것처럼 느꼈으며, 그리하여 숲 생활에는 더 이상의 시간을 할애할 수 없었던 것이다. 우리가 자신도 느끼지 못하는 사이에 얼마나 쉽게 어떤 특정한 길을 밟게 되고 스스로를 위하여 다져진 길을 만들게 되는지는 놀라운 일이다. 내가 숲 속에 산 지 일주일이 채 안 되어 내 집 문간에서 호수까지는 내 발자국으로 인해 길이 났다. 내가 그 길을 사용하지 않은 지 5, 6년이 지났는데 아직도 그 길의 윤곽은 뚜렷이 남아있다. 아마 다른 사람들도 그 길을 밟아 길로서 유지되게 했나 보다. 땅의 표면은 부드러워서 사람의 발에 의해 표가 나도록 되어있다. 마음의 길도 마찬가지이다. 그렇다면 세계의 큰길은 얼마나 밟혀서 닳고 먼지투성이일 것이며, 전통과 타협의 바퀴 자국은 얼마나 깊이 패었겠는가! 나는 선실에 편히 묵으면서 손님으로 항해하는 것을 좋아하지 않으며 인생의 돛대 앞에, 갑판 위에 있기를 원했다. 나는 이제 배 밑으로 내려갈 생각은 없다.

나는 실험에 의하여 적어도 다음과 같은 것을 배웠다. 즉 사람이 자기 꿈의 방향으로 자신 있게 나아가며, 자기가 그리던 바의 생활을 하려고 노력한다면 그는 보통 때는 생각지도 못한 성공을 맞게 되리라는 것을 말이다. 그때 그는 과거를 뒤로하고 눈에 보이지 않는 경계선을 넘을 것이다. 새롭고 보편적이며 보다 자유로운 법칙이 그의 주변과 내부에 확립되기 시작할 것이다. 그렇지 않으면 묵은 법칙이 확대되고 더욱 자유로운 의미에서 그에게 유리하도록 해석되어 그는 존재의 보다 높은 질서를 허가받아 살게 될 것이다. 그가 자신의 생활을 소박한 것으로 만들

면 만들수록 우주의 법칙은 더욱더 명료해질 것이다. 이제 고독은 고독이 아니고 빈곤도 빈곤이 아니며 연약함도 연약함이 아닐 것이다. 만약 당신이 공중에 누각을 쌓았더라도 그것은 헛된 일이 아니다. 누각은 원래 공중에 있어야 하니까. 이제 그 밑에 토대만 쌓으면 된다.

영국인이나 미국인 들은 그들이 당신의 말을 알아들을 수 있도록 당신이 말을 평이하게 하기를 요구한다. 그러나 그것은 우스꽝스러운 요구이다. 사람이든 버섯이든 그런 식으로 자라나지 않는다. 마치 그들이 당신을 이해하는 것이 중요한 일이며, 그들 이외에는 당신을 이해할 사람이 없다는 듯한 태도이다. 마치 대자연이 한 가지의 이해 방법만을 지지한다는 듯한 태도이며, 또 대자연이 네발짐승들과 동시에 새들을, 땅을 기는 생물들과 동시에 하늘을 나는 생물들을 먹여살리지 못한다는 듯한 태도이다. 그것은 소가 알아듣는 "이러"나 "워"가 가상 훌륭한 말이라고 생각하는 태도이다. 또한 안전이라는 것은 우둔 속에만 있다는 듯한 태도이다.

그러나 내가 가장 두려워하는 것은, 나의 표현이 충분히 '상궤常軌를 벗어난' 것이 되지 못하지나 않을까 하는 것이다. 내가 확신하고 있는 진리를 알맞게 표현할 수 있도록 나의 일상적인 경험의 좁은 한계를 벗어나 멀리 나아가지 못하지나 않을까 하는 것이다. '상궤를 벗어난다는 것.' 그것은 당신이 어떤 울타리에 둘러싸여 있는가에 따라 달라진다. 새로운 풀밭을 찾아서 다른 위도로 옮겨 가는 들소는 젖 짤 시간에 통을 차서 둘러엎고 울타리를 뛰어넘어 제 새끼가 있는 곳으로 달려가는 암소만큼이나 상궤를 벗어난 것은 아니다.

나는 어딘가에서 제한 없이 이야기를 하고 싶은 욕망을 느낀다. 잠에서 깨어나는 사람이 잠에서 깨어나는 다른 사람들에게 이야기하듯 말이다. 왜냐하면 진실된 표현의 기초만이라도 마련하기 위해서는 아무리 과장을 하더라도 충분치 않다는 것을 나는 확신하고 있기 때문이다. 한 가락의 음악을 들어본 사람이라면 상궤를 벗어난 투로 이야기하는 것을 그 후로는 결코 두려워하지 않을 것이다.

미래를 생각할 때, 또 앞으로 가능한 일들을 생각할 때, 우리는 앞쪽 방면으로는 어느 정도 느슨하게, 선을 그어놓지 말고 살아야 할 것이다. 그쪽의 우리의 윤곽을 희미하고 막연한 것으로 남겨두어야 할 것이다. 마치 우리의 그림자가 태양을 향해서 눈에 보이지 않게 땀을 흘리듯이 말이다. 우리들의 어휘들이 지닌 휘발성揮發性의 진실은 잔재적인 표현의 부적당함을 끊임없이 폭로해야 한다. 진실은 그 자리에서 바로 전달되고 자의字義뿐인 기념비만이 뒤에 남는다. 우리들의 믿음과 경건함을 표현하는 말은 명확하지 않다. 그러나 탁월한 성향을 지닌 사람들에게 그 말들은 의의가 깊으며 유향乳香과도 같은 향기를 지니는 것이다.

왜 우리는 항상 자신의 수준을 가장 둔한 통찰력에 내려맞추고는 그것을 상식이라고 찬양하는가? 가장 평범한 상식은 잠자고 있는 사람들의 상식이며, 그들은 그것을 코고는 소리로 표현한다. 우리는 보통 사람의 한 배 반쯤의 지적 능력을 가진 사람을 반편으로 치부해버리는데, 그것은 우리가 그런 사람의 지적 능력을 3분의 1밖에 이해하지 못하기 때문이다. 하기야 어떤 사람들은 빨간 아침노을에 대해서도 흠을 잡으려 들 것이다. 그 사람들이 아침 일찍 일어날 수만 있다면 말이다.

"인도의 신비주의자 카비르의 시는 네 가지 다른 의의, 즉 환상, 기백, 지성과 브라만교의 심오한 교리를 담고 있는 것으로 사람들은 이해한다."는 말을 들은 적이 있다. 그러나 지구의 이쪽에서는 어떤 사람이 쓴 글이 한 가지 이상의 해석을 허용하면 그것은 비판의 대상이 될 근거가 있다고 여긴다. 영국에서는 지금 감자 썩는 병의 치료법을 알아내려고 혈안이 되어있다고 하는데, 그보다 훨씬 위험하고 더 널리 퍼져 있는 머리 썩는 병에 대한 치료법은 그 누가 알아낼 것인가?

나는 나의 글이 애매모호한 경지에 이르렀다고는 생각하지 않는다. 그리고 나의 글 가운데서 월든 호수의 얼음에 대해 사람들이 트집 잡는 이상의 치명적인 결함이 발견되지 않는다면 무척 자랑스럽게 생각하겠다. 남부에서 얼음을 사가는 사람들은 얼음이 순수하다는 증거인 청색을 흐린 빛으로 생각해서 월든의 얼음 대신, 희긴 희지만 수조水草의 맛이 도는 케임브리지의 얼음을 택했다. 사람들이 좋아하는 순수성이란 지구를 둘러싸고 있는 안개 같은 것이지 그 안개 위에 있는 창공의 정기 같은 것은 아니다.

어떤 사람들은 우리 미국인들 그리고 일반적인 현대인들이, 고대인들은 물론 엘리자베스 여왕 시대의 사람들과 비교해서도 지적인 소인배들에 지나지 않는다고 귀가 아프게 떠들어댄다. 그러나 그게 어떻다는 말인가? 살아있는 개는 죽은 사자보다 나은 것이다. 자기가 왜소한 피그미족에 속했다고 해서 가장 큰 피그미가 되려고 노력하지 않고, 가서 목을 매야 한단 말인가? 각자는 자기 자신의 일에 열중하며, 타고난 천성에 따라 고유한 인간이 되도록 노력해야 할 것이다.

왜 우리는 성공하려고 그처럼 필사적으로 서두르며, 그처럼 무모하게 일을 추진하는 것일까? 어떤 사람이 자기의 또래들과 보조를 맞추지 않는다면, 그것은 아마 그가 그들과는 다른 고수鼓手의 북소리를 듣고 있기 때문일 것이다. 그 사람으로 하여금 자신이 듣는 음악에 맞추어 걸어가도록 내버려두라. 그 북소리의 박자가 어떻든, 또 그 소리가 얼마나 먼 곳에서 들리든 말이다. 그가 꼭 사과나무나 떡갈나무와 같은 속도로 성숙해야 한다는 법칙은 없다. 그가 남과 보조를 맞추기 위해 자신의 봄을 여름으로 바꾸어야 한단 말인가? 우리의 천성에 맞는 여러 여건이 아직 갖추어지지 않았다면 대신 끌어다댈 수 있는 현실은 무엇인가? 우리는 헛된 현실이라는 암초에 우리의 배를 난파시켜서는 안 되겠다. 우리가 애를 써서 머리 위에 청색 유리로 된 하늘을 만들어본들 무슨 소용이 있겠는가? 그것이 완성된다 하더라도 우리는 분명 그런 것은 없다는 듯이 그 훨씬 너머로 정기에 가득 찬 진짜 하늘을 바라볼 것인데.

쿠우루에 완전을 갈구하던 한 장인이 있었다. 어느 날 그는 지팡이를 만들려는 생각을 하게 되었다. 불완전한 일에는 시간이 한 요소가 되겠으나 완전한 일에는 시간이 문제가 되지 않는다고 생각한 그는, 비록 한평생 딴 일은 아무것도 못 하는 한이 있더라도 모든 점에서 완벽한 지팡이를 만들리라고 스스로에게 다짐했다. 부적당한 재료를 써서는 안 되겠다고 결심했으므로 그는 재목을 구하러 즉시 숲으로 떠났다. 그가 쓸 만한 나무 하나하나를 살피다가 퇴짜를 놓는 사이에 그의 친구들은 점차로 그의 옆을 떠났으니, 그들은 각자의 일을 하다 늙어서 죽었던 것이다.

그러나 그는 조금도 늙지 않았다. 한 가지 목표를 추구하는 그의 결심과 숭고한 믿음이 자신도 모르는 사이에 그에게 영원한 젊음을 주었기 때문이다. 그는 시간과 어떠한 타협도 하지 않았으므로 시간은 그의 길에서 비켜나 그를 굴복시키지 못한 것을 한탄하며 멀리서 한숨만 지을 뿐이었다. 그가 모든 점에서 알맞은 재목을 찾아냈을 때는 쿠우루는 폐허가 된 지 이미 오래였다. 그는 그 폐허의 어느 흙 둔덕에 앉아 지팡이를 깎기 시작했다.

지팡이의 모양이 채 갖추어지기도 전에 칸다하르 왕조가 망했다. 그는 지팡이의 끝으로 모래 위에 그 왕조 마지막 왕의 이름을 쓰고는 다시 일을 계속했다. 그가 지팡이를 매끄럽게 다듬어놓았을 때 칼파[11]는 이미 북극성이 아니었다. 그리고 그가 지팡이 끝에 쇠붙이를 달고 보석으로 장식된 지팡이의 손잡이 부분을 달았을 때는 브라흐마 신은 수없이 잠이 들었다 깼던 것이다. 그런데 지금 내가 왜 이런 이야기를 하는 것인가?

그의 작품에 마지막 손길이 가해지자 지팡이는 깜짝 놀라는 장인의 눈앞에서 브라흐마 신의 창조물 가운데 가장 아름다운 것으로 승화되어갔다. 그는 지팡이를 만드는 가운데 새로운 체계, 충실하고도 균형 잡힌 새로운 세계를 만들어낸 것이다. 그리고 옛 도시들과 왕조들은 사라졌지만 그보다도 더 아름답고 영광스러운 도시들과 왕조들이 그 안에

---

[11] 칼파Kalpa _ 브라흐마 신의 하루로서 인간의 시간으로는 4,354,560,000년에 해당한다고 한다. 미국의 한 소로우 학자는 작가가 '칼파'를 '드루바Dhruba(힌두 전설에서의 북극성)'로 착각한 것 같다고 한다.

자리를 잡고 있었다. 그리고 그제야 그는 발밑에 수북이 쌓여 있는 나무 깎은 부스러기를 내려다보았는데, 그것들이 아직도 생생한 것을 보고 이제까지의 시간의 경과는 단지 하나의 환각에 지나지 않았으며, 브라흐마 신의 두뇌에서 나온 한 섬광이 인간 두뇌의 부싯깃에 떨어져서 불붙은 시간에 지나지 않았다는 것을 깨달았다. 그의 재료가 순수했고 그의 기술도 순수했으니 그 결과가 경이로운 것 외에 무엇일 수 있겠는가?

우리가 어떤 사물에 부여하는 어떠한 표면도 진실만큼 우리에게 도움이 되지는 못한다. 오직 진실만이 모든 것을 견디어낸다. 대체로 우리는 우리가 있어야 할 곳에 있지 않고 거짓된 입장에 있다. 천성의 어떤 약함 때문에 우리는 하나의 사정을 지레짐작하고 우리를 그 속에 맞추어 넣어버린다. 그러므로 우리는 동시에 두 가지 사정에 처해 있으며, 거기서 빠져나오기란 두 배나 어려운 것이다.

정신이 온전할 때 우리는 사실만을, 즉 실제로 존재하는 사정만을 응시한다. 당신의 의무감으로 느끼는 것을 말하지 말고 진실로 내부에서 느끼는 것을 말하라. 어떤 진실도 거짓보다는 낫다. 땜장이 탐 하이드는 교수대에 섰을 때 무슨 할 말이 있느냐고 질문을 받았다. 그때 그는 다음과 같이 말했다고 한다. "재봉사들에게 최초의 한 바늘을 꿰매기 전에 실 끝을 매듭짓는 것을 잊지 말라고 전해주시오." 그 옆에서 기도를 드리고 있던 동료의 기도의 말은 전해져 있지 않다.

당신의 인생이 아무리 비천하더라도 그것을 똑바로 맞이해서 살아나가라. 그것을 피한다든가 욕하지는 마라. 그것은 당신 자신만큼 나쁘지는 않다. 당신이 가장 부유할 때 당신의 삶은 가장 빈곤하게 보인다. 흠을 잡는 사람은 천국에서도 흠을 잡을 것이다. 당신의 인생이 빈곤하더라도 그것을 사랑하라. 당신이 비록 구빈원의 신세를 지고 있더라도 그곳에서 유쾌하고 고무적이며 멋진 시간들을 가질 수 있다. 지는 해는 부자의 저택이나 마찬가지로 양로원의 창에도 밝게 비친다. 봄이 오면 양로원 문 앞의 눈도 역시 녹는다. 인생을 차분하게 바라보는 사람은 그런 곳에 살더라도 마치 궁전에 사는 것처럼 만족한 마음과 유쾌한 생각을 가질 수 있을 것이다.

때때로 마을의 가난한 사람들이 가장 독립적인 생활을 하는 것 같은 생각이 들 때가 있다. 어쩌면 그들은 기분을 상하지 않고 남의 도움을 받아들일 만큼 마음이 넓은 것인지도 모른다. 대부분의 마을 사람들은 자신들이 마을의 경제적 도움을 받는 것을 상상도 할 수 없는 일로 생각하고 있다. 하지만 그중 여러 사람들이 부정한 방법으로 돈을 벌어 생활하고 있으며, 그것은 훨씬 불명예스러운 일인 것이다.

샐비어 같은 약초를 가꾸듯 가난을 가꾸어라. 옷이든 친구이든 새로운 것을 얻으려고 너무 애쓰지 마라. 헌 옷은 뒤집어서 다시 짓고 옛 친구들에게로 돌아가라. 사물은 변하지 않는다. 변하는 것은 우리들이다.

옷은 팔더라도 생각은 그대로 간직하라. 신은 당신이 외롭지 않도록 보살펴줄 것이다. 만약 내가 날마다 온종일 거미처럼 다락방의 한구석에 갇혀 있더라도 나의 생각만을 잃지 않는다면 세상이 조금이라도 좁아진 것으로 생각되지 않을 것이다. 철학자[12]는 말했다. "3군三軍으로

---

12) 공자를 가리킨다. 인용된 글은 《논어》 제9편 25절이다.

된 큰 군대라도 그 우두머리를 사로잡으면 무너뜨릴 수 있으나, 필부匹
夫일지라도 그의 지조志操를 빼앗을 수는 없다."고.

자신을 개발하기 위하여 서두른 나머지 수많은 영향력에 자신을 내
맡기지 마라. 그것도 일종의 무절제이다. 겸손은 어둠이 그러하듯이 천
상의 빛을 드러나게 한다. 가난과 옹색함의 그림자는 우리 주위에 드리
워 있지만, "그런데 보라! 창조는 우리 시야에서 전개되어간다."

부자로 유명했던 크로이소스 왕의 재산을 우리가 물려받는다 하더라
도 우리의 목적은 전과 다름없을 것이며 우리의 수단 역시 본질적으로
크게 달라지지 않을 것이다. 당신이 가난하기 때문에 활동 범위에 제한
을 받더라도, 예를 들어 책이나 신문을 살 수 없는 형편이 되더라도 당
신은 가장 의미 있고 중요한 경험만을 갖도록 제한되는 것에 지나지 않
는다. 당신은 가장 많은 당분과 가장 많은 전분을 내는 재료만을 다루도
록 강요를 받게 된 것이다. 뼈 가까이에 있는 살이 맛있듯이 뼈 가까이
의 검소한 생활도 멋진 것이다. 당신은 인생을 빈둥거리며 보내지 않도
록 보호받게 된 것이다. 어떤 사람도 높은 수준의 정신생활을 하는 것으
로 인해 낮은 차원에서 손해를 보지는 않는다. 남아돌아가는 부는 쓸모
없는 것들밖에 살 수 없다. 영혼에게 필요한 단 한 가지의 필수품을 사
는 데는 돈이 필요 없다.

내 집 벽은 한쪽이 납으로 되어있는데, 그 성분에는 종을 만드는 합금
이 조금 섞여 있다. 낮에 잠시 쉬고 있노라면 때때로 그 벽을 통하여 바
깥 세계로부터 작은 종이 딸랑대는 듯한 시끄러운 소리가 내 귀에 들려
온다. 그 소리는 나와 같은 시대에 사는 사람들이 떠들어대는 소리이다.

내 이웃들은 자기들이 유명하신 신사 숙녀 들과 어떤 일을 겪었으며 저녁 만찬에서 어떤 고관들을 만났는지를 내게 알려준다. 그러나 나는 그런 얘기에는 신문 기사의 내용만큼이나 흥미가 없다. 그들의 관심과 대화 내용은 주로 유행하는 의상과 시대 풍속에 관한 것이다. 그러나 거위는 아무리 멋있게 꾸민들 거위에 지나지 않는다. 그들은 내게 캘리포니아나 텍사스의 얘기, 영국과 서인도제도의 얘기, 조지아 주인지 매사추세츠 주인지의 모 고관 얘기 등을 하지만 그 모두가 일시적이고 덧없는 얘기들뿐이라서 나는 곧 어느 '마므룩'[13]이 그랬던 것처럼 그들의 정원에서 뛰어 달아날 생각을 하게 된다.

나는 내 자신의 본연의 자세에 돌아와서야 마음이 편한 사람이다. 나는 남의 눈에 잘 띄는 곳에서 다른 사람들과 함께 화려하게 과시하며 돌아다니기보다는, 가능하다면 우주를 창조한 분과 함께 서닐어보고 싶다. 그리고 이 들떠 있고 신경질적이며 어수선하고 천박한 19세기에 사는 것보다는 이 시대가 지나가는 동안 서 있거나 앉아서 생각에 잠기고 싶다. 사람들은 무엇을 축하하고 있는 것인가? 그들은 모두 준비위원회의 자리 하나씩을 차지하고서는 매 시간마다 누군가가 연설하기를 기다리고 있다. 하느님도 그날의 사회자에 불과하며, 연설은 웹스터[14]가 하

---

13) 마므룩 _ 중세 회교국, 특히 이집트의 역사에서 중요한 역할을 했던 노예 출신의 무사들. 그들은 자신들의 상전인 칼리프를 제치고 오랫동안 막강한 권력을 누렸으나, 1811년 이집트의 새로운 강자로 떠오른 무하메드 알리에 의해 잔치 자리에서 전멸을 당한다. 이때 마므룩 한 사람이 성벽 위에서 말 위로 뛰어내려 달아나 목숨을 구했다는 고사가 있다.
14) 다니엘 웹스터(1782~1852) _ 명 연설가로 유명했던 미국의 정치가.

게 되어있다.

나는 저울대에 매달려 자신의 무게를 달면서 균형을 잡다가 나를 가장 강하게 그리고 가장 정당하게 끌어당기는 것에게 인력에 의해 끌려가고 싶다. 저울대에 매달려 몸무게가 적게 나가려고 발버둥치고 싶지 않다. 어떤 사정을 지레짐작하는 것이 아니라 실제로 존재하는 사정만을 받아들이고 싶다. 나는 내가 갈 수 있는 유일한 길, 그 위에서는 그 어떤 권력도 나를 막을 수 없는 길을 가고 싶다. 단단한 토대를 쌓기도 전에 아치를 세우는 따위의 짓은 나에게는 아무런 기쁨을 주지 못한다. 살얼음판에서 벌이는 아이들 장난은 그만두도록 하자. 어느 곳이든지 단단한 밑바닥은 있다.

어떤 나그네가 한 소년에게 자기 앞에 있는 늪의 밑바닥이 단단한지 아닌지를 물어보았다는 얘기를 어디선가 읽은 적이 있다. 소년은 밑바닥이 단단하다고 대답했다. 그 말을 듣고 앞으로 나간 나그네의 말은 이내 복대끈까지 빠져들어 갔다. 나그네는 소년에게 물었다. "너 이 늪의 밑바닥이 단단하다고 하지 않았느냐?" 소년은 대답했다. "밑바닥은 정말 단단해요. 하지만 아저씨는 아직 절반도 못 들어가셨어요."

사회의 늪과 유사流砂도 마찬가지라고 할 수 있다. 그러나 그것을 알게 되기까지는 시간이 걸리는 것이다. 어떤 생각, 말 또는 행동은 아주 드문 경우에만 가치를 갖는다. 외와 회벽에 그냥 못을 박는 어리석은 짓은 하고 싶지 않다. 그런 짓을 하면 며칠 밤잠을 설칠 것이다. 내게 망치를 주고 나로 하여금 벽의 세로 홈을 더듬어볼 수 있게 해달라. 접합제에만 의존해서는 안 된다. 못을 완전히 다 박고 그 끝을 성심껏 구부려 밤중에 혹시 잠을 깨더라도 자기가 한 일에 대하여 만족스러운 마음으로 되돌아볼 수 있도록 하라. 그 일을 위해 시신詩神을 불러도 부끄럽지 않도록 말이다. 그 일에, 오직 그런 일에 신은 당신을 도울 것이다. 당신이 주체가 되어 일을 해나가되, 박는 못 하나하나가 우주라는 기계의 구조를 단단하게 하는 대갈못이 되도록 하라.

　사랑보다도, 돈보다도, 명예보다도 나는 진실을 원한다. 나는 산해진미와 맛 좋은 술이 넘치고 하인들이 아부하듯 시중드는 잔칫상에 앉아 있었지만, 성실과 진실을 찾아볼 수 없었기에 그 냉랭한 식탁에서 배고픔을 안고 떠났다. 손님 접대는 얼음처럼 차가웠다. 음식을 차갑게 하기 위하여 구태여 얼음을 넣을 필요가 없을 것이라는 생각이 들었다. 그들은 포도주가 몇 년 묵은 것이며 제조 연도가 얼마나 유명한 해인가에 대해 나에게 이야기를 했지만, 나는 그들이 얻을 수도 살 수도 없는 또 다른 술에 대하여 생각했다. 그 술은 더 오래되었으면서도 더 새롭고 더 순수하고 더 훌륭한 연도에 제조된 술이었다. 집과 뜰의 양식이나 '접대' 같은 것은 내게는 아무래도 좋다. 나는 어느 왕을 방문했는데, 그는 나를 홀에서 기다리게 하는 등 손님을 맞이할 능력이 없는 사람처럼 행동하는 것이었다. 내 집 근처에는 나무에 파인 구멍 속에 사는 사람이 있었다. 그의 태도에는 참으로 왕자다운 데가 있었다. 차라리 그를 찾아갔더라면 이보다 나은 대접을 받았으리라.

　언제까지 우리는 현관에 앉아서, 어떤 일이라도 해보면 당장 그 부적절함이 드러날 부질없고 케케묵은 미덕이나 실천하고 있을 것인가? 그것은 아침에 마지못해 잠자리에서 일어나 일꾼 하나를 사서 감자밭을 매게 한 다음, 오후에는 밖에 나가 선심이나 쓰듯 기독교적인 온정과 자선을 실천하는 것과 같다.

인류가 지닌 저 중국적中國的인 자존심과 진부한 자기도취에 대해서 생각해보자. 오늘날의 세대는 스스로를 빛나는 혈통의 마지막 후예라고 생각하며 자만에 빠지는 경향이 꽤 있다. 그리고 보스턴과 런던, 파리와 로마 같은 도시에서 자신들의 오랜 전통을 상기하면서 만족스러운 어조로 예술과 과학과 문학에서의 발전을 이야기한다. 각종 학회의 보고서들과 '위대한 인물들'의 공적을 찬양하는 글들도 있다. 이것은 아담이 자기 자신의 착함에 심취해 있는 모습과 다를 바 없다. "그래, 우리는 위대한 일을 해냈고 거룩한 노래를 불렀어. 그것들은 결코 없어지지 않을 것이야." 다시 말해서 우리들이 그것들을 잊지 않고 있는 한 그렇다는 이야기리라. 고대의 강국이었던 앗시리아의 각종 학술 협회들과 위대한 사람들은 지금 어디 있는가? 우리는 참으로 젊기 짝이 없는 철학도들이며 실험가들이 아닌가?

독자 여러분들 가운데는 단 한 사람도 인간의 한평생을 다 살고 난 사람은 없다. 지금은 인류의 역사에서 봄의 계절에 불과한지 모른다. 우리들 가운데는 '7년 가는 옴' 때문에 고생한 사람이 있을지 모르나 아직 콩코드에서 '17년 사는 매미'[15]를 본 사람은 없다. 우리들은 우리가 사는 지구의 극히 얇은 겉껍질에 대해서만 알고 있다. 대부분의 사람들은 지면에서 6피트의 깊이를 파본 적이 없고, 공중으로 6피트를 뛰어올라 본 적도 없다. 우리는 지금 자신이 어디에 있는지조차도 모른다. 더구나 우리는 하루의 거의 절반에 가까운 시간을 깊은 잠으로 보낸다. 그럼에도 우리는 스스로를 현명하다고 여기고 있으며, 지구의 표면에 하나의 질서를 확립했다. 정말이지 우리 인간은 심오한 사상가들이며 야심만만한 존재들이라고 하지 않을 수 없다.

내가 지금 서 있는 숲에는 땅 위에 깔린 솔잎들 사이로 벌레 한 마리가 기어가면서 나의 시야에서 숨으려 하고 있다. 나는 왜 이 벌레가 그처럼 좁은 소견을 품고서 어쩌면 자기의 은인이 될 수도 있고 벌레의 족속에게 좋은 소식을 가져다줄지도 모르는 나로부터 자신의 머리를 감추려드는가 하고 나 스스로에게 물어본다. 그러나 그와 동시에 나라는 인간 벌레 위에 서 있는 더 큰 '은인', 더 큰 '지성'을 가진 어떤 존재를 의식하지 않을 수 없다.

세상에는 신기한 일이 끝없이 일어나고 있는데도 우리는 믿을 수 없을 정도의 지루함을 견뎌내고 있다. 가장 개화된 나라들에서 사람들이 어떤 종류의 설교를 듣고 있는가를 보기만 해도 그 지루함의 정도를 알 수가 있다. 기쁨이라든가 슬픔이라는 말이 있기는 하다. 그러나 그것들은 코 먹은 소리로 부르는 찬송가의 후렴에 불과하며, 우리가 진정으로 신봉하는 것은 흔해빠지고 천박한 것들이다. 우리는 갈아입을 수 있는 것은 의복뿐이라고 생각하고 있다. 사람들은 대영제국은 훌륭한 대국

---

15) 매미의 유충은 종류에 따라 1년에서 17년까지를 땅속에서 보낸다. 소로우는 1843년 뉴욕시 근처의 시골에 잠시 체류하고 있을 때 17년 사는 매미를 처음 보았다. 그는 단지 2, 3주 동안 매미로 여름 생활을 나기 위해 17년 동안을 유충(굼벵이)으로 땅속에 살아야 하는 그 특이한 삶에 깊은 인상을 받았다고 한다.

이며 미합중국은 일류의 강국이라고들 말한다. 그러나 각 개인의 뒤에는 그가 마음만 먹으면 대영제국쯤 나뭇조각처럼 띄워버릴 수 있는 조류가 밀려들었다가는 빠져나가곤 한다는 것을 우리는 깨닫지 못한다. 어떤 종류의 '17년 사는 매미'가 다음에 땅속에서 나올 것인지 그 누가 예측할 수 있겠는가? 내가 사는 세상의 정부는 영국 정부처럼 만찬 뒤에 술 한 잔 마시며 담소하는 가운데 구성된 정부는 아닌 것이다.

우리 안의 생명은 강의 물과도 같다. 올해 이 강의 물은 과거 어느 때보다도 수위가 높아져서는 고지대의 마른땅을 물바다로 만들지 모른다. 올해가 바로 기억에 남을 해, 물이 넘쳐 강변에 사는 사향쥐들이 모두 익사하는 그런 해일지도 모른다. 우리가 지금 사는 곳은 항상 마른땅은 아니었다. 나는 과학자들이 홍수를 기록하기 전에 강물이 범람했던 흔적이 있는 둑을 저 멀리 내륙 지방에서 본다.

뉴잉글랜드에 사는 사람이면 누구나 사람들 사이에 퍼진 다음과 같은 이야기를 들었을 것이다. 즉 처음엔 코네티컷 주에 살다가 다음에는 매사추세츠 주로 옮겨간 어느 농가의 부엌에 60년 동안이나 놓여 있던 사과나무로 만들어진 오래된 식탁의 마른 판자에서 아름답고 생명력이 넘치는 곤충이 나왔다는 이야기 말이다. 그 곤충이 자리 잡고 있던 곳의 바깥쪽으로 겹쳐 있는 나이테의 수를 세어본즉, 그보다도 여러 해 전 그 나무가 살아있을 때에 깐 알에서 나온 곤충이라는 것이었다. 아마 커피 주전자가 끓는 열에 의해 부화되었겠지만 그 곤충이 밖으로 나오려고 판자를 갉아먹는 소리가 여러 주일 전부터 들렸다는 것이었다.

이 이야기를 듣고 부활과 불멸에 대한 자신의 신념이 새로워지는 것을 느끼지 않을 사람이 어디 있겠는가? 어떤 날개 달린 아름다운 생명이 처음에는 푸른 생나무의 백목질 속에 알로 태어났으나, 그 나무가 차츰 잘 마른 관처럼 되는 바람에 오랜 세월을 사회의 죽은 듯 건조한 생활 속에서 목질의 공심적共心的인 나이테 속에 묻혀 있다가(아마 지난 수년 동안, 일가족이 즐겁게 식탁에 둘러앉아 있을 때 밖으로 나오려고 갉는 소리를 내서 모두를 놀라게 한 적도 여러 번 있었으리라.), 어느 날 갑자기 세상에서 가장 값싸고 흔한 가구 속에서 튀어나와 마침내 찬란한 여름 생활을 즐기게 될지 그 누가 알겠는가?

  나는 영국인이나 미국인이 이런 이야기를 다 이해하리라고 생각하지는 않는다. 그러나 바로 그러한 것이 단순한 시간의 경과만 가지고는 결코 동트게 할 수 없는 저 아침의 성격인 것이다. 우리의 눈을 감기는 빛은 우리에겐 어두움에 불과하다. 우리가 깨어 기다리는 날만이 동이 트는 것이다. 동이 틀 날은 또 있다. 태양은 단지 아침에 뜨는 별에 지나지 않는다.

헨리 데이빗 소로우 연보

1817년 7월 12일, 미국 매사추세츠 주의 콩코드에서 태어나다. 영국에 살던 프랑스계 개신교도의 후손으로, 그의 가문은 할아버지 때 미국으로 이민 왔다. 부친 존 소로우는 선량하나 다소 우유부단한 성격의 상인이었다. 여러 가지 사업에 손을 댔으나 실패를 거듭하고 마지막에는 가내공업으로 연필 제조업을 하면서 다소 안정을 얻었다. 어머니 신시아 던바는 생활력이 강한 쾌활한 부인으로, 하숙을 쳐서 살림을 꾸려나갔다. 손위로 누나 헬렌과 형 존, 손아래로 여동생 소피아가 있었다.

소로우는 아름다운 콩코드 마을에 태어난 것을 무엇보다 큰 행운으로 여겼으며, 대학에 다닐 때와 몇 차례에 걸친 여행을 할 때를 빼놓고는 평생 고향 마을을 떠나지 않았다. 항상 콩코드 주변의 숲과 강, 호수와 언덕을 다니며 자연을 관찰하기를 즐겼다. 손재주가 뛰어났으며, 이미 소년 시절에 낚시와 사냥의 명수가 되었다. 매력적인 용모에 사교적이었던 두 살 위의 형 존과는 달리, 다른 아이들과 어울려 노는 것을 그다지 즐기지 않았다. 소년 시절의 별명은 '판사님'이었다.

1833년(16세) 콩코드 아카데미를 졸업하고 하버드 대학에 들어가다. 학교 당국으로부터 장학금을 하나 받아냈으나, 모친이 어려운 가운데 대부분의 학자금을 조달했다. 라틴어, 그리스어 등의 고전어와 독일어, 불어 등의 현대어를 열심히 공부하고 동서양의 고전을 포함한 광범위한 독서를 하다. 그러나 후에 쓴 글로 미루어볼 때 대학 교육 자체에 대하여 꽤 회의적이었던 것 같다.

1834년(17세) 후일 미국을 대표하는 지성인이 될 초월주의 사상가 랠프 월도 에머슨, 콩코드로 이사 오다.

1837년(20세) 에머슨의 수필집 《자연》을 읽다. 이해 봄 드디어 에머슨을 처음으로 만나며 그와 평생에 걸친 교분을 맺다. 초기의 소로우는 에머슨으로부터 많은 영향을 받으나 점차 거기서 벗어나 독자적인 사상을 추구하다.

하버드 대학을 졸업하다. 콩코드로 돌아와 교사로 취직하나 학생들에 대한 체벌을 거부하고 며칠 후에 사직하다. 부친의 연필 공장에서 일하다.

일기를 쓰기 시작하다. 죽기 직전까지 쓴 일기는 방대한 분량으로 그의 다른 저서에 못지않은 중요성을 지닌다.

1838년(21세) 캐나다와 접경 지역인 메인 주를 처음으로 방문하다.

	콩코드 문화회관에서 처음으로 연설하다. 진보적 교육 방침을 가진 사설 학교를 설립, 운영하기 시작하다. 여기에 형 존이 곧 동참하다. 이 학교는 큰 반향을 일으키며 성공리에 운영된다.
1839년(22세)	인근 마을에 사는 엘렌 슈월이라는 17세의 처녀에게 연정을 품다. 형 존도 그녀를 좋아하여 기묘한 삼각관계가 형성되다. 형 존과 함께 보트 여행을 하다. 이 경험을 토대로 《콩코드 강과 메리맥 강에서의 일주일》이라는 책이 후일 출간된다.
1840년(23세)	에머슨이 편집하는 잡지 〈다이얼〉에 시와 수필을 기고하다.
	엘렌 슈월에게 청혼하다. 그러나 소로우 집안의 진보적 성향을 꺼리던 그녀의 아버지의 반대로 이 사랑은 결실을 맺지 못하다.
1841년(24세)	형 존의 건강 악화와 소로우 자신의 흥미 상실로 성공리에 운영하던 학교의 문을 닫다.
	숙식을 제공받고 하루에 두세 시간 일하는 조건으로 에머슨의 저택에 관리인으로 들어가다. 에머슨은 영국의 문호 칼라일에게 보내는 편지에서 소로우의 문학적 자질을 칭찬해 마지않다.
1842년(25세)	형 존, 면도하다 벤 상처가 덧나 돌연 파상풍으로 사망하다. 형을 몹시 좋아했던 소로우는 상당 기간 극도의 우울증에 빠지다.
	너새니얼 호손, 콩코드로 이사 오다. 호손에게 아끼던

	자신의 보트를 팔다.
	〈다이얼〉지에 여덟 편의 시를 기고하다.
1843년(26세)	에머슨의 형의 집에 가정교사 일자리를 얻어 뉴욕 주의 스테이튼 섬으로 가 8개월 후에 그만두다. 뉴욕 시를 방문하나 좋은 인상을 받지 못하다.
	소로우의 가장 친한 친구가 될 시인 월리엄 엘러리 채닝, 콩코드로 이사 오다.
	보스턴과 휘츠버그를 연결하는 철로 공사가 시작되다. 이 철로는 월든 호수 옆을 지난다.
	수필 〈겨울의 산책〉이 〈다이얼〉지에 실리다.
1844년(27세)	부친의 연필 공장에서 일하며 뛰어난 품질의 연필을 개발하다. 친구 한 사람과 콩코드 강가에서 낚시를 한 다음 물고기를 굽다가 산불을 내 300에이커의 숲을 태우다.
	〈다이얼〉지 폐간되다.
1845년(28세)	몇 해 전부터 숲 속에 들어가 홀로 생활해보는 것을 꿈꾸어오던 소로우는 3월 말 드디어 월든 호숫가에 통나무집을 짓기 시작하다. 7월 4일, 통나무집을 완성, 입주하다.
	《콩코드 강과 메리맥 강에서의 일주일》의 원고를 쓰기 시작하다.
1846년(29세)	토마스 칼라일에 대해 콩코드 문화회관에서 강연하다.
	멕시코 전쟁 발발.
	노예제도와 멕시코 전쟁에 반대하여 인두세 납부를

	거부해오던 소로우는 감옥에 수감되나 친척의 대납으로 다음 날 풀려나다. 메인 주의 산악 지역으로 2주에 걸친 캠핑 여행을 가다. 사후에 발간된 《메인 주의 숲》은 이 여행을 토대로 해서 쓰인 것이다.
1847년(30세)	9월, 월든 숲 생활을 끝내다. 장기간 유럽 여행을 떠나는 에머슨의 저택에 관리인으로 들어가다. 네 개의 출판사가 《콩코드 강과 메리맥 강에서의 일주일》의 출간을 거절하다.
1848년(31세)	캘리포니아에 대량의 사금이 발견되면서 '골드러시'가 시작되다. 세금 납부 거부 때문에 감옥에 수감된 사건에 대하여 콩코드 문화회관에서 강연하다. 멕시코 전쟁 종료되다. 에머슨의 집을 나온 다음 프리랜스 측량 사업을 시작하다.
1849년(32세)	인근 여러 마을의 문화회관에 나가 이따금씩 강연을 하다. 호손의 처형인 엘리자베스 피바디의 요청으로, 투옥 사건에 대한 연설문의 내용을 다소 수정하여 그녀가 창간한 〈미학〉지에 실리도록 하다. 제목은 〈시민 정부에 대한 저항〉이나 그의 사후에는 〈시민의 불복종〉이라는 제목으로 더 널리 알려지다. 자비로 《콩코드 강과 메리맥 강에서의 일주일》의 초판

	1천 부를 출간하나 독자의 별다른 반응을 얻지 못하다. 이에 따라 《월든》의 출간도 지연되다.
	누나 헬렌 소로우, 폐결핵으로 사망하다.
1850년(33세)	전해에 이어 측량 일로 바쁘게 지내다.
	콩코드 출신 여류 문인 겸 초월론자인 마가렛 풀러를 태운 여객선이 뉴욕 항 근처에서 좌초되다.
	에머슨의 요청으로 그녀의 시신을 찾으러 소로우가 가다.
	도망간 노예를 다른 주에 가서 잡아오는 것을 허용하는 '도망 노예법'이 의회를 통과하다.
	친구인 윌리엄 엘러리 채닝과 함께 캐나다 여행을 다녀오다.
1851년(34세)	측량 일과 연설로 바쁘게 지내다.
	《월든》의 원고 수정 작업을 계속하다. 이즈음의 저널을 보면 에머슨과의 사이가 점점 멀어지는 것이 드러난다. 해리엣 비처 스토우 부인의 《톰 아저씨의 오두막집》이 잡지에 연재되기 시작하다.
1852년(35세)	《월든》의 원고에 대한 수정 작업을 계속하다.
	보트를 새로 장만하여 월든 호수에 떠우는 일이 잦아지다.
1853년(36세)	《캐나다의 양키》의 일부분이 〈푸트남〉지에 발표되다.
	메인 주의 숲을 다시 방문하다. 미국 자연과학 협회로부터 회원 가입 요청이 있었으나, 단순한 과학자로 만족할 수 없는 소로우는 그 요청을 거절하다.

	《콩코드 강과 메리맥 강에서의 일주일》의 초판 1천 부 중 팔리지 않은 706부를 출판사에서 집으로 가져와 쌓아두다. 그러고는 그날 저널에 '나는 900권이 조금 못 되는 장서를 가지고 있는데 그중 700권 이상의 책은 내가 직접 저술한 것이다'라고 쓰다.
1854년(37세)	《월든》에 대한 제8차 수정 작업을 마치다. 8월 9일, 《월든》의 초판 2천 부가 티크노어 앤 필즈 출판사에 의해 출간되다.
1855년(38세)	《케이프 코드》의 일부가 〈푸트남〉지에 실리다. 건강이 악화되기 시작하다.
1856년(39세)	시인 월트 휘트먼을 만나며 그로부터 깊은 인상을 받다.
1857년(40세)	측량 일을 꾸준히 계속하다. 자신을 이해하지 못하는 청중들에게 강연하는 일에 점점 더 회의를 느끼다. 1년에 두세 차례 정도로 연설 빈도를 줄이다. 케이프 코드와 메인 주를 다시 방문하다. 노예해방 운동가 존 브라운을 만나다.
1858년(41세)	메인 주의 숲 방문을 토대로 한 글 〈체선쿡〉이 〈아틀랜틱〉지에 발표되다. 그러나 〈아틀랜틱〉지의 편집장이 독자의 취향에 거슬릴까 두려워 글의 내용을 허락 없이 고치자 그 잡지와의 관계를 끊다.
1859년(42세)	부친 사망. 가업인 연필 제조업에 더 많은 시간을 할애하게 되다. 소로우가의 연필은 뛰어난 품질을 인정받

아 장사가 제법 잘되었으며, 그가 좀 더 관심을 기울였다면 많은 돈을 벌 수도 있었다.

노예해방 운동가 존 브라운, 콩코드를 방문하다. '원칙 없이 사는 인생'이라는 제목으로 보스턴에서 강연하다. 존 브라운과 추종자들, 하퍼스 페리의 무기고를 습격하다. 이 사건은 미국 역사상 유명한 사건인데, 무력으로 노예해방을 성취하려고 했던 브라운은 여기서 연방정부에 체포된다. 소로우는 '존 브라운 대위를 위한 탄원'이라는 제목의 연설을 콩코드에서 하다. 존 브라운, 버지니아에서 처형되다.

1860년(43세) '야생사과'라는 제목의 강연을 하다. 〈존 브라운의 마지막 날들〉이라는 제목의 글을 〈해방자〉지에 발표하다. 에이브리햄 링컨, 대통령으로 당선되다. 이 당시의 소로우의 일기를 보면 정치에는 전혀 관심이 없는 듯 오직 자연에 대한 글로 가득 차 있다.

혹한의 겨울날, 숲에 들어가 나무 그루터기들의 나이테를 세다가 독감에 걸리다. 병이 기관지염으로 악화되었음에도 불구하고 강연 약속을 지키기 위해 코네티컷 주에 가다.

그 후 건강은 더욱 악화되다.

1861년(44세) 남북전쟁이 일어나다. 소로우의 병이 폐결핵으로 판명되다. 요양차 미네소타로 가나 별 차도를 보지 못하고 다시 고향으로 돌아오다. 9월 말 어느 날 월든 호수를 찾다.(마지막 방문이 됨) 11월 3일자의 기록이 마지

1862년(45세)

막 일기가 되다.

〈아틀랜틱〉지의 편집장이 바뀌면서 소로우에게 기고를 청탁해오며, 소로우는 〈가을의 빛깔들〉을 보내다.

3월, 건강이 극도로 악화된 상태이나 친지에게 보낸 편지에 '살아있는 순간들을 최대한으로 즐기고 있으며 아무런 회한이 없다'고 쓰다. 병문안을 갔던 친구 한 사람은 "그처럼 큰 기쁨과 평화로움을 가지고 죽음을 기다리는 사람을 본 적이 없다."고 말하다.

5월 6일 아침 9시, 콩코드에서 사망하다.

5월 9일 오후 3시, 콩코드 제1교구 교회에서 장례식이 거행되다. 에머슨이 추도사를 읽다.

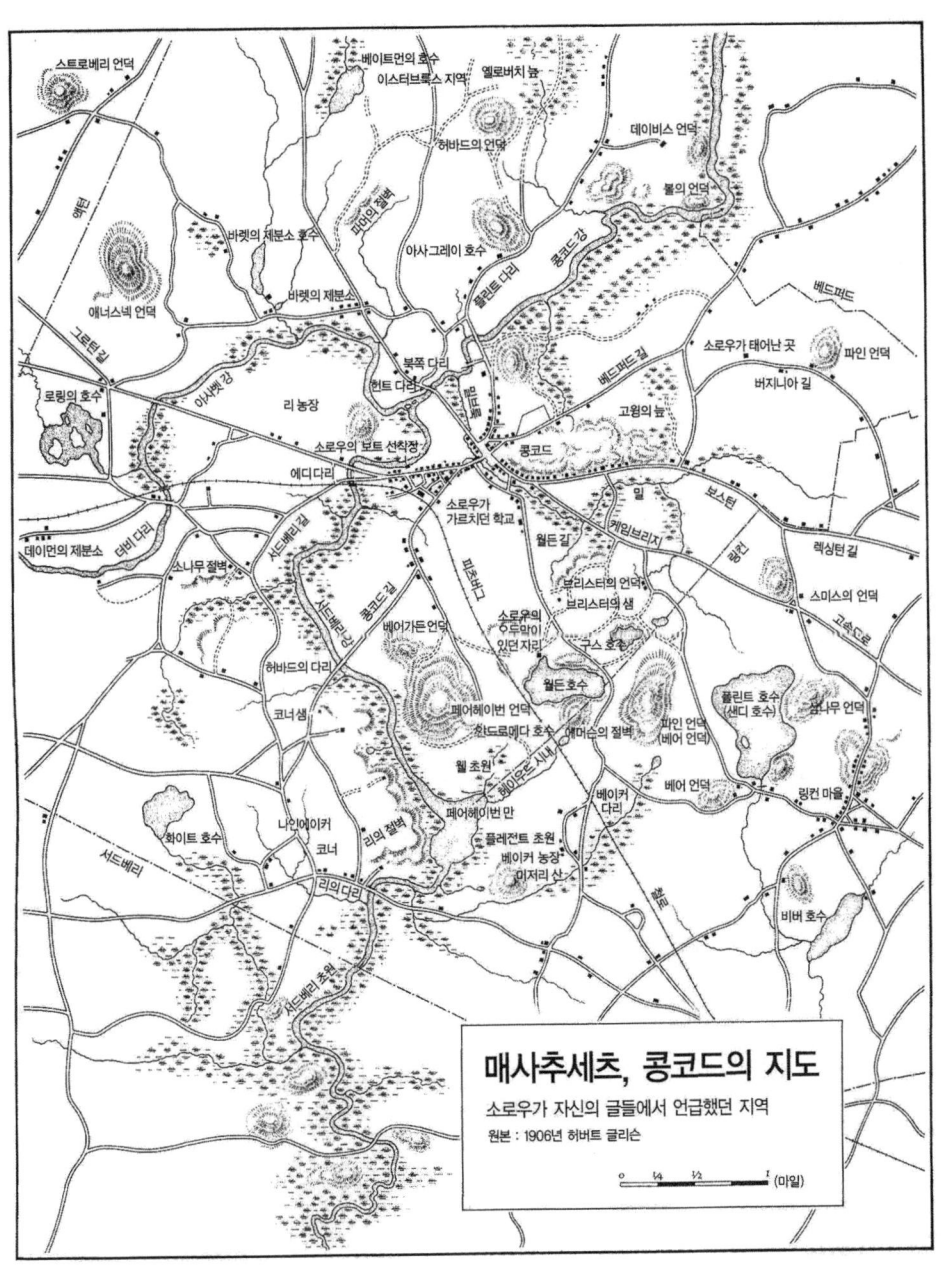

월든
55만 부 기념 특별 한정판

초판 1쇄 발행 1993년 5월 10일
개정3판 1쇄 발행 2011년 8월 22일
개정3판 46쇄 발행 2025년 10월 27일

지은이 · 헨리 데이빗 소로우
옮긴이 · 강승영
일러스트 · 헨리 케인
펴낸이 · 주연선

(주)은행나무
04035 서울특별시 마포구 양화로11길 54
전화 · 02)3143-0651~3 | 팩스 · 02)3143-0654
신고번호 · 제 1997-000168호(1997. 12. 12)
www.ehbook.co.kr
ehbook@ehbook.co.kr

ISBN 978-89-5660-541-8 03840

- 이 책의 판권은 지은이와 은행나무에 있습니다. 이 책 내용의 일부 또는 전부를 재사용하려면 반드시 양측의 서면 동의를 받아야 합니다.

- 잘못된 책은 구입처에서 바꿔드립니다.